Claudia Benthien
Hans Rudolf Velten (Hg.)

Germanistik als Kulturwissenschaft

Eine Einführung in neue Theoriekonzepte

rowohlts enzyklopädie
im Rowohlt Taschenbuch Verlag

rowohlts enzyklopädie
Herausgegeben von Burghard König

Redaktion Manuela Schulz

Originalausgabe
Veröffentlicht im Rowohlt Taschenbuch Verlag GmbH,
Reinbek bei Hamburg, Juni 2002

Umschlaggestaltung: any.way, Walter Hellmann
Satz Minion PostScript, PageMaker bei
Pinkuin Satz und Datentechnik, Berlin
Druck und Bindung Clausen & Bosse, Leck
Printed in Germany
ISBN 3 499 55643 X

Die Schreibweise entspricht den Regeln
der neuen Rechtschreibung.

Inhalt

Claudia Benthien und Hans Rudolf Velten

Einleitung

In den letzten Jahrzehnten hat sich die Germanistik wie kaum ein anderes Fach mit der Reflexion ihrer eigenen Methoden beschäftigt. Zahlreiche Abhandlungen und Sammelbände zu literaturwissenschaftlichen Theorien sind in den 1980er und 1990er Jahren erschienen.[1] Die dort vorgestellten Methoden wurden zumeist additiv aneinander gereiht (Sozialgeschichte, Rezeptionstheorie, Feministische Literaturwissenschaft, Diskursanalyse, Systemtheorie usw.) und waren durch Ausschließlichkeit gekennzeichnet: Man applizierte entweder die eine oder die andere Methode, gehörte zu dieser oder jener ‹Schule›. Mit der Wende zum dritten Jahrtausend hat sich dieses Bild von Grund auf verändert. Das Zeitalter des Methodenstreits scheint vorüber. Die gegenwärtigen ‹Methoden nach den Methoden› sind eklektizistisch und offen, sie übernehmen Theoreme aus den tradierten Methoden und ergänzen sie durch neue, bilden aber untereinander auch Überschneidungen und Ähnlichkeiten. Gemeinsam ist den Ansätzen, dass sie die Germanistik als Kulturwissenschaft verstehen, ohne die philologische Basis des Fachs aufzugeben.

Diesem neuen und vielgestaltigen Forschungsfeld gerecht zu werden, ist Anspruch des vorliegenden Orientierungsbandes. Er trägt der starken Vernetzung der methodischen Ansätze und ihrer ‹Hybridisierung› Rechnung und ist als überblickende Synthese der gegenwärtigen kulturwissenschaftlichen Theoriekonzepte in der älteren und neueren germanistischen Literaturwissenschaft gedacht. Die sieben Kapitel des Buchs spiegeln die zurzeit wichtigsten Tendenzen der Forschung wider, wie sie auch auf Konferenzen, in Graduiertenkollegs und Sonderforschungsbereichen diskutiert werden. Es handelt sich um Einführungen in: (1) Historische Anthropologie, (2) Ordnungen des Wissens, (3) Medien- und Kommunikationstheorie, (4) New Philology/Textkritik, (5) Performativität, (6) Gender-Theorien und (7) Alterität und Interkulturalität. In jedem Beitrag werden die wissenschaftsgeschichtliche Herkunft des betreffenden Theoriekonzepts, seine theoretischen Ansätze und wichtigsten Arbeitsfelder dargestellt sowie seine Anwendung am Beispiel des Themas ‹Brief›/‹Botschaft› veranschaulicht.

Über die programmatische Ausrichtung einer sich kulturwissenschaftlich verstehenden Germanistik und die damit einhergehende Veränderung ihres wissenschaftlichen Status sowie ihrer gesellschaftlichen Rolle gab es in den letzten Jahren eine rege Diskussion; die Debatte hält unvermindert an, ja hat in den letzten Jahren an Intensität und Schärfe zugenommen.[2] Deshalb strebt dieser Band weder eine neuerliche, auf die Zukunft ausgerichtete Projektion einer kulturwissenschaftlichen Germanistik noch eine historische Aufarbeitung des Begriffs Kulturwissenschaft an,[3] sondern beschreibt die bereits bestehenden Theorien, Methoden und Themenfelder in ihrer Anwendung in der Forschung.[4] Die bisherigen Methodendebatten waren fast ausschließlich auf Theorieentwürfe und Fragen der disziplinären Ausrichtung konzentriert. Vorurteile und Einwände sind jedoch nur auszuräumen, wenn man Einblick gewährt in konkrete Probleme und Fragestellungen kulturwissenschaftlichen Arbeitens. Dies möchte der vorliegende Band leisten, indem er mit der ‹materialen Füllung› einer wissenschaftlichen Neuorientierung beginnt, gegen die allzu oft in rhetorisch überdehnten Schaukämpfen polemisiert wird. Er führt in kulturwissenschaftliche Gegenstandsfelder und Theorien ein, indem er nicht nur die jeweiligen wissenschaftshistorischen Prämissen und Theoreme veranschaulicht, sondern auch die konkrete Anwendung der Methoden beispielhaft zeigt.

Im letzten Abschnitt der Einleitung werden wir in die genannten Theoriekonzepte kurz einführen. Zuvor jedoch soll, nach einigen grundlegenden Bemerkungen zur Idee dieses Bandes, dargestellt werden, welche Konzeptionen von Kulturwissenschaft bestehen, wie sich die Germanistik darin verortet und welche Ansätze und Thesen dafür zentral sind. Kritische Stimmen, die sich gegen eine ‹Kulturalisierung› der germanistischen Philologie wenden, sollen hierbei ebenfalls zu Wort kommen.

Wider die alte ‹Arbeitsteilung› in der Germanistik

Im Titel des Bandes ist von ‹Germanistik› und nicht von ‹germanistischer Literaturwissenschaft› die Rede – was durchaus die korrektere Bezeichnung wäre, denn das dritte Teilgebiet des Fachs Germanistik, die germanistische Linguistik, spielt in dieser Einführung, wie bereits ein flüchtiger Blick ins Inhaltsverzeichnis zeigt, keine Rolle. Dies ist jedoch keine willkürliche Ausgrenzung, sondern trägt dem Umstand Rechnung, dass für die Linguistik, die sich mehr und mehr zu einer hoch spezialisierten Fachwissenschaft entwickelt, kulturwissenschaftliche Ansätze nicht entscheidend sind. Insofern haben wir anstelle des redundanten Titels *Germanistische Literaturwissenschaft als Kulturwissenschaft* die kürzere und eingängigere Version *Germanistik als Kulturwissenschaft* gewählt, im vollen Bewusstsein, damit nur jene ‹zwei Drittel› der Germanistik zu meinen, für die das Paradigma der Kulturwissenschaft überhaupt in Anschlag zu bringen ist: Kulturwissenschaftliche Germanistik ist *per se* eine sich kulturwissenschaftlich orientierende Philologie.[5]

Die Gliederung des Bandes in sieben Kapitel beruht auf der besonderen Wertigkeit der jeweiligen kulturwissenschaftlichen Theoriekonzepte sowohl für die neuere deutsche Literatur als auch für die Mediävistik. Die allgemein gehaltenen, übergreifenden Titel der Kapitel suggerieren auf den ersten Blick, dass die Alt- und die Neugermanistik durchweg ein gemeinsames Vokabular benutzen. In der wissenschaftlichen Praxis war und ist dies jedoch nicht immer der Fall. Dass wir uns trotzdem für eine gemeinsame Bezeichnung der Theoriekonzepte entschieden haben, soll nicht allein der Übersichtlichkeit dienen, sondern auch den Austausch zwischen beiden Teilfächern vertiefen. Auf Tagungen, in thematischen Sammelbänden und interdisziplinären Forschungszusammenhängen hat sich dieser Dialog längst entwickelt, nur im Rahmen systematischer Einführungen in Methoden und Konzepte der Germanistik ist er bisher zu kurz gekommen. Dieses Manko gilt ebenfalls für die Lehre an germanistischen Instituten, in der unseres Erachtens zu selten gemeinsame, historisch übergreifende Lehrveranstaltungen angeboten werden, welche die Kontinuitäten (und gegebenenfalls Brüche) der deutschsprachigen Literatur- und Kulturgeschichte herauszustellen suchen.

Es ist in diesem Zusammenhang notwendig, an die Entstehung der Germanistik als Wissenschaft zu erinnern. Die Aufspaltung in zwei Teilfächer – die Ältere und die Neuere deutsche Literatur – ist eine Besonderheit der deutschsprachigen Philologie und ihrer historischen wie institutionellen Entwicklung. Im Gegensatz etwa zu den nationalphilologischen Instituten an den Universitäten anderer Länder oder auch zu den fremdsprachlichen Philologien an den deutschen Hochschulen hat sich eine Trennung in ‹alt› und ‹neu› mit einer historischen Trennungslinie im 17. Jahrhundert herausgebildet. Dies war nicht von Beginn an so: Wie die Wissenschaftsgeschichte der Germanistik zeigt, waren die ersten Lehrstühle dieses Fachs, eingerichtet in den ersten Jahrzehnten des 19. Jahrhunderts, Professuren für ‹altdeutsche Literatur› – so die zeitgenössische Bezeichnung –, also für die ‹Sprach- und Literaturdenkmäler› des Mittelalters, jenes Textkorpus, das heute in den Aufgabenbereich der germanistischen Mediävistik fällt.[6] Erst nach der Mitte des 19. Jahrhunderts wurden neben der (auch kulturgeschichtlich verstandenen) Mittelalterphilologie Ordinarien für neuere Literaturgeschichte und Ästhetik eingerichtet, und im letzten Drittel des 19. Jahrhunderts entstanden dann an allen deutschen Universitäten germanistische Institute mit Lehrstühlen für mittelalterliche Literatur und deutsche Sprachgeschichte sowie neuere Literatur.

Die allmähliche Trennung der beiden Teilbereiche der Germanistik um die Wende zum 20. Jahrhundert[7] (und die später erfolgte Abtrennung der Linguistik) erwies sich zwar im Hinblick auf die Größe der germanistischen Institute als pragmatisch sinnvoll, inhaltlich jedoch als eher nachteilig.[8] So ist die gegenseitige Wahrnehmung von Arbeitsweisen oder neuen methodischen Ausrichtungen in vielerlei Hinsicht erschwert worden: Traditionell galt die Mediävistik als ‹theoriefeindlich› und stärker auf die philologische Arbeit ausgerichtet, während andererseits der Neugermanistik mangelnde historische Konzeptualisierung vorgeworfen wurde. Auch die Wahrnehmung in der Öffentlichkeit trug kaum etwas zur Zusammenarbeit der beiden Teildisziplinen bei, da der Erforschung älterer deutscher Literatur aufgrund ihrer zeitlichen Ferne zuweilen die Relevanz abgesprochen wurde (etwa was die Schulausbildung angeht, wo mittelalterliche Texte eine marginale Rolle spielen), sodass der Legitimationsdruck für die Mediävistik besonders hoch war.[9] Doch seitdem das Mittelalter in Geschichtswissenschaft und Belletristik wieder Hochkonjunktur hat, ruft kaum jemand mehr nach Einschränkung seiner wissenschaftlichen Erforschung. Eine Erneuerung mediävistischer Forschung in interdisziplinären Kontexten war die Folge, die auch eine theoretische und methodische Erneuerung mit sich brachte, was dazu führte, dass nunmehr nicht länger allein die Neugermanistik als Stichwortgeberin und Theorielieferantin auftritt, sondern auch sie umgekehrt zahlreiche Impulse aus Theoriedebatten in der Mediävistik, zum Beispiel hinsichtlich des Textbegriffs und der Konzeption von Autorschaft, erhält.

Zudem ist mit der Epochen-Kategorie der Frühen Neuzeit ein historischer Zeitraum in den Blick geraten, der exakt die Jahrhunderte des Übergangs von der ‹älteren› zur ‹neueren› deutschen Literatur umfasst, sodass sich die klassische Trennung in zwei Teilfächer gerade für die Erforschung dieses Zeitraums als eher hinderlich erweist. Die Frühe Neuzeit wird durch die Konzeption des Bandes daher auch nicht ausgeklammert, sondern findet sich in beiden Teilbereichen wieder. Sie war und ist bevorzugtes Forschungsfeld für die Herausbildung kulturwissenschaftlicher Theoriebildung, wie die einschlägigen und einflussreichen Arbeiten etwa Michel Foucaults oder Stephen Greenblatts zeigen.

Wir möchten mit der doppelten Ausrichtung der Theoriekonzepte nicht nur deutlich machen, dass kulturwissenschaftliche Forschung Disziplinengrenzen überschreitet, sondern auch einen Beitrag zur gegenseitigen Wahrnehmung der Forschungsarbeiten in älterer und neuerer Literaturwissenschaft leistet. Dies erscheint uns auch angesichts der immer noch vorhandenen Identitätskrise der Germanistik eine nicht zu unterschätzende Möglichkeit der Selbstbestimmung.

Kulturwissenschaft(en) – zur Begriffsdifferenzierung und Verortung des Bandes

Besser als jeder andere vermag der Begriff der Kulturwissenschaft die Veränderungen im Fach der germanistischen Literaturwissenschaft anzuzeigen, auch wenn er sich bisher durch eine extreme Unschärfe auszeichnet, wie die zahlreichen Facetten deutlich machen, in denen er gebraucht wird. Aus Gründen der Übersichtlichkeit und der Differenzierung dieser Facetten möchten wir in diesem Abschnitt vier relevante Leitdimensionen des Begriffs kurz darstellen.[10]

Die Diskussion um die Kulturwissenschaft ist «Artikulation einer allgemeinen Strukturveränderung der Wissenschaften»[11] und insofern mehr als ein modischer Trend. Gerade wegen seiner Offenheit und synthetischen Kraft kommt der Begriff wichtigen wissenschaftsgeschichtlichen und -politischen Entwicklungen der letzten Jahrzehnte entgegen, etwa der in der Denkschrift *Geisteswissenschaften heute* aufgestellten Forderung, die traditionellen geisteswissenschaftlichen Fächer kulturwissenschaftlich zu reformieren.[12] In einer mehr als zwei Jahrzehnte anhaltenden Legitimationskrise, die geprägt war von der Furcht vor Marginalisierung und dem gleichzeitigen Wunsch nach disziplinärer Erweiterung, haben die geisteswissenschaftlichen Disziplinen ihre Gegenstandsfelder, ihre Methoden und theoretischen Voraussetzungen ständig überprüft. Inzwischen aber, so Hartmut Böhme und Klaus Scherpe 1996 in ihrem Band *Literatur und Kulturwissenschaften*, scheint weitgehend Einigkeit darüber zu bestehen, dass die Kulturwissenschaft das Fundament für die verschiedensten Reformbemühungen abgeben könnte, für Grundlegung, Innovation und Dynamik in einem.[13]

Der Begriff der Geisteswissenschaften war spätestens seit der von Charles P. Snow 1967 aufgestellten These von den «zwei Kulturen»[14] problematisch geworden: Es ging dabei um die Infragestellung der binären Opposition von Natur- und Geisteswissenschaften als den zwei Wissenskulturen, die sich im 19. Jahrhundert etablierten. Ersteren war pauschal eine Wissensform des Erklärens zugeschrieben worden, letzteren hingegen eine des Verstehens. Diese «schlichte Dichotomie zwischen Natur und Geist»[15] hat sich inzwischen zersetzt: Während sich von der alten Einheit der Naturwissenschaften die Technik- und Ingenieurswissenschaften abspalteten, haben sich die von Wilhelm Dilthey so genannten Geisteswissenschaften mit der Entstehung der Sozialwissenschaften ebenfalls in zwei Bereiche unterteilt. Doch auch dieser «provisorisch als Geviert von Wissenschaften angesetzte […] Raum»[16] mit den klar definierten Polen Natur, Technik, Geist (beziehungsweise

Kultur) und Gesellschaft spiegelt längst nicht mehr den Stand der Dinge, denn allenthalben hat eine Einmischung in die je anderen Bereiche, hat ein reger Transfer von Gegenständen und Theoriemodellen stattgefunden.

In der Folge von Snow ist der Begriff der ‹Kultur› in den letzten beiden Jahrzehnten allmählich zu einem Leitbegriff der wissenschaftlichen Reflexion und Theoriebildung geworden, und seither wird darüber gestritten, ob ‹Kultur› den Begriff ‹Geist› (und so der Begriff der Kulturwissenschaften den der Geisteswissenschaften) ersetzen solle. Verhandelt wird die Frage, «ob der ‹Geist› Subjekt oder Objekt von ‹Kultur›» sei; während die Geisteswissenschaft «Zeugnisse von Kultur und Kulturen zu Objekten, die als Erscheinungsweisen des Geistes zu deuten und zu verstehen sind», mache, tendiere die Kulturwissenschaft, so Gerhard von Graevenitz, «strukturell zum Pluralismus des Kulturellen, die Geisteswissenschaft zum Einheits- und Ganzheitsmodell des *einen* menschlichen Geistes»[17].

Der Kulturbegriff wird von vielen gegenüber dem des Geistes auch deshalb privilegiert, da er eine stärkere Berücksichtigung der anthropologischen und materiellen Gegebenheiten impliziert. So weist Hartmut Böhme darauf hin, dass das dem Wort ‹Kultur› zugrunde liegende lateinische Verb *colere* sowohl anbauen, bearbeiten, Ackerbau betreiben usw. meint – und somit eine ‹Kultivierung›, Bearbeitung der Natur impliziert – als auch pflegen, anbeten, feiern – mithin den menschlichen Umgang mit dem Heiligen und den Göttern.[18] Das entsprechende Substantiv *cultus* beinhaltet somit sowohl materielle als auch geistig-spirituelle Anteile und deutet grundlegend auf alle bearbeitenden, herstellenden und pflegenden Tätigkeiten des Menschen hin; sie zusammen erst ergeben ‹Kultur›. Entsprechend dieser Einbeziehung der Materialität, Körperlichkeit und menschlichen Aktivität wird auch in der neueren Medientheorie der Begriff der Kultur gegenüber dem des Geistes bevorzugt, denn «die Basis des neuen Medienbegriffs [ist] die materielle *Kultur* der technischen Apparate und nicht der Buchstabe-*Geist*-Platonismus des alten Schrift-Begriffs»[19]. Kulturalität meint deshalb, dass historische Gegenstände (zum Beispiel literarische Texte) nicht als autonome, isolierte Objekte bestehen, sondern spezifischen historischen und kulturellen Bedingungen unterworfen sind. Insofern beinhaltet der Kulturbegriff auch eine Kritik an der Abgeschlossenheit und Autarkie von Forschungsgegenständen.

Kultur erscheint so aus verschiedenen Gründen heute als der geeignetere Begriff, um die Gegenstände der klassischen Geisteswissenschaften zu bezeichnen. In diesem Sinn ist die erste Bedeutungsdimension von ‹Kulturwissenschaften› die eines populären Oberbegriffs, der sämtliche Fächer der Philosophischen Fakultät umfasst. Die Germanistik ist in diesem Verständnis eine Kulturwissenschaft neben vielen anderen.

Als zweite Bedeutungsdimension ist die der Kulturwissenschaft als eigenes Fach zu nennen, das neben die tradierten Fächer der Philosophischen Fakultät tritt und sich als solches in Deutschland bereits an einigen Universitäten gebildet hat.[20] Diese Wissenschaft verfügt «im Unterschied zu den Philologien, die ihren Gegenstand naturwüchsig im Ensemble der Texte finden [...] nicht über eigene Objekte und Fragestellungen, die nicht schon in den Philologien oder in den Sozialwissenschaften und der Historie formuliert wären»; sie übt vielmehr «eine Form der Moderation» aus, eine «Kunst der Multiperspektivität», «um die heterogenen, hochspezialisierten, gegeneinander abgeschotteten Ergebnisse der Wissenschaften zu ‹dialogisieren›»[21]. Diese Konzeption einer Kulturwissenschaft im Singular mit einem derartigen Meta-Anspruch ist in der Fachöffentlichkeit mit dem Hinweis auf die heterogene Zusammensetzung ihrer Gegenstände und der Beliebigkeit ihrer Methoden auf Kritik gestoßen[22], gleichwohl ist ihr eine medienwirksame Funktion nicht abzusprechen. Auch wenn die Germanistik mit der Kulturwissenschaft institutionell und inhaltlich in engem Austausch steht, ist sie dennoch von dieser abzugrenzen, denn eine kulturwissenschaftliche Philologie behält die Literatur als ihr konstitutives Zentrum und herausragendes Forschungsobjekt bei.

Dies kann gewissermaßen auch als Abgrenzungskriterium gegenüber der dritten Bedeutungsdimension des Begriffs Kulturwissenschaft gelten: die aus dem angloamerikanischen Kontext entstammende Bezeichnung *cultural studies*, jene in den 1960er Jahren in Großbritannien entstandene Forschungsrichtung.[23] Die Vertreter der Cultural Studies eliminierten die traditionelle Unterscheidung zwischen Hoch- und Populärkultur und erklärten kurzerhand alle kulturellen Ausdrucksformen zu ihrem Gegenstand, mit besonderem Augenmerk auf der *popular culture*. Die explizit politische, marxistisch inspirierte Forschungsrichtung bestand auf dem Recht der eigenen Stimme insbesondere der gesellschaftlich marginalisierten Gruppen *(minorities)* – wobei die Frage, in wessen Namen der oder die Forscher/in sich artikuliert, wenn er oder sie über diese Gruppen spricht, unter dem Stichwort der *agency* (Handlungsfähigkeit) weiterhin problematisch bleibt.[24] Auch in den USA haben sich die Cultural Studies etabliert, hier jedoch wurde neben der Minoritäten- und Volkskultur auch das Studium anderer Kulturen und Länder als solche bezeichnet, sodass sich etwa viele Germanistische Institute, die sich durch schwindende Studierendenzahlen in Legitimationskrisen befanden, von *German Literatures and Languages* in *German (Cultural) Studies* umbenannt haben. Insofern spaltet sich die dritte Bedeutungsdimension von Kulturwissenschaft als Cultural Studies im Grunde noch einmal auf, und zwar in die Dimensionen Populärkultur- und Volkskulturforschung einerseits, in die einer Wissenschaft von Kulturen (oder altmodischer formuliert: Kultur- und Landeskunde) andererseits.[25] Mit diesen Feldern sollte die kulturwissenschaftliche Germanistik ebenso wenig verwechselt werden, wenngleich sie auch aus ihnen Anregungen und Ansätze übernimmt.

Schließlich gibt es zwei Varianten von Kulturwissenschaft, die die Germanistik konkret betreffen und die als solche innerhalb des Fachs diskutiert werden. Einerseits ist die Rede «von ‹Literaturwissenschaft als Kulturwissenschaft› als einem neuen, mit normativem Anspruch auftretenden Globalparadigma», andererseits «von ‹kulturwissenschaftlicher Literaturwissenschaft› als einer zusätzlichen methodischen Option, die neben andere, bereits bestehende tritt»[26]. Der Status von Literatur als wichtigstem Objekt der Forschung bleibt in beiden Varianten unbestritten, wenn sie auch – wie wir im kommenden Abschnitt ausführen werden – ihre Exklusivität im gewissen Sinn verliert.

Die Position des vorliegenden Bandes ist hier eindeutig: Wie bereits dargelegt, geht es in der gegenwärtigen Theorielandschaft nicht mehr um klar abgrenzbare Methoden, die an literarischen Einzeltexten oder Gattungen angewendet werden können und die sich durch Ausschließlichkeit kennzeichnen. Somit ist auch die kulturwissenschaftliche Germanistik keine neue, konkurrierende ‹Methode› unter anderen, sondern tendiert sehr wohl dazu, zu einem ‹Globalparadigma› zu werden und somit die Beschreibung der ersten Variante zu erfüllen. Kulturwissenschaft ist nicht ein neuer Trend, sondern im Grunde ein Resultat der (internationalen) Theoriedebatten der letzten zwanzig Jahre. Die gegenwärtigen Publikationen, Konferenzen und universitären Lehrveranstaltungen zeigen deutlich, dass es obsolet ist, eine derartige kulturwissenschaftliche Germanistik von Grund auf in Frage zu stellen, denn sie ist bereits weitgehend zur Praxis geworden.[27] Sie hat jetzt schon bedeutsame Veränderungen innerhalb des Fachs – besonders in der Forschung, aber auch in der Lehre – hervorgerufen. Wobei es sich, wie in den Beiträgen dieses Bandes deutlich werden wird, nicht um ein ‹normatives› Paradigma handelt, sondern um ein sehr offenes, das graduell unterschiedliche Anwendungen kulturwissenschaftlichen Arbeitens erlaubt. Klassische Einzeltext- oder Motivanalysen sind damit nicht notwendig obsolet geworden. Im Gegenteil, genauso wie «Trans- und Interdisziplinarität nur auf der Grundlage von Fachkompetenz sinnvoll sein kann»[28], zielt eine kulturwissenschaftliche Germanistik «nicht auf Aufhebung der Grenzen wissenschaftlicher Disziplinen», sondern «auf ihre Überschreitung im Dienste einer wechselseitigen Erhellung.»[29]

Germanistik als Kulturwissenschaft

Warum hat sich eine kulturwissenschaftliche Orientierung der Germanistik herausgebildet, und weshalb brauchen wir sie? Dies ist im Grunde die entscheidende Frage, für deren Beantwortung wir im Folgenden vier Aspekte anführen möchten: (1) die Inter- und Transdisziplinarität heutiger Forschung, (2) die Bedeutung aktueller Fragestellungen für die Analyse von Literatur und Kultur, (3) die Ausweitung der Untersuchungsgegenstände in der Germanistik und die Aufwertung der historischen Kontexte und (4) die Erschließung neuer, kulturell und technisch fundierter Verständnisebenen von Literatur wie Medialität und Performativität.

1. Bereits die seit den 1970er Jahren zu konstatierende methodische Öffnung der Germanistik gegenüber Theorien aus anderen Dis-

ziplinen sowie ihrer pragmatischen Anwendung war ein Überschreiten ihrer engeren Fachgrenzen. Doch erst die 1990er Jahre brachten auch den Geistes- und Sozialwissenschaften aus wissenschaftspolitischen Gründen, nämlich der Vernetzung in Forschungszentren und Graduiertenkollegs der Deutschen Forschungsgemeinschaft, einen Schub in Richtung interdisziplinärer Zusammenarbeit. Dabei wurde ein Bewusstsein dafür geschaffen, die Isolation der Einzelfächer in der Forschung zu durchbrechen und ihre Bemühungen zu bündeln und zu koordinieren.

Doch folgen diese Entwicklungen nicht nur einer wissenschaftsinternen Logik: Ursachen dafür sind ebenso die grundlegenden kulturellen und politischen Veränderungen unserer Gegenwart. Das Schmelzen nationalstaatlicher Identität in Europa, die Pluralisierung, zunehmende Vernetzung und interkulturelle Globalisierung unserer Lebenswelten und die sich daraus ergebenden Umorientierungen führen zu einem sich wandelnden Konzept von Kultur, das nicht mehr von festen, klar abgrenzbaren Ganzheiten ausgeht. Stichworte wie Migration, Mehrsprachigkeit, Hybridisierung und Interkulturalität sind hier zu nennen, die die Zusammenarbeit verschiedener Disziplinen nötig machen.

Daraus entwickelten sich auch Ansätze einer stärker komparatistischen und interdisziplinären Ausrichtung der Germanistik selbst.[30] Diese Arbeitszusammenhänge haben den Blick für die Pluralität historischer Lebenswelten geschärft, für deren Beschreibung der Begriff der ‹Kulturen› geradezu unabdingbar geworden ist. Inter- und transdisziplinäre Perspektiven auf Literatur arbeiten deshalb vorzugsweise mit der Begrifflichkeit der Kultur, um der «Dynamisierung verschiedener Einzelwissenschaften»[31] gerecht zu werden, die neue Schnittstellen bilden und gemeinsame Fragestellungen entwickeln. Als Beispiel wären etwa Arbeiten zum Text-Bild-Verhältnis zu nennen: Während die im 16. und 17. Jahrhundert populäre Kunstform des Emblems zuvor von zwei Fachrichtungen separat analysiert wurde – die Kunstwissenschaft wandte sich dem Bildteil *(pictura)* zu, die Literaturwissenschaft untersuchte die Textteile *(inscriptio* und *subscriptio)*[32] –, kommt in transdisziplinären Fragestellungen gerade das Verhältnis von Schriftlichem und Ikonischem in den Blick, was nicht nur eine Synthese beider Anteile darstellt, sondern sie zugleich auch problematisiert, indem etwa danach gefragt wird, ob sich Text und Bild ergänzen, widersprechen oder sich gar wechselseitig dekonstruieren. Transdisziplinarität ist somit nicht allein eine Entgrenzung der disziplinären Ausrichtung, sondern produziert zugleich neue Vorgehensweisen.

2. Seit Walter Benjamins Metapher vom «Tigersprung ins Vergangene»[33] ist das Herausarbeiten eines Gegenwartsbezuges ein zentrales Kriterium der Interpretation von Literatur, wäre sie doch sonst eine rein museale oder archivarische Angelegenheit. Die aktuellen Fragestellungen unserer Gegenwart an Literatur aber lassen sich – weit weniger als jene der Vergangenheit – nicht allein auf der Basis der bisherigen germanistischen Theorieansätze beantworten, sondern sind auf übergreifende, die Gesamtkultur einer Epoche einbeziehende Untersuchungen angewiesen. Themen wie Medien, Anthropologie, Körper, Geschlecht, Theatralität oder Fremdheit sind es, die an der Schwelle zum 21. Jahrhundert starke öffentliche Relevanz erlangen. Wie kann man aber über die Medialität der Literatur oder über Medienumbrüche sprechen, ohne ihre technischen und kulturgeschichtlichen Voraussetzungen und Begleiterscheinungen zu erforschen? Können Geschlecht und Sexualität in der Literatur ohne ein theoretisches Konzept der Genese von Geschlechterdifferenz, ohne die Berücksichtigung des historischen Verhältnisses von Körper und Identität analysiert werden? Lässt sich ohne eine differenztheoretische Fundierung über Phänomene der Alterität, Fremdheit und Ethnizität sprechen? Ist es sinnvoll, die kulturelle Aufführung mittelalterlicher Liedvorträge ohne die Berücksichtigung ethnologischer und theaterwissenschaftlicher Theorien zu Ritual und Performance zu untersuchen?

Die neuen Fragestellungen, etwa nach der jeweils kulturellen Codierung und speziellen Diskursivierung des Fremden, der Liebe oder der Gewalt, nach der Medialität und Materialität von Texten, nach ihrem Verhältnis zum Anderen oder ihrem geschlechtsspezifischen Aussagewert, benötigen daher kulturwissenschaftliche Theoreme und Methoden, um innovative Sichtweisen auf Literatur als Teil eines umfassenden kulturellen Kosmos vorzustellen. Eine germanistische Philologie als Kulturwissenschaft betrachtet «Literatur als Teil der Gesamtkultur, also in ihrer Mitwirkung an Konstitution, Tradierung und

Veränderung von kulturellen Sinn- und Zeichenbildungen»[34]. Daraus folgt, dass die literarischen Texte in ihrer ästhetischen Valenz und Komplexität nicht alleiniger Gegenstand der Forschung sind. Es geht nicht mehr nur um Form und Struktur des Kunstwerks als abgeschlossenem Gebilde, um seine Aussagen und Botschaften, sondern um seine Funktionen und Wirkungen in den historisch bestimmbaren Kulturen seiner Zeit.

3. Diese Aufwertung der jeweiligen historischen Kontexte ist jedoch auch Folge der fachinternen Veränderungen in der Germanistik. Seit den sozialgeschichtlichen Methoden der 1970er Jahre hat sie ihre Gegenstände beständig erweitert, indem sie ihre Zuständigkeit auf Trivialliteratur, Zweck- und Gebrauchsformen der Literaturgeschichte, Wissensliteratur oder Literatur als Diskurssystem ausgedehnt hat. Schon damit hat sie die engeren Grenzen einer auf die Hauptwerke der deutschsprachigen Literatur konzentrierten Germanistik überschritten, schon damit hat sie sich in gewissem Sinn kulturwissenschaftlich positioniert.

Das Interesse an einem erweiterten Gegenstandsbereich entstand aus verschiedenen Gründen. Einer davon waren die historischen Diskursanalysen Foucaults, welche zeigten, dass sich anthropologische Phänomene wie Wahnsinn, Sexualität, Gesundheit und Krankheit nur konsequent historisieren ließen, wenn ihre Entstehungsgeschichte und ihre kulturellen Verhandlungen in verschiedenen Textsorten zugleich beachtet wurden: Medizinische Traktate kamen in den Blick, juristische Schriften und Gesetzestexte, theologische und ethische Abhandlungen, Biographien und Lexika.[35] Alle gemeinsam konstituieren erst das jeweilige Dispositiv. Dies impliziert eine Kritik am Begriff der Repräsentation: Die Diskurse repräsentieren nicht einen außerhalb ihrer selbst gegebenen Sachverhalt, sondern stellen ihn, in ihrer gemeinsamen Konstellation, erst her. Literatur ist unter dieser Prämisse nicht nur Ausdruck kultureller Bedeutungen und Spiegel sozialer Semantiken, sondern ist auf einer gleichrangigen Ebene konstitutives Medium, das Realität produziert. Damit wird auch die Unterscheidung zwischen Literatur und Gebrauchstexten, zwischen Fiktion und Faktum, hinfällig: «Mit Blick auf kulturelle Diskurse sind die als fest angenommenen Grenzen literarischer Texte aufzubrechen und die Tätigkeit des Interpretierens zu einer kritischen Auseinandersetzung mit einem umfassenden Korpus kultureller Texte weiterzuentwickeln.»[36]

Die Ausweitung des Quellenkorpus hat einen gewandelten Kontextbegriff zur Folge: «Dient der Kontext traditionell als heuristisches Instrumentarium zur Erklärung von Textbeobachtungen, so ist er in kulturwissenschaftlicher Perspektive Focus der Forschung. Text und Kontext sind in bezug auf die symbolische Ordnung neu zu relationieren.»[37] Dazu haben etwa die kulturwissenschaftlich orientierten Arbeiten Greenblatts zur Rolle von Theateraufführungen in der elisabethanischen Gesellschaft anschauliche Beispiele geliefert.[38] Sie fragen im Zeichen einer *poetics of culture* nach der «Zirkulation sozialer Energie» zwischen Texten und sozialer Wirklichkeit, nach ihren Austauschverhältnissen und direkten Wirkungen.

Eine Pluralisierung der Quellen und die Analyse ihrer Zeichensysteme kann umso besser gelingen, je stärker das durch den so genannten *linguistic turn* entstandene Paradigma ‹Kultur als Text› angewendet wird. Denn versteht man Kultur als einen «Bereich, der – ähnlich wie ein Text – zu verschiedenen Lesarten aufruft»[39], als ein komplexes Bedeutungsgewebe, in dem nicht nur gedruckt vorliegende Texte, sondern auch Praktiken und Handlungen nach den Regeln einer Textanalyse interpretiert werden können, erreicht man die Vergleichbarkeit einer Vielzahl kultureller Phänomene und Zeichensysteme, die zu ihrer Beschreibung nötig sind. Die Sichtweise der Kultur als Text ist in der Kultursemiotik bereits angelegt: Roland Barthes etwa hat alle semiotischen Systeme als Kultur begriffen, auch jene außerhalb von Sprache und Literatur.[40]

Wenn wir nicht länger die Ästhetik von der Wahrnehmung der lebensweltlichen und historischen Erfahrung abschotten – wie das seit dem 18. Jahrhundert und den Ästhetiken von Alexander Gottlieb Baumgarten und Immanuel Kant weitgehend der Fall war –, kann es gelingen, literarische Texte als Brennspiegel von Diskursen, Mythen, Ritualen, von Macht und Politik, von kulturellen Konstruktionen wie Rasse, Geschlecht, nationaler oder sozialer Identität zu beschreiben und somit auch ihre Komplexität und Besonderheit besser zu würdigen. Die Rolle der Literatur als Subsystem innerhalb größerer kultureller Systeme, als «Element im Spiel der Semantisierung des Materiell-Leiblichen»[41] wäre somit nicht unbedeutender, sondern durch Anbindung an die Formen der Wahrnehmung von Wirklichkeit, durch Kontextualisierung und Vergleich größer. Literatur ist wie kein anderes kulturelles Phänomen bis heute noch Organ von Differenzierung, Verschiebung, Übersetzung: Sie lässt normative und symbolische Ordnungen erkennen und macht gleichzeitig auf deren Brüche aufmerksam, sie gestaltet in Erzählungen und Dramatisierungen, in spielerischen Maskeraden oder in didaktischem Ernst, in Aneignung oder Abgrenzung vom Fremden ihre Weltentwürfe.

4. Schließlich ist ein gestärktes Problembewusstsein gegenüber Literatur als Medium anzuführen – eine Aufmerksamkeit für die medialen Strukturen und Bedingungen literarischer Texte, die durch die Semiotik, die Theorien der Kommunikation sowie die Forschungen zu Gedächtnis und Erinnerung geschärft wurde. Neuere Ansätze, die etwa nach den Ordnungen des Wissens fragen, nach den Speichermedien einer Kultur und der materialen Überlieferung von Texten (Textkritik, *New Philology*), haben deutlich gemacht, dass der Medienbegriff der Literatur zu lange undiskutiert blieb, indem man lange Zeit mit ästhetischen und literaturtheoretischen Unterscheidungen operierte (zum Beispiel die Gattungstrias von Prosa, Lyrik und Drama). Mündlichkeit und Schriftlichkeit etwa erschienen unter den Bedingungen der Medienrevolution des 20. Jahrhunderts als polare Opposition, die zwar lange Zeit für kulturelle Leitdifferenzen gut war (etwa zwischen Mittelalter und Neuzeit), die heute aber in Frage zu stellen ist. Medienumbrüche und Medienwechsel haben einen je veränderten Literaturbegriff zur Folge.

Zudem ist durch die Forschungsrichtung der Performativität das kulturelle Primat von Texten, Bildern, Monumenten und anderen Artefakten als wichtigsten Kulturzeugnissen grundsätzlich ins Wanken geraten. Kulturen, so die neue Erkenntnis, zeichnen sich nicht nur durch das aus, was Schrift und Bild überliefert haben, sondern ganz wesentlich auch durch leibliche Vollzüge und performative Akte: durch Rituale, Gesten, Spiele, Feste und andere Formen kultureller Aufführungen, die Gemeinschaften konstituieren und Bedeutungen produzieren bzw. unterlaufen. Dadurch ist ein einseitig semantisch ausgerichteter, allumfassender Textbegriff wieder in Frage gestellt worden, und zwar in doppelter Weise: Kommen zum einen die konkreten kulturellen Praktiken des Umgangs mit Texten stärker in den Blick (zum Beispiel das Vorlesen oder die Deklamation von literarischen Werken, was bis ins 18. Jahrhundert aufgrund von Illiterarität und hohen Buchpreisen durchaus die dominante Rezeptionsform war), so werden zum anderen auch Texte selbst zunehmend als kulturelle Aufführungen gelesen, als etwas, das Wirklichkeit nicht nur repräsentiert, sondern auch konstituiert. Medialität und Performativität zeigen noch einmal hinreichend, wie notwendig eine kulturwissenschaftliche Ausrichtung der Betrachtung von Literatur heute ist.

Pro und Contra einer kulturwissenschaftlichen Orientierung

Trotz der breiten Theorie-Diskussion und der Welle neuerer Forschungen, die das Paradigma ‹Kulturwissenschaft› bereits ausgelöst haben, gibt es eine Reihe beharrlicher Stimmen, die sich gegen eine derartige Orientierung wenden. Von diesen Kritikern einer kulturwissenschaftlichen Germanistik sind verschiedene Argumente zu hören, die sich in den folgenden drei Vorwürfen bündeln lassen:

1. Die Literaturwissenschaft verliere ihren Gegenstand aus den Augen, wenn sie die Hierarchien auflöst und literarische Texte nur als kulturelle Phänomene unter anderen untersucht. In einer solchen Grenzüberschreitung gehe die höhere Komplexität des literarischen Gegenstandes verloren. Literatur regrediere zu einer historisch-kulturellen Quelle unter anderen, zum «bloßen Dokument für kulturell-mentale Befunde»[42].

2. Durch ihren hohen und vielfältigen «Theorieimport»[43] vernachlässige eine kulturwissenschaftlich ausgerichtete Germanistik ihre eigenen literaturtheoretischen methodischen Register. Sie «flüchte» ihre eigene Disziplin und suche stattdessen immer wieder «das Heil in den Nachbardisziplinen»[44].

3. Die Fülle der zu behandelnden Diskurse und Phänomene übersteige die Kräfte und Kompetenzen der interdisziplinär arbeitenden Wissenschaftler/innen, was unweigerlich zu Dilettantismus führe.

Zum ersten Punkt hat Jan-Dirk Müller Stellung bezogen, indem er die konsequente Historisierung der Gegenstände (also der literarischen Texte) durch kulturwissenschaftliche Methoden unterstreicht. Diese machen es notwendig, zunächst einmal die Position von literarischen Texten im historischen Gewebe ihrer Kulturen zu klären, ein Verfahren, das in den bisherigen Textwissenschaften nur ungenügend berücksichtigt wurde.[45] Durch eine solche Historisierung kann die Besonderheit von literarischen Texten nicht nur postuliert, sondern eben genau gezeigt werden – Texte als besonders komplexe diskursive Konfigurationen von Erfahrung und Wahrnehmung der Welt. Versteht man die kulturellen Kontexte eines literarischen Textes als ‹Semantik der Zeit›, muss es darum gehen, diese Semantik zu ordnen und die Kontexte besser zu hierarchisieren.

Hinsichtlich des zweiten Vorwurfs eines exzessiven Theorieimports ist zunächst zu sagen, dass die Germanistik schon immer sehr theoriefreudig gewesen ist und mit neuen Theorien aus Nachbardisziplinen sofort experimentiert hat. Dies wurde bereits in den 1980er Jahren üblich, als Theoriemodelle wie die Psychoanalyse Jacques Lacans, die Systemtheorie Niklas Luhmanns oder die Dekonstruktion (verbunden mit Namen wie Jacques Derrida und Paul de Man) zu wichtigen Paradigmen wurden. Erst kürzlich hat der Romanist Hans Ulrich Gumbrecht der Germanistik höchstes methodisches Reflexionsniveau bescheinigt und die Auseinandersetzung mit außerfachlichen Theorien als äußerst fruchtbar gekennzeichnet.[46] Wenn somit Theorieimport grundsätzlich nichts Nachteiliges bedeutet, ist ein zweites Argument gewichtiger: nämlich dass die Textwissenschaften heute vielmehr selbst zu Stichwortgebern und Modelllieferanten der anderen Sozial- und Geschichtswissenschaften geworden sind, seit dort dem Zeichencharakter sozialer und historischer Phänomene immer stärkere Aufmerksamkeit geschenkt wird. Es findet also auch ein «Theorieexport»[47] aus der Literaturwissenschaft heraus statt. So hat sich der Ethnologe Clifford Geertz in seinen Arbeiten ausgiebig Text- und Codemetaphern bedient (die nun, kulturwissenschaftlich erweitert, in die Philologien zurückkehren), der Historiker Hayden White hat einen *linguistic turn* innerhalb der Geschichtswissenschaft ausgelöst, indem er die literarisch-erzählstrategischen Elemente und die Tropenorientierung in der Geschichtsschreibung herausgestellt hat, und die Theorien der Philolog/innen und Semiotiker/innen Roland Barthes, Julia Kristeva und Umberto Eco werden heute in vielfältiger Weise in zahlreichen Nachbardisziplinen rezipiert.

Zum dritten Kritikpunkt ist zu bemerken, dass zum Beispiel in der Frühen Neuzeit und in der Mediävistik schon seit längerer Zeit kulturwissenschaftlich gearbeitet wird. Nicht zuletzt deshalb stammen viele der neuen Theoriemodelle aus der Beschäftigung mit der Vormoderne: Die anthropologische Wende in der Geschichts- und Literaturwissenschaft in Europa ist (im Rückgriff auf Jacob Burckhardt und Jules Michelet) den Arbeiten der französischen Annales-Schule zu verdanken, die Alteritätsforschung hat bei Hans-Robert Jauß ihre Heimat, die strukturalistische Kritik am Autor- und Textbegriff wurde in der mittelalterlichen Handschriftenkritik zuerst philologisch in die Tat umgesetzt, die Mediengeschichte entwickelte sich seit Marshall McLuhans Studien anhand des Medienumbruchs im Mittelalter und in der Frühen Neuzeit, und im Übergang zur Druckkultur liegen auch die wichtigsten Gegenstände des *New Historicism*. Der Vorwurf des Dilettantismus sollte also relativiert werden, denn dass es möglich ist, mit kulturwissenschaftlichen Herangehensweisen hervorragende Ergebnisse zu erzielen, haben die genannten Beispiele gezeigt.

Dabei darf nicht verschwiegen werden, dass das kulturwissenschaftliche Arbeiten vielseitigere Kompetenzen von den einzelnen Forschenden verlangt, vor allem in der Übersetzungs- und Harmonisierungsleistung unterschiedlicher historischer und wissenschaftlicher Sprachen und Zeichensysteme. Doch dabei findet nicht notwendig eine Überforderung, sondern eher so etwas wie eine Kompetenzverlagerung statt: weg von einer fachsystematischen Orientierung und hin zu einer Konzentration auf konkrete kulturelle Phänomene in ihrer je historischen Ausprägung, wobei Untersuchungskorpus und Herangehensweise ebenso vom bearbeiteten Gegenstand mitbestimmt werden.

Die neuen Theoriekonzepte – Einführung in die sieben Kapitel des Bandes

Unsere Empfehlung an die Leser/innen dieses Einführungsbandes ist, jeweils beide Aufsätze eines Kapitels zu lesen, auch wenn sie es möglicherweise auf einen konkreten Gegenstand aus nur einem der beiden Teilbereiche der germanistischen Literaturwissenschaft anwenden möchten. Denn erst beide Aufsätze gemeinsam ergeben ein umfassendes Bild des Theoriekonzepts – durch die unterschiedliche historische Situierung, aber auch durch die Persönlichkeit der Autor/innen und der jeweiligen Gewichtung von spezifischen Aspekten innerhalb des Feldes sowie die Auswahl und Interpretation der Beispiele. Die bei der Lektüre von zwei Beiträgen zum gleichen Theoriekonzept zu befürchtenden Redundanzen bleiben demgegenüber aus. Im Gegenteil, beide Aufsätze eines Kapitels erhellen sich wechselseitig und stehen keineswegs in Konkurrenz oder gar Widerspruch zueinander. Sie machen deutlich, dass eine Zusammenführung von älterer und neuerer deutscher Philologie möglich und ein Dialog beider Teilfächer ertragreich ist.

Das erste Kapitel des Bandes führt mit den Beiträgen von Werner Röcke und Claudia Benthien in die *Historische Anthropologie* ein. Es handelt sich dabei um ein sehr weites Theoriekonzept, das auf Ansätzen der Geschichtswissenschaft (Mentalitätsgeschichte), der Philosophie (philosophische Anthropologie), der Ethnographie und Kulturanthropologie (*writing culture*-Debatte) sowie der Literaturgeschichte *(New Historicism)* aufbaut. Historische Anthropologie untersucht Selbstreflexionen des Menschen im Medium der Literatur, in den Künsten und der Alltagskultur, zum Beispiel in der Bezugnahme auf das Fremde oder auf das Nicht-Menschliche, wie etwa Tiere oder Götter. Im Blickpunkt des Theoriekonzeptes stehen all jene Phänomene, die als Spezifika des Menschen gelten – etwa seine dualistische Spaltung in Geist und Körper, das Verhältnis von Trieb und Begehren zur Instanz der Selbstkontrolle, das Bewusstsein der Sterblichkeit oder die menschliche Phantasie, Kreativität und Emotionalität. Historische Anthropologie geht dabei nicht vom Abstraktum ‹des Menschen› aus, sondern ist bemüht, ihre Untersuchungen zu konkretisieren und zu historisieren, das heißt, ihre Gegenstände im je besonderen kulturellen Kontext zu situieren. In methodischer Hinsicht zeichnet sie sich durch eine Aufwertung nichtliterarischer Quellen aus sowie durch transdisziplinäre Fragestellungen. Sie untersucht das von Menschen selbst geschaffene kulturelle ‹Bedeutungsgewebe› im Spannungsfeld von Konstanz und Wandel, im historischen Verlauf oder im konkreten Einzelfall.

Im zweiten Kapitel finden sich unter der Überschrift *Ordnungen des Wissens* Aufsätze von Udo Friedrich und Bernhard Dotzler. Hier geht es um eine grundlegende Kritik der ‹zwei Kulturen›: um eine historisierende Revision der sich als absolut gerierenden Trennung von Natur- und Geisteswissenschaften. Das Kapitel stellt verschiedene Ansätze dar, die sich unter dem Spektrum von Wissens- und Diskursgeschichte fassen lassen. Es handelt sich nicht nur um eine Geschichte der Wissenschaften (die ihrerseits auch als Literatur lesbar ist), sondern ebenso um die Institutionen des Wissens – und mithin um Macht – sowie um Theorien des kulturellen Gedächtnisses und der Speicher. Ordnungen des Wissens betreffen zudem die Ordnungen der Texte: Gefragt wird, wie die Literaturwissenschaft ihre Textsorten und Gattungen klassifiziert und welche Hierarchien und Wertungen damit verbunden sind (und waren). Eine Beschäftigung mit Wissensordnungen heißt auch, das Verhältnis von Wissenschaften und Künsten zu betrachten: Während Erstere als ‹objektiv› gelten, werden Letztere eher als ‹subjektiv› klassifiziert. Neuerdings wird auch das Wissenspotenzial der Künste zum Thema; so behandelte etwa der höfische Barockroman das enzyklopädische Wissen seiner Zeit und ist entsprechend als Nachschlagewerk benutzt worden. Auch die ästhetische Darstellung von Wissen ist ein relevantes Thema, etwa was die Inszenierung von naturwissenschaftlichen Experimenten im literarischen Text betrifft oder auch die Frage von Literatur selbst als Form der ‹Versuchsanordnung›, etwa im Theater als ‹Labor der Seele und der Leidenschaften›.

Dem folgt ein drittes Kapitel über *Medien- und Kommunikationstheorie.* Die Beiträge von Horst Wenzel und Nathalie Binczek versuchen, aus den verschiedenen Perspektiven einer Geschichte der medialen Umbrüche und einer theoretischen Nutzbarmachung des Kommunikationsbegriffs die kulturwissenschaftliche Bedeutung von Medien für die Produktion und Rezeption von Literatur greifbar zu machen. Mediengeschichte ist eine Voraussetzung für die konsequente historische Konkretisierung der literarischen Einzeltexte, da sie ritualisierte Prozesse des Hörens und Sehens mit den verschiedenen schriftgebundenen Kommunikationsweisen in Beziehung setzt. Diese Zusammenhänge von körperzentrierten und technologisch vermittelten medialen Zeichensystemen werden in den Untersuchungsbereichen

Text und Bild, Text und Aufführung sowie Text und Körper sichtbar. Die Beiträge geben einführende Darstellungen in die wissenschaftliche Herausbildung der Mediengeschichte und ihrer Hauptvertreter sowie in die theoretische Ausdifferenzierung des Kommunikationsbegriffs in der Linguistik, Soziologie und Philosophie. Gemeinsam ist diesen Theorien, dass sie Formen der Selbstbezüglichkeit von Literatur insofern untersuchen, als diese auch vom Lesen und Schreiben, von ihrer Materialität handelt. Hier wird deutlich, dass gerade medienwissenschaftliche Fragestellungen integrativen Charakter haben und die geschiedenen Arbeitsbereiche der älteren und neueren Literaturwissenschaft, aber auch der Linguistik einander wieder annähern können.

Unter der Überschrift *New Philology/Textkritik* beschäftigt sich das vierte Kapitel mit den Beiträgen von Jürgen Wolf und Jörg Döring mit aktuellen Fragen zu Kritik und Edition von Texten aus kulturwissenschaftlicher Perspektive. Zielt die aus den Vereinigten Staaten kommende *New Philology* in ihrer radikalen Infragestellung der bisherigen Prinzipien der mittelalterlichen Handschriftenkritik auf eine umfassende Revision des Text- und Autorbegriffs und schärft somit das Bewusstsein für die Handschrift als Einzelfall, so handelt es sich bei den editionstheoretischen Überlegungen für moderne literarische Texte um eine stärkere Berücksichtigung verschiedener Varianten des Textmaterials sowie biographischer Faktoren im Produktionsprozess. Handschrift, Druck und Hypertext werden in medientheoretische Zusammenhänge eingebunden und auf ihre Materialität hin befragt; die Entwicklung vom ‹unfesten› des Manuskriptzeitalters zum singulären, ‹festen› Text wird nachgezeichnet und problematisiert, Schlüsselbegriffe wie *variance* und *mouvance* werden erläutert und in ihren performativen Zusammenhängen – Aufführung und Lesepraktiken – dargestellt. Gemeinsam ist beiden thematischen Beiträgen, dass sie den Fragen der Auslotung der technischen Möglichkeiten des Parallel- und Faksimiledrucks nachgehen und die daraus entstehenden Vorteile und Probleme skizzieren.

Das fünfte Kapitel behandelt mit den Beiträgen von Hans Rudolf Velten und Sylvia Sasse das Theoriekonzept der *Performativität*. Die Verfasser skizzieren die wissenschaftsgeschichtliche Herkunft der Begriffe Performance, Performanz und Performativität aus anthropologischen, theaterwissenschaftlichen und linguistischen Theorien und beschreiben ihre noch heterogene Anwendung in den Literaturwissenschaften. Dazu werden die wichtigsten literaturwissenschaftlichen Performanztheorien aus der Mediävistik und dem Poststrukturalismus vorgestellt und in ihrer Anwendung auf Texte erläutert. Performativität erweitert das kulturwissenschaftliche Paradigma ‹Kultur als Text› um die Perspektive ‹Kultur als Handlung›. Texte performativ zu lesen heißt im Anschluss an die Sprechakttheorie, ihren Handlungs- und Konstruktionscharakter in den Mittelpunkt zu stellen: Der Text tut das, wovon er spricht. In der Arbeit mit historischen Texten bedeutet dies vor allem, ihren Aufführungscharakter (Inszenierung, Dramatisierung, Prozessualität) zu beleuchten und ihre Austauschbeziehungen zu kulturellen Praktiken (Spiel, Ritual, Theater) zu untersuchen. Indem den diskursiven und funktionalen Strategien des Textes, Performance zu simulieren und in der Rezeptionssituation nachzuvollziehen, eine besondere Bedeutung zukommt, kann die sinnliche Wahrnehmung, die kulturelle und soziale Wirkung von Texten und damit ihre Fähigkeit, Wirklichkeit zu konstituieren, besser als bisher herausgearbeitet werden.

Das sechste Kapitel stellt aktuelle *Gender-Theorien* dar. Judith Klinger und Doerte Bischoff erläutern, wie sich die Gender-Studien aus der feministischen Literaturwissenschaft der 1980er und 1990er Jahre heraus entwickelt haben. Sie klären wichtige Theorieansätze, wie die *écriture feminine*, den dekonstruktiven Feminismus, die psychoanalytische Literaturtheorie, die *queer studies* und das Maskerade-Konzept. Deutlich wird, dass die Gender-Studien ein produktives Forschungsfeld sind, das sich zunehmend auch der Erforschung von ‹Männlichkeit› widmet. Im Gegensatz zur früheren feministischen Literaturwissenschaft, die sich zum einen zum Ziel gesetzt hatte, vergessene oder marginalisierte Autorinnen (wieder) zu entdecken, um so eine Korrektur des literarischen Kanons vorzunehmen, zum anderen die ‹imaginierte Weiblichkeit› – die historischen Frauenbilder in der von Männern produzierten Literatur – untersuchte, sind die Fragestellungen der Gender-Studien heute wesentlich pluraler. Sie haben unter der Prämisse der sozialen Konstruktion der Kategorie ‹Geschlecht› die Konzentration auf literarische Texte ebenso wie die Binarität der ‹zwei Geschlechter› über Bord geworfen und wenden sich nun heterogenen

Phänomenen wie Androgynie oder Transsexualität zu, oder sie mischen sich in andere Wissensbereiche wie die Medizingeschichte und Reproduktionstechnologie oder die Konzeptionen des Cyberspace ein. Die Geschlechtsidentität *(gender)* wird in diesen Studien als *performance* begriffen, als eine kulturelle Inszenierung, deren biologische ‹Essenz› als irrelevant oder gar inexistent gilt.

Im abschließenden siebten Kapitel stellen Marina Münkler und Ortrud Gutjahr das Theoriekonzept *Alterität und Interkulturalität* vor. Die Autorinnen zeigen, dass kulturelle Fremdheit nur als relationale Kategorie zu verstehen ist, als etwas, das zu dem, was eine Kultur (oder eine soziale Gruppe) als Eigenes versteht, in Beziehung gesetzt wird. Interkulturalität entsteht über Konstruktionsprozesse von Differenz und das Festlegen von Identität und Alterität. Unter Bezugnahme auf postkolonialistische Theorien wird sie als ‹dritter Raum› zwischen Eigenem und Anderem verstanden. Fremdheit ist demnach nichts primär Gegebenes und Wahrnehmbares, sondern generiert sich erst im Prozess seiner Benennung – zum Beispiel durch Stereotypenbildung. Unter dieser Perspektive sind literarische Texte als Bearbeitungsmedien von Identität und Differenz zu untersuchen. Besonders interessant sind dabei solche Texte, die dieses Verfahren selbst zum Thema haben, etwa Reiseberichte, Exilliteratur oder auch ethnographische Beschreibungen. Wichtige Anregungen für das Forschungsfeld von Alterität und Interkulturalität kommen daher aus der Kulturanthropologie und der Ethnologie. Des Weiteren sind folgende Aspekte zentral, die beide mit den kulturellen Zeichensystemen zusammenhängen: einerseits die Frage der Alterität kultureller Gegenstände, wenn sie anderen Kulturkreisen oder zurückliegenden Epochen entstammen, und die Möglichkeiten des Umgangs mit ihnen (‹Lesbarmachung›), andererseits die grundlegende Bedeutung der Sprache als Medium von Identität und Alterität (‹Fremdsprachen›) und als Produzentin von Weltbildern.

Gemeinsam ist den Aufsätzen neben einer sowohl historischen als auch systematischen Ausrichtung, dass sie als Veranschaulichung der theoretischen Ansätze mit dem Beispiel ‹Brief› oder ‹Botschaft› arbeiten – wobei dies nicht nur als Textsorte, sondern ebenso als Gegenstandsbereich zu verstehen ist. So lässt sich dieses Phänomen etwa unter folgenden Stichpunkten untersuchen: das Überbringen von Briefen oder Botschaften als Motiv oder Handlungsmoment, die Bedeutung des Briefs in verschiedenen Medien (Literatur, Theater, Film, bildende Kunst), der Vorgang des Verfassens und Empfangens von Botschaften (mündlich, handschriftlich, gedruckt, elektronisch) und die Praktiken der Lektüre. Andere mögliche Fragestellungen einer kulturwissenschaftlichen Beschäftigung mit Briefen und Botschaften sind etwa die nach dem Zusammenhang von Geschlechterordnung und Briefkultur, nach leitenden Affektstrukturen des Mediums Brief oder nach der Herausbildung von Intimität durch die Briefkultur im historischen Prozess (zum Beispiel Entstehung der so genannten ‹Empfindsamkeit› im 18. Jahrhundert). Zudem kann es um die Wissensübermittlung in Briefform gehen (beispielsweise schriftliche Dialoge über Fragen der Ästhetik und Philosophie), um die postmoderne These einer ‹Unlesbarkeit› von Botschaften, um die Materialität des Briefs und sichtbare Spuren des Körpers (zum Beispiel Tränen oder verlaufene Tinte als körpersprachliche Signale) oder um die Semiotik von Paratexten eines Briefs (beispielsweise Briefumschläge, Briefmarken). Schließlich ist nach Figurationen des Boten zu fragen, nach den kulturellen Aufführungen von Nachrichten und den Zeremonien der Botschafts-Überbringung (etwa im Mittelalter). In den 14 Beiträgen kommen zahlreiche dieser Aspekte zum Tragen, sodass die Leser/innen mit diesem Buch neben einer Einführung in *Germanistik als Kulturwissenschaft* auch ein kleines Kompendium kulturwissenschaftlicher Ansätze zum Thema ‹Brief›/‹Botschaft› in Händen halten.

Anmerkungen

1 Z. B. Wellbery, David (Hg.). *Positionen der Literaturwissenschaft. Acht Modellanalysen am Beispiel von Kleists ‹Das Erdbeben in Chili›*. München, 1985; Bogdal, Klaus-Michael (Hg.). *Neue Literaturtheorien. Eine Einführung*. Opladen, 1990; Kimmich, Dorothee, Rolf Günter Renner u. Bernd Stiegler (Hg.). *Texte zur Literaturtheorie der Gegenwart*. Stuttgart, 1996; Arnold, Heinz Ludwig u. Heinrich Detering (Hg.). *Grundzüge der Literaturwissenschaft*. 3. Aufl. München, 1999. 365–535.

2 Vgl. die entsprechenden Debatten zu Begriff und Programm ‹Kulturwissenschaft› im *Jahrbuch der Deutschen Schiller-Gesellschaft* 16, 17 u. 18 (1997, 1998 u. 1999), in der *Deutschen Vierteljahrsschrift für Literatur und Geistesgeschichte* 73 (1999) und dem Diskussionsforum in den *Mitteilungen des deutschen Germanistenverbandes* 46.4 (1999).

3 Vgl. dazu ausführlich Böhme, Hartmut, Peter Matussek u. Lothar Müller. *Orientierung Kulturwissenschaft. Was sie sein kann, was sie will.* Reinbek, 2000.

4 Vgl. die Übersicht über die zentralen bereits vorliegenden Publikationen: Engel, Manfred u. Uwe Spörl. «Auswahlbibliographie zur kulturgeschichtlichen Literaturwissenschaft». *KulturPoetik* 1.1 (2001): 141–158.

5 Noch 1980 hatte der empirische Kulturwissenschaftler Hermann Bausinger die Absicht, auch die Linguistik in das Projekt einer germanistischen Kulturwissenschaft zu integrieren. Vgl. Bausinger, Hermann. «Germanistik als Kulturwissenschaft». *Jahrbuch Deutsch als Fremdsprache* 6 (1980): 17–31.

6 Vgl. Hermand, Jost. *Geschichte der Germanistik.* Reinbek, 1994. 28–65.

7 Vgl. Wyss, Ulrich. «Abgrenzungen. Die Germanistik um 1900 und die Tradition des Faches». *Konkurrenten in der Fakultät. Kultur, Wissen und Universität um 1900.* Hg. v. Christoph König u. Eberhard Lämmert. Frankfurt a. M., 1999. 61–77, 64 f.

8 Sie wurde gelegentlich auch als «Bildungskatastrophe» bezeichnet. Vgl. Heinzle, Joachim. «Literatur und historische Wirklichkeit. Zur fachgeschichtlichen Situierung sozialgeschichtlicher Forschungsprogramme». *Das Mittelalter und die Germanisten. Zur neueren Methodengeschichte der germanistischen Philologie. Freiburger Colloquium 1997.* Hg. v. Eckart Conrad Lutz. Fribourg, 1998. 93–115, 94.

9 Siehe dazu Weddige, Hilkert. *Einführung in die germanistische Mediävistik.* München, 1987. 18–21.

10 Wir beziehen uns bei dieser Ausdifferenzierung u. a. auf: Engel, Manfred. «Kulturwissenschaft/en – Literaturwissenschaft als Kulturwissenschaft – kulturgeschichtliche Kulturwissenschaft». *KulturPoetik* 1.1 (2001): 8–36, 9; Böhme, Hartmut u. Klaus Scherpe (Hg.). *Literatur und Kulturwissenschaften. Positionen, Theorien, Modelle.* Reinbek, 1996. 7–24; Nünning, Ansgar. «Kulturwissenschaft». *Metzler-Lexikon Literatur- und Kulturtheorie. Ansätze – Personen – Grundbegriffe.* Stuttgart u. Weimar, 1998. 299–302, 299.

11 Graevenitz, Gerhard v. «Literaturwissenschaft und Kulturwissenschaften. Eine Erwiderung». *Deutsche Vierteljahrsschrift für Literaturwissenschaft und Geistesgeschichte* 73 (1999): 94–115, 95.

12 Vgl. Frühwald, Wolfgang u. a. *Geisteswissenschaften heute. Eine Denkschrift.* Frankfurt a. M., 1991; siehe auch Lützeler, Paul Michael. «Die kulturalistische Wende in den Geisteswissenschaften». *Akademie-Journal* 1 (2000): 16–19; Röcke, Werner. «Vom ‹Streit der Fakultäten› zur Einheits-Wissenschaft? Was meint das Gebot der ‹Exzellenz› in den Geisteswissenschaften?» *Rechtshistorisches Journal* 20 (2001): 325–342.

13 Vgl. Böhme u. Scherpe (Anm. 10), 10–13.

14 Snow, Charles Percy. *Die zwei Kulturen. Literarische und naturwissenschaftliche Intelligenz.* Stuttgart, 1967.

15 Kittler, Friedrich A. *Eine Kulturgeschichte der Kulturwissenschaft.* München, 2000. 15.

16 Kittler (Anm. 15), 15.

17 v. Graevenitz (Anm. 11), 98.

18 Vgl. Böhme, Hartmut. «Vom Cultus zur Kultur(wissenschaft). Zur historischen Semantik des Kulturbegriffs». *Literaturwissenschaft – Kulturwissenschaft. Positionen, Themen, Perspektiven.* Hg. v. Renate Glaser u. Matthias Luserke. Opladen, 1999. 48–68, 51 f.

19 v. Graevenitz (Anm. 11), 96.

20 Vgl. Böhme, Matussek u. Müller (Anm. 3), 212–31.

21 Böhme u. Scherpe (Anm. 10), 12.

22 «Es besteht die Gefahr, dass ‹Kulturwissenschaft› sich als ein Sammelsuriumbecken präsentiert, in dem alles und jegliches seinen Platz findet, was irgendwie den Rahmen eines geisteswissenschaftlichen Einzelfachs überschreitet». Haug, Walter. «Literaturwissenschaft als Kulturwissenschaft?» *Deutsche Vierteljahrsschrift für Literaturwissenschaft und Geistesgeschichte* 73 (1999): 69–93, 73; v. Graevenitz (Anm. 11). Polemische Angriffe richten sich vor allem auf das Kulturwissenschaftliche Seminar der Humboldt-Universität zu Berlin, wo mit Friedrich Kittler und Hartmut Böhme zwei prominente Ex-Germanisten lehren. Vgl. z. B. Vollhardt, Friedrich. «Kittlers Leere. Kulturwissenschaft als Entertainment». *Merkur* 55.8 (2001): 711–716; Müller, Hans-Harald. «‹Aus den fremdartigsten Säften zusammengebraut›. Die verlorene Einheit der Philologie im Medium der Kulturwissenschaft – Zwei Legenden.» *Frankfurter Rundschau* 203 (2.9.1997), 12.

23 Vgl. Musner, Lutz. «Kulturwissenschaften und Cultural Studies. Zwei ungleiche Geschwister?» *KulturPoetik* 1.2 (2001): 261–271; Bromley, Roger, Udo Göttlich u. Carsten Winter (Hg.). *Cultural Studies. Grundlagentexte zur Einführung.* Übs. v. G. Kreuzner u. a. Lüneburg, 1999; Engelmann, Jan (Hg.). *Die kleinen Unterschiede. Der Cultural-Studies Reader.* Frankfurt a. M. u. New York, 1999; Hörning, Karl H. u. Rainer Winter (Hg.). *Widerspenstige Kulturen. Cultural Studies als Herausforderung.* Frankfurt a. M., 1999.

24 Vgl. Biti, Vladimir. «Cultural Studies». *Literatur- und Kulturtheorie. Ein Handbuch gegenwärtiger Begriffe.* Reinbek, 2001. 116–180, 128.

25 Erstere wird hierzulande als ‹Europäische Ethnologie› und als ‹empirische Kulturwissenschaft› bezeichnet, Letztere als Kulturwissenschaft oder Cultural Studies. Vgl. etwa Hansen, Klaus P. *Kultur und Kulturwissenschaft. Eine Einführung.* Tübingen, 1995; ders. (Hg.). *Kulturbegriff und Methode. Der stille Paradigmenwechsel in den Geisteswissenschaften. Eine Passauer Ringvorlesung.* Tübingen, 1993.

26 Engel (Anm. 10), 9; vgl. auch Böhme, Hartmut. «Zur Gegenstandsfrage der Germanistik und Kulturwissenschaft». *Jahrbuch der deutschen Schillergesellschaft* 42 (1998): 476–85.

27 Dies zeigte beispielhaft der Internationale Germanistentag *Zeitenwende – Die Germanistik auf dem Weg vom 20. ins 21. Jahrhundert*, Wien 2000, auf dem in alt- und neugermanistischen Sektionen insgesamt etwa 90 Vorträge zum Thema Kulturwissenschaft stattfanden; vgl. die Bände: Ebenbauer, Manfred, Stephen Jaeger u. Horst Wenzel: *Mediävistik und Kulturwissenschaften*; Engel, Manfred, Ortrud Gutjahr u. Wolfgang Braungart (Hg.): *Literaturwissenschaft als Kulturwissenschaft. Interkulturalität und Alterität – Interdisziplinarität und Medialität – Konzeptionalisierungen und Mythographie.* Akten des X. Internationalen Germanistenkongresses Wien 2002. Jahrbuch für Internationale Germanistik Bd. 57 u. 61. Hg. v. Peter Wiesinger. Bern [im Druck]. Zudem gab es in Wien mit einzelnen Sektionen zu Geschlechterforschung, Wissenschaftsgeschichte, Medien, New Philology und Psychologie weitere umfassende Felder, die unserem Verständnis zufolge der kulturwissenschaftlichen Germanistik zuzuordnen sind und dieses Bild noch verstärken. Dass sich demgegenüber auf dem Deutschen Germanistentag 2001 in Erlangen wesentlich

mehr kritische Stimmen zur kulturwissenschaftlichen Orientierung des Fachs fanden, wirft ein interessantes Bild auf das Verhältnis von nationaler und internationaler Germanistik.

28 v. Graevenitz (Anm. 11), 103.

29 Müller, Jan-Dirk. «Überlegungen zu einer mediävistischen Kulturwissenschaft». *Mitteilungen des deutschen Germanistenverbandes* 46.4 (1999): 574–85, 577.

30 Vgl. dazu die problemorientierte Darstellung von Röcke, Werner. «Mit fremdem Blick. Interdisziplinarität und Mediävistik». *Das Mittelalter* 4.1 (1999): 57–63.

31 Wenzel, Horst. «Mediävistik zwischen Textphilologie und Kulturwissenschaft». *Mitteilungen des deutschen Germanistenverbandes* 46.4 (1999): 546–61, 548.

32 Ein früher Ansatz in dieser Richtung ist: Schöne, Albrecht. *Emblematik und Drama im Zeitalter des Barock.* 3. Aufl. München, 1993.

33 Benjamin, Walter. «Über den Begriff der Geschichte». *Gesammelte Schriften* I.2. Hg. v. Rolf Tiedemann u. Hermann Schweppenhäuser. Frankfurt a. M., 1991. 691–704, 701; vgl. dazu auch Koselleck, Reinhard. *Vergangene Zukunft. Zur Semantik geschichtlicher Zeiten.* Frankfurt a. M., 1989.

34 Dieterle, Bernard u. a. «‹KulturPoetik› – Eine Zeitschrift stellt sich vor». *KulturPoetik* 1.1 (2001): 1–3, 1.

35 Vgl. Foucault, Michel. *Überwachen und Strafen. Die Geburt des Gefängnisses.* Übs. v. Walter Seitter. 10. Aufl. Frankfurt a. M., 1992; ders. *Die Geburt der Klinik. Eine Archäologie des ärztlichen Blicks.* Übs. v. Walter Seitter. Frankfurt a. M., 1988; ders. *Wahnsinn und Gesellschaft. Eine Geschichte des Wahns im Zeitalter der Vernunft.* Übs. v. Ulrich Koeppen. Frankfurt a. M., 1973; ders. *Sexualität und Wahrheit 1. Der Wille zum Wissen.* 8. Aufl. Frankfurt a. M., 1995. Dass dies zeitgleich von Germanisten wie Friedrich Ohly und Werner Krauss ähnlich wie Foucault gefordert wurde, soll nicht verschwiegen werden, blieb aber ohne nachhaltigen Eindruck.

36 Bachmann-Medick, Doris (Hg.). *Kultur als Text. Die anthropologische Wende in der Literaturwissenschaft.* Frankfurt a. M., 1996. 9.

37 Friedrich, Udo. «Konkurrenz der symbolischen Ordnungen». *Mitteilungen des deutschen Germanistenverbandes* 46.4 (1999): 562–73, 570.

38 Vgl. Greenblatt, Stephen. *Verhandlungen mit Shakespeare. Innenansichten der englischen Renaissance.* Übs. v. Robin Cackett. Berlin, 1990; ders. *Schmutzige Riten. Betrachtungen zwischen Weltbildern.* Übs. v. Jeremy Gaines. Berlin, 1991.

39 Bachmann-Medick (Anm. 36), 10.

40 Vgl. Barthes, Roland. *Mythen des Alltags.* Übs. v. Helmut Scheffel. Frankfurt a. M., 1964.

41 Neumann, Gerhard u. Sigrid Weigel (Hg.). *Lesbarkeit der Kultur. Literaturwissenschaft zwischen Kulturtechnik und Ethnographie.* München, 2000. 9–16, 15.

42 Haug (Anm. 22), 80.

43 Müller (Anm. 29), 576.

44 Haug (Anm. 22), 69.

45 Vgl. Müller, Jan-Dirk. «Der Widerspenstigen Zähmung. Anmerkungen zu einer mediävistischen Kulturwissenschaft». *Nach der Sozialgeschichte. Konzepte für eine Literaturwissenschaft zwischen Historischer Anthropologie, Kulturgeschichte und Medientheorie.* Hg. von Martin Huber u. Gerhard Lauer. Tübingen, 2000. 461–81, 462 f.

46 Vgl. Gumbrecht, Hans Ulrich. «Warum die Germanistik in den Elfenbeinturm zurückkehren sollte. Innovation, riskantes Denken und Selbstbewusstsein: drei Rezepte für eine Disziplin, die nach Wegen aus der Depression sucht». *Frankfurter Allgemeine Zeitung* (1.10.01), 51.

47 Müller (Anm. 29), 576.

1 Historische Anthropologie

Werner Röcke

a) Ältere deutsche Literatur

Der Begriff ‹Historische Anthropologie› scheint paradox. Während seit dem 16. Jahrhundert die Lehre von der Natur des Menschen als ‹Anthropologie› bezeichnet wird und unter diesem Titel universelle, das heißt «unabhängig von der Verschiedenheit der Individuen, Gruppen und Kulturen»[1], der historischen Epochen und Entwicklungen erkennbare Eigenschaften des Menschen, insbesondere seines Erkenntnis- und Sprechvermögens, seiner Affekte und ‹Temperamente›, zusammengefasst und theoretisch fundiert werden, gehen Geschichte und Geschichtsphilosophie von der historischen Bedingtheit menschlichen Denkens und Verhaltens sowie von der Annahme aus, «daß man zu jeder als universell behaupteten menschlichen Eigenschaft [...] ein Gegenbeispiel (durch das Studium der menschlichen Geschichte) angeben könne»[2]. Gleichwohl sind Anthropologie und Geschichte auch schon im Verlauf ihrer Wissenschaftsgeschichte und nicht erst seit den Konzeptualisierungen einer ‹Historischen Anthropologie› in den siebziger und achtziger Jahren des 20. Jahrhunderts weniger strikt voneinander getrennt, als es zunächst den Anschein hat.

Kants «Anthropologie in pragmatischer Hinsicht» und die Wissenschaftsgeschichte der Anthropologie im 19. und 20. Jahrhundert
Die präziseste Bestimmung von Begriff und Funktion der Anthropologie gibt Kant. Er unterscheidet eine Lehre von der Kenntnis des Menschen in «physiologischer» oder in «pragmatischer» Hinsicht, wobei die «physiologische» Menschenkenntnis auf die Erforschung dessen zielt, «was die Natur aus dem Menschen macht, die pragmatische auf das, was er als freihandelndes Wesen aus sich selber macht oder machen kann und soll»[3]. Beide Formen der Menschenkenntnis versteht Kant zugleich auch als «Weltkenntnis»[4] und somit als Erforschung der «Lebenswelt» des Menschen,[5] der er neben Metaphysik, Mathematik und Naturwissenschaft besondere Bedeutung zumisst. Dabei resultiert Kants Interesse an der Anthropologie wohl aus seiner vernunftkritischen Einsicht, dass die traditionelle Metaphysik auf «Gedankendinge» und die «Verstandeswelt» beschränkt bleibe, die mathematische Naturwissenschaft hingegen auf die «Erscheinungen» der Natur. Demgegenüber gehe die menschliche Lebenswelt gerade nicht in der «Verstandeswelt» oder den «Erscheinungen» und Gesetzen der Natur auf, sondern stelle einen eigenständigen Forschungsbereich dar, der allerdings ebenfalls der philosophischen Theorie bedürfe. «Deswegen wird – und zwar just in jenem Augenblick, in dem durch Vernunftkritik klar wird, daß traditionelle Metaphysik und mathematische Naturwissenschaft diese Theorie dieser Lebenswelt nicht zu leisten vermögen – als deren neues philosophisches Organ die Anthropologie nötig.»[6] Kant selbst hat in seiner ‹Anthropologie› von 1798 mit der systematischen Erarbeitung dieses ‹Organs› begonnen, sich dabei aber auf die *Anthropologie in pragmatischer Hinsicht* beschränkt. Gleichwohl ist diese Schrift für die weitere Entwicklung der philosophischen Anthropologie, dann aber auch für die Konzeptionalisierung einer ‹Historischen Anthropologie› von grundsätzlicher Bedeutung.

Das betrifft bereits den Begriff der ‹pragmatischen› Menschen- und Weltkenntnis selbst. Denn – so Kant – «die Welt [zu] kennen» und «die Welt [zu] haben» verweise auf grundsätzlich unterschiedliche Verstehens- und Handlungsmöglichkeiten des Menschen, indem «der eine nur das Spiel versteht, dem er zugesehen hat, der andere aber mitgespielt hat»[7]. Gegenstand seiner ‹pragmatischen› Anthropologie also ist der denkende, empfindende und politisch handelnde Mensch, der «Weltbürger»[8], der die Welt nicht nur betrachtet, wie sie ist, sondern ihre materiellen, sozialen oder politischen Bedingungen gestaltet und verändert, damit aber auch sich selbst zu verändern sucht. Denn der Mensch verwendet seine «Kenntnisse und Geschicklichkeiten zum Gebrauch für die Welt»[9]. ‹Pragmatisch› also ist diese Anthropologie insofern, als sie nicht die unveränderbare Natur des Menschen – und das heißt jene in der Anthropologie des 19. und 20. Jahrhunderts dann so viel berufenen ‹anthropologischen Konstanten› des Menschen – im Blick hat, sondern ganz im Gegenteil dessen verändernde Praxis.

Bis heute gehört der Vorwurf des Geschichtsverlusts und der Reduktion menschlicher Erfahrung und menschlichen Verhaltens auf unveränderbare, in der ‹Natur› des Menschen angelegte Grundmuster zu den gängigsten Vorurteilen gegen anthropologische Forschungsansätze. In der Begründung einer ‹pragmatischen› Anthropologie durch Kant kann davon keine Rede sein, wohl aber angesichts der bereits seit dem frühen 19. Jahrhundert zu beobachtenden immer stärkeren Gewichtung naturphilosophischer, physiologisch-medizinischer und naturwissenschaftlicher Fragestellungen in der philosophischen Anthropologie. Mit dieser «Wende zur Natur»[10] geht dann auch die Annahme einer immer gleichen menschlichen Natur einher, welche die Kenntnis von Welt und vor allem der Lebenswelt des Menschen, der Kants *Anthropologie in pragmatischer Hinsicht* dient, zur bloßen ‹Weltanschauung› verschiebt und – so beispielsweise bei Dilthey – jeder historischen Konkretheit beraubt: «Wie die menschliche Natur immer dieselbe ist, so sind auch die Grundzüge der Lebenserfahrung allen gemeinsam.»[11] In dieser ahistorischen Form haben anthropologische Forschungsansätze bis weit ins 20. Jahrhundert hinein gewirkt. So ist es nicht weiter erstaunlich, dass als «Initialschrift der Gegenwarts-Anthropologie»[12] ein Text gelten darf, der den Menschen nicht historisch, sondern von seiner Stellung in der Natur her versteht: Max Schelers knappe, aber überaus einflussreiche Schrift über *Die Stellung des Menschen im Kosmos* von 1928.[13] Umso erstaunlicher ist es dann aber auch, dass es mit der ‹Historischen Anthropologie› gelungen ist, sich von dieser Naturalisierung und vor allem Biologisierung der Anthropologie zu verabschieden und anthropologische und historische Ansätze miteinander zu verbinden. Zwar ist die Begründung einer ‹Historischen Anthropologie› nur in Ausnahmefällen im Rückgriff auf Kant erfolgt, doch bietet seine *Anthropologie in pragmatischer Hinsicht* nach wie vor die beste Gewähr, die theoretischen Probleme auch einer ‹Historischen Anthropologie› zu erörtern.[14] Was also ist unter dem Doppelterminus ‹Historische Anthropologie› zu verstehen, und inwiefern ist sie für Literaturwissenschaftler überhaupt interessant?

«Nouvelle histoire» und ‹Historische Anthropologie›

Der Begriff ‹Historische Anthropologie› bezeichnet kein Fach mit klar definierbaren disziplinären Grenzen, sondern eine Forschungsmethode, die in unterschiedlichen wissenschaftlichen Kontexten entwickelt worden und inzwischen zu einem gemeinsamen Nenner wichtiger Bereiche der Geistes- und Kulturwissenschaften geworden ist. Zwar lagen die Anfänge historisch-anthropologischer Fragestellungen in den Bemühungen um eine *nouvelle histoire* in den geschichtswissenschaftlichen Debatten der siebziger Jahre des letzten Jahrhunderts, insbesondere in den Arbeiten zur Mentalitätsgeschichte im Umfeld der Zeitschrift *Annales* und vergleichbaren Entwürfen einer historischen Sozialwissenschaft; doch führte das Erkenntnisziel einer «Anthropologisierung des Wissens»[15] recht bald die unterschiedlichsten Disziplinen und Forschungsansätze zusammen, sodass in der Denkschrift des Wissenschaftsrats von 1991 *Geisteswissenschaften heute* die ‹Historische Anthropologie› als Projekt der Geistes- und Kulturwissenschaften insgesamt propagiert werden konnte. Zwar war damit keineswegs deutlicher geworden, was unter der «modernen Bestimmung» der Geisteswissenschaften «als Kulturwissenschaften» zu verstehen, was vor allem mit der «anthropologischen Dimension von Sprache, Historie und Ästhetik»[16] gemeint ist und welche konkreten Forschungsaufgaben daraus erwachsen könnten. Klar war aber, dass die Antwort auf diese Frage nicht innerhalb eines Fachs, sondern nur im Dialog der Fächer untereinander zu finden ist. Die Forderung nach Interdisziplinarität wurde zu einer Art Markenzeichen kulturwissenschaftlicher und historisch-anthropologischer Forschung, die in dieser Hinsicht für die aktuelle wissenschaftstheoretische, aber auch hochschulpolitische Debatte der 1990er Jahre durchaus repräsentativ ist: Wäre doch keine hochschulpolitische Stellungnahme von Rang zur Neuordnung der Fächer oder den veränderten Aufgaben der Universität denkbar, in der nicht die Forderung nach einer interdisziplinären Öffnung der Fächer erhoben würde.[17]

Zwar ist man auch in den historisch-anthropologisch arbeitenden Fächern, wie der Geschichtswissenschaft und Literaturwissenschaft, der Ethnologie, europäischen Volkskunde oder anderen historischen Sozialwissenschaften, noch weit von einer tatsächlich interdisziplinären Arbeit in dem Sinn entfernt, dass die Forschungsansätze und -ergebnisse der jeweils anderen Fächer nicht nur zur Kenntnis genommen, sondern auch in die eigenen Überlegungen einbezogen werden. Gleichwohl ist der Forschungsansatz der historischen Anthropologie anders als interdisziplinär gar nicht möglich, da ihr Gegenstand nicht auf ein Fach beschränkt, sondern im Schnittfeld verschiedener Fächer angesiedelt ist. Bereits die französische *nouvelle histoire*, und hier vor allem die Mentalitätsgeschichtsschreibung *(histoire des mentalités)*, hat sich im Sinn eines *concept carrefour* (‹Kreuzung›) aus Soziologie, Geschichtswissenschaft, historischer Psychologie etc. definiert,[18] doch ist dieser Anspruch häufig auch missverstanden und der Mentalitätsgeschichte eine erhebliche ‹Gefräßigkeit› attestiert worden *(discipline boulimique)*.[19]

In der ‹Historischen Anthropologie› ist dieser interdisziplinäre Ansatz fortgesetzt, an einem wichtigen Punkt aber verändert worden:[20] Während sich die Mentalitätsgeschichte weitgehend auf kollektive Prozesse historischer Veränderung, auf langfristige Verschiebungen von Denkmustern und kollektiven Formen sozialer Selbstverständigung *(longue durée)* sowie serielle Verfahren historischer Analyse beschränkt, steht in der historischen Anthropologie der einzelne Mensch, wenn auch in seinen sozialen, politischen oder kulturellen Bezügen, und damit die subjektive Seite historischer Erfahrung im Mittelpunkt des Interesses. Zwar ist mit dieser Konzentration auf die Erfahrungen des Einzelnen keine Subjektivierung in dem Sinne gemeint, dass er von seinem historischen Kontext getrennt würde. Ganz im Gegenteil stehen die wechselseitigen Bezüge zwischen dem Einzelnen und seiner ‹Lebenswelt›,[21] das heißt den sozialen, politischen und kulturellen Voraussetzungen und Bedingungen seines Verstehens und Wissens, im Mittelpunkt. Entscheidend also ist diese Partialisierung der Perspektive, damit aber auch der Verzicht auf die großen Linien und umfassenden Erklärungsmuster, die in der Mentalitätsgeschichte und auch in der Sozialgeschichte der 1960er und 1970er Jahre noch einmal versucht worden waren.[22] An ihre Stelle tritt nicht der Verzicht auf Geschichte oder der Rückzug auf überhistorische ‹anthropologische Konstanten›, sondern die Partialisierung des historischen Blicks auf die Wahrnehmung und Erfahrung Einzelner in ihrer konkreten und begrenzten Lebenswelt, zugleich aber auch der Rückgriff auf Denkhaltungen, Stile des Verstehens, Deutungsmuster und andere *attitudes mentales*, die vor allem von der Mentalitätsgeschichte herausgearbeitet worden waren und die Möglichkeiten historischer und kultureller Erfahrung des Einzelnen maßgeblich prägen.

Die Besonderheit historisch-anthropologischer Forschung liegt in dieser widersprüchlichen Verbindung von Partialisierung und Generalisierung des historischen Blicks: einerseits das Interesse an den subjektiven Sichtweisen Einzelner auf die Bedingungen und Grenzen ihrer Lebenswelt, aber auch – was die zunehmende Öffnung zu Forschungsfeldern der Ethnologie oder europäischen Volkskunde begründet – auf die fremde Welt jenseits dieser Grenzen; andererseits die Einsicht, dass diese Art ‹Weltanschauung› eben nicht – wie die Lebensphilosophie behauptet – einem subjektiven Lebensgefühl geschuldet ist, sondern ganz im Gegenteil nur in Auseinandersetzung mit den Denkmustern, ‹Weltbildern› oder Verstehensformen einer bestimmten historischen Epoche denkbar ist.[23] Damit aber verbindet die gegenwärtig so erfolgreiche Historische Anthropologie nicht nur in fächersystematischer, sondern auch in wissenschaftsgeschichtlicher Hinsicht ganz unterschiedliche Entwicklungslinien miteinander: Einerseits schließt sie nicht an die philosophische Anthropologie des 19. und 20. Jahrhunderts mit ihrem Verzicht auf Geschichte und der Annahme überzeitlicher ‹anthropologischer Konstanten›, sondern an Kants *Anthropologie in pragmatischer Hinsicht* an, der den praktisch handelnden Menschen mit seinen je besonderen Möglichkeiten des Denkens und Verstehens («Erkenntnisvermögen»), aber auch seine Affekte, «Gemütsstimmungen» und «Temperamente», seine Einbildungskraft, seine Träume, seine Gedächtnisleistungen oder Narrheiten im Rahmen seiner je besonderen Lebenswelt in den Mittelpunkt stellt.[24] Andererseits resultiert die Historische Anthropologie aus dem Verzicht auf die umfassenden und vor allem auch monologischen Welterklärungsmodelle der 1970er Jahre, die aus den großen Linien der Sozial-, Mentalitäts- oder Mediengeschichte die partikularen Entwicklungen, die Brüche und Widersprüche im historischen Prozess weitgehend verbannt hatten. Im Forschungsfeld der historischen Anthropologie sowie der Fächer, die sich ihr verschrieben haben, stehen diese Brüche und Widersprüche und die Orientierung an Dialogisierungen der Wahrnehmung und des Denkens im Mittelpunkt. Das erklärt, warum gerade Literatur und Literaturwissenschaft für die Historische Anthropologie von besonderem Interesse sind.

Historische Anthropologie und die Literatur des Mittelalters

Noch gegenüber der *histoire des mentalités* blieb die Literaturwissenschaft, insbesondere die Mediävistik und Frühneuzeitforschung, eher reserviert. Der Hauptvorwurf lautete, dass die Mentalitätshistoriker literarische Texte nicht in ihrer sprachlichen und künstlerischen Besonderheit, in ihren je eigenen Sprechweisen, ihrer rhetorischen Kunst und ihren poetischen Spielformen, sondern nur als eine mögliche Quelle neben anderen berücksichtigen, sie damit aber nur als Bestätigung von ohnehin schon Gewusstem missbrauchten.[25]

Zwar ist dieser Vorwurf inzwischen ausgeräumt, doch lässt die Orientierung der Mentalitätsgeschichte auf kollektive und vor allem serielle Prozesse der Entwicklung dem einzelnen poetischen Text in der Tat keinen großen Erkenntnisspielraum. In der Historischen Anthropologie hingegen ist der je einzelne und besondere Blick auf die Lebenswelt gefragt, wie er auch und gerade in poetischen Texten erprobt, poetisch stilisiert, bestätigt oder – im Gegenteil – in Frage gestellt wird. Insofern sind literarische Texte eben aufgrund ihrer poetischen Besonderheit für historisch-anthropologische Forschungsansätze von größter Bedeutung. Denn – davon geht inzwischen auch die Mentalitätsgeschichte aus – literarische Texte wiederholen nicht einfach die

Deutungsmuster, ‹Weltbilder› oder Mentalitäten, mit denen sie sich auseinander setzen, sondern reflektieren und verändern sie, ästhetisieren sie oder stellen sie in Frage. Diese kritische Funktion von Literatur gilt insbesondere für die Epochenbrüche, Wendezeiten oder zumindest Krisen des sozialen Selbstverständnisses und der mentalen Orientierung, wie man das auf vielfältige Weise beim Übergang vom Spätmittelalter zur Frühen Neuzeit beobachten kann. Sind vom 14. bis zum 16. Jahrhundert schon die Sinngebungsmodelle, die Weltbilder und Formen sozialer Selbstverständigung, mittels deren man im Mittelalter noch umfassende Orientierung gewinnen konnte, selbst fragwürdig geworden, so reagiert die Literatur der Zeit auf diese Veränderungen mit Verunsicherung oder Katastrophenszenarien, mit Angstphantasien oder Todesbildern, aber auch mit dem Erproben neuer Denk- und Verhaltensmodelle sowie der «Erfahrung» neuer, bislang fremder Welten, die so bislang nicht gedacht werden konnten.[26] Dies vor allem ist wohl der Grund dafür, dass Geschichte, Kultur und Literatur des Spätmittelalters und der Frühen Neuzeit für historisch-anthropologische Forschungsansätze so außerordentlich attraktiv sind. Sie betreffen zum einen – im Sinne Kants[27] – die Veränderungen der Vorstellungs- und Denkformen des Menschen, seiner Affekte und ‹Temperamente›, seines Erinnerungsvermögens und seiner Traumwelten, zum anderen die Formen und Möglichkeiten seiner Vergesellschaftung in Staat und Herrschaft, Ehe und Familie; seiner sozialen und literarischen Kommunikation, wie etwa Mündlichkeit und Schriftlichkeit, Briefe und Boten, technische und andere Medien; seiner Individualisierung sowie der Herausbildung neuer Formen von Öffentlichkeit und Privatheit.[28]

So werden die Affekte und ‹Temperamente› des Menschen bereits seit der Antike nach dem traditionellen ‹Vier-Temperamente-Schema› der Sanguiniker, Choleriker, Phlegmatiker und Melancholiker unterschieden, je nachdem, welcher der vier Körpersäfte (Blut, Schleim, gelbe Galle, schwarze Galle) in der jeweiligen *Komplexion* vorherrscht.[29] In der Philosophie und Literatur des Spätmittelalters nun behält dieses Schema zwar seine Gültigkeit, wird zugleich aber auch erheblich modifiziert. Während beispielsweise die Vorherrschaft der schwarzen Galle, die zur Melancholie führt, in der Medizin und Literatur des Mittelalters, etwa im Traktat *De Melancolia* des Constantinus Africanus oder im *Iwein*-Roman Hartmanns von Aue, ausschließlich pathologisch, also als Wahnsinn, gedacht wird, erscheint sie im Denken und Schreiben des Spätmittelalters sehr viel widersprüchlicher: Zwar wird die Melancholie nach wie vor als depressive Stimmung und Verzweiflung, aber auch als Voraussetzung intellektueller oder künstlerischer Kreativität wahrgenommen, was in der Literatur des 15./16. Jahrhunderts nun sehr viel differenziertere Gefühlsdarstellungen als bisher, eine intensive Reflexion und Selbstvergewisserung über diese Gefühle sowie die Herausbildung einer Subjektivierung und Gewissenskultur ermöglicht, die bislang so nicht möglich war. Damit einher geht ein Prozess der zunehmenden Bewusstheit über die Triebnatur des Menschen, seiner *Sprache der Liebe*[30] und des körperlichen und sexuellen Begehrens, dann aber auch der Reglementierung und Sublimierung des Begehrens, die im *Prozeß der Zivilisation*[31] im Übergang vom Mittelalter zur Neuzeit in den unterschiedlichsten Formen reflektiert und literarisiert wird. Die literarische Briefkultur des Spätmittelalters und der Frühen Neuzeit, insbesondere die Stilisierung und Fiktionalisierung einer *face-to-face*-Kommunikation in der Erzählliteratur der Zeit, ist für diese Fragestellung außerordentlich interessant; ich komme darauf zurück.

Vergleichbare Formen literarischer Sublimierung sind zeitgenössisch noch in einem anderen Feld menschlichen Trieblebens zu beobachten: der Codierung von Wut und Gewalt. In der Literatur und Kultur des Mittelalters ist die körperliche, unmittelbare Gewalt eine der wichtigsten Formen von Vergesellschaftung, Kommunikation und politisch-rechtlichen Strukturen. Das ist im Spätmittelalter nicht anders, doch hat sich die Codierung von Gewalt nun erheblich verändert: Sie verliert ihre Unmittelbarkeit, wird indirekter und unterliegt Formen der ‹Verschiebung›[32], welche die Gewalt nicht aufheben, wohl aber weniger bedrohlich erscheinen lassen. Auch für diese Form der Sublimierung von Gewalt ist die Brief- und Romanliteratur des Spätmittelalters von erheblicher Bedeutung. Sie verweist darauf, dass die Muster sozialer und literarischer Kommunikation im Spätmittelalter entscheidenden Veränderungen unterliegen, die neue Möglichkeiten des Umgangs miteinander, der Selbststilisierung, aber auch der ‹Konstruktion› des Gesprächspartners und seiner Lebenswelt sowie neue Formen der Erfahrung bislang fremder Welten eröffnen.

Perspektiven der Briefliteratur in Spätmittelalter und Früher Neuzeit

Die Bedeutung und Funktion von Briefen für eine historisch-anthropologische Forschung in der Literatur und Kultur des Spätmittelalters ist keineswegs eindeutig. Ich konzentriere mich im Folgenden auf drei Funktionsmöglichkeiten:
– die Kunst der Sublimierung sexuellen Begehrens und die Verschiebung körperlicher Gewalt zum aggressiven Gelächter anhand der ‹Liebesbriefe› in Heinrich Wittenwilers *Ring*;
– die Selbststilisierung des Schreibers von Briefen, seiner Gefühle, Wünsche und Hoffnungen, aber auch die «Setzung des anderen»[33], das heißt der Empfindungen und Affekte des Briefempfängers, anhand der lateinischen Liebesnovelle des Enea Silvio Piccolomini *De duobus amantibus*;
– die Erfahrung neuer, bislang fremder Welten, monströser Lebewesen und überraschender Orientierungen des Denkens und Handelns anhand von Johann Hartliebs *Alexanderroman*, insbesondere des Briefwechsels zwischen Alexander und Dindimus, dem König der Brahmanen, über die Wunder der Fremde Indiens und am Rande der Welt sowie über das utopische Friedensreich der Brahmanen, das zu den vertrauten Standards von Herrschaft, Gewalt und politischer Ordnung gegenbildlich konzipiert ist.

1. Heinrich Wittenwilers ‹Ring› ist trotz seiner schmalen Überlieferung – nur eine Handschrift des Texts ist bekannt – als «Haupt- und Schlüsselwerk des Spätmittelalters»[34] bezeichnet worden. Er entwirft eine Welt des Begehrens und der Gewalt, der Freude am Bösen und an der Übervorteilung, der Deformation von Schönheit und Ordnung sowie der Zerstörung von Sinn und zweckhaftem Handeln, konfrontiert sie aber auch mit unterschiedlichsten Lehrsystemen zur Regelung von Alltag und Fest, Liebesbegehren und Ehe, Krieg und Gewalt, die zwar entworfen und kommentiert werden, ihre Orientierungsleistung aber verloren haben.[35] Im Mittelpunkt des Textgeschehens steht die Liebes-

werbung eines bäuerlichen Helden, Bertschi Triefnas, um eine dörfliche ‹Schönheit›, Mätzli Rüerenzumph, deren Hässlichkeit ebenso grotesk übersteigert wird wie ihre Triebhaftigkeit und Selbstbeschränkung auf die Öffnungen und Funktionen ihres Leibes.

Die Szene spielt in einem kleinen Schweizer Dorf, Lappenhausen «in dem tal ze Grausen»[36], weitet sich allerdings im Verlauf des Texts zum *Ring* der ganzen Welt: Während des Hochzeitsfestes für Bertschi und Mätzli kommt es aufgrund einer scheinbaren Lappalie – ein Tänzer kratzt seine Tänzerin so heftig an der Innenseite der Hand, dass sie zu bluten beginnt – zum Streit mit den Bewohnern Nissingens, eines Nachbardorfs, der sich zu einem regelrechten Krieg, ja einem Weltkrieg ausweitet. Am Ende steht eine groteske Explosion von Gewaltphantasien und immer neuen Gewaltakten, ein mörderischer Kampf aller gegen alle, die Selbstzerstörung dieser Welt und die Resignation des Helden, der sich in einer melancholischen Geste der Vergeblichkeit in den Schwarzwald zurückzieht.

Im Mittelpunkt dieser Bilderflut von Liebesbegehren und Gewalt, triebhafter Körperlichkeit und gnadenloser Rache stehen zwei Liebesbriefe, die Bertschi und Mätzli einander schreiben bzw. schreiben lassen, da sie selbst des Schreibens nicht mächtig sind. Dabei liegt die anthropologisch *und* historisch interessante Besonderheit des Geschehens in der Verdoppelung beider Briefe. Denn Bertschi wie Mätzli formulieren zunächst ihre eigene Briefversion, lassen sie dann aber von ‹gebildeten› Schreibern in die rechte Form bringen. Für die Frage nach der Zivilisationsgeschichte und der Sublimierung der Affekte im Spätmittelalter ist diese Verdoppelung beider Briefe von größtem Interesse. Bertschi beispielsweise formuliert sein sexuelles Begehren, nur knapp durch die traditionelle Grußformel und Liebesmetaphorik gebändigt, ganz unmittelbar:

Got grüess dich, lindentolde!
Lieb, ich pin dir holde.
Du bist mein morgensterne;
Pei dir so schlieff ich gerne.[37]

Der Dorfschreiber Henritze Nabelreiber hingegen, der Bertschis Liebeswunsch zum Brief verschriftlichen soll, nimmt zwar von der Intensität von Bertschis Liebesbegehren nichts zurück, verschiebt es aber in den ‹hohen Stil› des Liebesbriefs, der – mit Anleihen wiederum an die religiöse Metaphorik der Marienlyrik und an die Dienstmetaphorik des traditionellen Minnesangs – das Begehren zur sehnsuchtsvollen Hoffnung auf Erhörung und die Bitte um Beischlaf zum Flehen um die Gnade, sich doch bitte unterwerfen zu dürfen, verschiebt. Dabei ist bis in die Parallelkonstruktion von Bertschis ‹Vorbild› und Nabelreibers endgültigem Brief erkennbar, dass die Sprache des Begehrens lediglich die Art ihrer Codierung, nicht aber ihr Ziel verändert hat. Zwar ist die Form der Kommunikation der Liebenden modifiziert: Statt der unmittelbaren Liebesbekenntnisse – wie es Bertschi vorher noch in einer grotesken Gewaltszene im Kuhstall versucht hat[38] – bedienen sie sich nun der Verschriftlichung ihres Liebeswunsches im Brief. Doch ist das Liebesbegehren damit keineswegs reduziert und auch seine Gewaltförmigkeit nicht verringert: Da Mätzli wegen Bertschis Liebesgeständnis und ‹Überfall› auf sie im Kuhstall auf dem Speicher gefangen gehalten wird, muss Bertschis Liebesbrief ihr zugesandt werden.

Der Stein jedoch, der ihn zu Mätzli transportieren soll, trifft sie am Kopf: «so schon, daz im daz pluot aus gieng»[39]. Dabei ist dieser Steinwurf erst der Beginn einer konsequenten Einübung Mätzlis in die Interdependenz von Liebeslust und Gewalt, welche die Voraussetzung für ihren Antwortbrief an Bertschi schafft: Der Arzt Chrippenchra, den Mätzli aufgesucht hat, um sich Bertschis Brief vorlesen zu lassen, macht sich ihre Liebeslust zunutze, vergewaltigt und schwängert sie, weckt damit aber gerade ihre Liebeslust, die zu reglementieren nach kirchlicher Lehre den wichtigsten Zweck der Ehe darstellt. Chrippenchras Version von Mätzlis Antwortbrief an Bertschi mündet denn auch in das theologisch sanktionierte Gebot an beide Liebenden, die Ehe einzugehen – eine Ehe allerdings, die zu Gewalt, Tod und Zerstörung des ganzen Gemeinwesens führt. Offensichtlich, so verstehe ich diese paradoxe Konstruktion der Geschichte von Liebeswerbung und Eheschließung in Lappenhausen, ist sich Wittenwiler der Beherrschbarkeit der Triebe, Affekte und Gewaltwünsche immer weniger gewiss. Zwar bietet er die Möglichkeit der Stilisierung und Sublimierung des Begehrens durch Schrift und auch die literarische Kunst des Briefs, doch wird damit die drohende Gewalt nicht gebändigt, sondern im Gegenteil noch gesteigert. Wittenwilers *Ring* zeigt einen höchst pessimistischen Blick auf die manifeste Gewalt menschlicher Affekte und Begehrlichkeiten.[40] Zugleich aber weckt er gerade in den groteskesten und phantastischsten Formen von Gewalt ein Gelächter, das die Gewalt fortsetzt, wohl aber auch Ausdruck einer Orientierungs- und Sinnkrise ist: Indem man den Wahnsinn der Verhältnisse «komisch nimmt und lacht, genießt man den Vorteil, in jener momentanen Erleichterungslage den Status der Ohnmacht zu haben»[41].

2. Einen ganz anderen Effekt erzielen die Liebesbriefe zwischen Euryalus und Lucrezia in Enea Silvios Novelle *Historia de duobus amantibus*.[42] Briefe gelten als «Mittel der Verständigung»[43] und der Kommunikation. Sie ermöglichen das Gespräch mit einem/einer Abwesenden und folgen in Aufbau und Redeform einem mündlichen Kommunikationsakt. Grußformel – also Hinwendung zum Gesprächspartner –, Vortrag der Information, Schlussformel – also Abwendung vom Gesprächspartner – und Unterschrift imaginieren eine personale oder *face-to-face*-Kommunikation, machen aber zugleich deutlich, dass das Gespräch nicht mit einem Anwesenden, sondern mit einem Abwesenden geführt wird. Für den Brief ist dieser Gegensatz zwischen der Inszenierung eines persönlichen Gesprächs und der tatsächlichen Trennung der Gesprächspartner konstitutiv. Denn «im Brief vermag man die Abgeschiedenheit zu verleugnen und gleichwohl der Ferne, Abgeschiedene zu bleiben»[44]. Damit aber ergeben sich gerade im Brief Möglichkeiten der Stilisierung, vor allem auch der spielerischen Inszenierung seiner selbst, seiner Wünsche, Hoffnungen und Leidenschaften, die für historisch-anthropologische Fragen nach der Konstitution des Subjekts und die Affektkultur beispielsweise der Frühen Neuzeit außerordentlich interessant sind. Zugleich aber ist die Möglichkeit in Rechnung zu stellen, dass diese ‹Gefühlswelten› lediglich imaginiert und – möglichst effektvoll – stilisiert sind, nicht aber ‹erlebten› Affekten oder Wunschphantasien entsprechen. Insofern ist die Briefkultur auch des 15./16. Jahrhunderts nur sehr bedingt als Quellenmaterial für die Affektkultur der Epoche geeignet. Andererseits bietet gerade der literarische Charakter des Briefs die Möglichkeit, die Logik der Gefühle, ihre Grenzen oder auch die Brüche zwischen der

stilisierten Gefühlswelt und den Problemen realer Kommunikation genauer zu erproben.

In Enea Silvios *Historia de duobus amantibus* ist dieses Experimentierfeld der Möglichkeiten und Grenzen menschlicher Gefühlswelten auf besonders eindrucksvolle Weise eröffnet. Dabei sehe ich die historische Besonderheit dieser Novelle darin, dass sie die technisch-medialen Möglichkeiten des Briefs voraussetzt, vor allem aber mit ihnen spielerisch experimentiert und auf diese Weise ganz neue Dimensionen der zeitgenössischen Affektkultur sichtbar macht. Das wird insbesondere an den Kommunikationsformen der Liebenden deutlich: Euryalus ist im Gefolge des deutschen Kaisers nach Siena gekommen und trifft auf Lucrezia, eine verheiratete Sienesin. Beide entbrennen in Liebe zueinander und versuchen, die strengen moralischen Barrieren zwischen ihnen dadurch zu überwinden, dass sie sich Briefe schreiben: Briefe voller Zuneigung und Sehnsucht; Briefe, in denen sie sich ihre Liebe bekennen, sich in die Freuden ihrer Liebe und Schmerzen ihrer Trennung hineinphantasieren, die Wonnen ihrer Vereinigung zumindest imaginär vorwegnehmen und auf diese Weise ihre Liebe im wechselseitigen *gedencken* auch tatsächlich realisieren. Dabei scheint mir der performative Aspekt ihrer Liebesphantasien besonders wichtig zu sein: Sie vollziehen ihre Liebe, indem sie darüber sprechen, einander schreiben und ein persönliches Treffen herbeisehnen, bedenken dabei aber nicht, dass ihre personale oder *face-to-face*-Kommunikation anderen Regeln, auch anderen Regeln ihrer ‹Sprache der Liebe› (Roland Barthes),[45] folgt. Das aber hat zur Folge, dass sie in brieflicher Distanz zwar die schönsten Liebesträume träumen, im Zuge ihres persönlichen Zusammentreffens aber keineswegs im gleichen Maß zum Liebesglück und Liebesgenuss in der Lage sind. Natürlich scheitert ihre Liebe auch aus rechtlichen und moralischen Gründen. Der wichtigste Grund liegt wohl aber eher in der poetologischen Besonderheit des Briefs, dass ein Brief zwar einen Dialog eröffnet, es sich dabei aber um einen höchst ‹einseitigen Dialog› handelt – einseitig deswegen, «weil man sich wirklich mit dem Abwesenden darin unterhält, den man aber nicht zu Wort kommen läßt [...]»[46]. Zwar ist gerade die Einseitigkeit des Dialogs und damit die Stilisierung seiner selbst und des Gesprächspartners die Voraussetzung dafür, dass Intensität und Differenziertheit der Affekte in einem Maß gesteigert werden, wie es außerhalb von Kunst und Literatur nur schwer vorstellbar ist. Zugleich aber ist darin der Gegensatz von schriftlicher und personaler Kommunikation angelegt, den Euryalus und Lucrezia nicht zu überbrücken vermögen, sondern an dem ihre Liebe scheitert und Lucrezia zugrunde geht.[47]

3. Die Frage nach der ‹Natur› des Menschen und seiner ‹Lebenswelt›, welche seit dem 16. Jahrhundert die Anthropologie als Wissenschaft begründete, reichte – und dies vor allem in der Zeit der geographischen Entdeckungen des 16./17. Jahrhunderts – von Anfang an über die eigene ‹Lebenswelt› hinaus. So ist es wohl zu erklären, dass die Anthropologie bald auch – unter dem Eindruck der Entdeckungen und vor allem der Berichte über die Entdeckungen – die «ethnographischen und ethnologischen Trends mit ihrem Interesse an den Varianten und natürlichen Konstanten des Menschseins»[48] aufnahm. Noch Kant führt unter «den Mitteln der Erweiterung der Anthropologie [...] das Reisen»[49] auf, und auch in der modernen Historischen Anthropologie gehört die Frage danach, wie die Fremden und das Fremde gedacht werden können, mittels welcher Bilder das erfolgt und welche Alternativen zu den scheinbar selbstverständlichen Vorstellungs- und Deutungsmustern damit eröffnet werden, zu den zentralen Forschungsfeldern. Die Reiseberichte, aber gerade auch die Reiseromane des Spätmittelalters mit ihren phantastischen Bildern von den monströsen Lebe- und Mischwesen am Rande der Welt, von gänzlich ungewohnten Formen sozialer und politischer Ordnung oder von höchst merkwürdigen Dispositionen des Alltagslebens sind für diese Frage von besonderem Interesse. So sind Faszination und Verbreitung schon des antiken Alexanderromans, dann vor allem seiner mittelalterlichen und frühneuzeitlichen Adaptationen, weniger wohl auf die Erzählung von der militärischen Eroberung Persiens und Indiens durch Alexander oder seine Stilisierung zum idealen Herrscher und Heerführer zurückzuführen als auf die Berichte von den Wundern Indiens und vom Rande der Welt, die alle Verstehens- und Deutungsmöglichkeiten übersteigen; von dem utopischen Friedensreich des Dindimus, des Königs der Brahmanen, deren Bedürfnislosigkeit und Gewaltverzicht der alltäglichen Gewalt im mittelalterlichen Europa nur noch gegen-

bildlich verbunden sind; oder von der Rückkehr der Brahmanen in einen Naturzustand, an welchem der Habitus von Herrschaft und Gewalt, den Alexander, der Welteroberer, ganz selbstverständlich praktiziert, aufgehoben wird.

Besonders auffällig scheint mir, dass diese Berichte von den Wundern der Fremde im Alexanderroman in Briefform erfolgen, wobei vor allem der Briefwechsel zwischen Dindimus und Alexander von Interesse ist. Offensichtlich ist die Briefform in besonderem Maß dazu geeignet, neue und staunenswerte Beobachtungen mitzuteilen, die – so Alexander in einem Brief an seinen Lehrer Aristoteles – «ich [...] kainem menschen gelaubt (hett), hett ich sie mit meinen augen nit lauther gesechen, und hett die wunder durchmächticlich betracht [...]»[50]. Denn der Brief vermittelt zumindest die Fiktion unmittelbarer Erfahrung. Zwar fußt er auf der Selbststilisierung des Briefschreibers ebenso wie auf der Stilisierung seines Adressaten und der Welt, die er beschreibt, doch ist gerade dies die Voraussetzung dafür, dass die Phantastik und provozierende Alterität der Fremde überhaupt glaubwürdig werden kann. Dindimus entwirft in seinem Brief an Alexander denn auch nichts Geringeres als ein utopisches Reich der Gütergemeinschaft und des Verzichts auf Privateigentum; der allgemeinen Gleichheit und des Verzichts auf Gewalt; des Friedens und der Zufriedenheit mit Gottes Gaben. In einer Gesellschaft, in der Herrschaft und Gewalt, ständische Hierarchie und rechtliche Ungleichheit die wichtigste Orientierung der sozialen und politischen Ordnung darstellen, ist ein solcher Gesellschafts- und Staatsentwurf offensichtlich nur in der Ferne Indiens denkbar. Die literarische Form aber, die erlaubt, ihn überhaupt zur Kenntnis zu nehmen und zu beurteilen, ist der Brief. Er entwirft die Wunder der Fremde, als ob sie tatsächlich wahrgenommen worden waren und deshalb auch als wahr anzunehmen sind. Ebenso wie der Liebesbrief zwar die persönlichsten Bekenntnisse, Wünsche und Glücksbilder von dem oder der Geliebten formuliert und dabei doch auf der «Setzung des Anderen»[51] sowie der eigenen Person des oder der Schreibenden beruht, präsentieren die Briefe des Alexanderromans über die Wunder der Fremde die erstaunlichsten Beobachtungen, bieten als Garantie ihrer Wahrheit jedoch nur das ‹als ob› ihrer brieflichen Beglaubigung. Gerade in dieser

Verbindung von Wahrheit und Fiktion aber sind sie für eine historisch-anthropologische Forschung von Nutzen, die insbesondere an neuen Sichtweisen und überraschenden Alternativen zum Vertrauten interessiert ist.

Denn historische Anthropologie fragt zwar nach den Verstehensmöglichkeiten und *attitudes mentales* des Menschen in seiner konkreten Lebenswelt, dies aber nicht im Sinne scheinbar überhistorischer Konstanten, sondern – im Gegenteil – ihrer historischen Dialogisierung. Die literarischen Briefe in der Erzählliteratur des 15./16. Jahrhunderts bieten dafür die beste Voraussetzung. Sie zeigen die Perspektiven, ja den Reichtum eines Forschungsansatzes auf, der sich nicht mit den großen historischen Linien der Sozial-, Mentalitäts- oder Mediengeschichte begnügt, sondern – im Sinne Kants – den denkenden, empfindenden und politisch handelnden Menschen in den Mittelpunkt stellt. Dabei dient diese Partialisierung der Forschungsperspektive nicht einem Rückzug ins überhistorisch Allgemeine, sondern ganz im Gegenteil dem genaueren historischen Verständnis der Bedingungen und Formen menschlichen Handelns. Diesen Anspruch vertritt die historische Anthropologie nicht allein, doch ist sie in dieser Hinsicht besonders erfolgreich. Deshalb ist gerade sie für den interdisziplinären Ansatz einer Literaturwissenschaft, die sich auch kulturwissenschaftlich definiert, von erheblichem Interesse.

Anmerkungen

1 Schwemmer, Oswald. «Anthropologie». *Enzyklopädie Philosophie und Wissenschaftstheorie 1*. Hg. v. Jürgen Mittelstraß. Stuttgart u. Weimar, 1995. 126.

2 Schwemmer (Anm. 1), 126.

3 Kant, Immanuel. «Anthropologie in pragmatischer Hinsicht». *Werkausgabe XII*. Hg. v. Wilhelm Weischedel. Frankfurt a. M., 2000. 395–690, 399.

4 Kant (Anm. 3), 399 f.

5 So Marquard, Odo. «Anthropologie». *Historisches Wörterbuch der Philosophie 1*. Hg. v. Joachim Ritter. Basel, 1971. 362–74, 365 über Kants Begriff «Weltkenntnis». Mit dem Begriff «Lebenswelt» folgt Marquard Edmund Husserl. *Die Krisis der europäischen Wissenschaft und die transzendentale Phänomenologie* (1935 ff.); vgl. dazu auch Mühlmann, Wilhelm E. «Lebenswelt». *Historisches Wörterbuch der Philosophie 5*. Hg. v. Joachim Ritter. Darmstadt, 1980. 151–57, 155 ff.

6 Marquard (Anm. 5), 365.

7 Kant (Anm. 3), 400.
8 Kant (Anm. 3), 400.
9 Kant (Anm. 3), 399.
10 Marquard (Anm. 5), 369.
11 Wilhelm Dilthey. *Weltanschauungslehre. Abhandlungen zur Philosophie der Philosophie. Gesammelte Schriften 8.* 5. Aufl. Stuttgart u. Göttingen, 1977. 79.
12 Marquard (Anm. 5), 371.
13 Max Scheler. *Die Stellung des Menschen im Kosmos.* 12. Aufl. Bonn, 1991 (Erstausgabe 1928): eine – wie Scheler im Vorwort schreibt – «sehr gedrängte Zusammenfassung meiner Anschauungen über einige Hauptpunkte der ‹Philosophischen Anthropologie› [...], die ich seit Jahren unter der Feder habe». Dabei geht er davon aus, dass «das als Mensch bezeichnete Lebewesen nicht nur dem Begriff des Tieres untergeordnet bleibt, sondern auch eine verhältnismäßig sehr kleine Ecke des Tierreiches ausmacht», obwohl das Wort bei allen «Kulturvölkern» dem Begriff des Tieres gerade entgegengesetzt sei. Ebenda, 7 u. 10.
14 Vgl. dazu vor allem Lepenies, Wolf. «Probleme einer Historischen Anthropologie». *Historische Sozialwissenschaft. Beiträge zur Einführung in die Forschungspraxis.* Hg. v. Reinhard Rürup. Göttingen, 1977. 126–59.
15 Frühwald, Wolfgang u. a. *Geisteswissenschaften heute. Eine Denkschrift.* Frankfurt a. M., 1991, 70, im Anschluss an Walter J. Ong. «Crisis and Understanding in the Humanities». *‹Daedalus›-Journal of the American Academy of Arts and Sciences* 98 (1969): 617–40.
16 Frühwald u. a. (Anm. 15), 71. Zur kulturwissenschaftlichen Orientierung der Literaturwissenschaft liegen inzwischen zahlreiche Untersuchungen vor. Ich verweise nur auf die spannende Debatte zwischen Haug, Walter. «Literaturwissenschaft als Kulturwissenschaft» und Graevenitz, Gerhart v. «Literaturwissenschaft und Kulturwissenschaften. Eine Erwiderung». *Deutsche Vierteljahrsschrift* (1999): 69–121; und vorher grundsätzlich Böhme, Hartmut u. Klaus Scherpe. *Literatur und Kulturwissenschaften. Positionen, Theorien, Modelle.* Reinbek, 1996.
17 Ausführlicher dazu Röcke, Werner. «Mit fremdem Blick. Interdisziplinarität und Mediävistik». *Das Mittelalter. Perspektiven mediävistischer Forschung* 4.1 (1999): 57–63; und Raible, Wolfgang. Zur Interdisziplinarität in den Kulturwissenschaften. *Das Mittelalter* 4.1 (1999): 65–68.
18 «Mais l'histoire des mentalités ne se définit pas seulement par le contact avec les autres sciences humaines [...] Elle est aussi le lieu de rencontre d'exigences opposées que la dynamique propre à la recherche historique actuelle force au dialogue.» Le Goff, Jacques. «Les mentalités. Une histoire ambiguë». *Faire de l'histoire 3. Nouveaux objets.* Hg. v. dems. u. Pierre Nora. Paris, 1974. 109–36, 111; vgl. dazu Jöckel, Sabine. «Die ‹histoire des mentalités›. Bausteine einer historisch-soziologischen Wissenschaft». *Romanistische Zeitschrift für Literaturgeschichte* 2 (1987): 146–73.
19 Vovelle, Michel. *Idéologies et mentalités.* Paris, 1982. 11.
20 Zum Folgenden vgl. auch den Forschungsbericht von Kiening, Christian. «Anthropologische Zugänge zur mittelalterlichen Literatur. Konzepte, Ansätze, Perspektiven». Forschungsberichte zur Germanistischen Mediävistik 5/1. *Jahrbuch für Internationale Germanistik* Reihe C Abt. 5 (1996): 11–129.

21 Zur Kategorie ‹Lebenswelt› siehe Anm. 5; und Kiening (Anm. 20), 13, im Anschluss an Gumbrecht, Hans-Ulrich, Ursula Link-Heer u. Peter-Michael Spangenberg. *La littérature historiographique des origines à 1500. Teil 1.* Grundriß der romanischen Literaturen des Mittelalters 11. Hg. v. Hans Robert Jauss u. Erich Köhler. Heidelberg 1986. 32–39.

22 Ausführlicher dazu Röcke, Werner. «Literaturgeschichte – Mentalitätsgeschichte». *Literaturwissenschaft. Ein Grundkurs.* Hg. v. Helmut Brackert u. Jörn Stückrath. Reinbek, 2001. 639–50. Eine vergleichbare Partialisierung der Forschungsperspektive ist auch in anderen Ansätzen, vor allem der Geschichts- und Literaturwissenschaften zu beobachten. Ich verweise nur auf Carlo Ginzburgs Konzept einer ‹Mikrogeschichte› (‹microstoria›) oder auch auf die ‹New cultural poetics› des amerikanischen Anglisten Stephen Greenblatt u. a., insbesondere den Aufsatzband Greenblatt, Stephen. *Schmutzige Riten. Betrachtungen zwischen Weltbildern.* Berlin, 1991.

23 Zum Begriff ‹Weltanschauung› vgl. Gethmann-Siefert, Annemarie. «Weltanschauung». *Enzyklopädie Philosophie und Wissenschaftstheorie 4.* Hg. v. Jürgen Mittelstraß. Stuttgart u. Weimar, 1996. 652 f.; und Dilthey (Anm. 11); zum Begriff ‹Weltbild› vgl. Bachorski, Hans-Jürgen u. Werner Röcke. «Weltbilder. Ordnungen des Wissens und Strukturen der literarischen Sinnbildung». *Weltbildwandel. Selbstdeutung und Fremderfahrung im Epochenübergang vom Spätmittelalter zur Frühen Neuzeit.* Hg. v. dens. Trier, 1995. 7–17; und Link-Heer, Ursula. «Weltbilder, Epistemai, Epochenschwellen. Mediävistische Überlegungen im Anschluß an Foucault», ebenda, 19–56.

24 Vgl. dazu neben dem Ersten Buch «Vom Erkenntnisvermögen» vor allem das Zweite Buch «Vom Gefühl der Lust und Unlust» sowie das Dritte Buch «Vom Begehrungsvermögen» in Kant (Anm. 3), 403 f.

25 So vor allem Peters, Ursula. «Literaturgeschichte als Mentalitätsgeschichte? Überlegungen zur Problematik einer neueren Forschungsrichtung». *Germanistik – Forschungsstand und Perspektiven 2. Vorträge des Deutschen Germanistentages 1984.* Hg. v. Georg Stötzel. Berlin u. New York, 1985. 179–98; vgl. dazu aber schon Jöckel (Anm. 18); Röcke (Anm. 22); Chartier, Roger. «Intellektuelle Geschichte und Geschichte der Mentalitäten». *Mentalitäten – Geschichte. Zur historischen Rekonstruktion geistiger Prozesse.* Hg. v. Ulrich Raulff. Berlin, 1987. 69–96, vor allem 91.

26 Ausführlicher dazu Bachorski u. Röcke (Anm. 23).

27 Siehe Anm. 24.

28 Habermas, Jürgen. *Strukturwandel der Öffentlichkeit. Untersuchungen zu einer Kategorie der bürgerlichen Gesellschaft.* 4. Aufl. Neuwied u. Berlin, 1969.

29 Vgl. dazu Klibansky, Raymond, Erwin Panofsky u. Fritz Saxl. *Saturn und Melancholie. Studien zur Geschichte der Naturphilosophie und Medizin, der Religion und der Kunst.* Frankfurt a. M., 1990.

30 Vgl. dazu Barthes, Roland. *Fragmente einer Sprache der Liebe.* Frankfurt a. M., 1984.

31 Elias, Norbert. *Über den Prozeß der Zivilisation. Soziogenetische und psychogenetische Untersuchungen 1, 2.* Frankfurt a. M., 1984.

32 Zum psychoanalytischen Begriff der ‹Sublimierung› und ‹Verschiebung› vgl. Laplanche, Jean u. Jean-Bertrand Pontalis. *Das Vokabular der Psychoanalyse 2.* Frankfurt a. M., 1973. 478–81 (Sublimierung) u. 603–06 (Verschiebung).

33 Jean Améry. «Der verlorene Brief. V. Niedergang einer Ausdrucksform des Humanen». *Schweizer Rundschau* 75 (1975): 23 f. (zitiert nach Nickisch, Reinhard M. G. *Brief*. Stuttgart, 1991, 10).

34 Wehrli, Max. *Geschichte der deutschen Literatur vom frühen Mittelalter bis zum Ende des 16. Jahrhunderts*. Stuttgart, 1980, 724. Die Autorfrage ist noch nicht definitiv entschieden, auch wenn vieles für einen gleichnamigen Juristen und Hofmeister am Konstanzer Bischofshof spricht; vgl. zusammenfassend Brunner, Horst. «Wittenwiler, Heinrich». *Die deutsche Literatur des Mittelalters*. 10. Verfasserlexikon. Hg. v. Burghard Wedinger. Berlin u. New York, 1999, Sp. 1281–89; die Datierung des Texts ist «um 1400» anzusetzen.

35 Die Frage, ob Wittenwilers ‹Ring› einen didaktischen Zweck verfolgt oder ob die Sinnorientierung der Didaxe ihrerseits lachend in Frage gestellt, ja zerstört wird, ist in der ‹Ring›-Forschung sehr umstritten; vgl. dazu den knappen Überblick in Brunner (Anm. 34).

36 Wittenwiler, Heinrich. *Der Ring. Frühneuhochdeutsch/Neuhochdeutsch*. Nach dem Text von Edmund Wießner ins Neuhochdeutsche übs. u. hg. von Horst Brunner. Stuttgart, 1999. v. 55.

37 Wittenwiler (Anm. 36), vv. 1860–63: «lindentolde» = Krone der Linde; die Bezeichnung «morgensterne» entstammt der Marienlyrik des Mittelalters.

38 Wittenwiler (Anm. 36), vv. 1416–47. Es spricht einiges dafür, dass diese Szene trotz ihrer grotesken Gewaltförmigkeit gegenbildlich auf die Verkündigungsszene (Lukas 1, 26 ff.) des Engels an Maria bezogen ist, da der Engel Maria die Geburt Jesu verkündet; vgl. Lutz, Eckart Conrad. *Spiritualis fornicatio. Heinrich Wittenwiler, seine Welt und sein Ring*. Sigmaringen, 1990. 324 f.

39 Wittenwiler (Anm. 36), v. 1930.

40 Ausführlicher dazu vgl. Röcke, Werner. «Das Lachen, die Schrift und die Gewalt. Zur Literarisierung didaktischen Schreibens in Wittenwilers ‹Ring›». *Jahrbuch der Oswald von Wolkenstein Gesellschaft* 8 (1994/5): 259–82, insbesondere 275–82.

41 Odo Marquard. «Exile der Heiterkeit». *Das Komische*. Hg. von Wolfgang Preisendanz u. Rainer Warning. München, 1976. 133–53, 143.

42 Aeneas Silvius Piccolomini (Pius II) u. Niklas von Wyle. *The Tale of two Lovers. Eurialus and Lucretia*. Hg. v. Eric John Morall. Amsterdam, 1988.

43 Steinhausen, Georg. *Geschichte des deutschen Briefes. Zur Kulturgeschichte des deutschen Volkes I*. Berlin, 1889, III.

44 Adorno, Theodor W. «Benjamin, der Briefschreiber». *Noten zur Literatur 4*. Hg. v. Gretel Adorno u. Rolf Tiedemann. Frankfurt a. M., 1974. 585.

45 Vgl. Barthes (Anm. 30), 188–92.

46 Lessing, Gotthold Ephraim. «Lessings sogenannte Briefe an verschiedene Gottesgelehrte». *Werke 7. Theologiekritische Schriften*. Hg. v. Herbert G. Göpfert. Darmstadt, 1976. 677–709, 677.

47 Ausführlicher dazu Röcke, Werner. «Schriftliches ‹gedencken› und paradoxe Verneinung. Aspekte von Verschriftlichung und Affektkultur in der Novellistik des Mittelalters». *Gespräche – Boten – Briefe*. Hg. v. Horst Wenzel. Berlin, 1997. 226–43, insbesondere 232–39.

48 Marquard (Anm. 5), 364.

49 Kant (Anm. 3), 400.

50 Hartlieb, Johann. *Alexanderroman.* Hg. v. Rudolf Lechner-Petri. Edition des Cgm 581. Hildesheim u. New York, 1980. 203.

51 Jean Améry (Anm. 33).

Claudia Benthien

b) Neuere deutsche Literatur

1. O du Wechsel aller Dinge/ Jmmerwehrend Eitelheit;/ Laufft denn in der Zeiten Ringe/ Nichts mit fester Sicherheit!// 2. Gilt denn nichts/ als Fall und Stehen/ Nichts denn Cron und Hencker-Strang?/ Jst denn zwischen Tieff und Hoehen/ Kaum ein Sonnen Vntergang?// 3. Ewig wanckelbares Gluecke!/ Sihst du keine Zepter an?/ Jst denn nichts das deinem Stricke/ Auff der Welt entgehen kan!// 4. Sterbliche! was ist diß Leben/ Als ein gantz vermischter Traum?/ Diß was Fleiß und Schweiß uns geben./ Schwindet als der Wellen Schaum!// […] // 13. Zimmert Schloesser/ baut Pallaeste!/ Hau't euch selbst aus hartem Stein!/ Ach! der Zeit ist nichts zu feste!/ Was ich bau bricht jener ein.// 14. Nichts! Nichts ist das nicht noch heute/ Koent in eil zu druemmern gehn!/ Vnd wir! ach! wir blinden Leute/ Hoffen fuer vnd fuer zu stehn. (II, 617–32 u. 665–72[1])

In Andreas Gryphius' Trauerspiel *Leo Armenius* (1646) findet sich diese Klage über die Unbeständigkeit des Schicksals und die Vergänglichkeit. Die «Hoefflinge» appellieren in dem *Reyen* (dem Chor des barocken Trauerspiels) an das Publikum, fordern es auf, die Illusionshaftigkeit irdischer Existenz zu erkennen: Alle weltlichen Besitztümer – seien es Rang, Ruhm oder materielle Güter – wird man im Tode verlieren, sie sind daher nichts als ‹Schaum› auf den Wellen. Gryphius entwirft hier einen umfassenden Diskurs vom Menschen. Das konstante Bewusstsein der eigenen Mortalität zum Beispiel ist etwas, das ihn gegenüber anderen Lebewesen auszeichnet, sodass er geradezu auf diese Eigenschaft reduziert werden kann, indem man seine Gattung als ‹Sterbliche› bezeichnet. Andere Aspekte einer ‹anthropologischen Grundausstattung›, die Gryphius benennt, sind etwa die Fragilität des menschlichen Körpers (der er den Wunsch nach einer *physis* «aus hartem Stein» gegenüberstellt) oder die eingeschränkte Erkenntnisfähigkeit des Menschen («ach! wir blinden Leute»). Zentral ist im *Leo Armenius* zudem die Sprachproblematik: das Bewusstsein von der Arbitrarität der Zeichen, der Möglichkeit sprachlicher Täuschung und das gleichzeitige Angewiesensein auf dieses Kommunikationsmittel. Und ein weiterer Aspekt ist von Bedeutung: die Wahrnehmung des Lebens als ständiger Wechsel zwischen Glück und Leid, Erfolg und Versagen. Betont wird das gänzliche Fehlen eines mittleren Zustandes sowie die Unvorhersehbarkeit des Glückswandels und dessen radikale Kürze – «zwischen Tieff und Hoehen» ist «[k]aum ein Sonnen Vntergang».

Gryphius rekurriert hier auf den zeitgenössischen Topos des Rades der Fortuna.[2] Ist man einmal auf dem Höhepunkt des Schicksalsrades angelangt, so geht es unweigerlich hinab. Er verweist indirekt auf dieses Bild, wenn er vom Lauf der «Zeiten Ringe» spricht – und damit auch die Jahresringe eines Baumstamms evoziert – und so auf das vermeintlich Organische, aber auch Unaufhaltsame dieses Vorgangs anspielt. Die *fortuna* wird zweimal direkt angesprochen, als «Wechsel aller dinge» und «[e]wig wanckelbares Gluecke». Die Höflinge werfen ihr vor, ausschließlich leidvolle Erfahrung mit ihr zu machen. Sie wird als Widersacherin des Menschen personifiziert und somit auch anthropomorphisiert: Aus einer ominösen Macht und der Erfahrung eines vagen, undurchschaubar waltenden Geschicks wird ein konkretes Gegenüber, an das sich der Mensch – zumindest rhetorisch – wenden kann und das sich einer Konfrontation darbietet.

Zeigen sich in diesem Beispiel einerseits Tendenzen dessen, was man allgemein als Anthropologie bezeichnen kann – das Wissen vom Menschen –, so verweist Gryphius' Trauerspiel andererseits auf das Weltbild des Barock und damit auf eine konkrete historische und kulturelle Gegebenheit. Die Topoi, mit denen das Mensch-Sein beschrieben wird, sind zeittypisch; sie sagen etwas über ein historisches Bewusstsein aus, das auf eine spezifische soziale und mentale Situation verweist. So ist, um nur einen zentralen Aspekt zu nennen, die Literatur des 17. Jahrhunderts stark geprägt von den Erfahrungen des Dreißigjährigen Kriegs. Gryphius hat die Vorrede an die Leser seines *Leo Armenius* – des ersten deutschsprachigen Trauerspiels in der Literaturgeschichte – nicht zufällig mit folgendem berühmten Satz eröffnet:

Jndem unser gantzes Vaterland sich nuhmehr in seine eigene Aschen verscharret/ und in einen Schauplatz der Eitelkeit verwandelt; bin ich geflissen dir die Vergaengligkeit Menschlicher Sachen in gegenwertigem/ und etlich folgenden Trauerspilen vorzustellen.[3]

Die Klage über die Verwüstungen seiner Heimat, die Gryphius auch in vielen seiner Sonette ausformuliert, wird zum Ausgangspunkt einer literarischen Beschäftigung mit der «Vergaengligkeit Menschlicher Sachen». Im Bewusstsein des Krieges entwickelt Gryphius seine Anthropologie. Historische Anthropologie ist also ein Theoriekonzept, das sich zwischen dem ‹allgemein Menschlichen› und dem je Historisch-Konkreten bewegt – ein Ansatz, der eine schwierige und fragile Gratwanderung zwischen diesen beiden Polen betreibt, welche sich zu widersprechen scheinen.

‹Der Mensch› und sein Anderes – Philosophische Anthropologie

Das westliche Denken berief sich bei Versuchen, zu bestimmen, was der Mensch sei, auf drei Kategorien, von denen er zu differenzieren wäre: das Tier, die Maschine, Gott. Der Unterschied zwischen dem Göttlichen und dem Humanen ist etwa in der biblischen Anthropologie oder im griechischen Epos und der antiken Tragödie zentrales Thema, bleibt aber bis heute relevant, was sich zum Beispiel an der gegenwärtigen Debatte um Gentechnik und Stammzellenforschung zeigt, wo der Mensch in die Rolle des ‹Schöpfers› gerät. Der Vergleich von Mensch und Maschine wurde besonders im Barock populär; der Philosoph René Descartes etwa bezeichnete den Bau des menschlichen Körpers als «Gliedermaschine»[4]; das menschliche Herz und der Blutkreislauf wurden unter dem Blickwinkel des Mechanischen analysiert. Heute werden eher Bilder aus der Computersprache und Informatik gewählt, etwa um Funktionen des menschlichen Gehirns zu erklären. Auch in der Implantation von Mikrotechnologie in den Körper ist der Bezug zwischen Mensch und Maschine allgegenwärtig, ebenso in der Debatte um Roboter, Cyborgs und andere ‹künstliche Menschen›.

Im Vergleich mit dem Göttlichen schnitt der Mensch naturbedingt schlecht ab: Er ist sterblich, nur begrenzt erkenntnisfähig, an Raum und Zeit gebunden. Doch gegenüber der Maschine gab es historisch mehrere Aspekte, in denen das Humane als privilegiert angesehen wurde: zum einen die intellektuellen Fähigkeiten und die Kreativität der menschlichen *ratio*, zum anderen seine Emotionalität und soziale Bindungsfähigkeit. Und so ist es kein Zufall, wenn die technologische Forschung derzeit konkret daran arbeitet, diese zentralen Eigenschaften technisch zu simulieren und zu substituieren, etwa in der Entwicklung von so genannten *intelligent agents* in der Computer-Software.

Der Vergleich von Mensch und Tier hat ebenfalls eine lange Tradition, dieser fiel jedoch zumeist zugunsten des Menschen aus. In der Antike spielte er etwa in der Mythologie eine Rolle; in der Neuzeit ist er (neben der Volkskultur und -literatur) besonders in der Philosophie zu finden. So greift Immanuel Kant in seiner *Anthropologie in pragmatischer Hinsicht* (1772/98) auf eine antike Formel über das Verhältnis von Mensch und Tier zurück, wenn er sagt, der Mensch könne «als ein mit *Vernunftfähigkeit* begabtes Tier *(animal rationabile)* aus sich selbst ein *vernünftiges* Tier *(animal rationale)*»[5] machen. Der Mensch wird also einerseits, von seiner Physiologie her, dem Tier gleichgestellt, ihm andererseits, durch seine Intellegibilität, hierarchisch übergeordnet, wobei wichtig ist, dass Kant das Prozessuale und die notwendige Aktivität dieses Vorgangs herausstellt: Der Mensch lernt, das ‹Tierische› in sich zu beherrschen – durch Selbstvervollkommnung und Disziplinierung. Entsprechend differenziert Kant die Wissenschaft vom Menschen in zwei Bereiche:

> Eine Lehre von der Kenntnis des Menschen, systematisch abgefaßt (Anthropologie), kann es entweder in *physiologischer* oder in *pragmatischer* Hinsicht sein. – Die physiologische Menschenkenntnis geht auf die Erforschung dessen, was die *Natur* aus dem Menschen macht, die pragmatische auf das, was *er* als freihandelndes Wesen aus sich selber macht, oder machen kann und soll.[6]

Während die ‹physische Anthropologie› heute in den Bereich der Biologie, der Medizin und der vergleichenden Anthropologie gehört, wurde das, was Kant ‹pragmatische Anthropologie› nennt, nämlich die ‹Freiheit› des Menschen, sich zu formen, eher den Geistes- und Sozialwissenschaften zugeordnet – wobei diese strikte Trennung in Natur- und Geisteswissenschaften eine Arbeitsteilung ist, die sich erst im 19. Jahrhundert etablierte und die heute, im Zuge der Transformation der

Geisteswissenschaften in historische Kulturwissenschaften, zu Recht wieder in Frage gestellt wird.

In der philosophischen Reflexion ging es mit Friedrich Schiller gesprochen um den «Zusammenhang der Thierischen Natur des Menschen mit seiner geistigen»[7] – also um das, was seit Descartes als die «zwei Naturen»[8] des Menschen galt. Dabei stelle nicht nur die Regression auf die Ebene des Animalischen eine Gefahr für den Menschen dar, sondern ebenso die Überbetonung des Mentalen, wie der Philosoph Gernot Böhme mit Bezug auf Kants *Anthropologie* schreibt: «Offenbar ist das durch die Differenz bestimmte eigentliche Menschsein ein äußerst heikler Balanceakt, bedroht von der einen Seite durch den möglichen Rückfall in die Tierheit, von der anderen Seite durch das Versinken in Wahnsinn.»[9]

Seit Descartes' philosophischer Trennung von *res extensa* (Körper) und *res cogitans* (Geist) – und der Selbstzuordnung zur Kategorie des Denkens *(cogito, ergo sum)* – galt es, den dadurch entstandenen *anthropologischen Dualismus* zu bewältigen. In der Philosophie wurde das *commercium mentis et corporis*, die Frage der Möglichkeiten einer Verbindung von Geist und Körper, zum zentralen Problem. Die Geist-Körper-Spaltung war von vornherein darauf angelegt, dass es der Körper war, der als das ‹Andere› verstanden wurde, dem der Geist als das Eigentliche gegenüberstand. Viele der heutigen Arbeiten in den Kulturwissenschaften wenden sich auch aus diesem Grund so emphatisch dem Körper zu, weil er nunmehr nicht länger als das Andere, sondern – vielleicht in einer vereinfachenden Umkehrung – als das Primäre interpretiert wird. Grundsätzlich gilt, dass Anthropologie seit ihrer Entstehung als Wissenschaftskategorie darum bemüht war, sich dem ‹ganzen Menschen› zuzuwenden, die Spaltung zu überwinden und ihn als eine leibseelische Einheit zu verstehen.

Als Teilgebiet der Philosophie entstand die *anthropologia* bereits im späten 16. Jahrhundert in der deutschen Schulphilosophie, die sich unter dieser Bezeichnung langsam aus der theologisch-metaphysischen Tradition löste, indem sie die neue Frage stellte, «wie ist der Mensch zu bestimmen, wenn nicht (mehr) durch Metaphysik und (noch) nicht durch mathematisch-experimentelle Naturwissenschaft?»[10] Die Philosophische Anthropologie im engeren Sinn wird in

Deutschland dann vor allem mit den Namen Kant, Platner, Herder, Scheler, Gehlen und Plessner verbunden.

Arnold Gehlen entwickelte in seiner Studie *Der Mensch. Seine Natur und seine Stellung in der Welt* (1940) unter Bezugnahme auf Johann Gottfried Herders anthropologische Ausführungen in seiner Schrift *Ideen zur Philosophie der Geschichte der Menschheit* (1784–85) die einflussreiche Theorie vom Menschen als ‹Mängelwesen›. Sie bedient sich einer biologistischen Argumentation: Die Frühzeitigkeit der Geburt des Menschen, die Retardation seiner anatomischen und kognitiven Entwicklung, die im Vergleich mit Tieren weniger spezialisierte und weniger Schutz gebende organische Ausstattung sowie seine Instinktarmut machten ihn zwar in erhöhtem Maß abhängig von Bezugspersonen, andererseits entstehe aus dieser Konstitution auch die evolutionäre Notwendigkeit der menschlichen Handlungsfähigkeit. Der instinktarme und physisch schwache Mensch sei gezwungen, sich seine Umwelt gemäß den Anforderungen seiner Selbsterhaltung zu verändern. Ähnlich entwickelt Helmuth Plessner in seinem Buch *Die Stufen des Organischen und der Mensch* (1928) die These von der «exzentrischen» Position des Menschen, wonach dieser, im Gegensatz zu Tieren, die in einem fest geschlossenen System von Trieb, Wahrnehmung und Triebhandlungen verbleiben, nicht im natürlichen Einklang mit der Umwelt lebe: «Ist das Leben des Tieres zentrisch, so ist das Leben des Menschen, ohne die Zentrierung durchbrechen zu können, zugleich aus ihr heraus, exzentrisch»; diese «*Exzentrizität* ist die für den Menschen charakteristische Form seiner frontalen Gestelltheit gegen das Umfeld»[11]. Dies bedeutet nach Plessner, dass der Mensch ‹unvermittelt› nicht ‹bei sich› sein kann; er ist gezwungen, auch zu sich selbst Stellung zu beziehen.

Besonderen Wert legt die Philosophische Anthropologie auf den reflexiven Status ihres Erkenntnisbegriffs. So schreibt Plessner:

> In der Lehre vom Menschen erkennt der Mensch nicht ein fremdes Wesen, sondern sich selbst. Das Objekt dieser Wissenschaft fällt mit ihrem Träger zusammen. Ob Medizin oder Soziologie, Psychologie oder Geschichtswissenschaft von Körper und Seele, gesellschaftlichen Verhältnissen oder vergangenen Verhängnissen handeln, immer handeln wir in eigener Sache. All diese Fächer sind Wege und Weisen der Selbstbegegnung.[12]

Gernot Böhme zufolge sei es aber «keineswegs selbstverständlich», diesen «Selbstbezug im anthropologischen Wissen zu realisieren», denn oftmals werde, im Gegenteil, gerade «die Differenz zwischen dem Menschen als Untersuchungsgegenstand und als dem Untersuchenden oder dem Wissenden gewahrt»; so sei auch «das Wissen vom Menschen primär als Wissen vom anderen entstanden, als Wissen von der Leiche in der Anatomie und Physiologie, als Wissen vom Fremden in der Ethnologie»[13]. Zur Eliminierung dieser (falschen) Distanz zum Objekt führt Böhme den Begriff der «Betroffenheit» ein:

Was die Philosophie in der Aufnahme des wissenschaftlichen Wissens vom Menschen aber realisieren muß, ist ein Charakteristikum ihres Wissenstyps, nämlich die Betroffenheit. Wo immer das Wissen herstammen mag, in der Philosophie muß stets realisiert werden, daß wir selbst es sind, um die es hier geht: der Mensch.[14]

So ist also einerseits die Selbstbezüglichkeit des oder der Forschenden stets zu beachten und mit zu thematisieren. Gleichzeitig sind in der Analyse von Wissen Strategien der Distanzierung aufzudecken und zu beschreiben.

Zweierlei wird an der anthropologischen Rede – verstanden als Rede des Menschen über ‹sich selbst› – heute zu Recht kritisiert. Zum einen, dass mit ‹Mensch› in der Regel nur die Hälfte der Menschheit gemeint war: die männliche. Dies wurde besonders durch die folgenreiche Doppelbedeutung u. a. der lateinischen, französischen und englischen Bezeichnungen für den Menschen *(homo, homme, man)* eklatant, welche ja nicht nur ‹Mensch›, sondern zugleich ‹Mann› bedeuten. Die stillschweigende Unterordnung der Frauen unter diese Einheits-Anthropologie war die eine, historisch frühere Konsequenz, die andere vollzog sich hingegen in der Herausbildung einer weiblichen ‹Sonderanthropologie› im 18. Jahrhundert, wonach die Frau – primär unter Rekurs auf die nun ‹entdeckte› biologische Differenz – gegenüber dem Mann als minderwertig und zweitrangig klassifiziert wurde.[15]

Der zweite Aspekt, der an der Rede vom ‹Anthropologischen› verurteilt wird, ist die Universalisierung des europäischen (oder westlichen) neuzeitlichen Menschentyps in der Übertragung seiner Eigenschaften auf andere Epochen und Kulturen. Bereits in der Anthropologie des

18. Jahrhunderts wurde diese Homogenisierung zwar einerseits zugunsten einer kulturvergleichenden Perspektive aufgegeben, doch dabei entstand ein ähnliches Problem wie hinsichtlich der Geschlechter: Die ‹anderen›, nichteuropäischen oder ‹vormodernen› Kulturen wurden gegenüber der Anthropologie des Eigenen als defizitär eingestuft.[16] So führt die Aufhebung einer universalen Anthropologie nicht notwendig zu einer differenzierteren Sichtweise.

Historische Anthropologie – Mentalitätsgeschichte – Kulturanthropologie

Entgegen der Philosophischen Anthropologie, die sich tendenziell auf das Abstraktum ‹des› Menschen beruft, entstanden in den letzten Jahrzehnten verschiedene kulturwissenschaftliche Forschungsrichtungen, die sich der Kulturalität, Historizität und Perspektivität ihres Blicks stärker bewusst sind. Sie legen kein statisches, sondern ein dynamisches Anthropologie-Konzept zugrunde. Es handelt sich zum einen um zwei Ansätze, die explizit unter dem Namen ‹Historische Anthropologie› firmieren. So beruft sich das von dem Kulturphilosophen Dietmar Kamper und dem Sozialwissenschaftler Christoph Wulf gegründete *Interdisziplinäre Zentrum für Historische Anthropologie* in seinen Publikationen zwar auf die Tradition der Philosophischen Anthropologie, doch Kamper und Wulf stellen diese zugleich in Frage, indem sie konstatieren: «Die traditionelle Rede von *dem Menschen* (abstrakt, singular, männlich) ist überholt»[17]. Sie definieren ihr Anliegen wie folgt:

> Der Terminus ‹Historische Anthropologie› ist dementsprechend auf all jene Versuche gemünzt, die eine Kritik an der Abstraktheit *des Menschen* unternehmen, ohne das intendierte Ziel einer Abschaffung von Zwängen aus den Augen zu verlieren. Historische Anthropologie meint also *nicht* die Geschichte der Anthropologie, auch *nicht* den Beitrag der Geschichte zur Anthropologie, sondern eine Anthropologie, welche sowohl die Geschichtlichkeit ihres Gegenstandes als auch die Geschichtlichkeit ihrer Methoden zu reflektieren ermöglicht.[18]

Im «Kern ihrer Bemühungen» herrsche, so Wulf im Vorwort des Handbuchs *Vom Menschen*, «eine Unruhe des Denkens und Forschens, die nicht stillgestellt werden kann»[19] . Das Buch bietet einen Überblick über die disziplinäre und thematische Breite einer Historischen Anthropologie, die «weder auf bestimmte kulturelle Räume noch auf einzelne Epochen beschränkt ist»[20]. Als transdisziplinäre Wissenschaft zielt sie darauf, menschliche Expressions- und Lebensformen zu beschreiben, sowie die Relationen der Menschen zu der sie umgebenden Dingwelt, der Technik, aber auch zu abstrakteren Phänomenen wie Zeit, Raum, Tod oder Glück. Ziel dabei ist auch die Historisierung dessen, was spätestens seit der Ausdifferenzierung in Geistes- und Naturwissenschaften als universell und unveränderlich begriffen wird: der Leib, die Gefühle, die Natur. Historische Anthropologie fragt nach der Genese und Entwicklung einzelner Konzepte, Praktiken, Denkmuster und Bedeutungsfelder. Sie ist in der Regel nicht an individuellen Persönlichkeiten, Werken oder historischen Zeitpunkten orientiert, sondern nimmt eher eine Art Vogelperspektive ein, von wo aus sie ein Phänomen erkundet, ohne jedoch ihre eigene historisch-kulturelle Situierung zu übersehen. Dass von den Autorinnen und Autoren des Bandes *Vom Menschen* niemand das Fach Geschichte vertritt, deutet indes eine krasse Abwendung vom traditionellen Verständnis historischer Forschung an.

Demgegenüber steht eine zweite Forschungsrichtung, die ebenfalls unter den Begriff ‹Historische Anthropologie› fällt und in der deutschen Geschichtswissenschaft angesiedelt ist. Der Historiker Richard van Dülmen beschreibt das Theoriekonzept wie folgt:

> Die Historische Anthropologie stellt den konkreten Menschen mit seinem Handeln und Denken, Fühlen und Leiden in den Mittelpunkt der historischen Analyse. Ihr Konzept unterscheidet sich dabei wesentlich von der Konstruktion des Menschen in der Philosophischen Anthropologie, insofern sie nicht nach dem Wesen, dem Allgemeinen des Menschseins in der Geschichte fragt, sondern nach den vielseitigen kultur-sozialen Bedingtheiten im Wandel der Zeiten, nach der Besonderheit und Eigensinnigkeit menschlichen Handelns, die ein geschlossenes und einheitliches Menschenbild ausschließen. Es konstituiert sich erst im historischen Prozeß.[21]

Historische Anthropologie als Teilgebiet der Geschichtswissenschaft ist demnach an gesellschaftlichen Zusammenhängen interessiert und beschäftigt sich mit dem ‹konkreten Menschen›. So erscheint sie, gegenüber dem zuvor dargestellten Konzept Historischer Anthropologie, als stärker quellenorientiert, daher empirischer und weniger kulturtheoretisch, auch wenn sowohl Mikrogeschichte als auch Makrohistorie in den Blick kommen. Volkskulturforschung, Sozial- und Alltagsgeschichte sind wichtige Bestandteile einer solchen Historiographie:

Es geht vor allem darum, sich eine Person, eine Gruppe, ein Ereignis, eine Struktur oder einen Prozeß nicht quasi von außen und hegemonial anzueignen und fortzuschreiben, sondern sie vom Akteur oder den Akteuren her zu interpretieren und sich ihnen einerseits weitgehend kritisch anzunähern, andererseits dem modernen Leser den Sachverhalt verstehbar und über ihn die ‹fremde› Gesellschaft verstehbar zu machen.[22]

Um dies zu erreichen, orientiert sich dieser Ansatz, wie übrigens auch die Forscher und Forscherinnen um Kamper und Wulf, an der französischen *Mentalitätsgeschichte.*[23] Zentral für die so genannte *Annales*-Schule (der Name entstand nach der durch die Historiker Marc Bloch und Lucien Febvre 1929 gegründeten Zeitschrift *Annales d'histoire sociale*) ist das Theorem der *longue durée*: Die Untersuchung langwelliger geschichtlicher Prozesse soll es ermöglichen, auch psychohistorische Veränderungen zu bestimmen, die einen Wandel einer Mentalität anzeigen. Für die Literaturwissenschaft hat sich dies beispielsweise hinsichtlich der neuen Kategorie der ‹Frühen Neuzeit› ausgewirkt, als einer zeitlich weiten Epoche des Übergangs vom Mittelalter zur Neuzeit, die etwa vom 16. bis 18. Jahrhundert angesetzt wird – und die, zumindest teilweise, alte Epochenbezeichnungen wie Renaissance, Barock und Aufklärung, welche ja oftmals mit spezifischen Werturteilen verbunden waren, in Frage stellt. Die Frühe Neuzeit stellt gleichzeitig ein bevorzugtes Sujet für die bisherige historisch-anthropologische Forschung dar.[24]

Unter Mentalität versteht man eine kollektive, kulturübergreifende Einstellung und Weltwahrnehmung, die heterogene Konzepte und Ideen, aber auch unbewusste Motive einer gesamten Epoche umfasst. Mentalitäten «sind als vorstrukturierte und in der Regel präreflexive Formen des Wissens von der Wirklichkeit zu verstehen»[25]; sie sind komplexe Weltbilder, «etwas wie der ‹Tonus› des Denkens und des Verhaltens»[26]. Diese haben Auswirkungen auf die Zeichensysteme und ästhetischen Ausdrucksformen einer Kultur, denn Mentalitäten «werden sowohl in Einstellungen, Verhaltensweisen und Handlungen sichtbar als auch in symbolischen Formen»[27]. Neben dem Konzept der Mentalität wurde auch der von dem Soziologen Pierre Bourdieu geprägte Habitus-Begriff wichtig, als einem «System verinnerlichter Muster […], die es erlauben, alle typischen Gedanken, Wahrnehmungen und Handlungen einer Kultur zu erzeugen»[28]. Mentalität und Habitus ist gemeinsam, dass es zu ihnen in einer gegebenen Kultur kein ‹Außerhalb› gibt oder geben kann. Sie sind gewissermaßen die ‹Brille›, durch die man historische Realität als solche erfährt, ohne dass man – als Teil dieser Kultur – die Existenz der Brille überhaupt wahrnimmt.

Einen ähnlich umfassenden Kulturbegriff verwendet die in den angelsächsischen Ländern entstandene *Kulturanthropologie*, die starken Einfluss auch auf kulturwissenschaftliche Ansätze in den Philologien ausübte.[29] Im Gegensatz zum deutschen Begriff ‹Anthropologie›, der allgemein die Lehre vom Menschen versteht, meint die englische Bezeichnung *anthropology* jene Wissenschaft, die sich vergleichend mit verschiedenen Kulturen oder Ethnien beschäftigt – also das, was im Deutschen eher Ethnologie heißt. Wichtige Impulse für die *cultural anthropology* gingen von der so genannten *writing-culture*-Debatte aus, einer Bewegung innerhalb der US-amerikanischen Ethnographie.[30] In grundlegenden Arbeiten stellte sie die strikte Trennung zwischen Faktum und Fiktion im Schreiben über ‹fremde› Kulturen in Frage und betonte demgegenüber «sowohl die fiktionalen, allegorischen Elemente der wissenschaftlichen Darstellung als auch die fiktionalen Dimensionen des Faktischen selbst»[31].

Viele kulturanthropologische Arbeiten stützen sich auf das Theorem der ‹dichten Beschreibung› *(thick description)* des Ethnologen Clifford Geertz sowie dessen These, dass Kulturen textanalog seien, da sie ein komplexes «Bedeutungsgewebe» produzieren, das nur in einer subtilen Interpretation, die sich dem Gegenstand Schritt für Schritt beschreibend annähert, erschlossen werden kann:

> Ich meine mit Max Weber, daß der Mensch ein Wesen ist, das in selbstgesponnene Bedeutungsgewebe verstrickt ist, wobei ich Kultur als dieses Gewebe ansehe. Ihre Untersuchung ist daher keine experimentelle Wissenschaft, die nach Gesetzen sucht, sondern eine interpretierende, die nach Bedeutung sucht.[32]

Die interpretative Kulturanthropologie war insofern modellbildend für die Literaturwissenschaft, als diese ebenfalls mit hermeneutischen Problemen des Verstehens von kulturellen Äußerungen zu tun hat.

Dabei geht es keineswegs um Techniken emphatischer Horizontverschmelzung, sondern im Gegenteil um die «Herausforderung, auch vertraut gewordene bzw. kanonische Texte wieder fremd zu machen, sie mit ethnologischem Blick gleichsam neu zu produzieren»[33], wie die Literaturwissenschaftlerin Doris Bachmann-Medick festhält:

> Zum einen sind Texte (und fremde Bräuche) erst über eine Vermittlungsachse der Herausbildung kultureller Codierungen verstehbar, über eine lange Kette von Übersetzungsprozessen, über ihre zunehmende Aufladung mit wechselnden Symbolen und Bildern, über ihre Überlagerung mit neuen Bedeutungsschichten. Textinterpretation bezieht sich auf eine symbolisch vorstrukturierte Welt. Die daraus bezogene Anreicherung der Texte geschieht jedoch stets im Austausch mit jeweils veränderten sozialen Kontexten. Da zeigt es sich zum andern, daß es nicht hinreicht, Texte und kulturelle Praktiken für bloße Objekte von Interpretation zu halten. Sie sind vielmehr selbst kollektiv verankerte Deutungsinstanzen und tragen als solche dazu bei, handlungsorientierte und gefühlsausbildende ‹Konzepte› zu entwickeln.[34]

Um den ‹Text› einer Kultur zu entschlüsseln, reicht es demnach nicht aus, sich bloß seiner Literatur zuzuwenden. Gefordert wird vielmehr eine «Entprivilegierung des literarischen Textes»[35] zugunsten der Integration anderer kultureller Äußerungen. Vor den Augen der Forschenden befindet sich nun ein «Textuniversum, in welchem sich einzelne kulturelle Momente, als Texte, immer nur durch ihre Kontexte bzw. eine Fülle von Kontexten erschließen»[36].

Dieser weite Quellenbegriff liegt auch dem Theoriekonzept des in den USA entstandenen *New Historicism* zugrunde, einer Forschungsrichtung, für die der Name des Anglisten Stephen Greenblatt steht, der diese mit seinen einflussreichen Arbeiten zur Shakespearezeit begründet hat.[37] Greenblatt wendet Geertz' ethnographische Technik der ‹dichten Beschreibung› auf das ‹Feld› der englischen Renaissance an und entwickelt so eine semiotische ‹Kulturpoetik› *(poetics of culture)*, in der die Eingebundenheit von Literatur in umfassende kulturelle Diskurse deutlich wird. Durch Erweiterung des Quellenkorpus eliminiert dieses «ethno-poetische Konzept»[38] die strenge Unterscheidung von Text und Kontext. Ihr Verhältnis wird als ein dynamisches verstanden; sie befinden sich in konstante ‹Verhandlungen› *(negotiations)* verstrickt. Die Eingliederung der Literatur in eine allgemeine «Gemengelage der diversesten Zeugnisse»[39] löste auf Seiten der Literaturwissenschaft aber auch Widerstand aus, denn die Besonderheit literarischer Welterschließung, etwa ihre Fiktionalität, Rhetorizität und Selbstreflexivität, würden verkannt, wenn man Literatur als historische Quelle unter anderen versteht.

Zudem werden Zweifel daran hörbar, ob die Universalisierung des Textbegriffs, wonach alle denkbaren kulturellen Äußerungen textanalog seien, nicht zu weit gehe – schließlich gäbe es auch solche, die sich eher anderen Paradigmen unterwerfen, etwa dem des *Performativen* (Theater, Rituale) oder des *Ikonischen* (Bilder, Film). Auffällig ist in jedem Fall, dass sich bei dieser extremen Ausweitung der Quellen auch die Aufgabe (und Bedeutung) der Philologien mit ihren spezifischen Methoden ausdehnt. Im Gegensatz zu den vielen Theorien und methodischen Ansätzen, die die Literaturwissenschaft in den letzten Jahrzehnten aus anderen Fächern (Soziologie, Psychoanalyse, Philosophie usw.) aufnahm, findet hier eine Übertragung von philologischer Kompetenz auf andere Bereiche, gar auf ganze Kulturen, statt.

Die Debatte um Kulturwissenschaft in der Germanistik ist entsprechend von zwei gegensätzlichen Leitmodellen beherrscht: zum einen von dem des Aufgreifens ‹fachfremder› wissenschaftlicher Verfahren, wonach die Germanistik ein Fach sei, das «Theorieimport» betreibe; das zweite Modell hingegen unterwirft – im Sinne einer ‹Poetik der Kultur› – auch andere kulturelle ‹Texte› einer philologischen Lektüre, sodass man entsprechend von einem «Theorieexport» sprechen kann.[40] Denn nicht nur in der Ethnographie, sondern auch in der Geschichtswissenschaft wurde im Zuge des *linguistic turn* erkannt, dass «historisches Wissen ganz überwiegend sprachvermittelt ist, der Gegenstand dieses Wissens deshalb nie als solcher, ohne Analyse seiner textuellen Verfasstheit erkannt werden kann»[41]. Entsprechend bleiben narrative und rhetorische Verfahren sowohl in den zugrunde liegenden Quellen als auch in der wissenschaftlichen Darstellung nicht länger unbeachtet. Auch eine Anthropologie jenseits von symbolischen Ordnungen und kulturellen Codierungen ist inexistent.

Literarische Anthropologie

In der Neueren deutschen Literaturwissenschaft hat sich mit der *Literarischen Anthropologie* ebenfalls eine Forschungsrichtung etabliert, die anthropologische Fragestellungen in ihrem Zentrum hat. Sie ist aber nicht *per se* kulturwissenschaftlich – zum Beispiel liegt ihr ein eher traditioneller Quellenbegriff zugrunde, und sie ist selten kulturvergleichend. Aus diesem Grund soll die Literarische Anthropologie hier zwar vorgestellt werden, dies ist aber nicht als finale Zusammenführung der zuvor genannten Ansätze zu verstehen. Im Gegenteil, es erscheint angebracht, das Verhältnis von Literarischer und Historischer Anthropologie unter kulturwissenschaftlichen Prämissen neu zu durchdenken.[42]

Wolfgang Riedel hat einen Forschungsbericht über *Literatur und Anthropologie in der deutschen Spätaufklärung* vorgelegt.[43] Die von ihm gewählte ‹Epoche› bietet sich für eine derartige Fragestellung an; mit Michel Foucault tritt «der Mensch» hier «zum ersten Mal in das Feld des abendländischen Denkens»[44] ein. So hat man gar von der «Erfindung des Menschen»[45] im 18. Jahrhundert gesprochen, nicht nur was die Literatur, sondern auch die Gattung der philosophisch-anthropologischen Abhandlung betrifft. Neben Kants *Anthropologie* ist hier besonders Ernst Platners einflussreiche *Anthropologie für Aerzte und Weltweise* (1772) zu nennen. Hans-Jürgen Schings macht in der Einleitung zu dem Band *Der ganze Mensch* die mentalitätshistorische Bedeutung der Anthropologie für das 18. Jahrhundert deutlich:

Von Anfang an wohnt dieser Wissenschaft, mehr oder weniger offen, eine polemische Tendenz inne. Sie macht Front gegen jene Spiritualisierung und Halbierung des Menschen, die sich auf das Konto der Metaphysik (insbesondere des Platonismus) und der Theologie verbucht. Die metaphysischen Konstruktionen des Commercium mentis et corporis werden zugunsten einer Empirie aufgegeben, die am substantiellen Status der Seele rüttelt und trotz aller gegenteiligen Erklärungen eine Asymmetrie zur Folge hat, die die Gewichtung neu verteilt. Die Wendung zum Körper, zu den Sinnen, zum Triebleben, zu den unteren Seelenkräften, zum dunklen fundus animae, zum Unbewußten rückt die Anthropologie auf die Seite des ‹Anderen der Vernunft›, während Transzendental- und Reflexionsphilosophie das Erbe der res cogitans antreten. Nicht von ungefähr hat der (alte) Terminus ‹Idealismus› für die Anthropologen einen geradezu pathologischen Beigeschmack.[46]

Die neue Asymmetrie zugunsten des Körpers und der Affekte, zugunsten der ‹Natur› des Menschen, ist zugleich der Beginn jenes Wissens vom Menschen, das sich objektiven und rationalen Kriterien entzieht, das an das empfindende und wahrnehmende Ich gebunden ist. In der Literaturwissenschaft haben sich daher für das 18. Jahrhundert Begriffe wie Subjektivität, Innerlichkeit, Empfindsamkeit und Erfahrungsseelenkunde eingebürgert. Denn es ist in besonderem Maß die Literatur – und mit ihr die Literaturwissenschaft –, die nach Riedel «anthropologieaffin» ist:

Anders als die Philosophie (und mehr, als sie es sich zuweilen eingestehen will) ist die Literaturwissenschaft von sich aus anthropologieaffin. Wiewohl eine Geisteswissenschaft wie die Philosophie, hat sie es mit einer Gestalt des Geistes zu tun, die sich im Unterschied zur reinen Vernunft des Transzendentalsubjekts von den empirischen menschlichen Individuen, ihrer kontingenten und gefährdeten Natur, ihren Affekten, Trieben und Träumen nicht lösen kann noch will. Ihre Gegenstände sind ja gerade das endliche Dasein, die Fallabilitäten des Ich, die Risse und Brüche der Identität, die flüchtigen Gestalten des Glücks, die Lüste und Schrecken des Begehrens, der Schmerz, die Einsamkeit, der Tod. Wo sonst in der sprachlichen Überlieferung, wenn nicht in der Literaturgeschichte, ließe sich eine Geschichte der Einbildungskraft oder des Gefühls fassen? [...] In diesem Sinne ‹ist› Literatur Anthropologie (nicht nur, aber eben immer auch). Und folglich redet wohl außerhalb der analytisch oder therapeutisch mit ihr selbst befaßten Profession auch niemand so viel vom Menschen wie die Literaturwissenschaft.[47]

Riedel zufolge sind es die in der Literatur verhandelten Themen, die eine Nähe zur Anthropologie aufweisen. Zentrale Aufgabe einer Literarischen Anthropologie ist es demgegenüber – und dies ist erst in Ansätzen geschehen –, deutlich zu machen, dass Literatur nicht nur eine thematische Nähe zur Anthropologie aufweist, sondern an und für sich eine spezifische und einzigartige anthropologische Wissensform darstellt: dass sie ein Medium ist, das den Ausdruck von Erfahrungs- und Realitätsdimensionen ermöglicht, die vielleicht nur in Form der Dichtung überhaupt artikulierbar sind. So betont etwa Wolfgang Iser in seiner Untersuchung über *Das Fiktive und das Imaginäre* die Bedeutung der Fiktionalität; diese stellt für ihn das «anthropologische Dispositiv» der Literatur dar, sie ist «die angemessene Form, den schöpferischen Akt zu reflektieren»[48].

Im Gegensatz zu Historiker/innen, die etwa einen literarischen Text primär als Quelle für eine historisch-anthropologische Fragestellung heranziehen würden, indem sie sich mit dem Inhalt des Textes beschäftigen (oder mit dessen sozialen Gebrauchsformen), kann die Literaturwissenschaft auch anhand der formalen Gestalt, der rhetorischen Mittel und Semantiken, anthropologische Bedeutungsdimensionen erschließen. So haben etwa die von Riedel im obigen Zitat benannten anthropologischen Themen im 18. Jahrhundert sogar das Entstehen spezifischer literarischer Gattungen zur Folge – was ein wichtiges Forschungsfeld in der Germanistik darstellt. Helmut Pfotenhauer hat dies am Beispiel der Autobiographie ausgeführt, die er als «literarische Anthropologie im emphatischen Sinne»[49] versteht. Die ‹Menschenkunde› wird nicht länger auf das Gattungswesen, sondern auf das fragende Ich angewendet – Literatur wird zur «autoethnography»[50]. Das «im modernen Sinn anthropologische Pathos» der Autobiographie besteht nach Pfotenhauer darin, das leib-seelische Dasein schonungslos, «ohne Rückversicherung und externe Legitimationen» zu offenbaren.[51]

Auch andere Gattungen bieten sich für die Literarische Anthropologie an, dies wurde im Hinblick auf Roman und Drama in Einzelstudien zum 18. Jahrhundert belegt. Während ein leitendes Romanmodell im 18. Jahrhundert durch «die Konstruktion als innere Geschichte eines sich entwickelnden und bildenden Ich» eine Nähe zu «autobiographischer Subjektzentrierung» aufweist,[52] ist die anthropologische Dimension im Drama eher auf die Emotionalität und Körpersprache der Protagonisten bezogen. Alexander Košenina stellt diesen Zusammenhang von *Anthropologie und Schauspielkunst* anhand exemplarischer Lektüren von Dramentexten (besonders der Regieanweisungen) dar, zieht aber auch die anthropologische Debatte über eine ‹Sprache› der Gefühle und über Möglichkeiten authentischer ‹Menschenschilderung› auf dem Theater heran.[53]

Neben der Fokussierung auf einzelne Gattungen besteht ferner die Möglichkeit, einen historischen Zeitpunkt, als eine Schwellen- oder Übergangsphase, zum Ausgangspunkt literarisch-anthropologischer Fragestellungen zu machen, wie Riedel dies in seiner Studie ‹*Homo Natura*› exemplarisch vorgeführt hat.[54] Seines Erachtens impliziert «die Entstehung der literarischen Moderne einen Paradigmenwechsel der literarischen Anthropologie», der unter anderem in der Entstehung der Psychoanalyse begründet liegt, der «dominanten Anthropologie des 20. Jahrhunderts»[55]. Riedel untersucht die Rolle der Natur – verstanden als «Natur des Menschen» – in der Literatur um 1900. Die «anthropologische Funktion des Poetischen und das von ihm bewahrte Humanum» sieht er in der Möglichkeit einer Rede, die «sentimentalisch» von der Natur handelt und «nicht szientifisch», wie die Wissenschaft.[56]

Arbeitsfelder Historischer Anthropologie

Die wichtigsten Arbeitsfelder Historischer Anthropologie ergeben sich aus dem bereits Gesagten oder finden im nächsten Abschnitt noch Erwähnung. Aus diesem Grund muss die Darstellung, trotz der großen Bandbreite der Themen und Fragestellungen des Forschungsgebietes, an dieser Stelle summarisch ausfallen.[57]

Die Arbeitsfelder Historischer Anthropologie lassen sich unter acht großen Themen rubrizieren:

1. Die Gegenüberstellung von Mensch und dem Nicht-Menschlichen: Tier, Maschine, Gott; hier schließen sich Fragestellungen nach Hierarchiemodellen (im Hinblick auf Körper, Intellekt, Sterblichkeit) an, nach den diesen Kategorien zugeordneten Eigenschaften und symbolischen Räumen, nach Transgressionen (z. B. Mensch-Maschinen-Zwitter), aber auch nach der im Diskurs über das Humane immanenten Rede über das ‹Unmenschliche› und dessen Phantasmagorien (Monster, Teufel, das Böse).

2. Das Eigene und das Fremde: Klassifizierungen innerhalb der Kategorie des Humanen, beispielsweise in Bezug auf Geschlecht und Rasse, im Hinblick auf Gesundheit und Krankheit (Wahnsinn, körperliche ‹Anormalitäten› und Deformationen) usw.; damit einhergehend die Frage nach Strategien und Mechanismen des *othering*, das heißt der Fremdmachung und ‹Veranderung› dessen, was vom Eigenen negativ differenziert und zum Objekt gemacht wird.

3. Der anthropologische Dualismus und seine Folgen: Wie wird das Verhältnis von Körper und Seele (bzw. Geist) historisch-literarisch gedacht? Wie wird ein ‹Leiden› an dieser Spaltung in literarischen und kulturellen Diskursen und Ausdrucksformen thematisiert, welche Mo-

delle des *commercium* werden entwickelt? Wie wirkt sich die ‹Spaltung› als Selbstfremdheit aus (z. B. die literarische Thematisierung von Psychosen, Ich-Spaltungen, von ekstatischem oder angstvoll erlebtem Kontrollverlust)? Welche Verhaltenslehren der Verstellung, der Diskrepanz von Innen und Außen, werden entwickelt, und welche Techniken der ‹Lesbarkeit› des Inneren entsprechen diesen im historischen Verlauf (z. B. Physiognomik, Psychoanalyse)?

4. Die literarische Beschäftigung mit dem Körper und den Sinneswahrnehmungen: als Frage nach der leiblichen Welterschließung, nach der je historischen ästhetischen Topographie des Körpers, nach der Semantik der Körperteile (z. B. Herz-Jesu-Minne); Erotik, Sexualität und die Diskurse des Begehrens; Kreatürlichkeit, Sterblichkeit, Lust und Schmerz im historischen Wandel; die Hierarchie der fünf Sinne in den Künsten, im Verhältnis von Kunst und Wissenschaft, Medien und Kulturformen.

5. Konzeptionen der Seele, des Psychischen und der Emotionen: Gefühle als innerseelische Vorgänge oder leiblich spürbare Regungen; Psychoanalyse als Kulturtechnik und ‹Anthropologie›; Affektenlehren und Codierungen der Gefühle; affektive Wirkungsästhetiken von Literatur und Theater; Träume, Phantasie, Einbildungskraft, Fiktionalität, Irrationales – im Konnex mit zeitgenössischen anthropologischen und psychologischen Lehren.

6. Individualität und Individualisierung im historischen Prozess: die ‹Entstehung› des Ich im Kontext von Bürgertum und Psychologie im Gegensatz etwa zu mittelalterlichen und frühneuzeitlichen Konzeptionen des ‹unindividuellen Individuums› (das sich eher als Teil sozialer Systeme und Codierungen versteht); literarische Techniken der Selbstbildung und -enthüllung; Gattungen und ihr Verhältnis zu Subjektivität und Individualität; Spiritualität und Religiosität mit Blick auf literarische Ausdrucksformen und Medien.

7. Lebenswelt und Phänomenologie der Dinge: konkrete ‹Phänomene›, die das menschliche Leben bestimmen wie Stadt, Land, Natur, Familie, Jugend und Alter, Arbeit, Festkultur, materielle Gegenstände; spezifische Situationen in historischen Gegebenheiten, beispielsweise Anthropologie der Gewalt; damit im Zusammenhang auch abstraktere Phänomene, die zur *conditio humana* zählen, etwa das je unter-

schiedliche kulturelle Verhältnis zu Zeit, Raum, Tod, Liebe, Gott, Natur und Ähnlichem.

8. Das Verhältnis des Menschen zu seinen Zeichensystemen: historische und kulturelle Erfahrungen von Macht oder Ohnmacht gegenüber den eigenen Kommunikationsmitteln und Verständigungsritualen; physische Nähe und Präsenz (*face-to-face*-Situation, Mündlichkeit) versus Distanz und Absenz (schriftliche, mediale Kommunikation); Selbstreferenzialität als Charakteristikum der Literatur; Sprache und menschliche Kognition als anthropologische ‹Besonderheiten› oder aber als Sündenfall und Stigma – wie es etwa die biblische Sprachverwirrung nach dem Turmbau zu Babel lehrt, auf die etwa Gryphius in seinem Trauerspiel *Leo Armenius* rekurriert.

Gryphius' Anthropologie ‹avant la lettre›

Der Kaiser Leo Armenius kommt durch eine Intrige zu Fall, die ein verborgener Brief initiiert. Sein Widersacher, der Feldhauptmann Michael Balbus, ist wegen Aufruf zum Herrschermord zum Tode verurteilt und befindet sich im Kerker. In der Nacht vor der Hinrichtung (die zugleich die Weihnachtsnacht ist) entwickelt er zusammen mit dem Verräter Papias einen Plan, wie er zu befreien und Leo zu ermorden sei. Dazu müsste eine Botschaft aus der schwer bewachten Burg herausgelangen, um Michaels Verbündete zu informieren:

MICH. Der unversehne Fall ermuntert meine Seel.
Vnd schlaegt mir Mittel vor! ach! koent' ich jemand finden
Der sich umb hoechsten Lohn/ so vil wolt' unterwinden;
Daß er/ und zwar alsbald/ zwey Wort trueg' in die Stadt.
Es leben/ die noch gehn umb meine Noth zu Rath!
Die umb mein Heil bemueht; sie wuerden alles wagen:
Moecht ihnen meine Schrifft ein treuer Freund vortragen.
PAP. Ein Freund! der ist! nicht fern! MICH. Wer? PAP. unser Theoctist.
MICH. Recht. PAP. wie eroeffnet man das Thor der Burg? MICH. durch List.
Gib mir Papir und Dint/ in so bewandten Sachen/
Muß uns die Angst behertzt/ Gefahr verstaendig machen;
PAP. Diß ist ein kurtzer Briff! MICH. Jch schreibe zwar nicht vil/
Doch der es lesen sol/ versteht schon was ich wil.
Wir wollen das Papir nun gantz mit Wachs bedecken.
PAP. So kan es/ der es traegt/ in seinen mund verstecken. (III, 358–72)

Michaels Plan besteht darin, um einen Priester zu bitten, welcher ihn vor seinem Tod mit Gott aussöhnt. Sofern ihm das gewährt werde, soll Theoctist zu diesem Zweck (und mit dem Brief im Mund) die Burg verlassen; anschließend, «klopffe [er] sicher an/ An des von Cramben Hauß/ und stell ihm wie er kan/ Den Briff/ ohn Argwohn zu!» (III, 385–87). Alles geschieht, wie Michael es plante. Im Haus des von Crambe findet gerade eine Versammlung der Verschwörer statt, die von Michaels Verurteilung hörten und sich nun beraten, was zu tun sei. Als ein «Frembder an der Tuehren» (IV, 227) steht, sind sie zunächst erschrocken, doch dann erkennt man Theoctist:

CRAMB. Durch ihn laest Michael uns seine Meynung wissen:
II. VERSCH. Wie! Muendlich? CRAMB. Nein, durch Schrifft/ I. VERSCHW. last uns den Brieff entschlissen.
CRAMB. Es ist ein klein Papir mit Wachs gantz ueberdeckt.
III. VERSCHW. gemach! es geht schon ab. Hir ist die Schrifft versteckt.
IV. VERSCH. Jst diß sein Petschafft. CRAMB. Ja: VI. VERSCHW. Was mag ihn doch beschweren?
CRAMB. Jst diß wol fragens wehrt? VI. VERSCH. kom liß uns sein Begehren:
CRAMB. Durch euch komm' ich/ und ihr durch mich/ in hoechste Noth:
Siht mich der Morgen hir: so schaut ihr Pein und Tod. (IV, 263–70)

Diese Botschaft ist auf den ersten Blick nicht sehr aufschlussreich. Die Verschwörer erfahren in den zwei Zeilen nichts, was sie nicht zuvor bereits wussten oder sich zumindest denken konnten: dass Michaels Fall auch sie als seine Verbündeten treffen würde.

Doch dann entschlüsseln sie gemeinsam die geheime, quasi performative Dimension der Nachricht. Es geht nämlich gar nicht um den Inhalt seines Briefs, vielmehr wird hier eine leibhaftige Botschaft übermittelt – durch die physische Präsenz des Boten. Sie erkennen: «Hat er zu wegen bracht/ Daß Theoctist den Weg durch Thor und Schloß gefunden» (IV, 274 f.), müssten sie ebenfalls dazu in der Lage sein. Die in dem Brief herausgestellte Interdependenz der Schicksale – hier Michael Balbus, dort die Gruppe der Verschwörer – soll eine Dynamik verdeutlichen, welche in zwei Richtungen geht, und zwar im topographischen Sinn. Schließlich erhellt sich auch die Bedeutung der besonderen medialen Form des kleinen Briefs: Hält man zunächst das Verpacken in Wachs lediglich für eine Reverenz an die höfische Praktik des Versiegelns von Schriftstücken zum Zeichen ihrer Unberührtheit und Authentizität (oder glaubt an die Notwendigkeit des Schutzes eines im Mund getragenen Papiers), so ist es eigentlich dieser Akt der Verhüllung selbst, der signifikant ist. Michael Balbus zeigt den Freunden durch das Wachs, in welchem sich die «Schrifft versteckt», an, dass sie sich selbst ebenfalls ‹verhüllen› sollen. Und zwar nicht in irgendeine Verkleidung, sondern – dem Vorabend der Heiligen Nacht entsprechend – in Priesterkutten. Das Wachs als Rohstoff der Kerzen für den christlichen Ritus wird erneut bedeutsam, als ein Verschwörer vorschlägt: «das Schwerdt verbergt in ausgehoel'te Kertzen» (IV, 307). Es ist, als habe Balbus auch diesen Einfall mit seiner Botschaft bereits vorgezeichnet.

Dass es ausgerechnet im Mund getragene Worte und Schwerter sind, welche in diesem Schauspiel mit Wachs umhüllt werden, macht auf ihre Interdependenz und damit auf einen zentralen Aspekt in der historischen Semantik aufmerksam: Es sind immer wieder ‹Zunge› und ‹Schwert›, die in der Frühen Neuzeit topisch gegeneinander gestellt werden; oftmals ist gar die Rede davon, dass die Zunge – als Metonymie der menschlichen Sprache – eigentlich die gefährlichere Waffe von beiden sei.[58] Michael Balbus, der zu Beginn des Stücks vor den Richtern noch sagte, «eine Zunge schlegt/ Den/ den kein grimmes Schwerdt/ kein scharffer Pfeil erlegt» (II, 145 f.), macht sich diese ‹Waffe› zu Eigen und wendet sie spiegelbildlich gegen den Feind an. Denn sein Plan gelingt, die Verschwörer dringen in die Burg ein und töten Leo Armenius in der Kirche.

Die Sprachkritik ist zentrales Thema in Gryphius' Trauerspiel; besonders der erste Reyen thematisiert die Abhängigkeit des Menschen von der Sprache als eigentlichem Sündenfall.[59] Diese Kritik richtet sich in erster Linie an die mündliche Rede. Es geht um die ‹Verletzungen›, die Worte als Sprechakte zufügen können. Ein zweiter, damit verknüpfter zentraler Aspekt für die Historische Anthropologie des 17. Jahrhunderts ist der Zusammenhang von Sprache und Verstellung.[60] Dieser wird bei Gryphius als etwas verstanden, was den Menschen negativ auszeichne, als ein Zwang, sich mittels arbiträrer Zeichen zu artikulieren, die den Verdacht des Inauthentischen und Täuschenden mit sich trügen. Der Sprache des Menschen wird die natürliche, da ‹stumme› Verständigungsform der Tiere gegenübergestellt: «Das Wunder der Natur/ das ueberweise Thir/ Hat nichts das seiner Zungen sey zu gleichen;/ Ein wildes Vih entdeckt mit stummen Zeichen/ Des innern Hertzens Sinn; durch Reden herrschen wir!» (I, 509–12). Der Mensch wird als Wesen gekennzeichnet, dessen Inneres (Herz) mit dem Äußeren (Rede) nicht notwendig übereinstimmt. Die Anthropologie der Verstellung ist im Schrifttum des 17. Jahrhunderts allgegenwärtig, in der Dichtung wie auch in philosophischen Abhandlungen und praktischen Verhaltenslehren.

Es seien einige weitere Aspekte im Zusammenhang mit dem Brief-Beispiel erwähnt, die für eine Historische Anthropologie interessant sind. Der Mund des Boten, der Schrift aufnimmt, um sie an einen anderen Ort zu transportieren, ist ein eingängiges Sinnbild, um den Übergang zwischen Mündlichkeit und Schriftlichkeit darzustellen. Die Frühe Neuzeit gilt als Epoche eines langwelligen Medienwechsels hin zur neuzeitlichen Schriftkultur. Das Theater als Ort der Rede nimmt hier eine besondere Stellung ein. Warum überbringt der Bote die zwei Zeilen nicht verbal? Geht es um die Authentifizierung der Nachricht durch Michaels Handschrift? Davon ist im Stück jedenfalls an keiner Stelle die Rede. Hier wären zeitgenössische Quellen anderer Provenienz zu befragen, etwa was die Bedeutung der Handschrift für die Konzeption der Person oder was Techniken der Versiegelung von Dokumenten angeht. Das Aufnehmen der Botschaft in den Mund erinnert zudem an mittelalterliche Konzeptionen der Einverleibung der heiligen Schrift, des Wortes Gottes, wie es im Abendmahl geschieht. Zu fragen wäre, ob Gryphius dieses Ritual durch die Verschwörer geschändet sieht, sodass die Wachs-Botschaft als pervertierte Oblate erscheint. Dieser Kontext liegt nahe, insofern die Verschwörer auch das Ritual des Weihnachtsgottesdienstes missbrauchen, indem sie sich als Priester verkleidet in die Kirche einschleichen und Leo Armenius hinrichten, der durch diesen Tod wiederum zum Märtyrer wird und dessen Opfertod dem Sterben Christi angeglichen wird.

Auch die kulturellen Praktiken mit Wachs im 17. Jahrhundert wären von Belang: Gab es vielleicht besondere Funktionen des Umgangs mit Wachs, die uns nicht mehr zugänglich sind und die den Sinn dieser Szene weiter entschlüsseln würden? So ist im Denken der Zeit die antike Praktik des Schreibens auf Wachstafeln noch gegenwärtig – darauf spielt etwa Shakespeare in verschiedenen seiner Dramen an. Descartes wiederum nimmt in einem berühmten Gleichnis in seinen *Meditationes de prima philosophia* (1641) das Schmelzen von Wachs und die dabei beobachtbare Veränderung seiner physischen Eigenschaften zum Ausgangspunkt der These, dass selbst die Erkenntnis der Materie *(res exensa)* nicht durch die Sinne oder die Einbildungskraft stattfindet, denn diese sind täuschbar, sondern einzig durch den Verstand und das Denken.[61] Daran anschließend wäre zu fragen, ob Gryphius' Verwendung des Wachses in dieser Szene auf die menschliche Erkenntnisproblematik anspielt und sie mit der Thematik sprachlicher Täuschung zusammenführt.

Im Sinne einer Kulturpoetik wäre zudem der Status von Gryphius' Werk ein anderer. Denn würde man beispielsweise eine historisch-anthropologische Untersuchung über die ‹Semantik und Kulturgeschichtes des Wachses› oder über ‹Formen des Überbringens von Nachrichten› anstellen wollen, so wäre *Leo Armenius* eine Quelle unter vielen zeitgenössischen Text- und Bildquellen. Ihr spezifischer Wert bestünde in der semantischen Dichte und dem hohen Reflexionsgrad, mit dem hier über dieses Thema verhandelt wird.

Literaturhistoriker/innen, die den Schwerpunkt ihrer Arbeit auf das 18. Jahrhundert oder spätere Perioden legen, würden vermutlich bestreiten, dass es im 17. Jahrhundert eine Anthropologie im Medium der Literatur überhaupt gab, sodass man in Bezug auf Gryphius' Trauerspiel von einem Anachronismus oder einer Anthropologie *avant la lettre* zu sprechen hätte. Schließlich war das Dasein des Menschen im Barock nicht ‹für sich›, sondern auf das Jenseitige – die Transzendenz, das Göttliche – bezogen. Für andere, die sich zum Beispiel mit der Antike oder dem Mittelalter beschäftigen, ist die Präsenz anthropologischen Denkens in allen Phasen der Literaturgeschichte hingegen eine Selbstverständlichkeit, selbst wenn sie möglicherweise nicht unter diesem Namen firmierte. Meines Erachtens gibt es in der Frühen Neuzeit – als einer Epoche, die nicht zufällig mit einer geistesgeschichtlichen Strömung namens ‹Humanismus› ihren Ausgangspunkt nahm – sehr wohl eine Anthropologie, und zwar sogar eine Historische Anthropologie in der vollen Bedeutung dieses Begriffs. Denn gerade das 17. Jahrhundert, das sich wie kaum ein anderes mit dem Paradigma der Geschichte beschäftigt hat,[62] bildet auch eine entsprechende Anthropologie aus, die etwa Zeit, Vergänglichkeit, Kontingenz, Vorhersehung und Ähnliches zum Thema hat. Dies ist freilich keine ‹Menschenkunde› im Sinne der Aufklärung, in der das subjektive Empfinden und die Individualpsychologie einen prominenten Platz innehaben; nichtsdestoweniger handelt es sich um ästhetische Selbstreflexion im Modus des Anthropologischen. Dies verdeutlichte bereits das Eingangszitat aus *Leo Armenius*, in dem die ‹Sterblichen› aufgefordert werden, der *conditio humana* ins Auge zu blicken.

Anmerkungen

1 Ich zitiere im Text durch Nennung von Abhandlung und Versen aus: Gryphius, Andreas. «Leo Armenius, Oder Fuersten-Mord». *Dramen*. Hg. v. Eberhard Mannack. Frankfurt a. M., 1991. 9–116. Die Orthographie entspricht der dortigen Schreibweise.

2 Vgl. Kirchner, Gottfried. *Fortuna in Dichtung und Emblematik des Barock*. Stuttgart, 1970.

3 Gryphius (Anm. 1), 11.

4 Descartes, René. *Meditationen über die Grundlagen der Philosophie*. Hg. v. Lüder Gäbe. Übs. v. Artur Buchenau. Hamburg, 1960, II. 5, 22.

5 Kant, Immanuel. *Anthropologie in pragmatischer Hinsicht*. Hg. v. Karl Vorländer. 7. Aufl. Hamburg, 1980. 275.

6 Kant (Anm. 5), 3.

7 *Versuch über den Zusammenhang der Thierischen Natur des Menschen mit seiner geistigen* (1780) ist der Titel von Friedrich Schillers medizinischer Dissertation.

8 Descartes, René. *Von der Methode*. Übs. u. hg. v. Lüder Gäbe. Hamburg, 1969. 59.

9 Böhme, Gernot. *Anthropologie in pragmatischer Hinsicht. Darmstädter Vorlesungen*. Frankfurt a. M., 1985, 276.

10 Marquard, Odo. «Anthropologie». *Historisches Wörterbuch der Philosophie* 1. Hg. v. Joachim Ritter. Basel u. Darmstadt, 1971. Sp. 362–74, 363.

11 Plessner, Helmuth. *Die Stufen des Organischen und der Mensch. Einleitung in die philosophische Anthropologie*. Gesammelte Schriften 4. Hg. v. Günter Dux u. a. Frankfurt a. M., 1981. 364.

12 Plessner, Helmuth. «Über einige Motive der Philosophischen Anthropologie». *Conditio humana*. Gesammelte Schriften 8. Hg. v. Günter Dux u. a. Frankfurt a. M., 1983. 117–35, 119.

13 Böhme (Anm. 9), 16 f.

14 Böhme (Anm. 9), 8 f.

15 Vgl. Honegger, Claudia. *Die Ordnung der Geschlechter. Die Wissenschaft vom Menschen und das Weib (1750–1850)*. Frankfurt a. M., 1991; Laqueur, Thomas. *Auf den*

Leib geschrieben. Die Inszenierung der Geschlechter von der Antike bis Freud. Übs. v. Jochen Bussmann. Frankfurt a. M. u. a., 1992.

16 Vgl. Dumont, Franz u. Gunter Mann (Hg.). *Die Natur des Menschen. Probleme der Physischen Anthropologie und Rassenkunde (1750–1850).* Hg. Gunter Mann u. Franz Dumont. Stuttgart u. a., 1990.

17 Kamper, Dietmar u. Christoph Wulf (Hg.). *Anthropologie nach dem Tode des Menschen.* Frankfurt a. M., 1994. 7.

18 Kamper u. Wulf (Anm. 17), 9; vgl. auch die Einleitung in: Gebauer, Gunter u. a. *Historische Anthropologie. Zum Problem der Humanwissenschaften heute oder Versuche einer Neubegründung.* Reinbek, 1989. Das Zentrum gibt die Zeitschrift *Paragrana. Internationale Zeitschrift für Historische Anthropologie* heraus (seit 1992).

19 Wulf, Christoph (Hg.). *Vom Menschen. Handbuch Historische Anthropologie.* Weinheim u. a., 1997. 13.

20 Wulf (Anm. 19), 13.

21 Van Dülmen, Richard. *Historische Anthropologie. Entwicklung, Probleme, Aufgaben.* 2. Aufl. Köln u. a., 2001, 5; vgl. auch die Zeitschrift *Historische Anthropologie. Kultur – Gesellschaft – Alltag* (seit 1993).

22 Van Dülmen (Anm. 21), 58; vgl. auch Daniel, Ute. *Kompendium Kulturgeschichte. Theorien, Praxis, Schlüsselwörter.* Frankfurt a. M., 2001. 298–313.

23 Vgl. Ariès, Philippe. «Die Geschichte der Mentalitäten». *Die Rückeroberung des historischen Denkens. Grundlagen der Neuen Geschichtswissenschaft.* Hg. v. Jacques Le-Goff u. a. Frankfurt a. M., 1994. 137–66; Dinzelbacher, Peter (Hg.). *Europäische Mentalitätsgeschichte. Hauptthemen in Einzeldarstellungen.* Stuttgart, 1993; Raulff, Ulrich (Hg.). *Mentalitäten-Geschichte. Zur historischen Rekonstruktion geistiger Prozesse.* Berlin, 1987.

24 Vgl. van Dülmen (Anm. 21), 12.

25 Röcke, Werner. «Literaturgeschichte – Mentalitätsgeschichte». *Literaturwissenschaft. Ein Grundkurs.* Hg. v. Helmut Brackert u. Jörn Stückrath. 4. Aufl. Reinbek, 1996. 639–49, 641.

26 Graus, František. «Mentalität. Versuch einer Begriffsbestimmung und Methoden der Untersuchung». *Mentalitäten im Mittelalter. Methodische und inhaltliche Probleme.* Hg. v. dems. Sigmaringen, 1987. 9–48, 16.

27 Schönert, Jörg. «Mentalitäten, Wissensformationen, Diskurse und Medien als dritte Ebene einer Sozialgeschichte der Literatur. Zur Vermittlung zwischen Handlungen und sozialen Formen». *Nach der Sozialgeschichte. Konzepte für eine Literaturwissenschaft zwischen Historischer Anthropologie, Kulturgeschichte und Medientheorie.* Hg. v. Martin Huber u. Gerhard Lauer. Tübingen, 2000. 95–103.

28 Bourdieu, Pierre. *Zur Soziologie der symbolischen Formen.* Frankfurt a. M., 1970. 143.

29 Vgl. Schlaeger, Jürgen (Hg.). *The Anthropological Turn in Literary Studies.* Yearbook of Research in English and American Literature 12. Tübingen, 1996; Poyatos, Fernando (Hg.). *Literary Anthropology. A New Interdisciplinary Approach to People, Signs, and Literature.* Amsterdam u. Philadelphia, 1988. Siehe auch die Arbeiten des interdisziplinären DFG-Sonderforschungsbereichs *Literatur und Anthropologie* an der Universität Konstanz.

30 Vgl. Berg, Eberhard u. Martin Fuchs (Hg.). *Kultur, soziale Praxis, Text. Die Krise der ethnographischen Repräsentation.* Frankfurt a. M., 1993.

31 Bachmann-Medick, Doris (Hg.). *Kultur als Text. Die anthropologische Wende in der Literaturwissenschaft.* Frankfurt a. M., 1996. 31.
32 Geertz, Clifford. *Dichte Beschreibung. Beiträge zum Verstehen kultureller Systeme.* 4. Aufl. Frankfurt a. M., 1995. 9.
33 Bachmann-Medick (Anm. 31), 23.
34 Bachmann-Medick (Anm. 31), 23.
35 Bachmann-Medick (Anm. 31), 46.
36 Böhme, Hartmut u. Klaus Scherpe (Hg.). *Literatur und Kulturwissenschaften. Positionen, Theorien, Modelle.* Reinbek, 1996. 15.
37 Vgl. Greenblatt, Stephen J. *Verhandlungen mit Shakespeare.* Frankfurt a. M., 1993. Baßler, Moritz (Hg.). *New Historicism. Literaturgeschichte als Poetik der Kultur.* Frankfurt a. M., 1995; Simonis, Annette. «‹New Historicism› und ‹Poetics of Culture›. ‹Renaissance Studies› und Shakespeare im neuen Licht». *Literaturwissenschaftliche Theorien, Modelle und Methoden. Eine Einführung.* Hg. v. Ansgar Nünning u. a. Trier, 1995. 153–72; siehe auch *KulturPoetik. Zeitschrift für kulturgeschichtliche Literaturwissenschaft* (seit 2001).
38 Haug, Walter. «Literaturwissenschaft als Kulturwissenschaft?» *Deutsche Vierteljahrsschrift für Literaturwissenschaft und Geistesgeschichte* 73 (1999): 69–93, 83.
39 Haug (Anm. 38), 83.
40 Müller, Jan-Dirk. «Überlegungen zu einer mediävistischen Kulturwissenschaft». *Mitteilungen des deutschen Germanistenverbandes* 46.4 (1999): 574–85, 576.
41 Müller (Anm. 40), 576; vgl. auch White, Hayden. *Die Bedeutung der Form. Erzählstrukturen in der Geschichtsschreibung.* Frankfurt a. M., 1990.
42 Dies ist auch nicht durch die additive Zusammenführung beider Pole bereits geleistet – keineswegs ist dadurch schon ein ‹neues Paradigma› entstanden; vgl. Behrens, Rudolf u. Roland Galle (Hg.). *Historische Anthropologie und Literatur. Romanische Beiträge zu einem neuen Paradigma der Literaturwissenschaft.* Würzburg, 1995.
43 Riedel, Wolfgang. «Anthropologie und Literatur in der deutschen Spätaufklärung. Skizze einer Forschungslandschaft». *Internationales Archiv für Sozialgeschichte der deutschen Literatur.* Sonderheft 6. Forschungsreferate 3 (1994): 93–157.
44 Foucault, Michel. *Die Ordnung der Dinge. Eine Archäologie der Humanwissenschaften.* Übs. v. Ulrich Köppen. 12. Aufl. Frankfurt a. M., 1993. 26.
45 Schings, Hans-Jürgen (Hg.). *Der ganze Mensch. Anthropologie und Literatur im 18. Jahrhundert.* Stuttgart, 1994. 1.
46 Schings (Anm. 45), 5.
47 Riedel (Anm. 43), 110.
48 Iser, Wolfgang. *Das Fiktive und das Imaginäre. Perspektiven literarischer Anthropologie.* Frankfurt a. M., 1991, 144 f.
49 Pfotenhauer, Helmut. *Literarische Anthropologie. Selbstbiographien und ihre Geschichte – am Leitfaden des Leibes.* Stuttgart, 1987. 27.
50 Marcus, George E. u. Michael J. M. Fischer. *Anthropology as Cultural Critique. An Experimental Moment in the Human Sciences.* Chicago u. London, 1986. 74.
51 Pfotenhauer (Anm. 49), 18.
52 Pfotenhauer (Anm. 49), 23 f.; vgl. auch Schings, Hans-Jürgen. «Der anthropologische Roman. Seine Entstehung und Krise im Zeitalter der Spätaufklärung». *Die Neubestimmung des Menschen.* Hg. v. Bernhard Fabian u. a. München, 1980. 247–75.

53 Vgl. Košenina, Alexander. *Anthropologie und Schauspielkunst. Studien zur ‹eloquentia corporis› im 18. Jahrhundert.* Tübingen, 1995.

54 Riedel, Wolfgang. *‹Homo Natura›. Literarische Anthropologie um 1900.* Berlin u. New York, 1996.

55 Riedel (Anm. 54), viii u. xiii.

56 Riedel (Anm. 54), xii.

57 Diese Themenliste orientiert sich an folgenden Darstellungen: Böhme, Hartmut, Peter Matussek u. Lothar Müller. «Historische Anthropologie». *Orientierung Kulturwissenschaft. Was sie kann, was sie will.* Reinbek, 2000. 138–47; Burguière, André. «Historische Anthropologie». *Die Rückeroberung des historischen Denkens. Grundlagen der Neuen Geschichtswissenschaft.* Hg. v. Jacques LeGoff u. a. Frankfurt a. M., 1994. 62–102; Dinzelbacher (Anm. 23); van Dülmen (Anm. 21), 60–100; Riedel (Anm. 43), 94; Schings (Anm. 45); Wulf (Anm. 19), 14. Ich nenne im Folgenden keine Einzelstudien zu den jeweiligen Forschungsfeldern, da dies entweder den Rahmen des Beitrags sprengen würde oder aber zu ungerechten und subjektiven Selektionen führen müsste, denn es liegen zu allen hier genannten Themen bereits Studien vor.

58 Vgl. Benthien, Claudia. «Zwiespältige Zungen. Der Kampf um Lust und Macht im oralen Raum». *Körperteile. Eine kulturelle Anatomie.* Hg. v. ders. u. Christoph Wulf. Reinbek, 2001. 104–32, 108 f.

59 Vgl. Barner, Wilfried. «Gryphius und die Macht der Rede. Zum ersten Reyen des Trauerspiels ‹Leo Armenius›». *Deutsche Vierteljahrsschrift für Literaturwissenschaft und Geistesgeschichte* 42 (1968): 325–58.

60 Vgl. Geitner, Ursula. *Die Sprache der Verstellung. Studien zum rhetorischen und anthropologischen Wissen im 17. und 18. Jahrhundert.* Tübingen, 1992.

61 Descartes (Anm. 4) II.11–16, 26–30.

62 Vgl. Benjamin, Walter. *Ursprung des deutschen Trauerspiels.* 7. Aufl. Frankfurt a. M., 1996. 40–57.

2 Ordnungen des Wissens

Udo Friedrich

a) Ältere deutsche Literatur

Unter den kulturwissenschaftlichen Zugängen zum Mittelalter ist die Frage nach den Ordnungen des Wissens neueren Datums. Die Fragestellung verortet sich im Spannungsfeld rivalisierender Konzepte. Während die Geschichte der Naturwissenschaften die historische Ausdifferenzierung des Wissens gemeinhin als Fortschrittsgeschichte mathematischer und empirischer Methoden beschreibt, sind in den Geisteswissenschaften Ordnungen des Wissens vor allem unter dem Aspekt von Kontinuität und Umbruch thematisiert worden. Dargestellt wurden hier einerseits Ablösungsprozesse großflächiger Denkformen wie Weltbild und Epochengeist, andererseits die fortdauernde Wirksamkeit spiritueller oder rhetorischer Formen.[1] Wissenschaftsgeschichte spaltet sich so traditionell in zwei voneinander unabhängige Formationen auf, die unter dem Stichwort der ‹zwei Kulturen› (Snow) subsumiert werden.

Natur- und Geisteswissenschaften haben aber jenseits ihrer Orientierung am Fortschritts- und Kontinuitätsparadigma auch alternative Perspektiven entwickelt. Innerhalb der Wissenschaftsgeschichte wurde die Frage nach der Ordnung des Wissens auch als Reflexion auf die sich wandelnden Bedingungen der Forschungsparameter selbst angegangen – Wissenschaftsgeschichte verstanden als Geschichte der Paradigmenwechsel, als Revolutionsgeschichte des Wissens.[2] Oder es wird der Versuch unternommen, gegen das Konzept der ‹zwei Kulturen› eine ‹dritte Kultur› zu setzen, indem man zwischen Geist und Natur zu vermitteln und die Geschichte der Erfindungen so darzustellen sucht, dass die komplexe Interferenz geistiger und sachlicher Faktoren sichtbar wird.[3] Die Geisteswissenschaften haben gegenüber solchen Vermittlungsmodellen zunehmend die Diskontinuitäten in der Abfolge der Wissensordnungen thematisiert, etwa philosophiegeschichtliche Innovationen als ‹Umbesetzung›, ästhetikgeschichtliche unter dem Stichwort ‹Alterität› (Jauss) gefasst.[4] Am radikalsten hat wohl die 1966 in Paris erschienene Studie *Die Ordnung der Dinge* von Michel Foucault die Entwicklungslogik von Epochenwechseln, selbst wissenschaftlicher, in Frage gestellt und dagegen ein Konzept harter Übergänge von Epistemeformen gesetzt.[5] Indem Foucault in verschiedenen Epochen jeweils auf analoge diskursive Formationsregeln (Ähnlichkeit, System, Geschichte) im Wissen über Natur, Ökonomie und Sprache aufmerksam macht, zeigt er Verbindungslinien zwischen unterschiedlichen Disziplinen auf, die einem «historischen Apriori» als Möglichkeitsbedingung unterliegen sollen. Auch hier sollte der Hiat zwischen Wort- und Sachebene, zwischen Geistes- und Naturwissenschaften überwunden werden, indem ein enger Konnex zwischen Sprach- und Naturbegriff postuliert wird: *Les mots et les choses,* so lautet der Originaltitel, war Teil eines übergeordneten Projekts, das in eine ‹Theorie der Geschichte des Wissens› münden sollte.

Ein solches Projekt, das für ein weit ausgreifendes Forschungsfeld theoretischen und historischen Anspruch zusammenbindet, bedarf vielfältiger historischer Vorarbeiten im Rahmen von Natur-, Sozial-, Wirtschafts- und Geisteswissenschaften. Foucaults Ansatz lässt sich so zu einem fachübergreifenden Unternehmen ausbauen. Zwischen totalisierenden Konzepten einerseits und einzelwissenschaftlicher Differenzierung andererseits hätte ein interdisziplinäres, im weitesten Sinn kulturwissenschaftliches Unternehmen zu vermitteln, um Methodologien, Erkenntnisstände und Geschichte der einzelnen Disziplinen, auch der Literaturwissenschaft, miteinander in Beziehung zu setzen und auf historische Formationen hin zu befragen. Involviert ist das ganze Spektrum der mittlerweile unter dem Titel ‹Kulturwissenschaften› vereinigten historischen Disziplinen, inklusive der Geschichte der Naturwissenschaften. Gerade weil die Frage nach den Ordnungen des

Wissens theoretische, soziologische, historische wie auch philologische und ästhetische Aspekte impliziert, bedarf es der interdisziplinären Kooperation.

Ordnungen des Wissens haben ihre eigene Geschichte, das heißt ihre historisch spezifischen Konfigurationen. Was aus der Perspektive moderner Differenzierung kaum mehr zu konzeptualisieren ist – der Zusammenhang der Disziplinen –, erscheint aber für die Analyse vormoderner Epochen geradezu geboten. Die vertraute Spaltung in Natur- und Geisteswissenschaften kann bis in die Frühe Neuzeit gar nicht vorausgesetzt werden. Bis in die Frühe Neuzeit sind es die klassischen Wortwissenschaften der *artes liberales* – Grammatik, Dialektik und Rhetorik –, die vom Elementarunterricht des *triviums* und den scholastischen Disputationen über die humanistischen Bildungsprogramme bis hin zu den Entwürfen barocker Universalwissenschaft die Organisation des Wissens strukturierten.[6] Eine sach- und faktenbezogene Naturwissenschaft existierte nicht oder allenfalls am Rande des akademischen Systems. Gegenüber der modernen Opposition von wort- und sachbezogener Forschung war das Verhältnis von *res* und *verba* im wissenschaftlichen Diskurs des Mittelalters deutlich anders strukturiert. Patristikrezeption, Scholastik, Humanismus und Reformation haben hier jeweils eigene Konzeptionen entwickelt. Noch der gegenwärtige *linguistic turn* in den historischen Wissenschaften zeugt davon, dass erneut – nun aber innerhalb der Kulturwissenschaften – die Wortebene gegen die dominante Sachebene ihr Recht einklagt: in Form von Sprachkritik (Dekonstruktion) oder indem sich das Forschungsinteresse auf symbolische Ordnungen fokussiert.

Der Konflikt kreist um Verbindlichkeit und Reichweite eines Erkenntnisprinzips, das durch Quantifizierung, Relationierung und Kausalität, vor allem aber Entsemantisierung gekennzeichnet ist und sich innerhalb der Naturwissenschaften durchgesetzt hat. Das weckt aber den Widerstand der hermeneutischen Disziplinen. Die Ableitung menschlicher Wahrnehmungsformen nach der antiken Dreiteilung *ratio, memoria, phantasia*, die noch Francis Bacon seinem *Novum Organon* und die französischen Enzyklopädisten ihrer Wissenschaftsklassifikation zugrunde gelegt haben,[7] relativiert einen homogenen Wahrheitsbegriff und bildet letztlich noch die Grundlage kulturwissenschaftlicher Modellbildung. In dieser Dreiteilung zeichnet sich bereits die Aufspaltung in Natur- und Geisteswissenschaften, in theoretische, historische und ästhetische Disziplinen ab. Und auch die Grundlegung einer Kulturwissenschaft, wie sie Ernst Cassirer 1925 in Anlehnung an Kants Einteilung der Erkenntnisvermögen (das Wahre, Gute und Schöne) versucht hat, geht bei allen Homogenisierungsversuchen von unterschiedlichen Erkenntnisfunktionen aus: von den theoretischen, mythischen, religiösen und ästhetischen Grundformen des Geistes.[8]

Wie in konzentrischen Kreisen erweitern sich die Bedingungsrahmen des Wissens, ausgehend von individuellen Ordnungen (Autor) und Textordnungen über Disziplinenordnungen und soziale Ordnungsmuster bis hin zu übergreifenden ‹historischen Möglichkeiten des Denkens›. Strukturalistisch gesprochen durchziehen Ordnungen des Wissens das Subjekt: disziplinäre, soziale, diskursive, symbolische bis hin zu sprachlichen.[9] Sie als homogenes Forschungsfeld konzeptualisieren zu wollen hieße erneut, universalwissenschaftliche Hoffnungen zu hegen. Eher lassen sich diskursive Vernetzungen verfolgen, die aufzeigen, dass Wissenssysteme, vor allem bis in die Frühe Neuzeit, nicht gegeneinander abgeschlossen sind. Der Gewinn eines kulturwissenschaftlichen Ansatzes kann darin liegen, sowohl die unterschiedlichen Perspektiven auf die Ordnungen des Wissens zusammenzuführen als auch Heterogenität und Komplexität des Feldes sichtbar zu machen.

In der Folge werden im Ausschnitt vier Ordnungen des Wissens unterschieden, um das Feld einführend zu gliedern und exemplarische Ebenen vorzuführen: (1) soziale Ordnungen des Wissens, (2) Ordnungen der Wissenschaften, (3) Ordnungen des Textes, (4) symbolische Ordnungen des Wissens. Dabei sollen jeweils theoretische und historische Aspekte berücksichtigt werden.

Soziale Ordnungen des Wissens

Der Begriff des Wissens wird in der Folge extensiv aufgefasst und auf seine sozialen und kulturellen Implikationen hin befragt. Voraussetzung dieser Perspektive auf historische Formationen von Wissen ist die Erkenntnis, dass die Menschen in umfassenden Strukturen leben und sich in ihnen orientieren: zum einen in institutionellen Ordnungen wie Staat, Schule, Beruf oder religiösen und sozialen Gemeinschaften, die jeweils eigene Wissensformen hervorbringen. Die so ausgeweitete Frage nach den Wissensordnungen setzt ein gesellschaftliches Erklärungsmodell von Wahrheit voraus und mündet letztlich in einer Sozialgeschichte des Wissens.[10]

Zum andern leben Menschen in offeneren Sozialordnungen, in Familien, Vereinen, ‹Szenen›, Zirkeln und Kreisen jenseits fester Institutionen, die aber nicht weniger elaborierte Verhaltenscodes voraussetzen. Soziale und kulturelle Rahmenbedingungen dieser Art gehören in eine Geschichte der Wissensordnungen, da diese als kollektive Vorstellungen «so fundamental sind, daß die Leute nicht wissen, daß sie sie haben»[11]. Ordnungen des Handelns implizieren unbewusste und bewusste Ordnungen des Wissens. Subjekte leben gleichzeitig in ganz unterschiedlichen Ordnungen, die sie mehr oder minder beherrschen, sich ihnen anpassen oder widersetzen, sie instrumentalisieren oder ihnen unterliegen. Arbeiten aus beinah allen Feldern der historischen Wissenschaften – beispielsweise der Sozial- und Mentalitätsgeschichte, der Literatur- und Philosophiegeschichte – haben ein komplexes synchrones wie diachrones Feld an Wissensordnungen herausgearbeitet, das mit den älteren totalisierenden Begriffen nicht mehr zu fassen ist. Sie erscheinen unter Begriffen wie Mentalität, Ideologie, Begriffsapparat *(outillage mental)*, Diskurs und andere symbolische Ordnungen.[12]

Ordnungen des Wissens haben ihren spezifischen sozialen Ort. Soziologische Ansätze unterschiedlichster Reichweite untersuchen entsprechend die sozialen Rahmenbedingungen des Wissens, wobei auch hier die Parameter der ‹zwei Kulturen› wirksam sind, sich eine faktenbezogene und eine symbolische Perspektive gegenüberstehen. Einerseits eine Sozialgeschichte der Literatur, die sich primär als Sacherschließung versteht und sich den konkreten Prozessen der Wissensbildung, des Wissenstransfers und seiner Institutionalisierung widmet. Institutionengeschichtliche Forschung etwa verfolgt die Ausbildung und Veränderung von Bildungseinrichtungen. Kloster, Kanzlei, Schule und Universität sind seit dem 11. Jahrhundert Träger eines Verschriftlichungsprozesses, der nachhaltige Auswirkung auf die Ordnungen des gelehrten Wissens besitzt. Zwischen dem 12. und dem 15. Jahrhundert dringt die Verschriftung zunehmend in die Volkssprache ein und passt die gelehrten Ordnungen allmählich den Bedürfnissen einer Laiengesellschaft an. Noch vor dem Buchdruck lässt sich im 15. Jahrhundert ein Prozess erkennen, der den wachsenden Schriftbedarf von Herrschaftszentren anzeigt, wobei zunehmend auch das Wissen einer Adelsgesellschaft in die Schriftform drängt: Kriegs-, Jagd- und Fechtbücher, zeremonielles Schrifttum, Chroniken, ständische Didaxe, aber auch höfische Literatur.[13] Breiter angelegt, kann eine Sozialgeschichte des Wissens die historischen Felder und Faktoren der Entstehung einer modernen Wissensgesellschaft nachzeichnen.[14]

Während Wissenschaften, Gattungen und Institutionen eher ausgeprägte Ordnungsinstanzen darstellen, sind soziale Wissensordnungen ungleich schwerer zu fassen. Die Wissenssoziologie untersucht implizite Ordnungen des Wissens nach ihren sozialen Rahmenbedingungen und geht von der Voraussetzung aus, dass die Wahrnehmung von Wirklichkeit variiert, je nachdem welchem sozialen Stratum der Betrachter angehört. Das betrifft ständische wie berufsspezifische Prägungen: Der Krieger nimmt anders wahr als der Mönch, dieser wieder anders als der Kaufmann. Solche sozial determinierte Wahrnehmung beeinflusst ihrerseits aber die Kodifizierung von Wissen. Für das Mittelalter sind wissenssoziologische Methoden für Untersuchungen verwendet worden, die die Konfrontation mit Fremdkulturen zum Thema haben.[15]

Schließlich lässt sich noch eine Diskursgeschichte des Wissens unter das sozialwissenschaftliche Paradigma subsumieren. Sie untersucht die politischen Implikationen der Konflikte und Strategien, die disziplinäre Gemeinschaften untereinander im Kampf um soziale Positionen austragen.[16] Sowohl innerhalb der mittelalterlichen Universitäten (Nominalisten – Realisten) als auch außerhalb, etwa im Entwurf konkurrierender Bildungsprogramme, werden Ordnungen des Wissens zum Gegenstand sozialer Machtstrategien: etwa durch die Herausforderung der scholastischen Logik durch das philologische und historische Konzept der Humanisten, die seit dem 15. Jahrhundert in die Universitäten drängen, oder durch die Pädagogisierung der Wissenschaften durch die Reformation. Diskurse als interessengesteuerte Strategien einer Sozialpolitik bilden sich auf breiter Basis aber erst mit dem Buchdruck der Frühen Neuzeit aus, beispielsweise in dem vor allem in der Volkssprache wuchernden Ordnungsschrifttum (zum Beispiel zum Ehediskurs).

Ordnungen der Wissenschaften

Am sichtbarsten treten Wissensordnungen in Wissenschaftssystemen in Erscheinung. Wissenschaftssysteme sind Systeme zweiter Ordnung, die Aufbau und Zusammenhang der Disziplinen entwerfen. Klassifikationsbemühungen lassen sich von spätantiken (Martianus Capella) über frühmittelalterliche (Isidor) bis hin zu den universalwissenschaftlichen Entwürfen des Barock (Alsted) verfolgen. Sie sind zu unterscheiden von den Wissenstechniken selbst, die die einzelnen Disziplinen entwickeln. Indem neue Disziplinen im historischen Prozess entstehen, etablierte an Einfluss verlieren oder gar fortfallen, wird deutlich, dass Wissenschaftssysteme in der Praxis einem ständigen Prozess der Umstrukturierung unterliegen.[17] An solchen Veränderungen lassen sich einschneidende wissenschafts- und sozialgeschichtliche Prozesse ablesen.

Der wissenschaftsgeschichtliche Ansatz macht diese institutionalisierten Ordnungen des Wissens zum Gegenstand systematischer Erforschung: bezogen auf das Mittelalter die geläufige stoisch-platonische Gliederung in Logik, Physik und Ethik oder die aristotelische Einteilung in die theoretische Philosophie (Physik, Mathematik, Metaphysik) einerseits, in die praktische (Politik, Ökonomik, Ethik) andererseits. Das Mittelalter übernimmt die antike Ordnung der sieben *artes liberales* und bildet an den Universitäten vier Fakultäten aus: Theologie, Recht, Medizin und Philosophie (Artistenfakultät). Ein aufkommendes wissenschaftstheoretisches Schrifttum wie die Gattung der *Divisiones philosophiae*, das *Didascalicon* des Hugo von St. Viktor, schließlich der Wissensbaum *(arbor scientiae)* des Raimundus Lullus diskutiert unterschiedliche Möglichkeiten der Klassifikationen.[18]

Wissenschaftssysteme erfassen aber immer nur einen Teil der Ordnungen des Wissens. Zwar bestimmen *artes liberales* und die vier Fakultäten weitgehend die offizielle Wissensordnung bis in die Frühe Neuzeit hinein, doch behaupten sich parallel dazu Felder wie etwa Geschichte, Geographie und Magie. Am *artes*-Schema arbeiten sich vor allem die Reformbestrebungen von Humanisten und Reformatoren ab, die das Wissenschaftssystem mit Hilfe von historischen und poetischen Parametern umstrukturieren. So ergänzt Hartmann Schedel das etablierte Disziplinenspektrum durch eine *ars humanitatis*, Philipp Melanchthon durch *humanae disciplinae*,[19] die dann auch die Ordnung von Bücherinventaren, Bibliotheken und Enzyklopädien prägen können.[20]

Der Zusammenhang der Disziplinen konstituiert sich in den Klassifikationen des Mittelalters weniger durch die Sache *(res)* als durch symbolische Formen, die auf Einheit, Providenz und Natur rekurrieren: Zahlensymbole, Dichotomien, Allegorien und Metaphern. Die Siebenzahl der Künste korrespondiert mit der Siebenzahl der Tugenden und Laster, entsprechend mit der Siebenzahl der *artes mechanicae*. Dabei orientieren sich die Wissenschaften an natürlichen Maßstäben, wie derjenigen der antiken und christlichen Privilegierung des Geistes *(anima)* vor dem Körper *(corpus)*. Die unter die Wissenschaften subsumierten *artes liberales* sind theoretisch ausgerichtet, sie entsprechen damit der geistigen Disposition des Menschen, während die praktischen Künste auf den körperlichen Mangelzustand der *conditio humana* ausgerichtet sind und deshalb lange als inferior gelten.[21] Auch die Systematisierung der Wissenschaften mit Hilfe der Baummetapher versucht, deren natürliche Basis zu explizieren. Nach dem Vorbild des Kategorienbaumes, den Porphyrius in seinem Aristoteleskommentar *(Isagoge)* geboten hatte, war Ende des 13. Jahrhunderts auch der *arbor scientiae* des Raimundus Lullus entstanden.[22]

Das Motiv des Baumes veranschaulicht ein zentrales Phänomen in der Kulturgeschichte, nämlich die Naturalisierung des bewusst Vereinbarten: Kultur erscheint als Natur, Erfindung als Entdeckung.[23]

Es hängt mit dem antiken und mittelalterlichen Wissenschaftsbegriff zusammen, dass Wahrheit in der Natur verankert ist und nur in der theoretischen, ‹wissenschaftlichen› Einstellung ermittelt werden kann: sei es in Form platonischer Widerspiegelungsprozesse, sei es im aristotelischen Hylemorphismus – sei es schließlich im Akt der ‹Lesbarkeit der Welt›.[24] An den zwei Arten der Medizin, der theoretischen innerhalb und der praktischen (beispielsweise Chirurgie) außerhalb der medizinischen Fakultät, lässt sich die Privilegierung des theoretischen Wissenschaftsbegriffs veranschaulichen.

Im 16. und 17. Jahrhundert sind es dann gerade die *artes mechanicae*, das heißt die unnatürlichen gewaltsamen Bewegungen der Mechanik, die die ‹Natur› der Sache hervorbringen werden und damit zum Paradigma neuzeitlicher Naturwissenschaft avancieren.[25] Wie die Organismusvorstellung im politischen Feld durch die der Staatsmaschine (Hobbes' *Leviathan*) abgelöst wird, so entwickelt auch die Wissenschaftsklassifikation künstliche Systeme. Im 16. Jahrhundert wird die Baummetapher durch die synoptischen Tabellen des *Ramismus* abgelöst.[26] Sie ordnen das kompliziert sich ausdifferenzierende Feld der Wissenschaften in dichotomischen ‹Klammerbifurkationen›. Theodor Zwinger benutzt sie in seinem *Theatrum vitae humanae* (1565 ff.), um das auf den Menschen bezogene Wissen zu systematisieren und zu visualisieren, Heinrich Alsted machte sie im 17. Jahrhundert zum Darstellungsmittel seiner Enzyklopädie.

Die Wissenschaftsgeschichte unterschiedlichster Disziplinen hat die epochenspezifischen Wissenssysteme, ihren zugrunde liegenden Wissenschaftsbegriff und ihre Veränderungen detailliert nachgezeichnet: Beschrieben wurde etwa die hermeneutische Funktionalisierung der antiken *artes liberales* durch die mittelalterliche Klerikerkultur. Die Redetechniken der freien Künste werden in diesem Prozess primär zu Instrumenten der Texterschließung umgenutzt. Mit der Scholastik bildet sich dann eine rationale Methodologie auf der Basis von Dialektik und Rhetorik aus: Hier werden die freien Künste zu Disputationstechniken erweitert. Aber auch die Unterscheidung zwischen christlich legitimem und illegitimem magischen Wissen im Hochmittelalter wie die Ausbildung einer rationalen Naturphilosophie im Rahmen der Theologie dokumentieren Modifikationen innerhalb der etablierten Wissensordnungen.[27]

Entscheidend für eine tief greifende Veränderung der Wissensordnung in der Frühen Neuzeit aber war die Entwicklung der *loci communes* zu Leitbegriffen humanistischer Wissenschaft. *Loci communes* bezeichnen innerhalb von Rhetorik und Dialektik diejenigen ‹Orte› (Gemeinplätze), über die sich eine Argumentation aufbaut. Sie sind ursprünglich topische Hilfsmittel, um einen Gedankengang hervorzubringen, und damit Techniken der Redeproduktion. Mit dem Humanismus verändert sich ihre Funktion zu einem Instrument der Materialordnung. Hatte schon die *ars memorativa* empfohlen, den Lernstoff in *res* und *verba* aufzugliedern, um Sachaspekt und Wortlaut zu unterscheiden und beide mit Hilfe von *loci communes* zu memorieren, so erweitern die Humanisten diese Technik zu einem Instrument der Sacherschließung: Jede Materialsammlung, ob naturkundlich oder ethisch ausgerichtet, ließ sich mit Hilfe von hierarchisierten Stichworten in eine Ordnung bringen. Die rhetorische Stillehre wurde damit zur universalen Methodenlehre, die erlaubte, das historische Wissen aus seinem zeitlichen Zusammenhang herauszulösen (zu ent-zeitlichen) und nunmehr topisch, etwa nach sachlichen oder moralischen Kriterien, zu ordnen: So ließ sich zum Beispiel der historische Stoff der Chroniken unter ethischen Aspekten verzetteln und neu ordnen, wie in den zahlreichen Exempelsammlungen der Frühen Neuzeit sichtbar wird.[28] Innerhalb der Naturkunde entstehen gewaltige Stoffsammlungen wie Conrad Gesners *Historia animalium*, die das gesamte damals schriftlich überlieferte Wissen über Tiere zusammenstellt und nach *loci comnunes* ordnet. Damit begann aber die Geschichte, die politische wie die der Natur, ihren Ort im Wissenschaftssystem einzufordern: *Historia* wurde zur Namengeberin frühneuzeitlicher Empirie, mit weitreichenden Folgen auch für die Literatur.[29]

Ordnungen des Textes

Für die Literaturwissenschaft repräsentieren Gattungen und Textsorten spezifische Ordnungen des Wissens. Die einzelnen Disziplinen des Wissenschaftssystems generieren eine Vielzahl von Textsorten und erfahren damit innerhalb von Institutionen eine spezifisch pragmatische Umsetzung. Kirche und Kloster bilden je nach Bedarf etwa liturgische, exegetische oder rechtliche Textsorten aus, die *artes* an Schule und Universität ein ganzes Ensemble von Kommentaren und Lehrbüchern. Texte dieser Art stellen eine Schnittstelle zwischen abstraktem Wissenssystem und sozialer Praxis dar. Die akademischen Disziplinen wirken in das allgemeine literarische Feld hinein und können so die Ordnung von Gattungen prägen, beispielsweise von Enzyklopädien und Fürstenspiegeln, die der Ordnung der Moralphilosophie (Ethik, Ökonomik, Politik) folgen können.[30] Der Aufbau des Textes, die Form seiner Informationsverarbeitung (zum Beispiel Kompilation, *quaestio*) bis hin zur Verbindung mehrerer Texte zu Sammelhandschriften geben Auskunft über die Ordnung des Wissens. Dabei ist das Gattungssystem weitaus komplexer als das Wissenschaftssystem. Ein Literatursystem bildet sich erst allmählich in der gelehrten Literatur aus, während die Volkssprache kein elaboriertes Gattungsbewusstsein aufweist.[31] Anhand von gattungsspezifisch (*Artes dictaminis*, Enzyklopädien, Dialog) wie auch institutionell ausgerichteten (Schule, Kloster, Orden, Hof) Forschungen konnten sowohl textuelle als auch soziale Instanzen beschrieben werden, die jeweils eigene Ordnungen des Wissens hervorbrachten.[32]

Wissensordnungen artikulieren sich auch als Textordnungen, und sie sind abhängig von ihrer medialen Vermittlung. Für eine Kultur der Mündlichkeit gelten andere Voraussetzungen für die Verwaltung von Wissen als für die mittelalterliche Handschriftenkultur, dort wieder andere als für die sich rasch durchsetzende Kultur des Buchdrucks in der Frühen Neuzeit. Alle drei Medien laufen bis in die Frühe Neuzeit parallel und bedienen spezifische Bedürfnisse einer Memorialkultur, die primär darauf angelegt ist, Wissen zu bewahren, nicht Neues zu entdecken. In ihrer Erinnerungsfunktion laufen Oralität, Schrift und Druck lange Zeit parallel.[33] Die Erkenntnisse der Oralitätsforschung zur Erinnerungskultur und ihren Techniken lassen sich noch auf die Handschriften- und Druckkultur übertragen, indem sie für die Analyse der Texteinrichtung fruchtbar gemacht werden können.[34] Metrum, Vers und Reim, Bilder und Erinnerungsörter, architektonische Gedächtniskammern, aber auch numerische Techniken *(Abecedarium)* bilden ein ganzes Arsenal an Mnemotechniken, das in verschiedenen Gattungen (beispielsweise Lied, Sprichwort) der periodisch aktualisierten ‹Wieder-Holung› des Erinnerungswürdigen dient. Diese Techniken werden auch zu Kennzeichen der Handschriftenkultur.

Im Zuge des Verschriftungsprozesses entstehen ganz unterschiedliche Textformen. Neben die Abschrift und Verzettelung des biblischen und patristischen Wissens tritt die hermeneutische Erschließung durch Bibelglossare, Wörterbücher, Übersetzungen und Kommentare. Die Aneignung des Wissens orientiert sich zunächst noch an den Mustern der Memorialkultur: Titel, Überschriften, Kapitelgliederung, Bilddiagramme bis hin zum Seitenlayout haben die Funktion, die Memorierbarkeit des Stoffs zu erleichtern.[35] Die Textform war abhängig von der Frageform. Die klassische Form des Bibelkommentars, etwa Anselms von Laons *Glossa*, umstellte den Bibeltext behutsam mit Kirchenvätersentenzen: Im Zentrum stand weiterhin mit der *sacra pagina* die an der Heilsgeschichte orientierte Schrifttheologie.[36] Demgegenüber ordnen die vier Bücher des Sentenzenkommentars des Petrus Lombardus (um 1150/59), wohl das wirkungsmächtigste theologische Lehrbuch bis zur Reformation, den theologischen Lehrstoff systematisch nach Gott und Trinität (1), Schöpfung und Sündenfall (2), Christologie und Erlösung (3), Sakrament und Eschatologie (4), wobei in mehreren hundert Kapiteln die Themenfelder in typisch scholastischer Manier einer rationalen Hinterfragung unterzogen werden. Die Veränderung des Fragehorizonts zeitigt Auswirkungen auf die Wissensform und auf die Organisation des Textes.

Und doch behaupten sich zugleich symbolische Ordnungen des Wissens. Die einzelnen Fachdisziplinen institutionalisieren zwar eigene Ordnungsformen und neue systematische Gattungen, doch bleibt die Buchform latent der Maßstab. «Jede Wissenschaft hatte nach dem Modell der Bibel ein eigenes ‹Buch der Bücher›: etwa Justinians ‹Corpus Juris›, Gratians ‹Decretum›, das Sentenzenwerk des Lombardus, die ‹Summa Theologica› des Aquinaten, ja sogar das salernitanische Corpus medizinischer Schriften der Antike u. a. m.»[37] Auch die umfassenden Naturenzyklopädien, die *libri de naturis rerum*, orientieren sich am Buchmodell, indem sie die ganze Weltordnung in einem Buch abzubilden vorgeben: entweder nach der ‹Kette des Seins› oder nach dem Sechstagewerk der biblischen Schöpfung wie bei Vincenz von Beauvais.[38] Das Christentum konstituiert sich elementar als eine Kultur des Buchs und damit der Lektüre und Entschlüsselung einer vorgegebenen Botschaft in Natur und Geschichte.

Komplementär zur Funktion der Handschrift als Wissensspeicher und Bibliotheksersatz stehen Kurzfassungen mit didaktischer und systematisierender Funktion. Die Gattung der *libri pauperum* etwa bietet den umfassenden Lehrstoff in einer Kurzform dar, zum Zweck des Studiums und um die Studenten finanziell zu entlasten, aber auch, um den in unzählige Einzelzitate, Argumente und Beweise zergliederten Lehrstoff übersichtlich zu machen. Solche *libri pauperum* existierten beinah für alle großen Lehrwerke: die Bibel, der zentrale Lehrstoff, kursierte in zahlreichen Kurzfassungen, so in dem Alexander Villa Dei zugeschriebenen *Summarium biblicum*, einer Zusammenfassung in 212 Hexametern, deren einzelne Wörter jeweils eines der 1200 Kapitel der 73 Bücher der *Vulgata* bezeichnen.[39] Vom *Corpus* Iustinians, dem spätantiken Rechtsbuch mit ca. 19 000 Exzerpten klassischer römischer Juristen, kursierte die *Abbreviatio* des Bologneser und Oxforder Juristen Vacarius; vom *Decretum* Gratians das *Compendium* des Wernher von Schussenried.[40] Kompendien dieser Art sind als Hilfswerke des Memorierens konzipiert, sodass der umfangreiche Gesetzestext der Schrift wieder an die Erfordernisse einer mündlichen Praxis rückgebunden wird.

Der Buchdruck schließlich stellt die Schriftkultur vor eine neuartige Herausforderung. Die Geschichts- und Literaturwissenschaft haben unter mediengeschichtlicher Perspektive ein frühneuzeitliches Schrifttum in den Blick genommen, das der Erschließung und Ordnung des durch den Buchdruck multiplizierten Buch- und Wissensbestands gewidmet ist, indem es spezifische Nutzungs- und Exzerpiertechniken entwickelt: Kataloge, Register und Bibliographien.[41] In den ersten 50 Jahren nach seiner Erfindung (Inkunabelzeit) orientiert sich der Druck noch an den Vorgaben der Handschriftenkultur, die parallel ungebrochen weiterläuft. Erst mit dem 16. Jahrhundert, verstärkt ab Mitte des Jahrhunderts, verändern sich die Texttypen und Erschließungsmethoden. Die strukturierende Kraft der Bibel als Buch der Bücher wird durch eine andere Metapher abgelöst, die zur gleichen Zeit ihre konkrete institutionelle Verankerung erfährt: die Bibliothek. Conrad Gesners voluminöse *Bibliotheca Universalis* von 1545 kann als Reaktion auf die unablässig anwachsende Bücherproduktion verstanden werden, indem er alle ihm zugänglichen Titel der gelehrten Kultur verzeichnet und sie in alphabetischer Reihenfolge auflistet. So entsteht ein imaginärer Thesaurus des Wissens.[42] Gesners vierbändige *Historia animalium* versammelt materialiter das gesamte Wissen über Tiere. Trotz der Materialordnung nach *res*- und *verba*-Aspekten dominieren die Wortwissenschaften, da selbst die Sachinformationen weitgehend über

Textexzerpte gewonnen werden. Stofflichkeit und Systematik einzelner Forschungsfelder, etwa Zoologie (Gesner) und Ethik (Zwinger), waren auch nicht mehr in einem Buch zu fassen, sodass die Buchmetapher sichtbar an ihre Grenzen gerät.[43]

Literaturtypologie, Gattungsgeschichte und Textualität sind daher zentrale Bestandteile einer Geschichte der Ordnungen des Wissens. Das bezieht sich nicht nur auf die Fachprosa, sondern auch auf das engere literarische Feld, das gerade im Mittelalter immer auch Wissensvermittlung einschließt, somit immer auch Träger von Ordnungen des Wissens ist.[44] Literarische Gattungen transportieren eigene soziale Ordnungen des Wissens wie kollektive Erinnerung oder ständische Wertesysteme.

Briefe

Der Brief bildet keine eigene Wissensordnung, doch partizipiert er in besonderer Weise an den beschriebenen Ordnungen. Briefproduktion ist in der weitgehend illiteraten Gesellschaft des Mittelalters Angelegenheit gehobener sozialer Gruppen und weitgehend institutionell verortet (Kirche, Kloster, Hof). Indem der Brief einerseits diktiert – Schreiben wird im Mittelalter noch als Handwerk verstanden –, andererseits vorgelesen wird, ist er zunächst schriftlich fixierte Rede, die wiederum in Mündlichkeit rückübersetzt wird: eine Übergangsform also.[45]

Das Verfassen von Briefen orientiert sich an den Regeln der Rhetorik und bezieht dabei jene der *ars memorativa* ein. Insofern partizipiert der Brief an der Wissensordnung des *triviums*. Das Verfassen von Briefen ist Gegenstand der *ars dictandi*, die auf antike Ursprünge zurückgeht. Seit dem 12. Jahrhundert wird im Zuge des Verschriftungsprozesses die *ars dictandi* zu einer verbreiteten Lehrgattung, die Anleitungen für alle Arten von Briefproduktion gibt.[46] Die Herstellung orientiert sich an festgelegten Mustern wie Anrede, Exordium und Gruß. Die Darstellungsform der Brieflehre ist in der Regel zweigeteilt. Einem Lehrteil folgt meist eine Materialsammlung berühmter Briefe, an der exemplarisch der Lehrgehalt studiert und für die Nachahmung angeeignet werden kann. Lehre und Exempel bilden aber selbst wiederum eine Grundform mittelalterlicher Wahrheitsvermittlung und somit eine eigene Ausprägung von Wissensordnung.

Als Gattung differenziert sich der Brief schon im Mittelalter je nach pragmatischer Funktion in unterschiedliche Typen aus: etwa in Privatbrief, Verkündigungsbrief, Trostbrief, in den offiziellen Urkunden- und Lehrbrief. Briefe können dabei ihrerseits zu Medien von Wissens- und Lebensordnungen werden. Im Mittelalter verbreitet war der fingierte Briefwechsel zwischen Alexander und dem indischen Weisen Dindymus, in dem eine naturbezogene gegen eine politisch und technologisch orientierte Lebensform antritt. Am Ende des 15. Jahrhunderts formuliert der Humanist Rudolph Agricola in seinem Brief *De formando studio* erstmals in Deutschland ein humanistisches Bildungsprogramm, in dem die neue Auffassung von der Funktion der *loci communes* ihren Ausdruck findet.

Symbolische Ordnungen des Wissens

Forschungen zu mittelalterlichen Denkformen rekonstruieren symbolische Ordnungen des Wissens. Sie bilden gegenüber den Wissenschaftssystemen das Arsenal operativer Techniken, die die einzelnen Disziplinen der *artes liberales* hervorbringen. Sie unterscheiden sich als formale Techniken von semantisch geladenen, wie sie sich beispielsweise in den höheren Fakultäten ausbilden.

Die einzelnen Wissenschaften bilden unterschiedliche symbolische Ordnungen aus, die sich aber als ein eigener Forschungskomplex umschreiben lassen. In seinem Kontext werden verschiedenste Zeichensysteme zusammengeführt und auf ihre Funktion wie auf ihren möglichen Zusammenhang hin befragt. Diese Ordnungsformen bilden ganz unterschiedliche Horizonte der Sinnstiftung aus, die aber zugleich über den engeren disziplinären Rahmen hinausweisen können und damit ihre kulturelle Streuung unter Beweis stellen[47] – etwa die Strukturierungskraft der Allegorese über den Bereich der Theologie hinaus, der medizinischen Humoralpathologie in Bezug auf das ‹anthropologische› Wissen vom Menschen, der Signaturenlehre über den Zusammenhang des Kosmos (Mikrokosmos – Makrokosmos),[48] der Organismusvorstellung für alle Bereiche sozialer Organisation (Familie, Staat, Kirche),[49] die ‹mythische› Denkform der Genealogie für den Bereich der historischen Erklärung, schließlich der Etymologie für die Erschließung des Verhältnisses von Wort und Ding.[50] Es handelt sich hier um elementare historische Symbolformen. Anstatt einzelne in ihrem Geltungsanspruch zu totalisieren, gilt es, ihren Zusammenhang, die Bedingung ihrer Möglichkeit zu untersuchen. Der Modus der ‹Weltaneignung› ist in den meisten Fällen ein hermeneutischer, der eine komplexe Lektüre der Zeichen voraussetzt: die ‹Lesbarkeit der Welt›.

Symbolische Formen dieser Art strukturieren nicht nur das Wissen, sie stabilisieren auch das Weltbild, indem sie einen Zusammenhang der Dinge suggerieren. Gegenüber formalen Ordnungen des Wissens wird ihre jeweilige Substanz vorab garantiert. Untersuchungen dieser Art knüpfen an Entwürfe an, die Wissensordnungen in großflächigen Tableaus zu Weltbildern zusammenfassen und Fragen des Epochenwandels (Christianisierung – Säkularisierung) oder den Wandel von ‹historischen Möglichkeiten des Denkens› thematisieren.[51]

Eine kulturwissenschaftliche Erweiterung sozialgeschichtlicher Ansätze, die auf wissenssoziologischen Prämissen aufbaut, bieten Forschungen zu imaginären Mustern der Wahrnehmung: Mentalitäten, Ideologien, Diskurse.[52] Sie ergänzen die konkreten historischen und sozialen Rahmenbedingungen um das komplexe Spektrum ideeller Strukturen, die soziale Orientierung regeln. Es handelt sich um

> Bewußtseinsformen, Denkgewohnheiten, Ordnungen des Wissens und Ideologien, das heißt um Deutungsmuster und Verstehensmodelle, mit deren Hilfe die Menschen ihre diffuse Wahrnehmung der Wirklichkeit, der unterschiedlichsten gesellschaftlichen Prozesse und Praxisformen zu ordnen sowie historische Veränderungen zu deuten und ihr alltägliches Leben zu organisieren vermögen.[53]

Ordnungen des Wissens realisieren sich in verschiedenen Feldern und Ebenen, dazu in ganz unterschiedlichen Graden an Dichte und Kohärenz. Gerade weil sie mehrere Disziplinen betreffen, lassen sie sich nur im kulturwissenschaftlichen Rahmen rekonstruieren. Der Mediävistik kommt diese Form der Interdisziplinarität entgegen, da in ihrem historischen Feld weder die Disziplinen vollständig gegeneinander ausdifferenziert sind, noch die Literatur einen autonomen Status für sich reklamieren kann, insofern hier stets die verschiedenen Ebenen von Wissensordnungen ineinander greifen. Bei aller Notwendigkeit einzelwissenschaftlicher Differenzierung wäre es Aufgabe einer kulturwissenschaftlichen Perspektivierung, das Verhältnis von expliziten und impliziten Ordnungen des Wissens zu beschreiben und disziplinäre, textuelle, soziale und symbolische Ebenen aufeinander abzustimmen.

Anmerkungen

1 Vgl. Curtius, Ernst Robert. *Europäische Literatur und lateinisches Mittelalter*. 7. Aufl. Bern u. München, 1969. 486–90; Ohly, Friedrich. «Vom geistigen Sinn des Wortes im Mittelalter». *Schriften zur mittelalterlichen Bedeutungsforschung*. Darmstadt, 1977. 1–32, 1.

2 Vgl. Kuhn, Thomas. *Die Struktur wissenschaftlicher Revolutionen*. Frankfurt a. M., 1973.

3 Vgl. Serres, Michel (Hg.). *Elemente einer Geschichte der Wissenschaften*. Frankfurt a. M., 1994; Febel, Gisela. «Von der Geschichtsbedürftigkeit der Wissenschaften». *Poetica* 2 (1998): 169–91; Achermann, Eric. «Gewässerkorrekturen». *Poetica* 2 (1998): 192–210.

4 Vgl. Blumenberg, Hans. *Die Legitimität der Neuzeit*. Frankfurt a. M., 1966; Fried, Johannes u. Johannes Süßmann (Hg.). *Revolutionen des Wissens. Von der Steinzeit bis zur Moderne*. München, 2001.

5 Vgl. Foucault, Michel. *Die Ordnung der Dinge. Eine Archäologie der Humanwissenschaften*. Frankfurt a. M., 1980.

6 Vgl. Schmidt-Biggemann, Wilhelm. *Topica universalis. Eine Modellgeschichte humanistischer und barocker Wissenschaft*. Hamburg, 1983.

7 Vgl. Kallweit, Hilmar. «Zur Topographie der Historie in enzyklopädischen Ordnungen des Wissens». *Von der Aufklärung zum Historismus. Zum Strukturwandel des historischen Denkens*. Hg. v. Horst Walter Blanke u. Jörn Rüsen. Paderborn, 1984. 105–23, 105 f.

8 Vgl. Cassirer, Ernst. *Philosophie der symbolischen Formen*. Darmstadt, 1956.

9 Für die Hermeneutik ist die *Sprache die Form des Wissens*; vgl. Stierle, Karl Heinz. «Historische Semantik und Geschichtlichkeit der Bedeutung». *Historische Semantik und Begriffsgeschichte*. Hg. v. Reinhart Koselleck. Stuttgart, 1978. 154–89, 157.

10 So der Originaltitel *A Social History of Knowledge* von Burke, Peter. *Papier und Marktgeschrei. Die Geburt der Wissensgesellschaft*. Berlin, 2001. 14.

11 Vgl. Burke (Anm. 10), 11.

12 Vgl. Schöttler, Peter. «Mentalitäten, Ideologien, Diskurse. Zur sozialgeschichtlichen Thematisierung der ‹dritten Ebene›». *Alltagsgeschichte. Zur Rekonstruktion historischer Erfahrungen und Lebensweisen*. Hg. v. Alf Lüdtke. Frankfurt a. M. u. New York, 1989. 85–136.

13 Vgl. Müller, Jan-Dirk (Hg.). *Wissen für den Hof. Der spätmittelalterliche Verschriftungsprozeß am Beispiel Heidelberg im 15. Jahrhundert*. München, 1994.

14 Vgl. Burke (Anm. 10).

15 Vgl. Münkler, Marina. *Erfahrung des Fremden. Die Beschreibung Ostasiens in den Augenzeugenberichten des 13. und 14. Jahrhunderts*. Berlin, 2000.

16 Vgl. Fohrmann, Jürgen. «Der Kommentar als diskursive Einheit der Wissenschaft». *Diskurstheorien und Literaturwissenschaft.* Hg. v. dems. u. Harro Müller. Frankfurt a. M., 1988. 244–57.

17 Vgl. Burke (Anm. 10), 137 f.

18 Vgl. Klinkenberg, Hans Martin. «*Divisio philosophiae*». *Scientia und ars im Hoch- und Spätmittelalter.* Hg. v. Ingrid Craemer-Ruegenberg u. Andreas Speer. Miscellanea Mediaevalia 22/1. Berlin u. New York, 1994. 3–19, 7; Fürbeth, Frank. «Die Stellung der *artes magicae* in den hochmittelalterlichen ‹Divisiones philosophiae›». *Artes im Mittelalter.* Hg. v. Ursula Schäfer. Berlin, 1999. 249–62, 250–53.

19 Vgl. Worstbrock, Franz Josef. «Hartmann Schedels ‹Index Librorum›. Wissenschaftssystem und Humanismus um 1500». *Studien zum 15. Jahrhundert. Festschrift für Erich Meuthen.* Hg. v. Johannes Helmrath u. a. München, 1994. 697–715, 701; Scheible, Heinz. «Melanchthons Bildungsprogramm». *Lebenslehren und Weltentwürfe im Übergang vom Mittelalter zur Neuzeit. Politik – Bildung – Naturkunde – Theologie.* Hg. v. Hartmut Boockmann u. a. Göttingen, 1989. 233–48, 236.

20 Vgl. Leu, Urs B. *Conrad Gesner als Theologe. Ein Beitrag zur Züricher Geistesgeschichte des 16. Jahrhunderts.* Züricher Beiträge zur Reformationsgeschichte 14. Bern u. a., 1990. 191–218; Zedelmaier, Helmut. *Bibliotheca universalis und Bibliotheca selecta. Das Problem der Ordnung des gelehrten Wissens in der frühen Neuzeit.* Köln, Weimar u. Wien, 1992. 57.

21 So nach Hugo von St. Victor und Arnould de Provence; Fürbeth (Anm. 18), 257.

22 Vgl. Berns, Jörg Jochen. «Baumsprache und Sprachbaum. Baumikonographie als topologischer Komplex zwischen 13. und 17. Jahrhundert». *Genealogie als Denkform in Mittelalter und Früher Neuzeit.* Hg. v. Kilian Heck u. Bernhard Jahn. Tübingen, 2000. 155–76.

23 Burke (Anm. 10), 110.

24 Vgl. Blumenberg, Hans. «Wirklichkeitsbegriff und Staatstheorie». *Schweizer Monatshefte* 48 (1968): 121–46, 122–25; Klinkenberg (Anm. 18), 7; Blumenberg, Hans. *Die Lesbarkeit der Welt.* Frankfurt a. M., 1981.

25 Vgl. Blumenberg (Anm. 24), 124 f. Parallele Entwicklungen der Umwandlung des Naturbegriffs lassen sich im Bereich des Rechts (Grotius) und der Politik (Machiavelli) festmachen; vgl. Nobis, Heribert. «Die wissenschaftstheoretische Bedeutung der ‹Quaestiones Mechanicae›. Bemerkungen zum Wandel des Verhältnisses von ars und scientia im 16. und 17. Jahrhundert». *Der Wissenschaftsbegriff. Historische und systematische Untersuchungen.* Hg. v. Alwin Diemer. Meisenheim am Glan, 1970. 47–63.

26 Vgl. Höltgen, Karl Josef. «Synoptische Tabellen in der medizinischen Literatur und die Logik Agricolas und Ramus'». *Sudhoffs Archiv* 49 (1965): 371–90; Schmidt-Biggemann (Anm. 6), 31–66.

27 Vgl. Moos, Peter v. *Geschichte als Topik. Das rhetorische Exemplum von der Antike zur Neuzeit und die ‹historia› des ‹Policraticus› Johanns von Salisbury.* Hildesheim u. a., 1988. 263 f.; Fried, Johannes (Hg.). *Dialektik und Rhetorik im frühen und hohen Mittelalter. Rezeption, Überlieferung und gesellschaftliche Wirkung antiker Gelehrsamkeit vornehmlich im 9. und 12. Jahrhundert.* München, 1997; Fürbeth (Anm. 18), 248–62; Klinkenberg (Anm. 18), 3–19.

28 Vgl. Seifert, Arno. *Cognitio historica. Die Geschichte als Namengeberin der frühneuzeitlichen Empirie.* Historische Forschungen 11. Berlin, 1976. 79–88; Kallweit, Hil-

mar. «Archäologie des historischen Wissens. Zur Geschichtsschreibung Michel Foucaults». *Historische Methode.* Hg. v. Christian Meier u. Jörn Rüsen. Theorie der Geschichte 5. München, 1988. 267–99.

29 Vgl. Seifert (Anm. 28).

30 Vgl. Meier, Christel. «Der Wandel der Enzyklopädie des Mittelalters vom Weltbuch zum Thesaurus sozial gebundenen Kulturwissens. Am Beispiel der Artes mechanicae». *Enzyklopädien der Frühen Neuzeit. Beiträge zu ihrer Erforschung.* Hg. v. Franz M. Eybl u. a. Tübingen, 1995. 19–42.

31 Vgl. Grubmüller, Klaus. «Gattungskonstitution im Mittelalter». *Mittelalterliche Literatur und Kunst im Spannungsfeld von Hof und Kloster.* Hg. v. Nigel Palmer u. Hans-Jochen Schiewer. Tübingen, 1999. 193–210.

32 Die «wissensorganisierende und wissensvermittelnde Literatur des Mittelalters» hat seit 1984 der Würzburger Sonderforschungsbereich 226 untersucht, den pragmatischen Implikationen von Literatur widmet sich der Sonderforschungsbereich 231 in Münster; vgl. dazu «Das Forschungsprogramm des Sonderforschungsbereichs 226». *Wissensorganisierende und wissensvermittelnde Literatur im Mittelalter. Perspektiven ihrer Erforschung.* Hg. v. Norbert Richard Wolf. Wiesbaden, 1987. 9–22, 11. «Der Münsterer Sonderforschungsbereich 231. ‹Träger, Felder, Formen pragmatischer Schriftlichkeit im Mittelalter›». *Frühmittelalterliche Studien* 26 (1992): 440–66.

33 Vgl. Berns, Jörg Jochen u. Wolfgang Neuber (Hg.). *Ars memorativa. Zur kulturgeschichtlichen Bedeutung der Gedächtniskunst 1400–1759.* Tübingen, 1993.

34 Vgl. Yates, Francis A. *Gedächtnis und Erinnern. Mnemonik von Aristoteles bis Shakespeare* (zuerst 1966). Weinheim, 1994; Carruthers, Mary. *The Book of Memory. A Study in Medieval Culture.* Cambridge, 1990.

35 Vgl. Carruthers (Anm. 34).

36 Vgl. Reinhardt, Heinrich J. F. «Anselm von Laon». *Lexikon des Mittelalters* 1 (1980): 687–89, 688; vgl. Grafton, Anthony. *Die tragischen Ursprünge der deutschen Fußnote.* München, 1998. 42–45.

37 Vgl. v. Moos (Anm. 27), 264.

38 Vgl. Meier, Christel. «Grundzüge der mittelalterlichen Enzyklopädik. Zu Inhalten, Formen und Funktionen einer problematischen Gattung». *Literatur und Laienbildung im Spätmittelalter und in der Reformationszeit.* Hg. v. Ludger Grenzmann u. Karl Stackmann. Stuttgart, 1984. 467–500.

39 Vgl. Worstbrock, Franz Josef. «Libri pauperum. Zu Entstehung, Struktur und Gebrauch einiger mittelalterlicher Buchformen der Wissensliteratur seit dem 12. Jahrhundert». *Der Codex im Gebrauch.* Hg. v. Christel Meier u. a. München, 1996. 41–60.

40 Vgl. Worstbrock (Anm. 39), 46.

41 Vgl. Zedelmaier (Anm. 20).

42 Vgl. Müller, Jan-Dirk. «Universalbibliothek und Gedächtnis. Aporien frühneuzeitlicher Wissenskodifikation bei Conrad Gesner (Mit einem Ausblick auf Antonio Possevino, Theodor Zwinger und Johann Fischart)». *Erkennen und Erinnern in Kunst und Literatur.* Hg. v. Dietmar Peil u. a. Tübingen, 1998. 285–309.

43 Vgl. Friedrich, Udo. «Die Grenzen des ‹ordo› in enzyklopädischen Schriften des 16. Jahrhunderts». *Der Wandel der Enzyklopädie vom Hochmittelalter zur frühen Neuzeit.* Hg. v. Christel Meier-Staubach. München, 2001. 389–406.

44 Vgl. Röcke, Werner. «Erzähltes Wissen. ‹Loci communes› und ‹Romanen-Freyheit› im ‹Magelonen›-Roman des Spätmittelalters». *Wissensliteratur im Mittelalter und in der Frühen Neuzeit. Bedingungen, Typen, Publikum, Sprache.* Hg. v. Horst Brunner u. Norbert Richard Wolf. Wiesbaden, 1993. 209–26.

45 Vgl. Koch, Peter. «Urkunde, Brief und öffentliche Rede. Eine diskurstraditionelle Filiation im ‹Medienwechsel›». *Das Mittelalter* 3 (1998): 13–44.

46 Vgl. Worstbrock, Franz Josef. «Die Anfänge der mittelalterlichen Ars dictandi». *Frühmittelalterliche Studien* 23 (1989): 1–42.

47 Vgl. Link-Heer, Ursula. «Weltbilder, Epistemai, Epochenschwellen. Mediävistische Überlegungen im Anschluß an Foucault». *Weltbildwandel. Selbstdeutung und Fremderfahrung im Epochenübergang vom Spätmittelalter zur Frühen Neuzeit.* Hg. v. Hans-Jürgen Bachorski u. Werner Röcke. Trier, 1995. 19–56, 33.

48 Vgl. Foucault (Anm. 5), 56–61; Müller-Jahnke, Wolf Dieter. «Ordnung durch ‹Signatur›. Analogiedenken und Arzneischatz im 16. und 17. Jahrhundert». *Deutsche Apotheker Zeitung* 124 (1984): 2184–2201; Ohly, Friedrich. *Zur Signaturenlehre der Frühen Neuzeit. Bemerkungen zur mittelalterlichen Vorgeschichte und zur Eigenart einer epochalen Denkform in Wissenschaft, Literatur und Kunst.* Aus dem Nachlaß hg. v. Uwe Ruberg u. Dietmar Peil. Stuttgart u. Leipzig, 1999.

49 Vgl. Dohrn-van-Rossum, Gerhard. *Politischer Körper, Organismus, Organisation. Zur Geschichte naturaler Metaphorik und Begrifflichkeit.* Bielefeld, 1977; Berns (Anm. 22), 155–76.

50 Zur Genealogie als Denkform vgl. Anm. 22; Klein, Wolf Peter. *Am Anfang war das Wort. Theorie- und wissenschaftsgeschichtliche Elemente frühneuzeitlichen Sprachbewußtseins.* Berlin, 1991; Blumenberg (Anm. 24).

51 Vgl. Blumenberg, Hans. «Weltbilder und Weltmodelle». *Nachrichten der Gießener Hochschulgesellschaft* 30 (1961): 67–75; Foucault (Anm. 5).

52 Schöttler (Anm. 12), 85–136.

53 Bachorski, Hans-Jürgen u. Röcke, Werner. «Weltbilder. Ordnungen des Wissens und Strukturen literarischer Sinnbildung». Bachorski u. Röcke (Anm. 47), 7–17.

Bernhard J. Dotzler

b) Neuere deutsche Literatur

Zum Beispiel: Kellers «Sinngedicht»

Vor etwa fünfundzwanzig Jahren, als die Naturwissenschaften eben wieder auf einem höchsten Gipfel standen, obgleich das Gesetz der natürlichen Zuchtwahl noch nicht bekannt war, öffnete Herr Reinhart eines Tages seine Fensterläden und ließ den Morgenglanz, der hinter den Bergen hervorkam, in sein Arbeitsgemach [...].[1]

So beginnt Gottfried Kellers Novellenzyklus *Das Sinngedicht* (1881) – er beginnt, heißt das, sowohl im herkömmlichen Erzählergestus einer ostentativen Beschwörung des Imperfekts als auch mit geistesgegenwärtig überlegenem Spott.

Der Spott, so weit, hat eine klare Adresse, und ihr gemäß fährt die Erzählung rasch genug fort. Herr Reinhart ist im Ganzen ein rechter Tor, der auszieht, um die Liebe wie sonst nur der des Grimm'schen Märchens das Schaudern zu lernen. Hier, zu Beginn, sieht man ihn erst einmal noch in der «Studierstube eines Doktor Fausten» (97) mit optischen Experimenten befasst, die deutlich nach dem Schreckbild modelliert sind, das Goethe von Isaac Newtons farbentheoretischem *experimentum crucis*[2] gezeichnet hatte. Tatsächlich wird der Held auch beinahe blind davon und muss, um seine Augen zu schonen, von «allen sinnlichen Forschungen» (98) dieser Art Abstand nehmen. Statt ihrer erinnert er sich «des Stofflichen und Sinnlichen» (99) der anderen Art, von der gesagt wird, dass er sie bis dahin «fast vergessen» (99) habe. Nun jedoch sollen die «Sachen des Herzens und des schönen Geschmackes» (98), «das Menschenleben» (99), die «moralischen Dinge» (99) wieder in ihr Recht treten. Also eilt Reinhart «in eine Bodenkammer hinauf, wo er in Schränken eine verwahrloste Menge von Büchern stehen hatte, die von den halbvergessenen menschlichen Dingen handelten» (100). Dort kommt ihm ein Band seiner Lessing-Ausgabe in die Hände, und zwar, wie es ausdrücklich heißt, «der Lachmann'schen Lessingausgabe», und aus dieser wiederum die von Lessing herausgegebene Auswahl-Ausgabe der Sinngedichte des Friedrich von Logau, aus welchen Epigrammen ihm ausgerechnet «dieser Spruch in die [man erinnert sich: schonungsbedürftigen] Augen [fällt]: Wie willst du weiße Lilien zu roten Rosen machen?/ Küß eine weiße Galathee: sie wird errötend lachen» (100).

Und so kommt es zu seiner Ausfahrt. Denn Reinhart liest erst leise, dann laut, dann wiederholt er den Spruch «beständig vor sich her», beschließt, die Probe aufs Exempel zu machen, und schreibt sich dazu «die artige Vorschrift» auch noch «auf einen Papierstreifen» auf – «wie ein Rezept» (101). Welch «schöne[r] Rat», welch «köstliches Experiment!» heißt sein Entschluss, der ihn sein «Arbeitsgemach» oder Labor zu verlassen treibt, um *in vivo* die gleichsam *in vitro* bezeugte Erkenntnis auf ihre Wiederholbarkeit zu testen: «entschlossen, nicht zurückzukehren, bis ihm der lockende Versuch gelungen» (101).

Reinhart nimmt also das Gelesene beim Wort, und damit beträfe der Spott auf einmal die Literatur statt, wie am Anfang, die Fortschrittsgläubigkeit der Wissenschaft. Zwar handelt es sich um die Rezeptionshaltung eben eines einfältigen Naturforschers. Doch immerhin gehorcht die Erzählung dem Lessing-Logau-Fund selber aufs Wort: in der Handlung, das versteht sich und fiele auch nur unter den Vorsatz der Karikatur; sodann aber auch im Ton, in der Weise, diese Handlung zu entfalten. Lessing hatte nämlich die Herausgabe der Logau'schen Sinngedichte mit deren «Feinheit, Naivität, Zärtlichkeit, ja nicht selten Schalkhaftigkeit»[3] begründet, und darin strebt ihnen *Das Sinngedicht* Kellers nach. Logau, wirbt Lessing, sei «eine[r] von unsern besten alten Dichtern»; er verdiene in poetischer Hinsicht «der *Unerschöpfliche* genennt zu werden»[4]; jedenfalls sei er «unter dem Namen des *Verkleinernden*» in die «Fruchtbringende Gesellschaft» aufgenommen worden; ihm eigne eine besondere «Liebe zur Poesie»[5] – und mit derselben Liebe (nach dem gängigen Bild) ‹poetisiert› Keller: Er lässt die besagte «Studierstube eines Doktor Fausten [...] durchaus ins Moderne, Bequeme und Zierliche übersetzt» (97) erscheinen, und er verteidigt sowohl diese Verniedlichung im Allgemeinen als auch die von ihm erdachte Experimentalpossierlichkeit im Besonderen durch seine berühmt gewordene Formel aus dem Brief an Paul Heyse vom 27. Juli 1881 – die Formel von der «Reichsunmittelbarkeit der Poesie»:

> Auch die Geschichte mit dem Logauschen Sinngedicht, die Ausfahrt Reinharts auf die Kussproben kommt ja nicht vor; niemand unternimmt dergleichen, und doch spielt sie durch mehrere Kapitel. Im stillen nenne ich dergleichen die Reichsunmittelbarkeit der Poesie, d. h. das Recht, zu jeder Zeit, auch im Zeitalter des Fracks und der Eisenbahnen, an das Parabelhafte, das Fabelmäßige ohne weiteres anzuknüpfen, ein Recht, das man sich nach meiner Meinung durch keine Kulturwandlungen nehmen lassen soll. (913 f.)

Die ‹Zwei Kulturen›: Heraufkunft einer Debatte

Nachdrücklich macht Keller damit denselben Gegensatz explizit, den die Exposition des *Sinngedichts* implizit artikuliert: den Gegensatz von Poesie, Dichtung, Literatur auf der einen Seite, Naturwissenschaft und Technik auf der anderen. Dabei hieße es, die Verniedlichung zu unterschätzen, sähe man in ihr nur einen Zug biederer Harmlosigkeit. Vielmehr spitzt sie den Kontrast auf beiden Seiten zu, auch auf der der Naturwissenschaft. Aufgrund der Zeitangabe im ersten Satz ebenso wie dessen Hinweis auf das – gerade noch nicht bekannte – «Gesetz der natürlichen Zuchtwahl» kann man die Handlung der Erzählung auf die Jahre vor 1859 datieren, vor Charles Darwins *Origin of Species by Means of Natural Selection*, dessen Übersetzung ins Deutsche 1860 «das neu zu bildende Wort ‹Zuchtwahl›»[6] prägte. Um die gleiche Zeit – 1854 – wurde die Münchner Optische Anstalt gegründet, der der Name Joseph Fraunhofers «wie zum Segen an die Spitze gestellt»[7] worden sein soll, das erste aller Fraunhofer-Institute also. Seine «Bestimmung des Brechungs- und Farbenzerstreuungs-Vermögens verschiedener Glasarten» brachte Fraunhofer diese Ehre ein. Die Experimente aber, die er dazu durchführte, skizzierte Fraunhofer ganz wie Keller die «subtile Arbeit» (98) Reinharts. Durch eine schmale Öffnung im Fensterladen fällt Sonnenlicht auf ein Prisma. Dieses befindet sich «auf [einem zuvor] beschriebenen Theodolith» oder genauer: «so vor dem Objektive des Theodolith-Fernrohres»[8], dass die Brechung des Lichts durch dasselbe beobachtet werden kann. Es war mithin der Prototyp eines Spektralapparats[9], dessen sich Fraunhofer bediente, und ein solcher steht offenbar auch in Reinharts Labor, wenn es da heißt:

> So wollte Reinhart sich wieder an eine stille, subtile Arbeit begeben, die er schon seit Wochen betrieb. In der Mitte des Zimmers stand ein sinnreicher Apparat, allwo ein Sonnenstrahl eingefangen und durch einen Kristallkörper geleitet wurde, um sein Verhalten in demselben zu zeigen und womöglich das innerste Geheimnis solcher durchsichtigen Bauwerke zu beleuchten. Schon viele Tage stand Reinhart vor der Maschine, guckte durch eine Röhre, den Rechenstift in der Hand, und schrieb Zahlen auf Zahlen. (98)

Es ist also «das sogenannte experimentum crucis»[10] Newtons – und ist es doch, weit jenseits von Goethe, längst schon nicht mehr. Fraunhofer, nicht Newton stand Pate. Die Verwandlung der «Studierstube» ins «Bequeme und Zierliche» verniedlicht nicht nur, sondern zielt durchaus «ins Moderne»; ihr Rückhalt ist gerade der naturwissenschaftliche *state of the art*.

Und wie auf der einen, so auf der anderen Seite. Auch hier geht es nicht allein um die Unerschöpflichkeit der Poesie, sondern zugleich um die Wissenschaft von Poesie und deren Stand. Statt etwa die Originalausgabe *Salomon von Golaws Deutscher Sinn-Gedichte Drey tausend* von 1654 lässt Keller seinen Helden die Logau-Ausgabe Lessings in der von 1838 bis 1840 erschienenen Lessing-Ausgabe Lachmanns finden. Damit kommt erstens die Entdeckung der neueren deutschen Literaturgeschichte als Forschungsgegenstand, zweitens die Frage philologischer Genauigkeit und drittens die Professionalisierung dieser Wissenschaft ins Spiel. Immerhin legitimiert sich die Herausgebertätigkeit bei Lessing nur zum Teil aus bloßer Liebe zu Logau. Mehr wiegt der Missstand, dass Logaus Sinngedichte bis dahin nur «verlängert, verkürzt, verändert», also «nicht eines unverstümmelt» wieder abgedruckt worden seien.[11] Und hieran schließt Carl Lachmann an, nicht Logau, sondern Lessing edierend, und nicht nur eine unentstellte Leseausgabe, sondern eine historisch-kritische Ausgabe: die erste überhaupt, die einem Autor der neueren deutschen Literaturgeschichte zuteil wurde, und deren Neubesetzung des Begriffs der Autorschaft zu den «eingreifendsten Umorientierungen in der Geschichte des Redens und Schreibens»[12] gerechnet werden muss.

Der Kontrast, von dem sich Kellers *Sinngedicht* abhebt, betrifft mithin die Opposition von Literatur vs. Wissenschaft wie auch von Natur- vs. Literaturwissenschaft. Die Wendung ‹ins Moderne›, die er auf beiden Seiten markiert, versieht zumal diese Frontstellung mit einem historischen Index. Kellers Versuchsanordnung erprobt tatsächlich eine Konstellation erst des 19. Jahrhunderts.

Die prinzipielle Teilung zwischen Literatur oder gar Poesie einerseits, wahrheitsfähigem Wissen oder gar Wissenschaft andererseits ist freilich älter. Sie geht bis auf die Antike zurück, als – wie Michel Foucault pointierte – die «Vertreibung des Sophisten»[13] erfolgte und die Inthronisierung «eines theoretischen Wissens (episteme), dem es auf Wahrheit (aletheia) ankommt, gegenüber einem poetischen Wissen» begann, «das von höheren Mächten bewirkt wird und durch unbewusste Kräfte weiterwirkt»[14]. Seit Platon gilt es als ebenso unmöglich, wissenschaftliche Wahrheit aus Dichtung zu schöpfen, wie es umgekehrt möglich wurde, überholte Wissenschaft als Dichtung abzutun oder die Dichtung nachgerade als Reservoir alter Wissensbestände zu begreifen. Zugleich entstand mit der Skepsis gegenüber dem Wissen aus der Literatur die (kanonisch in Aristoteles' *Poetik* verkörperte) Idee einer Wissenschaft von Literatur.

Bis hin zur heutigen wissenschaftstheoretischen Neuvermessung des Verhältnisses zwischen *fact* und *fiction* scheint man es seither mit Wiederholungen dieser, wenn man so will, antisophistischen Urszene zu tun zu haben.

Zumal die Begründung der modernen empirischen Naturwissenschaft aus der Frontstellung gegen die scholastische Autorität der *auctores* lässt sich demselben Schema subsumieren, und so auch, wenn sich um 1800 eine damals anonyme Stimme in das allgemeine Gemurmel einschaltet, um «Rückschritte der Poesie» zu konstatieren und dazu die Erklärung: «die Dichtung lehrte, so lang die reifere Wissenschaft selbst noch nicht zu wissenschaftlicheren Darstellungen geführt hatte»[15]. Kurz zuvor war von Louis de Bonald die *guerre des sciences et des lettres* ausgerufen worden,[16] und davor wiederum hatte Louis-Sébastien Mercier notiert: «Das Zeitalter der schönen Wissenschaften und der Literatur ist vorüber; die Naturwissenschaftler treten an die Stelle der Poeten und Romanschriftsteller; die Elektrisiermaschine ersetzt ein Theaterstück»[17] – wie um einer Bemerkung Gottlob Freges vorzugreifen, wonach jeder «Physiker, der das Gewitter erforschen will, das Bühnengewitter unbeachtet lassen wird»[18].

Prophetisch erscheint Merciers Diktum außerdem mit Blick auf den Anspruch der Naturwissenschaften, wie – mit einer berühmt gewordenen Formulierung – Emil du Bois-Reymond ihn zum Ausdruck brachte. «Wir sagen», heißt es da, «Naturwissenschaft ist das absolute Organ der Kultur, und die Geschichte der Naturwissenschaft die eigentliche Geschichte der Menschheit.»[19] Nicht zuletzt darauf ist die Ironie Kellers zu beziehen, wenn er im ersten Satz seiner Erzählung die Naturwissenschaften «eben wieder auf einem höchsten Gipfel» stehen lässt. Mehr und mehr entwickeln die Naturwissenschaften während des 19. Jahrhunderts ein Selbstverständnis als Leitkultur, mehr und mehr verliert der alte Anspruch literarischer Bildung an Selbstverständlichkeit, bis im Rückblick die Rede von ‹zwei Kulturen› gerechtfertigt scheint, deren Divergenz gegen Ende des Jahrhunderts zur konzeptionellen «Trennung zwischen Natur- und Geisteswissenschaften»[20] führte.

Diese Trennung war und ist folgenreich bis in die Gegenwart. Literaturwissenschaft im jüngeren Sinn gibt es erst seitdem, und erst seit allerjüngster Zeit gibt es jene im englischen Sprachraum als *Literature & Science* bezeichnete «Subdisziplin»[21], die sowohl selbst noch Effekt der ‹Zwei Kulturen›-Debatte ist als auch der Versuch ihrer Verabschiedung.[22] Wie unabhängig voneinander, blind füreinander oder gar feindlich gegeneinander agieren und funktionieren die beiden Bereiche wirklich?

Jedenfalls – und diese Einsicht gehört zu den grundlegenden Ergebnissen des neuen Forschungsfeldes – erweist sich das scheinbare Alter des Problems als trügerisch. Die Gegnerschaft, wie *Das Sinngedicht* sie bezeugt, hat vielmehr zwei spezifisch moderne Ereignisse zur Voraussetzung. So verdankt sich erstens die so genannte *scientific revolution* nicht allein dem Richtungswechsel des Blicks von den Büchern in die unverstellte Natur, sondern ihrerseits der Buchkultur. Die Empirie des *matter of fact* basiert auf *literary technology*.[23] Und zweitens war damit zwar die Kopplung der Naturwissenschaften an das empirische Faktum hergestellt, aber noch lange nicht dessen Gegensatz zur Fiktion. Das wissenschaftliche Faktum selbst ist eine historische Variable. Zum

Synonym für die Unwiderleglichkeit einer Objektivität, die sich dezidiert aus ihrem Konflikt mit der Subjektivität der Literatur und Künste definiert, wurde es erst zu Kellers Zeit.[24]

Literatur- und Wissenschaftsforschung

Es ist nicht anzunehmen, dass Keller um diese Hintergründe wusste. Umso mehr – nämlich gerade in ihrer Unbewusstheit – eignet seiner Erzählung Beweiskraft. Das Geschehen karikiert gleichzeitig das Wissenschaftsgebaren und die literarische Kommunikation. Herr Reinhart liest das Buch, das er aufschlägt, wie einen an ihn gerichteten Brief, und er schreibt sich das Gelesene auf «wie ein Rezept». Letzteres spielt deutlich auf den «empirischen Stil»[25] der Naturwissenschaften an, als dessen Basis die Wissenschaftsgeschichte gleichfalls eine Art der literarischen Kommunikation – *literary technology* – aufgedeckt hat: Experimentelle Wissenschaft beruht auf der Umstellung von der Alleingültigkeit mathematischer Beweisführung auf die Zeugenschaft eines *scientific public*. Dieses wiederum entsteht aus der Multiplikation und Distribution der zu bezeugenden/bezeugten Fakten; es entsteht, heißt das, aus dem Paradox einer nicht notwendig unmittelbaren Augenzeugenschaft, sondern eines *virtual witnessing* durch die Vervielfältigung der Experimente im Druck. Ihre schriftliche Fixierung und Veröffentlichung räumt die Möglichkeit ein, sie durch Wiederholung zu überprüfen – Reproduzierbarkeit im doppelten Wortsinn trägt das empirische Experiment.

Kellers *Sinngedicht* verwendet also die Naturwissenschaften nicht allein als literarisches Thema. Es bringt darüber hinaus eine literarische Dimension dieser Wissenschaften selber ins Spiel. *Literature & Science*, als sich herausbildender eigener Forschungszusammenhang, resultiert in erster Linie aus genau diesem Aspekt. Denn die Thematik als solche ist selbstredend schon lange virulent. Man braucht nur an Namen wie Barthold Heinrich Brockes, Albrecht von Haller oder Georg Christoph Lichtenberg zu denken, im Weiteren dann – obligatorisch – an Goethe, Novalis und Stifter, an Balzacs Berufung auf Georges Cuvier in der Vorrede zur *Comédie humaine* wie an Émile Zolas Bernard-Adaption im *Roman expérimental*, an Poe, Melville und so fort: So wird unmittelbar klar, dass über die Berührungen zwischen Literatur(en) und Naturwissenschaften nicht nicht reflektiert worden sein kann. Literaturtheoretisch steht das Thema spätestens seit Wilhelm Scherer[26] und Wilhelm Bölsche[27] im Raum; seitdem ist die Frage nach dem Verhältnis von Literatur und Naturwissenschaft niemals verstummt. Ihre spezifische Kontur aber erhielt die Thematik erst mit der Unterminierung bloß thematischer Bezüge – erst mit einer im Wortsinn kon-kurrierenden Neuperspektivierung auf beiden Seiten: Wie andere Disziplinen auch, hat die Wissenschaftsgeschichte begonnen, ihre Quellen, also so genannte nichtliterarische Texte, durchaus unter dem Aspekt ihrer Literarizität, ihrer Poetik, Rhetorik, Narrativität zu analysieren; innerhalb der Literaturtheorie hingegen hat die Literatur zunehmend ihren Sonderstatus eingebüßt, um als Text unter (beliebigen anderen) Texten gelesen zu werden. Im konsequent zugespitzten Konzept der Intertextualität zum Beispiel rangieren «Proust oder die Tageszeitung oder der Fernsehschirm»[28] auf ein und derselben Ebene.

Jenseits ihrer m(eth)odisch aktuellen Terminologisierung könnte man vielleicht sagen, die Literaturwissenschaft habe die «Aktenführung» neu entdeckt, deren Verfahren die Netze der Dichtung ebenso wie anderer Wissensformen flechten.[29] Jedenfalls gilt das Interesse der kulturwissenschaftlich reorientierten Philologien inzwischen forciert einer «Lektüre des ‹Textes der Kultur›» in übergreifender – oder eben: kontextualisierter – Perspektive: «Kultur, gelesen als ein Ensemble einander überschichtender, in sich gestaffelter und unablässig transgredierender Codes und Signaturen»[30], und so bemühen sich auch die jüngeren und jüngsten *science studies* verstärkt um die «Berücksichtigung kultureller Rahmenbedingungen»[31] der Wissensproduktion. Von der herkömmlichen Disziplinengeschichtsschreibung ist man übergegangen zu Untersuchungen darüber, wie die Wissenschaften das, was sie zu registrieren behaupten und woraus sie gegebenenfalls ihre jeweilige disziplinäre Identität beziehen, allererst konstruieren. An die Stelle makroskopischer Theorieabrisse sind mikroskopische Analysen der «institutionspolitischen und diskursiven Mittel» getreten, «die für die Herstellung und Legitimierung von Fächergrenzen gegenüber Staat, Wirtschaft und Kultur und auch innerhalb des jeweiligen Wissenschaftssystems im Einzelfall notwendig» sind.[32] Und statt den «Wahrheitsgehalt der Theorien» für deren Entwicklung (allein)verantwortlich zu machen, hat man begonnen, der Einsicht Nachdruck zu verleihen, «daß die experimentelle Forschung ein Eigenleben führt, das in höherem Maße unabhängig ist von der Theorie, als normalerweise eingeräumt wird»[33]. Man spricht von einem «Eigenleben der Experimente» ebenso wie von einem «Eigenleben der Instrumente», und man fragt, wie diese Eigenmächtigkeit kulturhistorisch zu situieren ist.[34]

Dieser *cultural approach* der Wissenschaftshistoriographie wird gemeinhin auf die Debatte zurückgeführt, die Thomas S. Kuhns *Struktur wissenschaftlicher Revolutionen* ausgelöst hat.[35] Aber seine Anfänge reichen zum einen weiter, zum anderen auf denkbar entfernte (und ebenso untereinander sehr heterogene) Wahrnehmungsmuster zurück. Die Frage nach seinem «Entstehungsherd», wie sie eine Wissensgeschichte der Wissenschaften durch Nietzsche und Foucault zu stellen gelernt hat, wäre für diesen Typ von «historischem Geist» selbst erst noch zu beantworten.[36] Wenn etwa die heutige Verfassung der Wissenschaften an den «Hybridartikel[n]» einer Zeitung abgelesen wird, «die eine Kreuzung sind aus Wissenschaft, Politik, Ökonomie, Recht, Religion, Technik und Fiktion»[37], so klingt darin das Echo Walter Benjamins nach, der bereits 1934 schrieb:

> In unserem Schrifttum sind Gegensätze, die sich in glücklicheren Epochen wechselseitig befruchteten, zu unlösbaren Antinomien geworden. So fallen Wissenschaft und Belletristik, Kritik und Produktion, Bildung und Politik beziehungslos und ungeordnet auseinander. Schauplatz dieser literarischen Verwirrung ist die Zeitung.[38]

Und wenn inzwischen von einer «semiotischen Wende» der Wissenschaftstheorie und -geschichte die Rede ist, von ihrer Aufmerksamkeit «auf den Diskurs», «auf Repräsentation, Sprache, Text, Rhetorik», auf den *impact* von Textstrategien, von Schrift, Inszenierungsweisen und Semiotechniken[39], so wurde diese Rede vorbereitet durch Ludwik Flecks Adressierung der Wissenschaften als «objektivere Dichtungen»[40] wie Gaston Bachelards Verhältnisbestimmung zwischen «wissenschaftlichem» und «poetischem Geist»[41] im Verfolg seiner Idee einer «Ästhetik des Verstandes»[42].

Strenger als jede andere Philosophie der Wissenschaften koppelt dabei die *Epistemologie*[43] Bachelard'scher Konvenienz die Gültigkeit der

Wissenschaftsgeschichte an die gültige Wissenschaft selbst, an die – im doppelten Wortsinn – disziplinierte Purifizierung des Wissens, die strenge Unterscheidung von Mythos und Wissenschaft. Es sei «geradezu absurd», postuliert Bachelard, «die Alchemie und die Kernphysik in einen Zusammenhang zu bringen». Und: «Die Kunst und die Literatur verwirklichen Träume, die Wissenschaft nicht.»[44] Ausgerechnet diese noch einmal verschärfte Trennung aber bereitete zugleich der Frage nach der *Kommunikation*, der *Interferenz*, der *Übersetzung*[45] zwischen divergenten Wissensfeldern und Wissensweisen im Allgemeinen sowie insbesondere der *Archäologie des Wissens* nach Foucault den Boden. Gerade das Augenmerk auf die Reinheit, Strenge oder Wissenschaftlichkeit der Wissenschaften rückt zugleich die Möglichkeit einer konträren, auf die grundierenden Wissensformationen einer Kultur bedachten Analyse in den Blick. «Die Retorten des Doktor Faustus sind aus den modernen Laboratorien verschwunden» – so Michel Serres, um die epistemologische «Reife» der Naturwissenschaften zu charakterisieren und wie folgt zu kommentieren:

> Zur Reife gelangt ist eine Wissenschaft, wenn sie den Bruch zwischen ihrem aktuellen und ihrem archaischen Zustand vollständig vollzogen hat. Die Geschichte der so bezeichneten Wissenschaften könnte sich auf die Erforschung jener Zeitspanne beschränken, die auf den Augenblick dieses Bruches in der Rekurrenz folgt. Dieser Punkt läßt sich leicht als der Augenblick bestimmen, da die in dieser Zeitspanne benutzte Sprache die davor liegenden Versuche unverständlich macht. Jenseits dieses Punktes handelt es sich um *Archäologie*.[46]

Poetologie des Wissens

Der Faust des *Sinngedichts* hat freilich sein – modernisiertes – Labor zu fliehen, damit (analog zu Goethes Vorgabe) auf die Gelehrtenkarikatur die Liebeskomödie folgen kann. Die Wissenschaft, der seine Experimente *in vivo* gelten, ist nicht die von ihm selbst verkörperte «reife» Physik, sondern die in ihrem Status noch vergleichsweise prekäre Biologie, wie sie sich zu einer neuen – und nicht zuletzt die ‹Zwei Kulturen›-Opposition neu organisierenden – Leitwissenschaft gerade erst anschickte.[47] Mehrmals klingen in der Rahmenhandlung wie in den Binnennovellen darwinistische Motive an, bis am Schluss die Rede vom «allgemeinen Vertilgungskriege» (377) auf die zu Beginn ausgegebene Parole der «Zuchtwahl» antwortet.

Keller bedient sich damit eines Gegenstands, der für die Etablierung der *Literature & Science*-Forschung eine, wenn nicht die zentrale Rolle spielen sollte.[48] Weit davon entfernt, lediglich ein Thema zu sein, das auch – wie eben das Beispiel Kellers vorführt – literarische Aufmerksamkeit fand, erweist sich die Evolutionsbiologie selbst als von literarischen Formen geprägt. Der Erfolg des Darwinismus, so konnte gezeigt werden, verdankt sich nicht allein (inner)szientifischer Schlüssigkeit, sondern seiner Überzeugungskraft als Erzählung und der Eingängigkeit seiner Metaphern, die für den Austausch mit anderen Bereichen der Wissenskultur als Gelenkstellen fungierten (und noch fungieren). Es ist – noch einmal – die Literarizität von Wissenschaft, die dergestalt zutage tritt, und der Beleg für diesen Aspekt findet sich bei Keller in der ausdrücklichen Problematisierung des Erkennens von «Wirklichkeit» einerseits, des Redens «in Bildern und Gleichnissen» (348) andererseits.[49]

Ähnlich gelagerte Untersuchungen konzentrierten sich in den letzten Jahren bevorzugt auf das Gebiet der Molekularbiologie[50] sowie auf den «Schnittpunkt sinnesphysiologischer Forschung und ästhetischer Theoriebildung»[51]. Philosophisch wurde die Auseinandersetzung mit dem Problem der «Gleichnisrede» in beiden Bereichen vor allem durch Friedrich Nietzsche und Hans Blumenberg geprägt. Ausgehend von einer Erkenntnistheorie physiologischer Couleur charakterisierte schon Nietzsche alle Wissenschaft als «Aufthürmen eines unendlich complicirten Begriffsdomes», dessen Fundament «das Vergessen» einer «primitiven Metapherwelt», das «Hart- und Starr-Werden einer ursprünglich in hitziger Flüssigkeit aus dem Urvermögen menschlicher Phantasie hervorströmenden Bildermasse» sei.[52] Hieran knüpft die Metaphorologie Blumenbergs an. Bereits in seiner Programmschrift von 1960 entwickelte Blumenberg die These von metaphorischen «Grundbeständen» in Philosophie und Wissenschaft – «‹Übertragungen›, die sich nicht ins Eigentliche, in die Logizität zurückholen lassen»: «absolute Metaphern» – als Gegenthese zu der Annahme, Metaphern seien nur «Restbestände» eines vorläufig noch nicht zu logisch-definitorischer Klarheit gelangten Wissens.[53] Vollends hat Blumenberg die Metaphorologie dann in seinem *Ausblick auf eine Theorie der Unbegrifflichkeit* (1979) ausgedehnt. Zum einen gilt Metaphorik nun nur mehr «als ein schmaler Spezialfall von Unbegrifflichkeit», zum anderen wird aber selbst dieser Spezialfall nun nicht mehr nur als «Behelf in der noch nicht konsolidierten [und nie vollständig zu konsolidierenden] Situation von Fachsprachen» gesehen, sondern «als eine authentische Leistungsart der Erfassung von Zusammenhängen»[54]. Berühmt geworden ist Blumenbergs Anwendung seines Programms auf das «zukunftsträchtigste aller Gebiete, das der Genetik» und ihrer «Bildwelten», ihrer «Lesbarkeitsmetaphorik»: «Der genetische Code und seine Leser» als (einstweiliger) Endpunkt in der langen Tradition der Metapher(n) der *Lesbarkeit der Welt.*[55]

Es gibt also Fragen der Metaphorologie wie der Narratologie[56] in der Wissenschaftsgeschichte; es gibt die *Rhetoric of Science.*[57] Neben der Erkundung wissenschaftlicher Inhalte der Literatur – worunter auch das zunehmende Interesse am Genre der Science-Fiction (und Science-in-Fiction)[58] sowie der so genannten Popularisierung[59] von Wissenschaft subsumiert werden kann – ist so die methodologische Zuständigkeit der *literary studies* für die *science studies* in den Blick gerückt. Mit der intensivierten Aufmerksamkeit auf den wissenschaftlichen Gehalt von Literatur ging die Forderung nach einer Überwindung der ‹Zwei Kulturen›-Trennung einher. Doch jede solche Forderung ist noch eine Folge dieser Trennung. Ihrer Erledigung – das heißt der Einsicht, dass es sie nie anders denn als Mythos der Reflexionsgeschichte von Geistes- vs. Naturwissenschaften gegeben hat – nähert sie sich erst mit der neu hinzugekommenen Perspektive auf die Literarität der Naturwissenschaften wie die wissensgeschichtliche Relevanz von Literatur und Literaturwissenschaft.

Der Einsatz der *Literature & Science*-Forschung beschränkt sich daher nicht auf bestimmte Gegenstände – außer insofern, als sie vorsätzlich auf der Basis von Fallstudien argumentiert: «Über Problembeispiele nähern wir uns dem Problem der Geschichte der Wissenschaften selber», erklärt auch die Wissenschaftsgeschichte im engeren Sinn. «Fasse die Streitigkeiten [*causes*] ins Auge und achte darauf, wie die Dinge [*choses*] ihnen folgen, sich mit ihnen in direktem oder umgekehrtem Verhältnis verändern.»[60] Im Ganzen jedoch geht es um eine *Poetologie des Wissens*[61], die den Zusammenhang, aber auch den Abgrund zwischen Wissenschaft und Wissen durchmisst. Wissen organisiert sich nach verschiedenen Kohärenzmustern, von denen das der (strengen) «Wissenschaftlichkeit» nur eines ist. Andere lassen sich mit Foucault als das der reinen «Positivität» des Wissens, seiner «Epistemologisierung» bis hin zu seiner «Formalisierung» definieren.[62] All diese Vorkommensweisen des Wissens unterhalten je nach gewähltem Ausschnitt ebenso unterschiedliche Beziehungen untereinander wie zur «diskursiven Praxis» namens Literatur und/oder Literaturwissenschaft (und/oder Kunst, Philosophie, Recht, Pädagogik, Technologie ...). Deren Rolle im Geflecht einer wie auch immer – ob periodisierend, gegenstandsbezogen oder disziplinenorientiert – umgrenzten Wissenskultur verlangt eine strukturvergleichende Korrelation der Ordnungsmuster. Statt bloß um eine modernisierte Variante der Motivgeschichte geht es darum, «äquivalente Funktionsweisen»[63] zwischen Literatur und Wissenschaft aufzuzeigen, um so dem Wissen auf die Spur zu kommen, das *beide* – unbewusst – durchherrscht.

Die «Reichsunmittelbarkeit der Poesie»

Im Durchgang etwa durch den metaphorologischen Ansatz «to remember, and deconstruct, the differences that have separated science from literature» gelangt man zu der diskursanalytischen Aufgabe «to unmask the reality of the discourse(s) of science»[64]. Vor dieser Aufgabe erweist sich schließlich noch der Metaphernverdacht als Reflex der ‹Zwei Kulturen›-Spaltung. Es ist der alte, nun wechselseitig ins Spiel gebrachte, Vorbehalt: «So geht es», weiß die fast aphoristische Pointierung bei Keller, «wenn man immer in Bildern und Gleichnissen spricht, so versteht man die Wirklichkeit zuletzt nicht mehr [...]» (348).

In der Tat gipfelte die kulturalistische Neuorientierung der Wissenschaftsgeschichte zuletzt in einer Art Realitätsverlust: Konstruktivismus (also: Konstruiertheit der Natur, der Fakten, der Realität) hieß und heißt die Formel, wo vormals «die Wirklichkeit» letztgültige Berufungsinstanz war.[65] Dagegen spricht die Pointe bei Keller *für* die Wirklichkeit – und das nicht nur, weil jener (nahezu) ungebrochene Glaube an die Möglichkeit fortschreitender Realitätsannäherung eben (gerade) noch an der Tagesordnung stand. Die Frage ist, welche Effekte Metaphern zeitigen, welchen Status, welche Faktizität man dem Diskurs selber beimessen soll. In ihrem Wesen (semantisch-referenziell betrachtet) ist alle Rede unwirklich und daher metaphorisch, bedeutet die Anwesenheit der Wörter doch prinzipiell die Abwesenheit der Dinge. Ihrem Wesen nach sind alle Metaphern auf jenes, seit Jacques Derrida *différance* genannte (Ent-)Gleiten des Sinns hin angelegt, das ihre Dereferenzialisierung zu denken zwingt. In ihrer rhetorischen Wirkung aber sind sie «absolut und kategorisch realistisch»[66]; zum einen setzt sich die Rede in ihnen selbst in Szene, zum anderen geht mit dieser Selbstinszenierung ihre – wie man mit Robert Musil sagen kann – «Übertragung in die Wirklichkeit»[67] einher. Und das zu erforschen, ist Ziel und Gegenstand zugleich des *Sinngedichts.*

Die Einrede («So geht es …») leitet das letzte Kapitel ein, *In welchem das Sinngedicht sich bewährt,* worin also Reinharts «schlimmes Rezept von dem alten Logau ausgeführt» wird, und das mit Erfolg:

Lucie hatte die Augen voll Wasser und doch lachte sie, indem sie purpurrot wurde von einem lange entbehrten und verschmähten Gefühle, und Reinhart sah deutlich, wie die schöne Glut sich in dem weißen Gesichte verbreitete. (380)

So finden sich am Ende Braut und Bräutigam, so vollzieht sich auf der Ebene des Dargestellten die Verwandlung von Literatur in Leben, ganz wie auf dem Weg dahin das Umgekehrte, die Erzählung des Lebens in Geschichten. Reinhart und Lucie treffen «in eine[r] Art von Duell» (332) aufeinander, beider Roman umschließt einen Zyklus von Novellen, die in konkurrierender (und zunächst eben aus der eigenen Lebenserfahrung geschöpften) «Erzählerei» (277) verschiedene Liebeskonstellationen durchspielen. Es sind Experimentalanordnungen auf das Geschlechterverhältnis wie die Rahmenhandlung selbst, die für den Helden ebenso ausdrücklich unter dem Vorsatz steht, «einer naturwissenschaftlichen Beobachtung nachzugehen» (117), wie er seinen Part im Rededuell als stilistische Übung versteht:

Es dürfte daher am zweckmäßigsten sein, gleich in der Art zu erzählen, wie ein gezierter Novellist sein Stücklein in Szene setzt. Ich würde damit zugleich in meiner Erzählungskunst […] einen Fortschritt anstreben können, man weiß ja nie, wo man es brauchen kann. (203)[68]

So kommt auf der Ebene des Dargestellten zugleich die Ebene der Darstellung selber ins Spiel. Die letzte der Binnennovellen – *Die Berlocken* – erweist sich demgemäß als Involution des Novellenkranzes in sich selbst, als *Sinngedicht* im *Sinngedicht.* Wie um Reinhart einen Spiegel vorzuhalten, erzählt Lucie die aus der *Correspondance* Melchior Grimms entlehnte Geschichte des jungen, noch unerfahrenen Thibaut von Vallormes, der auszieht, die ihm zum Geschenk einer Uhr mit auf den Weg gegebene Weisung zu erproben, die zugehörigen Liebestrophäen, also die im Titel genannten «Berlocken müsse er sich mit der Zeit selbst dazu erobern» (333). Bezeichnend ist aber schon ein Moment der ersten Novelle, *Regine.* Als deren Dreh- und Wendepunkt fungiert eine weitere involutive Staffelung, eine Geschichte in der Geschichte, nämlich «die mittelalterliche Sage vom Kaiser Nero», die dessen historisch überlieferten Wahn für «nicht abscheulich und verrückt genug» befand, sondern zudem noch «die Geschichte von seinem Gelüste nach der Geschlechtsänderung» hinzuersann (165 f.). Anlass, diese Fabel in die Fabel einzuflechten, ist die Figur einer jungen Malerin, die lieber «ein junger Maler» genannt werden will. «Die schöne wohlklingende Endsilbe, mit welcher unsere deutsche Sprache in jedem Stande, Berufe und Lebensgebiete die Frau bezeichnen und damit dem Begriffe noch einen poetischen Hauch und Schimmer verleihen kann, war ihr zuwider wie Gift», heißt es über diese/n Maler/in, und weiter: «sie hätte die verhaßten zwei Buchstaben am liebsten ganz ausgereutet» (165). Bezeichnend genug wird damit das Problem der Bezeichnung selber explizit.

Denn der Willkürakt der Malerin – und das an die Begegnung mit ihr geknüpfte tödliche Ende Regines – steht im Gegenteil gerade ebenso für die faktische Unverfügbarkeit festgefügter Zeichenordnungen, wie «die Frau bezeichnen» genau das Handeln des männlichen Helden an der Titelheldin der Novelle bezeichnet, seinen Versuch, sich wie ein neuer Pygmalion die ideale Geliebte heranzubilden.[69] Statt lediglich die beiden Pole blinder Naturgesetzlichkeit alias Zuchtwahl einerseits und freier Liebeswahl andererseits zur Opposition zu erheben, macht das *Sinngedicht* auf diese Weise auch für Letztere das Moment der Unfreiheit durch kulturelle Codierung(en) kenntlich. Deshalb führt in der Rahmenhandlung der Weg des Herrn Reinhart nicht einfach aus der Künstlichkeit des Labors in die freie, unverstellte Natur wie von der Theorie der Bücherwelt ins praktische Lebensexperiment, sondern auch wieder zurück in den Erfahrungsraum der Literatur. Wo Reinhart glaubt, seinerseits den Pygmalion Lucies spielen zu können, hat diese sich längst in ihrem eigenen «Arbeitsmuseum» (120), ihrer eigenen Bibliothek eingerichtet; die beiden letzten Binnennovellen, statt wie anfangs «aus der Erinnerung zusammen[ge]lesen» (139) zu werden, sind Nacherzählungen aus dem Fundus ebendieser Bibliothek. Auch so biegt sich das *Sinngedicht* auf sich selbst als ein «Stück Literaturdichtung»[70] zurück. Auch und gerade so erfüllt es das Wort seines Autors von der «Reichsunmittelbarkeit der Poesie». Aber wie dieses Wort den Gegensatz zwischen wissenschaftlich-technischer und literarischer Kultur, Realität und Fiktion pointiert, problematisiert seine Umsetzung im *Sinngedicht* zugleich die Verflechtung oder – im Wortsinn – Intertextualität beider Bereiche.

In konsequenter Selbstbezüglichkeit nämlich hört Literatur auf, lediglich Wiedergabe von etwas anderem zu sein, ob wahr oder erfunden, um vielmehr als ein eigenes Tun, jenseits von Wahrheit und Lüge, hervorzutreten. Am Punkt ihrer maximalen Entkoppelung von jeder Bezugnahme auf Wirklichkeit ereignet sich ihr Bezug zur Wirklichkeit, ihr Realismus, ihre Verkoppelung mit der Realität.[71] Darum bleibt die Verwandlung von Literatur in Leben (und vice versa), wie das *Sinngedicht* sie erzählt, wohl Phantasie. Im Konnex von Dargestelltem und Darstellungsebene experimentiert es dennoch mit seiner eigenen Verstrickung in die wirkliche Welt. «Die Literatur», heißt es einmal bei Barthes, «transportiert sehr viel Wissen.»[72] Zugleich prozessiert sie es aber auch. Wenigstens einen der Gipfelpunkte, auf denen die Wissenschaften immer neu stehen, verkörpert damit das *Sinngedicht* selbst.

Anmerkungen

1 Keller, Gottfried. *Sämtliche Werke 6. Sieben Legenden. Das Sinngedicht. Martin Salander.* Hg. v. Dominik Müller. Frankfurt a. M., 1991. 97. Folgende Seitennachweise im fortlaufenden Text.

2 Vgl. Newton, Isaac. «New Theory About Light and Colours». *Philosophical Transactions of the Royal Society* 80 (1672): 3075–78; zur Wort- und Problemgeschichte

vgl. Bacon, Francis. *Neues Organon* [1620]. Hamburg, 1990, 438; Duhem, Pierre. *Ziel und Struktur der physikalischen Theorien* [1906]. Hamburg, 1998, 249 ff.; Kaiser, Walter. «Das Problem der ‹entscheidenden Experimente›». *Berichte zur Wissenschaftsgeschichte* 9 (1986): 109–25.

3 Lessing, Gotthold Ephraim. «Briefe, die neueste Literatur betreffend» (43. Brief). *Werke V. Literaturkritik. Poetik und Philologie.* Hg. v. Herbert G. Göpfert. München, 1973. 151.

4 Lessing (Anm. 3), 108.

5 Lessing, Gotthold Ephraim. «Friedrichs von Logau Sinngedichte. Zwölf Bücher. Mit Anmerkungen über die Sprache des Dichters herausgegeben von C. W. Ramler und G. E. Lessing. Vorrede». *Werke V. Literaturkritik. Poetik und Philologie.* Hg. v. Herbert G. Göpfert. München, 1973. 337–51, 339 f.

6 Darwin, Charles. *Über die Entstehung der Arten im Thier- und Pflanzen-Reich durch natürliche Züchtung, oder Erhaltung der vervollkommneten Rassen im Kampf um's Daseyn.* Aus dem Englischen übersetzt und mit Anmerkungen versehen von Dr. H[einrich] G[eorg] Bronn. Stuttgart, 1860. 10. Seit der Neuübersetzung erscheint die Neuprägung bereits im Titel: Carus, Julius Victor. *Über die Entstehung der Arten durch natürliche Zuchtwahl oder die Erhaltung der begünstigten Rassen im Kampfe um's Dasein.* Stuttgart, 1867.

7 Rohr, Moritz v. «Joseph Fraunhofer als Schöpfer der deutschen Feinoptik». *Die Naturwissenschaften* 14 (1926): 539–52, 552. Vgl. Baier, Wolfgang. *Quellendarstellungen zur Geschichte der Fotografie.* München, 1977. 18–20.

8 Fraunhofer, Joseph. «Bestimmung des Brechungs- und Farbenzerstreuungs-Vermögens verschiedener Glasarten, in Bezug auf die Vervollkommnung achromatischer Fernröhre». *Denkschriften der kgl. Akademie der Wissenschaften zu München für die Jahre 1814 und 1815. Bd. V.* München, 1817. 193–226, 202.

9 Für die Darstellung «eines sogenannten Spektralapparates [...] in etwas kompendiöserer Form» vgl. Samter, Heinrich. *Buch der Erfindungen.* Reprint der 1901 erschienenen Jubiläums-Ausgabe. Bindlach, 1998, 922 f.

10 Goethe, Johann Wolfgang. «Zur Farbenlehre». *Sämtliche Werke 23.1* (Frankfurter Ausgabe). Hg. v. Manfred Wenzel. Frankfurt a. M., 1991. 375.

11 Lessing (Anm. 5), 341; Lessing (Anm. 3), 148.

12 Weigel, Harald. *«Nur was du nie gesehn wird ewig dauern». Carl Lachmann und die Entstehung der wissenschaftlichen Edition.* Freiburg, 1989, 58; zu den historischen Wechselfällen der «Autorfunktion» zwischen Literatur und Wissenschaft vgl. Foucault, Michel. «Was ist ein Autor?» *Schriften in vier Bänden – Dits et Écrits 1. 1954–1969.* Hg. v. Daniel Defert u. François Ewald. Frankfurt a. M., 2001. 1003–41.

13 Vgl. Foucault, Michel. *Die Ordnung des Diskurses.* Inauguralvorlesung am Collège de France – 2. Dezember 1970. Frankfurt a. M., Berlin u. Wien, 1982. 11 f.

14 So erzählt und vertritt den «Antagonismus von Wissenschaft und Poesie» noch einmal in extenso: Schlaffer, Heinz. *Poesie und Wissen. Die Entstehung des ästhetischen Bewußtseins und der philologischen Erkenntnis.* Frankfurt a. M., 1990. 13 u. 7.

15 Jochmann, Carl Gustav. «Die Rückschritte der Poesie» [1828]. *Die Rückschritte der Poesie und andere Schriften.* Hg. v. Werner Kraft. Frankfurt a. M., 1967. 122–78, 152.

16 Vgl. Lepenies, Wolf. «Der Krieg der Wissenschaften und der Literatur». *Gefährliche Wahlverwandtschaften. Essays zur Wissenschaftsgeschichte.* Stuttgart, 1989. 61–79

(= Einleitung zu: ders. *Die drei Kulturen. Soziologie zwischen Literatur und Wissenschaft*. Taschenbuchausgabe. Reinbek, 1988. I–XVIII).

17 Mercier, Louis-Sébastien. *Tableau de Paris 2*. Amsterdam, 1782 f., 300. Zit. n. Lepenies, Wolf. *Das Ende der Naturgeschichte*. München u. Wien, 1976. 137.

18 Frege, Gottlob. «Logik» [1897]. *Schriften zur Logik und Sprachphilosophie. Aus dem Nachlaß*. Hg. v. Gottfried Gabriel. Hamburg, 1990. 35–73, 42.

19 Du Bois-Reymond, Emil. «Kulturgeschichte und Naturwissenschaft» [1877]. *Vorträge über Philosophie und Gesellschaft*. Hg. v. Siegfried Wollgast. Hamburg, 1974. 105–58, 134.

20 Snow, C[harles] P. «Die zwei Kulturen» [1959/63]. *Die zwei Kulturen. Literarische und naturwissenschaftliche Intelligenz: C. P. Snows These in der Diskussion*. Hg. v. Helmut Kreuzer. München, 1987. 19–96, 32. Vgl. die englische Ausgabe (mit einer ausführlichen historischen Einleitung): *The Two Cultures* with Introduction by Stefan Collini. Cambridge, 1993. 17.

21 Hayles, N. Katherine. «Literature and Science». *Encyclopedia of Literature and Criticism*. Hg. v. M. Coyle u. a. London, 1991. 1068–1081. Vgl. Rousseau, Georges. «Literature and Science. The State of the Field». *Isis* 69 (1978): 583–91; ders. «The Discourse(s) of Literature and Science». *University of Hartford Studies in Literature* 19 (1987): 1–24; Beer, Gillian. «Translation or Transformation? The Relations of Literature and Science». *Notes and Records of the Royal Society of London* 44 (1990): 81–99. Ferner z. B. die beiden *Literature & Science*-Sonderhefte von *Comparative Criticism* 13 (1991) und *Substance* 71/72 (1993).

22 In diesem Sinn programmatisch: Levine, George (Hg.). *One Culture. Essays in Science and Literature*. Madison, 1987.

23 Vgl. Shapin, Steven. «Pump and Circumstance. Robert Boyle's Literary Technology». *Social Studies of Science* 14 (1984): 481–520.

24 Vgl. Daston, Lorraine. «Fear and Loathing of the Imagination in Science». *Daedalus* 127 (1998): 73–95.

25 Latour, Bruno. *Wir sind nie modern gewesen*. Berlin, 1995. 28.

26 Vgl. Scherer, Wilhelm. *Poetik* [1888, posth.]. Tübingen, 1977. 54 ff.

27 Bölsche, Wilhelm. *Die naturwissenschaftlichen Grundlagen der Poesie* [1887]. Tübingen, 1976.

28 Barthes, Roland. *Die Lust am Text* [1973]. Frankfurt a. M., 1982. 54.

29 Vgl. Curtius, Ernst Robert. «Goethes Aktenführung» [1951]. *Grundlagen der Literaturwissenschaft. Exemplarische Texte*. Hg. v. Bernhard J. Dotzler. Köln, Weimar u. Wien, 1999. 158–167.

30 Neumann, Gerhard u. Sigrid Weigel (Hg.). *Lesbarkeit der Kultur. Literaturwissenschaft zwischen Kulturtechnik und Ethnographie*. München, 2000. 12.

31 So das Editorial zu *Scientia Poetica* 1 (1997): VII.

32 Ash, Mitchell G. «Psychologie in Deutschland um 1900. Reflexiver Diskurs des Bildungsbürgertums, Teilgebiet der Philosophie, akademische Disziplin». *Konkurrenten in der Fakultät. Kultur, Wissen und Universität um 1900*. Hg. v. Christoph König u. Eberhard Lämmert. Frankfurt a. M., 1999. 78–93, 78.

33 Hacking, Ian. *Einführung in die Philosophie der Naturwissenschaften* [1983]. Stuttgart, 1996, 10.

34 Vgl. Latour, Bruno u. Steve Woolgar. *Laboratory Life. The Construction of Scientific*

Facts. 2. Aufl. Princeton, 1986; Galison, Peter. *How Experiments End*. Chicago, 1987. Hagner, Michael, Hans-Jörg Rheinberger u. Bettina Wahrig-Schmidt (Hg.). *Objekte, Differenzen und Konjunkturen. Experimentalsysteme im historischen Kontext*. Berlin, 1994.

35 Vgl. Hacking, Ian (Hg.). *Scientific Revolutions*. Oxford, 1981.

36 Nietzsche, Friedrich. «Zur Genealogie der Moral» [1887]. *Sämtliche Werke. Kritische Studienausgabe V*. Hg. v. Giorgio Colli u. Mazzino Montinari. München, 1980. 245–412, 258 f.; Foucault, Michel. «Nietzsche, die Genealogie, die Historie» [1971]. *Von der Subversion des Wissens*. Frankfurt a. M., Berlin u. Wien, 1978. 83–109, 93.

37 Latour (Anm. 25), 8.

38 Benjamin, Walter. «Die Zeitung» [1934]. *Gesammelte Schriften II.2*. Hg. v. Rolf Tiedemann u. Hermann Schweppenhäuser. Frankfurt a. M., 1991. 628 f.

39 Latour (Anm. 25), 85 ff. u. 12.

40 Fleck, Ludwik. *Entstehung und Entwicklung einer wissenschaftlichen Tatsache. Einführung in die Lehre vom Denkstil und Denkkollektiv* [1935]. Frankfurt a. M., 1980. 47.

41 Kopper, Joachim. «Wissenschaftlicher und poetischer Geist. Zur Philosophie Gaston Bachelards». Bachelard, Gaston. *Die Philosophie des Nein* [1940]. Frankfurt a. M., 1980. 167–188.

42 Bachelard, Gaston. *Die Bildung des wissenschaftlichen Geistes. Beitrag zu einer Psychoanalyse des objektiven Geistes* [1938]. Frankfurt a. M., 1984. 43.

43 Vgl. Bachelard, Gaston. *Epistemologie. Ausgewählte Texte*. Berlin u. Wien, 1974.

44 Zit. n. Canguilhem, Georges. «Die Geschichte der Wissenschaften im epistemologischen Werk Gaston Bachelards». *Wissenschaftsgeschichte und Epistemologie. Gesammelte Aufsätze*. Frankfurt a. M., 1979. 7–21, 17 f.

45 So die Untertitel der ersten Bände von: Serres, Michel. *Hermes I–V*. Berlin, 1991 ff.

46 Serres, Michel. *Hermes I. Kommunikation*. Berlin, 1991. 265. – Zu Foucaults eigener Situierung gegenüber Bachelard siehe Foucault, Michel. *Archäologie des Wissens* [1969]. Frankfurt a. M., 1981. 10 ff. u. 270 f.

47 Vgl. (an der Physik orientiert) Dilthey, Wilhelm. «Ideen über eine beschreibende und zergliedernde Psychologie» [1894]. *Gesammelte Schriften V*. Göttingen, 1974. 139–240; und die (die Biologie dagegenhaltende) Antwort von Ebbinghaus, Hermann. «Über erklärende und beschreibende Psychologie». *Zeitschrift für Psychologie* 9 (1896): 161–205.

48 In diesem Sinn bereits ein Klassiker: Beer, Gillian. *Darwin's Plots. Evolutionary Narrative in Darwin, George Eliot and Nineteenth-Century Fiction*. London, 1983; vgl. zuletzt Michler, Werner. *Darwinismus und Literatur. Naturwissenschaftliche und literarische Intelligenz in Österreich 1859–1914*. Wien, 1999.

49 Für viel diskutierte Parallelstellen vor und nach Keller siehe das vierte Kapitel im ersten Teil der *Wahlverwandtschaften*: «Es ist eine Gleichnisrede ...». Goethe, Johann Wolfgang. «Die Wahlverwandtschaften». *Sämtliche Werke 8* (Frankfurter Ausgabe). Hg. v. Waltraud Wiethölter. Frankfurt a. M., 1994. 300; sowie Kapitel 37 im ersten Buch des *Manns ohne Eigenschaften*: «... eine gewisse Ungenauigkeit und Gleichnishaftigkeit, bei der man weniger an die Wirklichkeit denkt als sonst ...». Musil, Robert. *Der Mann ohne Eigenschaften. Erstes Buch* [1930/31]. Reinbek, 1981. 138.

50 Vgl. Doyle, Richard. *On Beyond Living. Rhetorical Transformations of the Life Sciences.* Stanford, 1997; Kay, Lily E. *Who Wrote the Book of Life? A History of the Genetic Code.* Stanford, 2000.

51 Müller-Tamm, Jutta. «Die ‹Empirie des Subjektiven› bei Jan Evangelista Purkinje. Zum Verhältnis von Sinnesphysiologie und Ästhetik im frühen 19. Jahrhundert». *Wahrnehmung der Natur – Natur der Wahrnehmung. Studien zur Geschichte visueller Kultur um 1800.* Hg. v. Gabriele Dürbeck u. a. Dresden 2001. 153–64, 153.

52 Nietzsche, Friedrich. «Ueber Wahrheit und Lüge im aussermoralischen Sinne». *Sämtliche Werke. Kritische Studienausgabe 1.* Hg. v. Giorgio Colli u. Mazzino Montinari. München, 1980. 873–90, 882 f.

53 Blumenberg, Hans. *Paradigmen zu einer Metaphorologie.* Neuausgabe. Frankfurt a. M., 1998. 10.

54 Blumenberg, Hans. «Ausblick auf eine Theorie der Unbegrifflichkeit». *Schiffbruch mit Zuschauer. Paradigma einer Daseinsmetapher.* Frankfurt a. M., 1979. 75–93, 77.

55 Blumenberg, Hans. *Die Lesbarkeit der Welt.* Frankfurt a. M., 1986. 372 ff.

56 Vgl. Clark, William. «Narratology and the History of Science». *Studies in the History and Philosophy of Science* 26 (1995): 1–71.

57 Vgl. Gross, Alan G. *The Rhetoric of Science.* Cambridge/Mass., 1990; ferner Bender, John u. David E. Wellbery (Hg.). *The Ends of Rhetoric. History, Theory, Practice.* Stanford, 1990. 27 ff.

58 Vgl. Innerhofer, Roland. *Deutsche Science-fiction 1870–1914. Rekonstruktion und Analyse der Anfänge einer Gattung.* Köln, Weimar u. Wien, 1996. Dotzler, Bernhard J. «Retrospektive Science fiction? Literarisierte Wissenschaftsgeschichte in Gibson & Sterlings ‹The Difference Engine›». *New Science und Alte Dichtung?* Hg. v. Harro Segeberg. Berlin, 1994. 47–52.

59 Vgl. Daum, Andreas. *Wissenschaftspopularisierung im 19. Jahrhundert. Bürgerliche Kultur, naturwissenschaftliche Bildung und die deutsche Öffentlichkeit 1848–1914.* München, 1998.

60 Serres, Michel (Hg.). *Elemente einer Geschichte der Wissenschaften.* Frankfurt a. M., 1994. 31 f.

61 Vgl. Vogl, Joseph (Hg.). *Poetologien des Wissens um 1800.* München, 2000.

62 Vgl. Foucault (Anm. 46), 253 ff.

63 Vgl. Dotzler, Bernhard J. «‹Ist fortzusetzen›. Goethes Gedicht *Bei Betrachtung von Schillers Schädel* und die technische Welt der Poesie. Spuren Frankensteins». *Der Frankenstein-Komplex. Kulturgeschichtliche Aspekte des Traums vom künstlichen Menschen.* Hg. v. Rudolf Drux. Frankfurt a. M., 1999. 62–78.

64 Bono, James J. «Science, Discourse, and Literature. The Role/Rule of Metaphor in Science». *Literature and Science. Theory and Practice.* Hg. v. Stuart Peterfreund. Boston, 1990. 59–89, 59 f.

65 Mit entsprechenden Ausgleichsbemühungen: Hacking, Ian. *Was heißt ‹soziale Konstruktion›?* Frankfurt a. M., 1999; Ginzburg, Carlo. *Die Wahrheit der Geschichte. Rhetorik und Beweis.* Berlin, 2001.

66 Barthes, Roland. *Leçon/Lektion* [1977]. Frankfurt a. M., 1980. 27.

67 Musil (Anm. 49), 305.

68 Für weiterführende Überlegungen, «wo man es brauchen kann», d. h. zur wissenschaftsgeschichtlichen Erörterung dieses Aspekts, vgl. etwa Danneberg, Lutz u. Jürg

Niederhauser (Hg.). *Darstellungsformen der Wissenschaften im Kontrast. Aspekte der Methodik, Theorie und Empirie.* Tübingen, 1998.

69 Vgl. Neumann, Gerhard. «Der Körper des Menschen und die belebte Statue. Zu einer Grundformel in Gottfried Kellers *Sinngedicht*». *Pygmalion. Die Geschichte des Mythos in der abendländischen Kultur*. Hg. v. Mathias Mayer u. Gerhard Neumann. Freiburg, 1997. 555–91.

70 Jeziorkowski, Klaus. *Literarität und Historismus. Beobachtungen zu ihrer Erscheinungsform im 19. Jahrhundert am Beispiel Gottfried Kellers*. Frankfurt a. M., 1979. 103.

71 Vgl. Foucault, Michel. *Das Leben der infamen Menschen* [1977]. Berlin, 2001, 13 f.; sowie Kaiser, Gerhard u. Friedrich A. Kittler. *Dichtung als Sozialisationsspiel.* Göttingen, 1978. 7 ff.

72 Barthes (Anm. 66), 25.

3 Medien- und Kommunikationstheorie

Horst Wenzel

a) Ältere deutsche Literatur

Mediengeschichte: Zur Geschichte der medialen Umbrüche

Das Spannungsverhältnis von alten und neuen Medien wird immer dann zum Gegenstand von Auseinandersetzungen, wenn die Brüche, die durch die Einführung je neuer Medien entstehen, nicht mehr ignoriert werden können. Das gilt schon für Platon, der im *Phaidros* die Vorteile und Nachteile von Memorialkultur und Schriftkultur gegeneinander abwägt,[1] ähnlich auch für Luthers Briefe in der Zeit des frühen Buchdrucks[2] und gegenwärtig wieder in der aktuellen Hochkonjunktur einer Mediendebatte, die den Übergang von der Gutenberggesellschaft (Buchdruck) zur Netzwerkgesellschaft (digitale Medien) begleitet. Die verschiedenen Selbstbeschreibungen der einschlägigen Forschung als Medienanthropologie[3], Medienästhetik[4], Medientechnikgeschichte oder Medienkulturgeschichte[5], Medienkulturwissenschaft[6], Medienkritik[7], Mediologie[8], und Medientheorie[9] lassen noch keine klare Systematik erkennen. Auffällig ist allerdings, dass sich im internationalen Forschungszusammenhang deutlich erkennbar Forschungsfelder ausgebildet haben, die mit drei bedeutenden Medienumbrüchen zusammenhängen: dem Übergang vom Körpergedächtnis *(brain memory)* zum Schriftgedächtnis *(script memory)*, dem Übergang von der Handschriftenkultur zur Druckkultur *(print memory)* und dem Übergang vom Buch zum Bildschirm *(electronic memory)*.[10] Erkennbar werden dabei die Grundlinien einer Mediengeschichte, die gegenüber der fortlaufenden Ausdifferenzierung der Wissenschaften eine unverkennbar integrative Seite hat, viele Fachgebiete und Fächer übergreift.[11]

Mediengeschichte als neues Paradigma der Kultur- und Literaturwissenschaften stützt sich jedoch nicht auf eine fest umrissene Methode oder ‹Schule›, sondern gründet in einer konsequenten Historisierung von Schriftkultur, wie sie durch die neuen Medientechnologien des 20. Jahrhunderts möglich geworden ist. Bereits durch die Entwicklung und Verbreitung von Grammophon, Film, Radio oder Fernsehen etc. wurde das Monopol der Literatur als serielles Langzeitgedächtnis der Gesellschaft hinfällig. Und heute hat die expandierende Computertechnologie gegenüber der typographischen Datenverarbeitung die weitaus größere Dynamik. Sie gewährleistet die bessere räumliche wie zeitliche Verfügbarkeit der elektronischen Publikationen, umfassende Recherchen, leichte Bearbeitung und zahlreiche Verknüpfungsmöglichkeiten mit anderen Ressourcen. Damit wird aber zugleich deutlich, dass Schrift- und Drucktechnologien historisch bestimmte Formen der Informationsverarbeitung neben anderen sind. Mediengeschichte ist also selbst ein Medieneffekt: Erst von einem konkreten Medienwechsel her, der das Ende des Buchzeitalters vorstellbar macht, kann die Historizität von Informations- und Kommunikationstechnologien überhaupt gedacht werden, der Zusammenhang von körpergebundenen und technologisch vermittelten Kommunikationsweisen in den Blick geraten.

Frühe Modelle von Mediengeschichte

Die aktuelle Auseinandersetzung mit den neuen Medien reagiert auf einen Diskussionszusammenhang, der in den 1960er Jahren in Frankreich, England und Amerika begonnen hat und nach Maßgabe der entscheidenden Übersetzungen in den 1980er Jahren bei uns wirksam geworden ist. 1962 erschien das Buch von Marshall McLuhan über die ‹Gutenberg-Galaxis›, das mit seinen spektakulären Thesen über das Ende des Buchzeitalters, die elektronische Vernetzung aller existierenden Gesellschaften «zu einem einzigen globalen Stamm»[12] und die Verwandlung der Welt zu einem elektronisch überschaubaren «globalen Dorf»[13] eine öffentliche Diskussion auslöste, die inzwischen sehr viel differenzierter, aber immer noch sehr engagiert geführt wird.[14] McLuhan untersucht den Einbruch der elektronischen Medien in die Hochkultur des Buchs und erwartet im Zusammenhang damit eine tief greifende Umbildung der menschlichen Wahrnehmungsfähigkeit mit ähnlich weitreichenden Folgen für das kulturelle Leben und die Mechanismen der Gesellschaft wie durch die Erfindung Gutenbergs. Er spricht von einer

> kosmische[n] Membran, die sich durch die elektrische Erweiterung unserer verschiedenen Sinne rund um den Globus gelegt hat. Statt sich auf eine riesige alexandrinische Bibliothek hinzubewegen, ist die Welt ein Computer geworden, ein elektronisches Gehirn. Und so wie unsere Sinne sich nach außen begeben haben, so dringt der Große Bruder in uns ein.[15]

Dem weitgespannten zeitlichen und topographischen Horizont medienwissenschaftlicher Überlegungen gibt bereits McLuhan einen theoretischen Rahmen durch ein einfaches Dreistadienmodell: Er unterscheidet (1) das Zeitalter vor dem Buchdruck (mit den Aspekten von Mündlichkeit und Schriftlichkeit), (2) das Zeitalter Gutenbergs (die typographische und mechanische Ära seit Gutenbergs Erfindung 1450) und (3) das Zeitalter Marconis (das elektronische Zeitalter), nach Guglielmo Marconi, dem Erfinder der drahtlosen Telegraphie (1894). McLuhan formuliert die These, dass das Nach-Buchdruckzeitalter viele verwandte Züge mit dem Vor-Buchdruckzeitalter zeige, es zu einer «Neubelebung der oralen und auditiven Werte»[16] kommen werde. Die Diskussion um sekundäre Oralität (Radio, Telefon), sekundäre Audiovisualität (die technologische Verbindung von Hören und Sehen) und sekundären Analphabetismus (zunehmender Verlust der Schreib- und Lesefähigkeit) scheint diese Ansicht zu bestätigen.

Weniger spektakulär, aber wissenschaftlich ähnlich folgenreich wie das Buch McLuhans erwies sich «Hand und Fuß» von André Leroi-Gourhan über die Evolution von Technik, Sprache und Kunst, das 1964 in Paris erschienen ist, aber erst seit 1980 in der deutschen Übersetzung vorliegt.[17] Leroi-Gourhan ist Prähistoriker, sein Buch eine Paläontologie und eine Archäologie der Kommunikation, das die Entwicklung der manuellen und symbolischen Aktivitäten des Menschen (*techne* und *poiesis*) in der biologischen und der sozialen Evolution begründet. Technik und Sprache erscheinen als Fortsetzungen unserer Physis, die sich in einem fortschreitenden Beschleunigungsprozess von der sehr viel langsamer verlaufenden biologischen Evolution lösen und gemeinsam die Entwicklung des sozialen Organismus prägen.

Die Geschichte des kollektiven Gedächtnisses lässt sich nach Leroi-Gourhan in fünf Perioden einteilen: (1) die mündliche Überlieferung (die für ihn bis zur Erfindung der Druckkunst reicht), (2) die schriftliche Überlieferung (die bis weit ins 19. Jahrhundert dominiert), (3) die Aufzeichnungen auf Karteikarten und Lochkarten als Suprasysteme einer sekundären Organisation schriftlicher Speicher (seit dem späten 19. Jahrhundert), (4) die mechanische Aufzeichnung (Rechenmaschinen und Schreibmaschinen), (5) die elektronische Aufzeichnung.[18]

Während Leroi-Gourhan Technik und Sprache gemeinsam im Blick behält, konzentriert sich die weitere Debatte zunächst mehr auf die Sprache als auf die Mathematik.[19] Beispielhaft dafür ist Walter J. Ong, der wegweisend für die Mündlichkeits-Schriftlichkeitsdebatte geworden ist, dessen betonte Entgegensetzung von Memorialkultur und Schriftkultur jedoch inzwischen kritischer gesehen wird. In seinem Standardwerk über die Technologisierung des Worts (1982/87) verwendet er ein Viererschema oral, chirographisch, typographisch und elektronisch begründeten Denkens.[20] Die darauf folgende Forschung geht damit weitgehend konform.

Das gilt auch für die Arbeiten von Niklas Luhmann. In seinem wichtigen Aufsatz über «Das Problem der Epochenbildung und die Evolutionstheorie» (1985) begründet Luhmann eine Theorie der Epochensequenzen, die sich «nicht mehr als historisches Gesetz darstellen kann, sondern in strukturellen Anhaltspunkten für eine Selbstbeschreibung des Gesellschaftssystems begründet sein muß»[21]. Die Abfolge von Rede, Schrift und Druck, die Verbreitungstechniken der Kommunikation also, ergänzt Luhmann um die neuen, «Elektronik-basierten Medien der Informationsverarbeitung», mit denen sich «möglicherweise eine neue Epoche»[22] anbahnt. Was Luhmann hier noch vorsichtig als Möglichkeit bezeichnet, wird inzwischen längst als Faktizität beschrieben. So heißt es bei Jürgen Mittelstraß: «Dabei hat – Stichwort Epochenschwelle – die Zukunft, auch die, die uns vom 21. Jahrhundert trennt, längst begonnen [...]. Der technologische

Wandel wird zur eigentlichen Wirklichkeit und mit ihm der kulturelle Wandel.»[23] Luhmann selbst hat diese Position in der letzten großen Darstellung seiner Gesellschaftstheorie bestätigt.[24]

Im Überblick über die zitierten Positionen lassen sich ein engerer und ein weiterer Medienbegriff unterscheiden. Der engere Medienbegriff bezieht sich auf die elektronischen Technologien der Datenverarbeitung,[25] der weitere Medienbegriff wird im Hinblick auf die wechselseitige Modifikation und die Vergleichbarkeit der verschiedenen Verbreitungstechniken der Kommunikation für alle vier genannten Entwicklungsstadien verwendet. Medien in diesem weiteren Sinn wären dann nicht nur die elektronischen Medien, sondern auch das Buch, die Handschrift und der menschliche Körper als Träger der Kommunikation im Raum der Wahrnehmung von Angesicht zu Angesicht.[26] Dieser Medienbegriff erscheint zwar extrem weit in der Verbindung biologischer, physikalischer, technologischer und soziologischer Aspekte, bleibt aber im Rahmen der allgemeinen Definition von Medien, die Roland Posner aufgestellt hat:

> Jede Kommunikation ist auf Kommunikationsmittel angewiesen. Sie werden gewöhnlich Medien genannt und lassen sich nur im Systemzusammenhang definieren. Geht man von dem üblichen Wortgebrauch aus, so ist ein Medium ein System von Kommunikationsmitteln, das wiederholte Kommunikation eines bestimmten Typs ermöglicht. Etwas genauer und zugleich allgemeiner formuliert, ist ein Medium jeweils ein System von Mitteln für die Produktion, Distribution und Rezeption von Zeichen, das den in ihm erzeugten Zeichenprozessen bestimmte gleichbleibende Beschränkungen auferlegt.[27]

Die Übertragung nachrichtentechnischer Modelle auf die hochkomplexe menschliche Kommunikation ist gewiss nicht unproblematisch, aber unter historischer Sicht ganz besonders produktiv. Aus der Perspektive eines erweiterten Medienbegriffs sind auch die Techniken der körperlichen Mitteilung Speicher- und Nachrichtentechniken, die Informationen über und durch die Körper fließen lassen und sie in sozial eingeübten Haltungen, Gesten und Gebärden verfestigen. Neben den psychischen Systemen stehen also auch sensomotorische Speicher zur Verfügung, eine Art Körpergedächtnis mithin, das für orale Gemeinschaften konstitutiv ist.[28] Die Einsicht wächst, dass wir die mittelalterlichen Anfänge der volkssprachlichen Kunst und Literatur im

Kontext einer schriftgestützten Memorialkultur zu deuten haben, die durch die Stimme und die körpergebundene Aufführung geprägt bleibt. Vilém Flusser spricht von einer Mediavalisierung der Gegenwart und verbindet damit die Vergleichbarkeit von Technobild und Technoklang mit den ritualisierten Prozessen des Hörens und Sehens im Mittelalter:

> Die Struktur unserer Kommunikation, die um uns herum entsteht, ähnelt deutlich jener Struktur, wie sie vor der Erfindung des Buchdrucks, also im Mittelalter, vorherrschte. Die gegenwärtige Kommunikationsrevolution ist im Grunde nichts anderes als die Rückkehr zu einer ursprünglichen Situation, welche durch den Buchdruck und die allgemeine Alphabetisierung durchbrochen und unterbrochen wurde. Wir sind dabei, zu einem Normalzustand zurückzukehren, welcher nur 400 Jahre lang durch den Ausnahmezustand, genannt ‹Neuzeit› unterbrochen war. Diese Rückkehr ins Mittelalter wäre demnach das Charakteristische an den gewaltigen Veränderungen in unseren Kommunikationsstrukturen.[29]

In einem zweiten Zugriff differenziert Flusser seine These, aber an der grundsätzlichen Vergleichbarkeit des Zeitalters vor Gutenberg und nach Gutenberg hält er ausdrücklich fest, ohne auf Gutenberg selbst ausführlich einzugehen. Dieser Übergang zur Ära Gutenbergs ist in den Arbeiten von Elizabeth Eisenstein und Michael Giesecke besonders nachhaltig als Medienumbruch beschrieben worden.[30] Während Eisenstein aus der Durchsetzung des Buchdrucks einen epochalen Umbruch in Sprache, Wissenschaft und Technik ableitet, dabei jedoch viel zu monokausal vorgeht, gelingt es Giesecke in direktem Bezug auf die frühen Druckschriften, dem aktuellen Mediendiskurs eine historische Tiefe zu geben, die uns die Leistung Gutenbergs als unsere eigene Vorgeschichte vergegenwärtigt.

Theoretische Ansätze und Arbeitsfelder

Mit der Durchsetzung mediengeschichtlicher Aufgabenstellungen und Forschungsparadigmen in den Literaturwissenschaften ist nicht nur eine fachübergreifende kulturwissenschaftliche Perspektive verbunden, auch die fachinterne Arbeitsteilung wird relativiert. Unter dem Primat von medienhistorischen Fragestellungen nähern sich die weitgehend verselbständigten Arbeitsbereiche von Mediävistik, Linguistik und Neuerer Literaturwissenschaft einander wieder an. In der Germanistischen Mediävistik zeigt sich momentan das interessante Phänomen, dass die Öffnung für neue Fragestellungen, die durchaus im Zusammenhang mit der Durchsetzung der neuen Kommunikationstechnologien zu sehen sind, Rückkopplungsprozesse ausgelöst hat, die alte und neue Arbeitsfelder aufeinander beziehen. Zur Disposition gestellt wird eine starre Fachsystematik, die Literaturwissenschaft, Kunstwissenschaft und Musikwissenschaft (Text, Bild und Ton) voneinander abschottet, zugunsten komplexerer Fragestellungen, die Text und ‹Aufführung› miteinander verbinden und methodologisch auf Ansätze der Ethnologie und der historischen Anthropologie hinführen.[31] Daraus resultieren Fragen nach der Repräsentation und Modellierung von Ritual und Zeremonie im Schrift- und Bildmedium, die unsere Forschung erheblich dynamisiert und verändert haben: Das betrifft die Veränderung des Literaturbegriffs (Original versus Fassungen, Textualität versus Performativität), die Relativierung des Autors (Dichter versus Redaktor oder Werkstatt), der kohärenten Interpretation (einfache versus mehrfache Lesbarkeit), die Interferenzen von Schrift und Bild (*text and image* versus icontext) und die Aufhebung der literarischen Fiktionalitätsdebatte in einer umfassenderen Diskussion über Zeichen und Zeichenverwendung im Mittelalter. Hier kann keine Gesamtdarstellung der aktuellen Topographie der Forschung versucht,[32] aber es sollen doch einige der Forschungsschwerpunkte benannt werden, die uns dazu führen, die üblichen Fachgrenzen zu überschreiten und die bisherige Fachsystematik zu relativieren. Die folgenden Überlegungen zum Stand der mediävistischen Forschungsdiskussion konzentrieren sich auf den Begriff der Medialität im Zusammenhang mit (1) ‹Aufführung und Schrift›, (2) der ‹Materialität› der Kommunikation und (3) dem Verhältnis von ‹Text, Bild und Zahl› im Mittelalter.

1. In Festen und Ritualen, in körpergebundenen Choreographien und ihren Zeichenwelten, organisierten oral dominierte Gesellschaften ‹Aufführungen›, in denen sie sich selbst in überhöhter Form wahrnehmen konnten. Ein komplexes Bild dieser Aufführungskultur des Mittelalters entwirft der Historiker Gert Althoff, der «Rituale und ihre Spielregeln» anhand von historischen Quellen rekonstruiert und de-

ren gemeinschaftsstiftende und stabilisierende Funktion in der Repräsentationskultur der höfischen Gesellschaft darstellt: «Was man durch Zeichen und Verhalten veröffentlichte, waren fundamental wichtige Botschaften: Aussagen über den eigenen Rang, das Verhältnis zum Gegenüber, die Bereitschaft zum Frieden oder zum Konflikt und vieles andere mehr.»[33] Im Ensemble aller Sinne sind für die Formen öffentlicher Selbstdarstellung Hören und Sehen vorrangig, dementsprechend erweist sich der Zusammenhang von Bild und Sprache für das Weiterwirken der *memoria* als besonders wichtig. Implizit ist dieser Argumentation der bi-mediale Charakter der mittelalterlichen Kommunikationsverhältnisse,[34] die wechselseitige Referenzialität von materieller Schrift und körpergebundenem Wort, die sich nicht alternativ gegenüberstehen, sondern einander bedingen und modifizieren.[35] Die frühe volkssprachliche Literatur, die in eine Kultur der Aufführung eingebettet ist, in der der Körper zum Träger und integrierten Medium des sensorisch erfahrbaren Raumbezugs wird, bildet die Prinzipien einer körpergebundenen Memorialkultur zugleich ab und transzendiert sie. Das Spannungsverhältnis von Memorialkultur und Schriftkultur korrespondiert mit den Transformationsprozessen von Text und Aufführung. Wird ein Text rezipiert, wird er bis ins 15./16. Jahrhundert hinein stimmlich realisiert, im Vortrag ebenso wie in der einsamen Lektüre.[36] Die Assimilation der Schrift an die Kommunikationsprozesse der Oralität manifestiert sich besonders daran, dass der Informationsaspekt vom Beziehungsaspekt nicht getrennt wird: Es geht noch nicht um den Transport von Daten über technische Kanäle, die Schrift erscheint vielmehr als mediale Erweiterung und Fortsetzung von personellen Möglichkeiten, als Garant einer Aura, die das Körperschema des Menschen bewahrt. In den toten Metaphern des Buchwesens hat sich die Bindung an das Körperschema bis in unsere Gegenwart erhalten: Ein Buch ist ein *corpus* mit ‹Kopfzeile› und ‹Fußnoten›, das uns den breiten oder schmalen ‹Rücken› zukehrt, wenn wir es beiseite stellen.

Diese Metaphorik weist darauf zurück, dass die Schrift als Repräsentation der Rede lange nicht abstrakt gedacht wurde. In der Tradition oraler Kulturen gibt es kein Wissen und kein Gedächtnis außerhalb menschlicher Körper. Stets sind es Personen, die sich erinnern, indem sie erzählen und handeln, sind es Personen, die lernen, indem sie andere sehen und hören. Im semioralen Spannungsverhältnis von Mündlichkeit und Schriftlichkeit wird das veräußerlichte Wissen – der schriftlich festgelegte Text – wieder in einen oralen, körperlichen Kommunikationszusammenhang gebracht. Die Exkorporation der Worte und ihre Festlegung im Medium der Schrift wird überwunden durch die Reinkorporation der Worte aus der Schrift und ihre Artikulation im Prozess der Lektüre. Bei Richart de Fournival (gest. 1260) heißt es, «ke toute escripture si est faite pour parole monstrer et pour che ke on le lise; et quant on le list, si revient elle a nature de parole» (‹dass alle Schrift gemacht ist, um die Worte darzustellen und um sie zu lesen; und wenn man sie liest, erhalten sie die natürliche Form des Wortes zurück›).[37] Wer liest, wer Gutes liest natürlich, der spricht mit einem Anderen, der ihm selbst und der Gemeinschaft nützlich ist, und indem er zum Gefäß des Worts wird, das er in sich aufnimmt, verändert er auch seine ‹inneren Sinne›, verändert er sich selbst. Das schließt eine Lektüre der Distanz nicht aus, aber hier ist jene andere Möglichkeit zu betonen, die im Mittelalter sehr viel selbstverständlicher erscheint als in der Literaturgesellschaft der Neuzeit: die Inkarnation des Wortes, die den Text und seinen Leser gleichzeitig bewegt.

Es wird immer deutlicher erkennbar, dass mittelalterliche Texte durch ihre doppelte Lesbarkeit *(twofold reception)*[38] charakterisiert sind, durch ihre gedächtnisförmige Organisation für Hörer, die in den Traditionen der Memorialkultur stehen, und für kompetente Leser, die dem Schriftbild auch noch andere, komplexere Informationen entnehmen können (Seiteneinteilung, Initialen, Akrosticha, innertextliche Verweisstrukturen etc.). Hier haben wir ein erstes Arbeitsfeld, das uns auch zukünftig bleiben wird: Memorialkultur und Schriftkultur und ihre Interferenzen im internationalen Vergleich.

2. Zu den formalen Eigenheiten, die vokale und schriftliche poetische Texte in dem bi-medialen Spannungsverhältnis von Mündlichkeit und Schriftlichkeit verbinden, das bis zu Gutenberg selbst dominiert, gehört ihre Unfestigkeit im Prozess einer Überlieferung, die uns mit einer Fülle von Varianten, Langfassungen, Kurzfassungen und Fortsetzungen konfrontiert. Auf der Grundlage einer empirischen Überprüfung der handschriftlichen Überlieferung spricht Bumke speziell für

das 13. Jahrhundert von der ‹Beweglichkeit› der volkssprachlichen Texte, womit er sich an die Terminologie von Paul Zumthor *(mouvance)*[39] und Bernard Cerquiglini *(variance)*[40] anlehnt:

Tatsächlich müssen wir für die mittelalterliche Literatur, insbesondere für die volkssprachliche, von einem anderen Textbegriff ausgehen als für die Neuzeit. Wir müssen mit unfesten, beweglichen Texten rechnen, die sich verändern können, ohne daß die Veränderungen als Störungen zu begreifen wären. Mittelalterliche Texte sind nicht zuerst fixiert und dann nachträglich verändert worden, sondern der ‹Text› ist von Anfang an eine veränderliche Größe.[41]

Diese Einsicht erweist sich als folgenreich für die traditionelle Textkritik, weil daraus die Aufwertung zahlreicher Handschriftenfassungen folgt, die als Zeugnis ihrer spezifischen Aufführung eine neue Dignität gewinnen.[42] Als Folge dieser Diskussion werden Original und Archetypus ebenso in Frage gestellt wie der Begriff des Autors und der feste Autortext, der traditionelle Literaturbegriff und die feste Interpretation.[43] Gleichzeitig ist aber auch eine verstärkte Zuwendung zu den Handschriften selbst gefordert und eine hohe philologische Kompetenz bei ihrer Auswertung und Deutung. Hier haben wir ein zweites Arbeitsfeld, das sich aus der Aufwertung des Überlieferungsprozesses gegenüber der Rekonstruktion des Originals ergibt: Die Archive von Handschriften und frühen Drucken fordern eine verstärkte Aufmerksamkeit.

3. Die vermehrte Zuwendung zur Materialität der Handschriften hat vor allem das Text-Bild-Verhältnis stärker in das Licht der Aufmerksamkeit gerückt. Aus der inneren Dynamik der Forschung im Übergang zu einem ikonisch bestimmten Zeitalter resultiert die zunehmende Öffnung der Fächergrenzen zwischen Literaturgeschichte und Kunstgeschichte,[44] die auch in der Mediävistik eine zentrale Rolle spielt. Die Zuordnung der Handschriftenminiaturen in die Zuständigkeit der Kunsthistoriker, der Texte zu den Literarhistorikern, die die Arbeit an den bebilderten Handschriften lange Zeit verzerrt hat, beginnt sich zugunsten einer ganzheitlichen Wahrnehmung der Quellen in den beiden Fächern, die auch in Theologie und Geschichtswissenschaft beobachtbar ist, zu verschieben.[45] Hier wie dort setzt sich die Einsicht durch, dass die Narrativik der Bilder mit der Bildhaftigkeit der Literatur korrespondiert.

Die Deixis im Sinne einer *demonstratio ad oculos* ist eine Grundfunktion gesprochener und geschriebener Sprache.[46] Wie sich das gesprochene oder gesungene Wort mit inneren und äußeren Bildern verbindet, so tendiert das geschriebene Wort zu Visualisierungsstrategien, zu Techniken der Beobachtung unter Verwendung ikonischer und sprachlicher Zeichen. So entspricht dem visuellen Erscheinen des Sprechers oder Sängers, der seine Worte vorträgt oder vorsingt, die Verbindung von handschriftlichen Texten mit Autorenbildern, die den Zusammenhang von Hören und Sehen, von Stimme und Körper zeichenhaft in Wort und Bild vergegenwärtigen. Miniaturen (extramental) und sprachlich vermittelte Schaubilder (intramental) verbinden sich in mittelalterlichen Handschriften auf eine höchst komplexe Weise zu Ikonotexten *(icontexts)*, die im umfassenderen Rahmen einer Poetik der Visualität noch weitgehend zu erschließen wären. Fragen nach dem mittelalterlichen Bildbegriff (innere und äußere Bilder), nach der literarischen Kunstbeschreibung (Ekphrasis) und des kinästhetischen Lesens *(pré-cinéma)* spielen dabei eine ähnliche Rolle wie die nach den Inschriften und Titeln von Miniaturen oder Miniaturenfolgen, Einzelbildern und Freskenzyklen (Ikonizität der Schrift).

Im Verbund mit der musikalischen Zeichenrevolution des Guido von Arezzo (um 1000) und der mathematischen des Leonardo Fibonacci aus Pisa (13. Jahrhundert) eröffnet die medial vermittelte Audiovisualität des Mittelalters eine mediengeschichtliche Perspektive auf die Textproduktion der Gutenberg-Ära: Die Bücher der Neuzeit schreiben nicht nur die überlieferten Texte weiter, sondern gehen technologisch Kopplungen mit Zeichnungen, Landkarten, Plänen und schließlich Schaltplänen ein. Dieser ‹alphanumerische Verbund›, so Friedrich Kittler, habe es langfristig vermocht, «sein eigenes Medium zu überschreiten und unsere Kultur aus der Gutenberggalaxis herauszuschleudern»[47]. Die Turingmaschine, das grundlegende Prinzip der Computerschaltung, ersetzt Gutenbergs Druckerpresse: Ziffern für Buchstaben, Ziffern für Zahlen, Ziffern für Noten und schließlich auch und gerade für Befehle. Mit dieser Einebnung «aller vormals unterschiedenen Codesysteme hat die Hochtechnologie von heute eine lange Geschichte vollendet und beendet»[48].

Methodologisch ist jedoch die Kommunikationsgeschichte nicht primär als Reflex der Sozialgeschichte oder der Technikgeschichte zu deuten, sondern muss auch und gerade im Mittelalter nach den Phantasien und den imaginativen Vorformen von medialen Entwicklungen fragen, die in Worten und Bildern aufscheinen, bevor sie ihre materielle Entsprechung finden. So hat es Hartmut Winkler vorgeschlagen:

> Die grundlegende Annahme ist, daß die Dynamik der Medienentwicklung in bestimmten Wunschstrukturen ihre Ursache hat und daß die Mediengeschichte beschreibbare Sets impliziter Utopien verfolgt. Dabei wird zunächst offenbleiben müssen, ob dies die Wünsche der an den Prozessen konkret Beteiligten sind, ob sie deren Bewußtsein erreichen können, oder ob sie überhaupt einen menschlichen Träger verlangen; der Begriff des ‹Wunsches› meint insofern eher die Systemspannung selbst als ihre subjektive Vergegenwärtigung.[49]

Im Folgenden soll die Ergiebigkeit der Frage nach medialen Umbrüchen am Beispiel von Boten und Botschaften skizziert werden. Die Autorität des abwesenden Sprechers oder Auftraggebers wird durch Boten, Briefe oder Texte repräsentiert, körperlich-stimmlich und zeichenhaft vergegenwärtigt. Boten und Botschaften überbrücken Raum und Zeit, wobei die körpergebundene Stimme und die schriftgebundene Nachrichtenübertragung sich wechselseitig ergänzen.

Boten und Briefe

Vor der Verwendung von Handschriften konnte die Verbindlichkeit von sprachlichen Aussagen nur durch die interaktive Anerkennung eines Sprechers garantiert werden. Die Nachhaltigkeit, die für die Memorierbarkeit einer Aussage erforderlich war, resultierte aus der Verbindung des Worts mit symbolischen Handlungen und Körperzeichen. Um eine Erzählung glaubwürdig zu machen, war die Reputation des Erzählers wichtig und in der unmittelbaren Begegnung mit seinem Auditorium zu bestätigen. Dokumente nehmen der Zeugenschaft durch Hören und Sehen ihre primäre Bedeutung, weil sie selbst gehört und gesehen werden können. An der Verschriftlichung des Eides lässt sich die Verlagerung von der rituellen Sicherung des rechtsetzenden Wortes in die rechtskräftige Urkunde beispielhaft verfolgen.[50]

Charakteristisch für die Sicherung des Eides ist das Zusammenwirken von Worten, Gebärden und Memorialzeichen. Während des Schwurs legte der Schwörende seine Hand auf ein sakrales Symbol, auf einen Klumpen Erde oder auf sein Schwert, legte er die Schwurfinger an seinen Bart oder an seine Hoden, die Frauen legten eine Hand auf ihre Brust, auf ihre Haarflechten oder ihren Bauch. Damit wurde die Integrität des eigenen Körpers und die spezifische Potenz der schwörenden Personen eingebunden in die Sicherung der Eidformel. Das Ablegen eines Eides machte das Wort sichtbar – nicht auf dem Papier, sondern am lebendigen Leib der agierenden Personen. Der öffentliche Charakter dieses Eides machte das Forum der Anwesenden zu Zeugen und Garanten der Eidesleistung. Das gilt ähnlich für die Sicherung der Kommunikation im Bereich des kirchlichen und des höfischen Lebens. Grundsätzlich lässt sich deshalb sagen, dass im Wirkungsbereich der Mündlichkeit das Erzählen am Körper dominiert, körpergebundene Darstellung und Autorität nicht zu trennen sind.

Als im frühen Mittelalter der Prozess der Verschriftlichung einsetzte, der im späten Mittelalter weite Teile des Rechtswesens und des literarischen Lebens dominierte, wurden zwar die auf der Mündlichkeit beruhenden Beziehungen nicht ausgelöscht,[51] aber zwischen den beiden Realisierungsmöglichkeiten kommen Spannungen auf; das textuelle Element herrscht in der schriftlichen Botschaft vor, das soziokorporelle in der mündlichen. Der mündlich produzierte Text stemmt sich in dem Maß, in dem er sich einer körpergetragenen Stimme verdankt, mehr als der geschriebene Text gegen jede Wahrnehmung, die ihn aus seiner sozialen Funktion, seinem Ort in einer realen Gemeinschaft, aus der Tradition, auf die er sich vielleicht beruft, und aus den Umständen, unter denen er gehört wird, lösen möchte.[52]

Diese Konkurrenz von körpergebundener und schriftgebundener Sprache manifestiert sich im Für und Wider der zeitgenössischen Diskussion. So berichtet Clanchy von Auseinandersetzungen darüber, ob einer beschriebenen Schafshaut oder einem menschlichen Zeugen mehr zu trauen sei.[53] Lebende Zeugen waren glaubhafter als Texte, weil sie angegriffen werden konnten, ihre Argumente auf die Probe stellen und verteidigen mussten. Petrus Venerabilis (gest. 1156) dagegen betont gegenüber Bernhard von Clairvaux (gest. 1153), dass der geschriebene Text ein höheres Maß an Verlässlichkeit besitze als mündlich übermittelte Nachrichten: Pergamente könnten die ihnen anvertrauten Botschaften nicht mehr verändern; die Zunge der Redenden hingegen sei nicht an die Schrift gebunden und habe deshalb die irritierende Möglichkeit, durch Hinzufügen und Weglassen von Wörtern und Sätzen die Wahrheit einer Aussage abzuwandeln.[54] Im *Schwabenspiegel* (um 1280) klingt die gleiche Kontroverse nach, aber sie ist dort entschieden zugunsten des neuen Mediums: «Wir sprechen, daz brieve bezer sint danne geziuge. Wan geziuge die sterbent: sô belîbent die brieve immer staete.»[55] (‹Wir sagen, dass Briefe zuverlässiger sind als Zeugen. Denn Zeugen, die sterben: Die Briefe aber überdauern.›)

Wir müssen uns den ‹Übergang› von der Mündlichkeit zur Schriftlichkeit demnach als einen komplexen Prozess der wechselseitigen Modifikation vorstellen: Die Schrift wird auf vielfältige Weise in die traditionellen, mündlich dominierten und magisch-rituell gesicherten Lebenszusammenhänge integriert.[56] Das Buch gilt im Anschluss an das alte Medium als Gefäß oder als Körper einer Stimme und gewinnt seinen Vorrang dadurch, dass es dem biologischen Ablauf der Zeit enthoben ist. Dennoch benötigt die Schrift für lange Zeit einen persönlichen Vermittler.

Denn das Gespräch verläuft in Bahnen, in denen «fortschreitend neue Bestimmtheit artikuliert»[57] wird, indem die Teilnehmer im Fortgang des Sprechens direkt an das Vorhergesagte anschließen und somit gemeinsam den Verlauf und den Inhalt des Gesprächs bestimmen. In den einfachsten Formen der Fernkommunikation rücken Hörer und Sprecher auseinander. Die Distanz von Raum und Zeit verbietet eine Kommunikation von Angesicht zu Angesicht, und deshalb müssen Mechanismen entwickelt werden, welche die Leerstelle zwischen Sprecher und Hörer füllen. Das erscheint deshalb so problematisch, weil die Verständigung im Raum der wechselseitigen Wahrnehmung nicht auf den Austausch von Worten reduziert ist, sondern auf der Einbeziehung aller Sinne beruht. Der Einsatz eines Boten oder Botschafters löst dieses Problem, weil er mit seinem eigenen Körper die Stimme seines Herrn überträgt und zugleich dessen Status darstellt. Der abwesende Sprecher teilt sich über die Sprache und über den Körper eines Boten mit. Deshalb sind die Boten im Mittelalter vielfach aus der unmittelbaren Nähe, aus den vertrauten Mitgliedern der herrscherlichen *familia* gewählt.

Der Botenbericht ist grundsätzlich charakterisiert durch zwei Sprechsituationen, in denen der Bote zwei unterschiedliche Rollen einnimmt: In der ersten Sprechsituation, in der er die Information des Senders erhält, fungiert der Bote als Hörer, während er in der zweiten Sprechsituation, in der er die Information weitergibt, die Rolle des Sprechers übernimmt. Die Botschaft bleibt an einen lebendigen Träger gebunden, der dafür sorgt, dass sich der «propositionale Gehalt der Sprechhandlung»[58] sowie die «illokutive Qualität» der primären und der sekundären Sprechsituation entsprechen. Mit anderen Worten: Der Bote, der die Speicherung und Reaktualisierung der Sprechhandlung vornimmt, repäsentiert den abwesenden Sprecher, und er gewährleistet damit einen Akt der Einordnung *(reframing)*, der der Kommunikation im Raum der wechselseitigen Wahrnehmung entspricht. Darum kann es nicht verwundern, dass der Botenkörper mit der Botschaft so identifiziert wird, dass der Überbringer einer schlechten Nachricht dafür bestraft, der Überbringer einer guten Nachricht fürstlich belohnt werden kann. Der Komplexität der Vermittlungssituation entspricht jedoch ihre Störanfälligkeit. Der Bote wird nicht nur mit einer Botschaft ausgestattet, er bekommt auch noch Verhaltensregeln, die den Übertragungsweg der Botschaft und ihre Aufnahme sichern sollen. Er soll verschwiegen sein, den direkten Weg zu seinem Zielort wählen und sich nicht durch Geld oder durch guten Wein verführen lassen.[59]

Der Prozess der körperlichen Repräsentation kann den originalen Sprecher also nicht ersetzen, denn die unmittelbare Präsenz des Repräsentanten steht zwar für das, was er repräsentiert, aber zugleich immer für sich selbst. Christopher Collins hat am Beispiel des mündlichen Botenberichtes darauf verwiesen:

> But this re-presentation process can never actually reinstate the original speaker; moreover, the messenger necessarily occludes that speaker by interposing his own presence and by his unavoidably interpreting the message in the act of re-presenting it. The message itself is revised by the fact that this is an orally transmitted text that depends on its memorability and on the mnemonic skills of the messenger.[60]

Die mit der Übermittlung einer Nachricht einhergehende Transformation einer Sprechsituation in eine andere verlangt bereits nach einem Bewusstsein, welches Kommunikation nicht mehr im Sinne einer gegenwärtigen und damit unmittelbaren Gesprächssituation deutet, sondern den intentionalen Gehalt einer Sprechhandlung versteht.

Insofern ist das Gesprächsmodell, das die Figur des Boten ganz auf seine Funktion als Medium reduziert, gegenüber der tatsächlichen Komplexität der Situation einerseits selektiv, anderseits erkennbar überhöht. Wenn sich der Bote gegenüber seinem Herrn verselbständigt, wenn er eigenmächtig handelt oder seine eigene Erscheinung sich vor das Bild des Herren schiebt, ist der intendierte Dialog gefährdet. Das Gesprächsmodell, wonach der Bote ausschließlich das Medium eines fernwirkenden Dialoges ist, erweist sich so als ein Ideal von hohem Anspruch. Es weist bereits voraus auf das vermeintliche ‹Gespräch› zwischen Autor und Leser, das den komplexen Vorgang der Textherstellung und -vermittlung auf ein Dialog-Modell reduziert, das die tatsächliche Komplexität der Literaturverhältnisse im Mittelalter selektiv vereinfacht und zugleich anschaulich überhöht. Das gilt in verstärktem Maß für die Textherstellung und -vermittlung unter den Bedingungen des Buchdrucks. Die hochkomplexe Kette der Vermittlungsprozesse wird bis heute als Gespräch zwischen Autor und Leser imaginiert.

Bei der schriftlichen Nachrichtenübermittlung tritt der ‹sprechende› Brief an die Stelle des Boten, die metonymische Repräsentation des Schreibers in der Schrift konkurriert jedoch noch lange mit der unmittelbaren Präsenz des Botenkörpers, weil der Bote vielfach ein Mitspracherecht über die Vermittlung und Darstellung der schriftlichen Botschaft besitzt. Ein schönes Beispiel dafür ist die Szene aus dem *Parzival* Wolframs von Eschenbach, in der die Königin am Artushof einen Brief entgegennimmt, den ihr Gawan übersandt hat: «einen brief si nam ûz sîner hant,/ dar an si geschriben vant/ schrift, die si bekante/ ê sînen hêrren nante/ der knappe den si knien dâ sach.» (‹Sie nahm aus seiner Hand einen Brief entgegen und sah darauf eine bekannte Schrift, noch ehe der vor ihr kniende Knappe den Namen seines Herrn erwähnt hatte.› Parz. 644, 27–30).

Ginover erkennt die Authentizität der Botschaft an dem Charakter von Gawans Handschrift. Als ihr das Schreiben überbracht wird, liest die Königin also nicht primär, was die Schriftzeichen ihr übermitteln. Das erste Erkennen findet über die schriftliche Physiognomie des Briefs statt, da eine metonymische Beziehung zwischen Hand und Schrift zum Schreiber selbst zurückführt: «[T]he recipient of the letter treats the document as an extension of its author, conflating the script and the hand that wrote it.»[61] Vor der Entzifferung der Botschaft gilt die Aufmerksamkeit somit jener Spur, die die Körperbewegung des Schreibens in der Schrift der Botschaft hinterlassen hat. Die Handschrift «ist eben nicht nur die Botschaft, sondern die Wiedereinführung der virtuell verschwindenden Leiblichkeit in die kommunikative Situation, die Invasion physischer Spuren in die Sphäre unpersönlich geistigen Sinns: Das Unkörperliche des Schriftsinns wird vom Körper unterminiert.»[62] Derjenige, der den Brief vor Augen hat und der die Schrift erkennt, kann den Brief als ganzheitliche Repräsentation des abwesenden Briefschreibers wahrnehmen. Als Itonje eine Nachricht von Gramoflanz erhält, küsst und drückt sie den Brief, als stünde sie ihrem Geliebten selber gegenüber: «dô wart der brief vil gekust:/ Itonjê dructe in an ir brust.» (Parzival 714,17 f.).[63]

Diese Unmittelbarkeit der Teilhabe zeigt sich allerdings nur in der nichtöffentlichen Aufnahme von Gawans Schreiben durch die Königin Ginover. Für die größere Öffentlichkeit des Hofes erweist sich der Auftritt des Boten mit dem Brief als unverzichtbar, und dieser Auftritt wird besonders eindrucksvoll inszeniert, um die allgemeine Bedeutung von Gawans Schreiben öffentlich einsichtig zu machen. Die Königin gibt dem Knappen die entsprechenden Instruktionen: «Tu mit Worten und Gebärden so, als brenne dir der Boden unter den Füßen, damit sie vor Neugier kaum erwarten können, deine Botschaft zu erfahren. Dränge dich ohne Scheu durch die Menge, bis du vor dem Herrscher stehst, der dich nicht zurückweisen wird. In seine Hand lege den Brief, aus dem er rasch deine Botschaft und den Wunsch deines Herrn erfährt. Er wird ihn gern erfüllen» (Parzival 647, 6–9). Autoritätskonstitution bedarf der situativen Rahmung, verlangt nach einer textübergreifenden Kommunikationssituation, die die politische Bedeutung des Briefschreibers und seine öffentliche Geltung angemessen zu demonstrieren vermag. Erst was dem ‹ganzen Hof› dargeboten wird, gewinnt öffentliche Relevanz, deshalb ist die Anwesenheit des *volces* für den Vortrag von Gawans Botschaft ebenso wichtig wie die Präsenz des Königs und der Königin.

An diesem Ablauf zeigt sich, dass die nichtöffentliche und die öffentliche Sphäre unterschiedliche Rezeptionssituationen bieten und dass für die öffentliche Akzeptanz der schriftlichen Botschaft die nichtöffentliche Vorbereitung des höfischen Zeremoniells von zentraler Bedeutung ist. Das Defizit der Schrift, die als körperlose Sprache auf das Pergament gesetzt ist, wird im Raum der öffentlichen Herrschaftsdarstellung dadurch kompensiert, dass die Schrift auf eine Stimme übertragen und als körpergebundener Vortrag in die Zeremonien des Hofes integriert wird. Dieses Ineinandergreifen von schriftlicher und mündlicher Nachrichtenübermittlung macht erkennbar, dass sich die Schrift der körpergebundenen Nachrichtenübermittlung nicht alternativ entgegensetzt. Die Überblendung des Gesprächsmodells auf die schriftliche Kommunikation macht einsichtig, wie sehr das neue Medium sich in den Kategorien des alten Mediums definiert.

Martin Luther: Brief und Druck

Selbst eine beträchtliche Unschärfe in Rechnung gestellt, steht es ganz außer Frage, dass die Druckschrift im späten 15. und frühen 16. Jahrhundert, gemessen an der Handschriftenkultur des späten 14. und frühen 15. Jahrhunderts, zu einem massenhaft verbreiteten Medium geworden ist. Luthers Flugschrift *An den christlichen Adel deutscher Nation*, mit einer ersten Auflage von viertausend Exemplaren am 18. August 1520 erschienen, war in fünf Tagen vergriffen und erlebte 14 hochdeutsche sowie eine niederdeutsche, insgesamt also 15 Auflagen. Von Luthers Neuem Testament erschienen in kurzer Zeit mehr als hunderttausend Exemplare, und selbst die Luther'sche Vollbibel wurde zwischen 1534 und 1626 84-mal aufgelegt. Nicht nur die Kirche, die Gelehrten, die Stadtbürger, Handwerker und Kaufleute, auch der gemeine Mann auf dem flachen Land war von der neuen Technologie umgeben. Dennoch setzt das neue Medium sich nicht vollständig ab von der vorausgehenden Memorialkultur. Die ‹leibliche› Stellvertreterfunktion des Briefs überdauert das hohe Mittelalter und findet sich so auch bei Luther, der 1531 an seine erkrankte Mutter schreibt: «Ich hab die

Schrift meines Bruders Jacobs von Euer Krankheit empfangen, und ist mir ja herzlich leid, sonderlich daß ich nicht kann leiblich bei Euch sein, wie ich wohl gern wäre; aber doch erscheine ich hie mit dieser Schrift leiblich.»[64]

Boten und Botschaften, der Bote als leibhaftiger und lebender Nachrichtenträger, die Botschaft als schriftgebundene Rede (als Schrift-*corpus*),[65] stehen lange nahe beieinander. In diesem Sinn spricht auch Luther in der beginnenden Ära Gutenbergs noch immer von ‹lebendigen Briefen›. Er schreibt an Nicolaus von Amsdorf am 12. Juni 1525: «Ich glaube, lieber Amsdorf, daß dir alles bekannt ist, was der Satan durch die Bauern in Franken vollbringt. Außerdem wird dieser Dein Heinrich als ein lebendiger Brief besser erzählen, was er hier gehört hat.»[66] Luther sieht den Boten aus der Perspektive der Schrift als lebendigen Brief und betont die Reichhaltigkeit (die Fülle) seiner Wahrnehmung gegenüber dem toten Schriftstück. Die Interaktion mit dem Boten bewahrt den Reichtum der Beziehungsaspekte, die das Gespräch auszeichnen, das ganze Spektrum nonverbaler Kommunikation.

Zu Zeiten Luthers gibt es neben den persönlichen Boten jedoch zunehmend bedienstete Nachrichtenträger, werden Briefe schon in Briefbehältern transportiert, die das Botenproblem auf ein Transportproblem reduzieren. Ein Zeugnis dafür ist das Schreiben Luthers an Agricola am 11. Mai 1526: «Siehe, als ich schon den Brief dem Träger übergeben wollte und das kleine Gefäß suchte, hatte meine Käthe, diese Hinterhältige, es weggeschafft.»[67] Der Bote gilt hier nur als Träger, als Gefäß eines Gefäßes und nicht als körperliche Fassung eines fremden Geistes. Für Luther ist der Bote ein Container, der leer, aber doch besser gefüllt auf den Weg geschickt werden soll.

In der *face-to-face*-Kommunikation des Dialogs bleiben Stimme und Gedächtnis an den Körper gebunden, in den Archiven von Schriftgesellschaften wird eine Akkumulation von unterschiedlichen Wissensbeständen möglich, die zur Erweiterung und Korrektur persönlicher Gedächtnisleistungen herangezogen werden kann. Der Dialog verläuft als Fernkommunikation über ‹stumme Boten› (also Briefe) oder ‹lebendige Briefe› (also Boten) – Boten, die als leere oder gefüllte Container unterwegs sind, als Träger von sprechenden Briefen, mit öffentlichen und nichtöffentlichen Botschaften.

Diese hochkomplexe Kommunikationssituation verbindet sich mit der neuen Kunst des Buchdrucks. Luther nutzt das junge Medium im Wissen um seine besonderen Möglichkeiten und fühlt sich zugleich davon abhängig. Zu Johann von Staupitz äußert er am 3. Oktober 1519: «Der Psalter macht Fortschritte, nur werde ich durch den langsamen Drucker aufgehalten.»[68] An Georg Spalatin schreibt er am 11. Februar 1525: «Erasmus wird geantwortet, sobald ein wenig Zeit dazu ist. Denn ich muß das 5. Buch Mose fertigstellen, damit die Drucker keinen Schaden haben.»[69] Ähnlich äußert er sich gegenüber Spalatin auch in einem Schreiben von der Wartburg am 15. August 1521: «Der Drucker Johannes ist ein ‹Hans im alten Schlendrian›. [...] Was scheint denn ein solcher Drucker zu denken als: Mir genügt es, daß ich Geld mache: die Leser mögen sehen, was und wie sie lesen.»[70] Luther muss diesen Schlendrian, die Dominanz des Ökonomischen gegenüber der Prägnanz des Worts, als besonders belastend erfahren, weil er seine Verwendung des Buchdrucks als göttlichen Auftrag versteht: «*Chalcographia est summum et postremum donum* [*Dei*], durch welche Gott die Sache [des Evangeliums] treibet. Es ist die letzte flamme vor dem ausleschen der welt; sie ist Gott lob am ende.»[71]

Das Buch ersetzt die inspirierte Stimme; der Buchdruck erscheint Luther deshalb 1532 als ein zweites Pfingstwunder, als Medium zur Ausbreitung des Heiligen Geistes. Seine Flamme wird die ganze Welt erfüllen. Wenige Jahre später (1539) äußert er sich sehr viel skeptischer, weil er befürchtet, dass das reine Gotteswort unter der Fülle der gedruckten Bücher verschüttet und begraben werde.[72]

Der Druck führt der vertrauten Kommunikation unter Anwesenden immer neue Gegenstände zu und weckt damit auch neue Bedürfnisse des Austauschs und der wechselseitigen Verständigung, die sich im Reden und im Schreiben äußern. Die prinzipielle Erreichbarkeit aller durch den Druck verbindet sich mit der allgemeinen Erwartung, den Autor von gedruckten Briefen so privat ansprechen zu können wie den Verfasser eines handschriftlichen Schreibens. Da man selbst nicht drucken kann, antwortet man dem Autor einer Druckschrift mit einem eigenhändig abgefassten Brief. Wer seine Schreiben drucken lässt, muss deshalb damit rechnen, dass sich sein handschriftlicher Briefwechsel ins Uferlose ausweitet. So wird das neue Medium zwar umfassend wirksam, aber gleichzeitig das alte Medium neu mobilisiert. Die Weimarer Ausgabe von Luthers Briefen umfasst 14 Bände. Rund 3500 Briefe zeugen von dem Umfang seiner vielfältigen Korrespondenz, die ihm einen immensen Zeitaufwand abverlangte. Am 26. Oktober 1516 schreibt er an Johann Lang: «Ich tue den ganzen Tag beinahe nichts weiter als Briefe schreiben [...] die Arbeit des Briefschreibens nimmt den größten Teil meiner Zeit in Anspruch.»[73] Dem entspricht ein Brief an Spalatin vom 15. Mai 1522: «Ich werde fast durch das Lesen von Briefen erdrückt; wieviel Zeit meinst Du wohl, verliere ich mit ihrer Beantwortung?»[74] Die Geduld, die Luther sich mit dieser Aufgabe abverlangt, fordert er dementsprechend auch von seinen Briefpartnern. An Wenzeslaus Link am 20. Juni 1529: «Du beklagst Dich im letzten Brief, daß ich Dir auf Deine Fragen nicht geantwortet habe. Wundere Dich nicht darüber; wenn Du Antwort haben willst, mußt Du nochmals schreiben und mahnen. Denn ich werde täglich so mit Briefen überschüttet, daß Tische, Bänke, Schemel, Pulte, Fenster, Kästen, Borde und alles voller Briefe liegt.»[75]

Die alte und die neue Technologie stehen sich nicht als Alternative gegenüber, sondern in einem Verhältnis der wechselseitigen Modifikation. Es gibt eine breite, öffentliche und nichtöffentliche Diskussion über den Druck, aber über ihre eigene Situation reflektieren die Autoren viel mehr in den Kategorien der alten Medien, im Rückbezug auf die körpergebundene Rede, auf das Verhältnis von Reden und Schreiben, Vorbild und Abbild, lebendige Briefe und briefliche Boten.

Anmerkungen

1 Raible, Wolfgang. «Vom Text und seinen vielen Vätern oder: Hermeneutik als Korrelat der Schriftkultur». *Schrift und Gedächtnis. Beiträge zur Archäologie der literarischen Kommunikation I.* Hg. v. Aleida Assmann, Jan Assmann u. Christof Hardmeier. München, 1983. 20–23.

2 Wenzel, Horst. «Luthers Briefe im Medienwechsel von der Manuskriptkultur zum Buchdruck». *Audiovisualität vor und nach Gutenberg. Zur Kulturgeschichte der medialen Umbrüche. Schriften des Kunsthistorischen Museums 6.* Hg. v. Horst Wenzel, Wilfried Seipel u. Gotthart Wunberg. Wien, 2001. 185–201.

3 Müller-Funk, Wolfgang u. Hans Ulrich Reck (Hg.). *Inszenierte Imagination. Beiträge zu einer historischen Anthropologie der Medien.* Wien u. New York, 1996; Pfeiffer, K. Ludwig. *Das Mediale und das Imaginäre. Dimensionen kulturanthropologischer Medientheorie.* Frankfurt a. M., 1999.

4 Bolz, Norbert. *Theorie der neuen Medien*. München, 1990; ders. *Am Ende der Gutenberggalaxis. Die neuen Kommunikationsverhältnisse*. München, 1993; ders. *Weltkommunikation*. München, 2000.

5 Bolz, Norbert, Friedrich Kittler u. Georg Christoph Tholen (Hg). *Computer als Medium*. München, 1994; Warnke, Martin, Wolfgang Coy u. Georg Christoph Tholen (Hg). *Geschichte, Theorie und Kontext digitaler Medien*. Basel u. Frankfurt a. M., 1997; vgl. Kittler, Friedrich A. *Aufschreibesysteme 1800/1900*. München, 1985; ders. *Grammophon, Film, Typewriter*. Berlin, 1986.

6 Schmidt, Siegfried J. *Kalte Faszination. Medien. Kultur. Wissenschaft in der Mediengesellschaft*. Göttingen, 2000; ders. «Blickwechsel. Umrisse einer Medienepistemologie». Wenzel, Seipel u. Wunberg (Anm. 2), 261–72.

7 Bolik, Sibylle u. a. (Hg). *Medienfiktionen. Illusion – Inszenierung – Simulation. Festschrift für Helmut Schanze*. Frankfurt a. M. u. a., 1999; Spangenberg, Peter Michael. «Hybride Gestaltbildung. Körperbilder und Körpererfahrungen in virtuellen, interaktiven Umgebungen». Wenzel, Seipel u. Wunberg (Anm. 2), 241–49.

8 Stanitzek, Georg u. Wilhelm Voßkamp (Hg.). *Schnittstelle. Medien und kulturelle Kommunikation* (Mediologie 1). Köln, 2001; Jäger, Ludwig. «Sprache als Medium». Wenzel, Seipel u. Wunberg (Anm. 2), 19–42.

9 Winkler, Hartmut. *Docuverse. Zur Medientheorie der Computer*. Regensburg, 1997.

10 Vgl. Wenzel, Horst. «Kulturwissenschaft als Medienwissenschaft. Vom Anfang und vom Ende der Gutenberg-Galaxis». *Kulturwissenschaften. Positionen und Perspektiven*. Hg. v. Johannes Anderegg u. Edith Anna Kunz. Bielefeld, 1999. 135–54.

11 Merten, Klaus, Siegfried J. Schmidt u. Siegfried Weischenberg (Hg.). *Die Wirklichkeit der Medien. Eine Einführung in die Kommunikationswissenschaft*. Opladen, 1994; Leonhard, J.-F. u. a. (Hg.). *Medienwissenschaft. Ein Handbuch zur Entwicklung der Medien und Kommunikationsformen*. Berlin u. New York, 1999.

12 McLuhan, Marshall. *Die Gutenberg-Galaxis. Das Ende des Buchzeitalters*. Düsseldorf u. Wien, 1968, 15; ders. *Die magischen Kanäle*. Düsseldorf u. Wien, 1968.

13 McLuhan. *Gutenberg-Galaxis* (Anm. 12), 47.

14 Birkert, Sven. *The Gutenberg Elegies. The Fate of Reading in an Electronic Age*. New York, 1994.

15 McLuhan. *Gutenberg-Galaxis* (Anm. 12), 48.

16 McLuhan. *Gutenberg-Galaxis* (Anm. 12), 150.

17 Leroi-Gourhan, André. *Hand und Wort. Die Evolution von Technik, Sprache und Kunst*. Frankfurt a. M., 1980.

18 Leroi-Gourhan (Anm. 17), 321 ff.

19 Vgl. jedoch Wiener, Norbert. *Kybernetik. Regelung und Nachrichtenübertragung in Lebewesen und Maschine*. Wien, 1963; ders. *Mensch und Menschmaschine. Kybernetik und Gesellschaft*. Frankfurt a. M. u. Bonn, 1964; Kittler, Friedrich. *Buchstaben – Zahlen – Codes*. Wenzel, Seipel u. Wunberg (Anm. 2), 43–49.

20 Ong, Walter J. *Oralität und Literalität. Die Technologisierung des Wortes*. Opladen, 1987. 42.

21 Luhmann, Niklas. «Das Problem der Epochenbildung und die Evolutionstheorie». *Epochenschwellen und Epochenstrukturen im Diskurs der Literatur- und Sprachhistorie*. Hg. v. Hans Ulrich Gumbrecht u. Ursula Link-Heer. Frankfurt a. M., 1985. 11–

33, 19; vgl. ders. «Die Form der Schrift». *Schrift.* Hg. v. Hans Ulrich Gumbrecht u. Karl Ludwig Pfeiffer. München, 1993. 349–66.

22 Luhmann (Anm. 21), 21.

23 Mittelstraß, Jürgen. «Leonardo-Welt – Aspekte einer Epochenschwelle». *Kultur und Technik im 21. Jahrhundert.* Hg. v. Gert Kaiser, Dirk Matejovski u. Jutta Fedrowitz. Frankfurt a. M. u. New York, 1993. 16–34, 32.

24 Luhmann, Niklas. *Die Gesellschaft der Gesellschaft.* Frankfurt a. M., 1997.

25 So lesen wir bei Hiebel: «Unter Medien werden hier materielle oder energetische (elektrische, elektronische, opto-elektronische) Träger und Übermittler von Daten bzw. Informationseinheiten verstanden.» Hiebel, Hans H. *Kleine Medienchronik. Von den ersten Schriftzeichen zum Mikrochip.* München, 1997. 8.

26 Kittler (Anm. 5); Gumbrecht, Hans Ulrich u. Karl Ludwig Pfeiffer (Hg.). *Materialität der Kommunikation.* Frankfurt a. M., 1988.

27 Posner, Roland. «Zur Systematik der Beschreibung verbaler und nonverbaler Kommunikation. Semiotik als Propädeutik der Medienanalyse». *Perspektiven auf Sprache. Interdisziplinäre Beiträge zum Gedenken an Hans Hörmann.* Hg. v. Hans-Georg Bosshardt. Berlin u. New York, 1968. 267–313, 293 f.

28 Vgl. dazu die grundlegende medienhistorische Studie: Wandhoff, Haiko. *Der epische Blick. Höfische Literatur und adliges Gedächtnis im Medienumbruch des 12. und 13. Jahrhunderts.* Berlin, 1995; ferner: Faulstich, Werner. *Medien und Öffentlichkeiten im Mittelalter 800–1400.* Göttingen, 1996.

29 Flusser, Vilém. *Kommunikologie.* Hg. v. Stefan Bollmann u. Edith Flusser. Frankfurt a. M., 1998. 53.

30 Eisenstein, Elizabeth. *The Printing Press as an Agent of Change. Communications, and Cultural Transformations in Early Modern Europe 1–2.* Cambridge, 1979; Giesecke, Michael. *Der Buchdruck in der frühen Neuzeit. Eine historische Fallstudie über die Durchsetzung neuer Informations- und Kommunikationstechnologien.* Frankfurt a. M., 1991.

31 Kiening, Christian. «Anthropologische Zugänge zur mittelalterlichen Literatur. Konzepte, Ansichten, Perspektiven». *Forschungen zur Germanistischen Mediävistik. Jahrbuch für Internationale Germanistik* C 5.1. (1996): 11–129.

32 Vgl. Peters, Ursula. «Mittelalterliche Literatur am Hof und im Kloster. Ergebnisse und Perspektiven eines historisch-anthropologischen Verständnisses». *Mittelalterliche Literatur und Kunst im Spannungsfeld von Hof und Kloster. Ergebnisse der Berliner Tagung 9.–11. Oktober 1997.* Hg. v. Nigel F. Palmer u. Hans-Jochen Schiewer. Tübingen, 1999. 167–92; dies. *Text und Kontext. Die Mittelalter-Philologie zwischen Gesellschaftsgeschichte und Kulturanthropologie. Vorträge der Nordrhein-westfälischen Akademie der Wissenschaften G 365.* Wiesbaden, 2000; Paden, William D. *The Future of the Middle Ages. Medieval Literature in the 1990s.* Gainesville, 1994; van Engen, John. *The Past and Future of Medieval Studies.* Notre Dame, London, 1994; vgl. Goetz, Hans-Werner. *Moderne Mediävistik. Stand und Perspektiven der Mittelalterforschung.* Darmstadt, 1999.

33 Althoff, Gert. «Rituale und ihre Spielregeln im Mittelalter». Wenzel, Seipel u. Wunberg (Anm. 2), 51; vgl. ders. *Spielregeln der Politik im Mittelalter. Kommunikation in Frieden und Fehde.* Darmstadt, 1997.

34 «Vorschriftliche und schriftliche Kommunikation», so formuliert Jan-Dirk Müller,

«lösen einander weder ab, noch stehen sie in Opposition; sie stimulieren einander vielmehr, wobei das komplexere Medium – die Schrift – zur Komplexitätssteigerung des weniger komplexen führt, das seine analoge Leistungsfähigkeit in der Ausdifferenzierung der eigenen Zeichenordnungen demonstriert.» Müller, Jan-Dirk. «Ritual, pararituelle Handlungen, Geistliches Spiel. Zum Verhältnis von Schrift und Performanz». Wenzel, Seipel u. Wunberg (Anm. 2), 63–71, 68; vgl. Wenzel, Horst (Hg.). *‹Aufführung› und ‹Schrift› in Mittelalter und früher Neuzeit.* DFG-*Symposium 1994.* Stuttgart u. Weimar, 1996.

35 Zumthor, Paul. *La poésie et la voix dans la civilisation médiévale.* Paris, 1984. 48; vgl. Illich, Ivan. *Im Weinberg des Textes. Als das Schriftbild der Moderne entstand. Ein Kommentar zu Hugos ‹Didascalicon›.* Aus dem Englischen von Ylva Eriksson-Kuchenbuch. Frankfurt a. M., 1991; Wenzel, Horst. *Hören und Sehen – Schrift und Bild. Kultur und Gedächtnis im Mittelalter.* München, 1995; Krämer, Sybille. «Sprache – Stimme – Schrift. Sieben Thesen über Performativität als Medialität». *Paragrana* 7 (1998): 33–58.

36 Vgl. dazu Chartier, Roger u. Guglielmo Cavallo (Hg.). *Die Welt des Lesens. Von der Schriftrolle zum Bildschirm.* Frankfurt a. M., 1999, die die Entwicklung des ‹stummen› Lesens – für den monastischen und scholastischen Bereich – neu bewertet haben.

37 *Li bestiaires d'amour di maistre Richart de Fornival e li response du bestiaire. A cura di Cesare Segre.* Documenti di Filologia 2. Milano, Napoli, 1957. 6 f.

38 Green, Dennis H. *Medieval Listening and Reading. The Primary Reception for German Literature 800–1300.* Cambridge, 1994.

39 Zumthor, Paul. «Orale Dichtung. Raum, Periodisierungsprobleme». *Epochenschwellen und Epochenstrukturen im Diskurs der Literatur- und Sprachhistorie.* Hg. v. Hans Ulrich Gumbrecht u. Ursula Link-Heer. Frankfurt a. M., 1985. 359–75; vgl. ders. «Intertextualité et mouvance». *Littérature* 41 (1981): 8–16.

40 Cerquiglini, Bernard. *Éloge de la variante. Histoire critique de la philologie.* Paris, 1989.

41 Bumke, Joachim. «Der unfeste Text. Überlegungen zur Überlieferungsgeschichte und Textkritik der höfischen Epik im 13. Jahrhundert». Müller (Anm. 34), 118–29, 125; Strohschneider, Peter. *Alternatives Erzählen. Interpretationen zu ‹Tristan›- und ‹Willehalm›-Fortsetzungen als Untersuchungen zur Geschichte und Theorie des höfischen Romans.* Habil (masch.). München, 1991.

42 Stackmann, Karl. «Neue Philologie?» *Modernes Mittelalter. Neue Bilder einer populären Epoche.* Hg. v. Joachim Heinzle. Frankfurt a. M. u. Leipzig, 1994. 398–427.

43 Exemplarisch Bumke, Joachim. *Die vier Fassungen der ‹Nibelungenklage›. Untersuchungen zur Überlieferungsgeschichte und Textkritik der höfischen Epik im 13. Jahrhundert.* Berlin u. New York, 1996; dazu Schröder, Werner. «Bumke contra Lachmann oder: wie die ‹Neue Philologie› die mittelhochdeutschen Dichter enteignet». *Mittellateinisches Jahrbuch* 33 (1998): 171–83.

44 Zur ‹Wiederkehr der Bilder› vgl. Böhm, Gottfried (Hg.). *Was ist ein Bild?* München, 1995; Belting, Hans. *Bild und Kult. Eine Geschichte des Bildes vor dem Zeitalter der Kunst.* München, 1990.

45 Literatur in Wenzel, Horst. «Die Beweglichkeit der Bilder. Zur Relation von Text und Bild in den illuminierten Handschriften des ‹Welschen Gastes›». *Zeitschrift für deutsche Philologie* 116 (1997): Sonderheft, 224–52.

46 Vgl. Weinrich, Harald. «Über Sprache, Leib und Gedächtnis». *Materialität der Kommunikation.* Hg. v. Hans Ulrich Gumbrecht u. Karl Ludwig Pfeiffer. Frankfurt a. M., 1988. 80–93.

47 Kittler, Friedrich. «Buchstaben – Zahlen – Codes». Wenzel, Seipel u. Wunberg (Anm. 2), 43–49, 47.

48 Kittler (Anm. 47), 48.

49 Winkler, Hartmut. *Docuverse – Zur Medientheorie der Computer.* München, 1997. 17.

50 Eide zählen zu den Formen von Äußerungen, die überaus sorgfältig vor Veränderungen geschützt werden. Ihr Wortlaut, getragen von Rhythmus, Alliteration und Wiederholung, bewahrt sie davor, dem Vergessen anheim zu fallen; vgl. Illich, Ivan u. Barry Sanders. *Das Denken lernt schreiben. Lesekultur und Identität.* Hamburg, 1988. 44; Illich, Ivan. *Schule ins Museum. Phaidros und die Folgen.* Mit einer Einleitung v. Ruth Kriss-Rettenbeck u. Ludolf Kuchenbuch. Bad Heilbrunn, 1984. 42 f.

51 Schmidt-Wiegand, Ruth. «Eid und Gelöbnis. Formel und Formular im mittelalterlichen Recht». *Recht und Schrift im Mittelalter.* Hg. v. Peter Classen. Sigmaringen, 1977. 55–90, 89.

52 Zumthor, Paul. «Körper und Performanz». *Materialität der Kommunikation.* Hg. v. Hans Ulrich Gumbrecht u. Karl Ludwig Pfeiffer. Frankfurt a. M., 1988. 703–13, 707.

53 Clanchy, Michael T. *From Memory to Written Record. England 1066–1307.* London, 1979. 210 f.

54 Schreiner, Klaus. «Verschriftlichung als Faktor monastischer Reform. Funktionen von Schriftlichkeit im Ordenswesen des hohen und späten Mittelalters». *Pragmatische Schriftlichkeit im Mittelalter. Erscheinungsformen und Entwicklungsstufen. Akten des Internationalen Kolloquiums 17.–19. Mai 1989.* Hg. v. Hagen Keller, Klaus Grubmüller u. Nikolaus Staubach. München, 1992. 35–75, 38.

55 Schwabenspiegel § 34; nach Bumke, Joachim. *Höfische Kultur. Literatur und Gesellschaft im hohen Mittelalter.* München, 1986. 636.

56 Schreiner, Klaus. «Das Buch im Nacken. Bücher und Buchstaben als zeichenhafte Kommunikationsmedien in rituellen Handlungen der mittelalterlichen Kirche». Wenzel, Seipel u. Wunberg (Anm. 2), 73–95.

57 Pannenberg, Wolfhart. «Sprechakt und Gespräch». *Das Gespräch.* Hg. v. Karlheinz Stierle u. Rainer Warning. Poetik und Hermeneutik XI. München, 1984. 65–76, 75.

58 Ehlich, Konrad. «Text und sprachliches Handeln». Assmann, Assmann u. Hardmeier (Anm. 1), 24–43, 30.

59 Wenzel, Horst. «Boten und Briefe. Zum Verhältnis körperlicher und nichtkörperlicher Nachrichtenträger». *Gespräche – Boten – Briefe.* Hg. v. dems., Peter Göhler u. Werner Röcke. Berlin, 1997. 86–105.

60 Collins, Christopher. *Reading the Written Image. Verbal Play. Interpretation and the Roots of Iconophobia.* Philadelphia, 1991. 38.

61 Groos, Arthur. *Romancing the Grail. Genre, Science, and Quest in Wolfram's ‹Parzival›.* Cornell, 1995. 33; vgl. Haferland, Harald. *Höfische Interaktion. Interpretationen zur höfischen Epik und Didaktik um 1200.* München, 1986. 236 f.

62 Hahn, Alois. «Handschrift und Tätowierung». Gumbrecht u. Pfeiffer (Anm. 21), 201–17, 205; vgl. ders. «‹Kann der Körper ehrlich sein?›» *Materialität der Kommunikation.* Hg. v. Hans Ulrich Gumbrecht u. Karl Ludwig Pfeiffer. Frankfurt a. M., 1988. 666–79.

63 Weitere Beispiele in Wenzel (Anm. 34), 259.

64 *D. Martin Luthers Werke. Kritische Gesamtausgabe. Briefwechsel 6.* Weimar, 1935. 103, Nr. 1820; dazu Maué, Hermann. «Verschlossene Briefe – Briefverschlußsiegel». *Kommunikationspraxis und Korrespondenzwesen im Mittelalter und in der Renaissance.* Hg. v. Heinz-Dieter Heimann in Verbindung mit Ivan Hlavácek. München, 1988. 223.

65 Aus der umfangreichen Literatur zu Briefwesen und literarischen Briefen sollen hier nur wenige ausgewählte Titel genannt werden: Steinhausen, Georg. *Geschichte des deutschen Briefes. Zur Kulturgeschichte des deutschen Volkes.* 2 Teile. Berlin 1889/91; Hoffmann, Hartmut. «Zur mittelalterlichen Brieftechnik». *Spiegel der Geschichte. Festgabe für Max Braubach zum 10. April 1964.* Hg. v. Konrad Repgen u. Stephan Skalweit. Münster, 1964. 141–70; Müller, Wolfgang G. «Der Brief als Spiegel der Seele. Zur Geschichte eines Topos der Epistolartheorie von der Antike bis zu Samuel Richardson». *Antike und Abendland* 26 (1980): 138–57; Krautter, Konrad. «*Acsi ore ad os.* Eine mittelalterliche Theorie des Briefes und ihr antiker Hintergrund». *Antike und Abendland* 28 (1982): 155–68; Fontius, Martin. «Post und Brief». *Materialität der Kommunikation.* Hg. v. Hans Ulrich Gumbrecht u. Karl Ludwig Pfeiffer. Frankfurt a. M., 1988. 267–79; Vellusig, Robert H. «Mimesis von Mündlichkeit. Zum Stilwandel des Briefes im Zeitalter der technischen Reproduzierbarkeit von Schrift». *Medien und Maschinen. Literatur im technischen Zeitalter.* Hg. v. Theo Elm u. Hans H. Hiebel. Freiburg, 1991. 70–92.

66 «Credo mi Amsdorfi, omnia tibi esse cognita, quae Satan per rusticos in Franconia perpetrat. Deinde is Henricus tuus viva epistola omnia melius narrabit, quae hic audivit.» *D. Martin Luthers Werke* (Anm. 64), *Briefwechsel 3*, 528; alle originalsprachigen Zitate sind der Weimarer Ausgabe entnommen: *D. Martin Luthers Werke. Kritische Gesamtausgabe.* IV. Abt.: Briefwechsel. Unveränderter Nachdruck der Ausgabe Weimar 1885–1985. Graz, 1969–1989; die Übersetzungen folgen: Aland, Kurt (Hg.). *Luther Deutsch. Die Werke Martin Luthers in neuer Auswahl für die Gegenwart 10. Martin Luther. Die Briefe.* Stuttgart, 1959. 2. Aufl. Göttingen, 1983; hier: *Luther Deutsch.* Brief 125, 156.

67 «Ecce, cum iam traditurus essem literas portitori et vasculum peterem, transtulerat ilud insidiiatrix Ketha mea». *D. Martin Luthers Werke. Briefwechsel 4*, 74. *Luther Deutsch.* Brief 140, 168.

68 *Luther Deutsch.* Brief 45, 67. – «Psalterium proficit, nisi quod typographo tardo moror.» *D. Martin Luthers Werke. Briefwechsel 1*, 513.

69 *Luther Deutsch.* Brief 116, 147. – «Erasmo respondebitur, vbi ocium paulo fuerit. Nam Deuteronomion cogor absoluere, ne damno mulctentur typographi.» *D. Martin Luthers Werke. Briefwechsel 3*, 439.

70 «Iohannes Calcographus est Iohannes in eodem tempore. [...] Quid enim prodest laborasse tantum talis excusor videtur cogitare nisi hoc: Sufficit, Quod ego pecuniam acquiro, legentes viderint, quid & quomodo legant.» *D. Martin Luthers Werke. Briefwechsel 2*, 379 f.

71 *D. Martin Luthers Werke. Tischreden 2.* Nr. 2772b, 650.

72 *D. Martin Luthers Werke. Tischreden 2.* Nr. 5082a, 647.

73 *Luther Deutsch.* Brief 9, 18. – «paene nihil per diem ago, quam literas scribo [...] epistolarum scribendarum negotium.» *D. Martin Luther Werke. Briefwechsel 1*, 72.

74 *Luther Deutsch.* Brief 91, 121. – «Pene obruor literis legendis. Quid putas temporis perdam respondendis?» *D. Martin Luther Werke. Briefwechsel* 2, 526–28, 526.

75 *Luther Deutsch.* Brief 177, 194 f. – «Quereris proximis literis, quod non responderim tibi ad quaestiones. Noli mirari; si responderi voles, scribes et monebis iterum. Nam sic obruor quotidie literis, ut mensa, scamma, scabella, pulpita, fenestrae, arcae, asseres et omnia plena iaceant literis, quaestionibus, causis, querelis, petitionibus etc.» *D. Martin Luther Werke. Briefwechsel* 5, 100.

Natalie Binczek
b) Neuere deutsche Literatur

Medien- und Kommunikationstheorie bezeichnen nicht nur zwei Gegenstandsbereiche, die aufgrund ihrer systematischen und historischen Verzahnungen gemeinsame Schnittpunkte herausbilden, sie beziehen auch Modellentwürfe unterschiedlicher Fachprovenienz ein. Trotz des Anspruchs auf Allgemeingültigkeit[1] weisen sie daher immer auch Züge des ursprünglichen fachdisziplinären, etwa mathematischen, soziologischen oder linguistischen Interesses auf. Für die Literaturwissenschaft folgt daraus, dass sie zunächst prüfen muss, ob und unter welchen Voraussetzungen sie den Kommunikationsbegriff überhaupt in Anspruch nehmen will, um ihn dann gegebenenfalls ihren eigenen Anforderungen anzupassen. Sieht sie ihre Aufgabe in der Interpretation von sprachlichen Kunstwerken, deren ästhetischer Wert seit der Autonomiebegründung im 18. Jahrhundert nicht selten gerade mit dem Verweis auf Inkommunikabilität und Sprachlosigkeit einhergeht,[2] so kann sie Kommunikation nicht als Grundbegriff,[3] sondern allenfalls als Grenzbegriff berücksichtigen. Sie deutet Werke – von der Empfindsamkeit über die Romantik bis in die Gegenwart – als Ausdruck einer unaussprechlichen Künstlersubjektivität und registriert in unterschiedlichen Formen die ästhetische Verfehlung der Kommunikation,[4] die sich entweder im Verstummen, in enigmatischen Wendungen oder in einem Seufzer – «ach»[5] – manifestieren kann. In Schillers Formulierung: «Spricht die Seele, so spricht ach! schon die Seele nicht mehr.»[6] Der ästhetische Mehrwert entsteht demnach aus der Abgrenzung der Literatur vom Paradigma der Kommunikation und weist historisch auf die Entstehung des modernen Autorsubjekts hin.[7]

In stammelnden, abgerissenen und unterbrochenen Sätzen führt auch Goethes Briefroman *Die Leiden des jungen Werther* (1774) die Diskrepanz zwischen dem subjektiven Zustand des Ich-Erzählers (der in vielen Lesarten sogar als die Stimme des Autors aufgefasst wird) und der expressiven Insuffizienz der Sprache vor. Anhand der folgenden Stelle wird jedoch deutlich, dass sich die kommunikative Struktur des Textes noch komplexer gestaltet: «als er – hoffte – als ich – zu sein glaubte – wenn – Ich mache nicht gern Gedankenstriche, aber hier kann ich mich nicht anders ausdrücken – [...].»[8] Der Einsatz der Gedankenstriche dient nicht nur der graphischen Abbildung unaussprechlicher Gedanken. Insofern der Text auf ein schriftliches Zeichen Bezug nimmt, das weder semantisch gefüllt ist, noch sich in einen Laut zurückübersetzen lässt, macht er auf die eigene Konstitution als Schrift aufmerksam. Dabei verhält er sich asymmetrisch zum Defizit des sprachlichen Ausdrucks, denn er funktioniert – als Text – auch dort, wo dem Ich-Erzähler die Sprache zu entgleiten droht: in der Wiederholung der Gedankenstriche. Welche Konsequenzen kann die Literaturwissenschaft daraus ziehen? Welche Lektüremodelle vermag sie, von der Eigenfunktion des Textes als Schrift ausgehend,[9] zu entwickeln und der ästhetischen Rekonstruktion eines subjektiven Ausdrucksvermögens entgegenzusetzen?

Die folgende Darstellung umfasst mehrere Schwerpunkte. Zunächst versucht sie, anhand ausgewählter Positionen die theoretische Ausdifferenzierung des Kommunikationsbegriffs zu umreißen. Es soll deutlich werden, wie sich Kommunikation als Gegenstand spezifischer theoretischer Überlegungen etabliert und in welcher Weise sie auch literaturwissenschaftlich genutzt werden kann. Daran anschließend gilt es zu klären, wie sich der Textbegriff zum Kommunikationsbegriff verhält. Das Kriterium der Medienbedingtheit ist als ausschlaggebend zu betrachten, insofern jene Momente hervorzukehren sind, in welchen sich Kommunikation auf ihre Mediendeterminiertheit, zum Beispiel ihre Schriftabhängigkeit, wendet. Exakt in diesem Sinn sollen Jacques Derridas und Niklas Luhmanns Kommunikationstheorien jeweils im Hinblick auf die ihnen immanenten medientheoretischen Prämissen skizziert werden. Schließlich dient der letzte Abschnitt einer literarischen Exemplifikation der Thesen.

Historische Positionen der Kommunikationstheorie

Die Entstehung der Kommunikationstheorie, deren Anfänge in die 1930er Jahre zurückgehen, verweist unmittelbar auf den erst *a posteriori* so betitelten *linguistic turn.*[10] Unter seiner Einwirkung versucht die Kommunikationstheorie zu erklären, wie soziale Interaktionen zustande kommen, wenn Sprache nicht mehr als transparenter Ort intersubjektiver Begegnung gilt. Sie versucht, die Sprachskepsis[11] nicht zu widerlegen, sondern unter ihrer Voraussetzung das Problem der Kommunikation von einer anderen Seite anzugehen. Obgleich sie in ihren Anfängen die Funktionsstelle des Mediums noch nicht ausdrücklich markiert, nimmt die Kommunikationstheorie diese dort vorweg, wo sie einen erfolgreichen kommunikativen Akt beschreibt. Dabei kann auch die Sprache als Medium beschrieben werden, wenn sie eine Distribution und Adressierung von Informationen ermöglicht. Ihre Kompetenz wird dann nicht im Hinblick auf ein Sprechersubjekt geprüft, sondern vom Verstehen her beurteilt. In Frage steht weniger die Ausdrucksfähigkeit auf der Seite des Sprechers als vielmehr das von der Sprache ermöglichte Verstehen auf der Seite des Zuhörers.

In der Frühphase schon arbeitet George Herbert Mead die Notwendigkeit heraus, Denken und Kommunizieren voneinander zu trennen. Er setzt auf soziale Zurechnungen,[12] die mittels symbolischer Vermittlung auf die Partizipation des Bewusstseins der handelnden Personen nicht angewiesen sind.[13] Kommunikation wird somit nicht von der subjektiven Beteiligung der Teilnehmer her gedacht – sodass sich das Problem der sprachlichen Ausdrucksfähigkeit im Blick auf den Sprecher gar nicht stellt –, sondern als ein eigenständiger sozialer Prozess. Mit einer anderen Akzentsetzung analysiert Karl Bühler 1934 Sprache als das «Organonmodell», dessen kommunikative Funktion, die bei Mead auf den Aspekt der Symbolisierung begrenzt ist, sich in drei Teilfunktionen auffächert: Der *Ausdruck* bzw. das *Symptom* einer sprachlichen Äußerung kennzeichnet den Sender, «dessen Innerlichkeit es ausdrückt»[14]. Es gibt Auskunft über die emotive Verfassung des Sprechers oder des Senders. Hingegen zielt der *Appell* mit seiner *Signal*funktion auf den Hörer bzw. Empfänger ab, um sein Verhalten «wie [...] Verkehrszeichen»[15] zu steuern. *Darstellung* schließlich, die *Symbol*funktion der Sprache, betrifft die referenzielle Beziehung, die ein

Zeichen zu den Gegenständen aufbaut. «Doch das sind [...] nur Dominanzphänomene, in denen wechselnd einer von den drei Grundbezügen der Sprachlaute im Vordergrund steht.»[16] In der poetischen Sprache stellt Bühler übrigens, ganz im Sinne des autonomen Künstlersubjekts, eine Dominanz der Ausdrucksfunktion fest.[17] Meads Impuls für die Weiterentwicklung der Kommunikationstheorie liegt in der Verankerung der Bedeutungszuweisung in sozialen Interaktionen, die von subjektiven und mentalen Prozessen der Beteiligten unabhängig sind, während Bühlers Leistung in der kommunikativen Formalisierung und Funktionsdifferenzierung sprachlicher Zeichen besteht. Trotz der Unterschiede gilt beiden die Sprache – non-verbale und paralinguistische Aspekte eingeschlossen – als das relevante Kommunikationsmedium.

Eine diesbezüglich folgenreiche Zäsur setzen Claude E. Shannon und Warren Weaver in ihrer Beschreibung des Kommunikationsprozesses, wenn sie ohne jegliche Bezugnahme auf sprachliche Bedeutungseinheiten auskommen. In *The Mathematical Theory of Communication* (1949) formulieren sie das Modell klassischer Kommunikationstheorie aus. Indem sie das kommunikative Geschehen rein technisch als Signalübertragung bestimmen, abstrahieren sie es vom sozialen Kontext. Sprache tritt hier als exklusives Kommunikationsinstrument in den Hintergrund. Stattdessen findet in der technischen Transferleistung der mediale Ereignisraum, zugleich als Kanal und als Störquelle, in die Kommunikationstheorie Einlass. Insofern sie sich aus der Ambivalenz von Übermittlung (Kanal) und Unterbrechung (Störung) heraus erklären lassen muss, wird Kommunikation zu einem Differenzbegriff.

Das Modell von Shannon/Weaver führt den Kommunikationsablauf auf fünf operative Konstituenten zurück. Zunächst wird von einer Nachrichtenquelle *(information source)* ausgegangen, «which produces a message or sequence of messages to be communicated to the receiving terminal»[18]. Der Begriff der *information* (Nachricht) wird hier physikalisch, als Differenz zwischen Rauschen und Signal, definiert.[19] Als solcher verweist er ausschließlich auf Funktionen der Zeit oder des Raums, die, je nach technischer Disposition der Nachrichtenquelle, bei der Telegraphie, dem Telefon oder Radio etwa, variieren. Als zweites Element wird ein Sender *(transmitter)* genannt, der aus der

Nachrichtenquelle eine Nachricht auswählt und in ein übertragbares Signal umformt bzw. codiert.[20] In der Mitte des Kommunikationsschemas befindet sich der Kanal *(channel)*; «the medium used to transmit the signal from transmitter to receiver. [...] During transmission or at one of the terminals, the signal may be perturbed by noise.»[21] Mitten in der Übertragung kann somit eine Störung *(noise)*[22] auftauchen und das gesendete Signal, in einigen Fällen sogar bis zur vollkommenen Unverständlichkeit, verzerren. Für das vierte Element dieses Kommunikationsmodells, den Empfänger *(receiver)*, folgt daraus, dass er «ordinarily performs the inverse operation of that done by the transmitter, reconstructing the message from the signal»[23]. In anderen Worten: Während der Sender encodiert, muss der Empfänger decodieren. Das letzte Element, als «*destination*» bezeichnet, meint «the person (or thing), for whom the message is intended»[24].

Erst am Ziel dieser medientechnischen Nachrichtenübertragung, nachdem die Information aus dem Signal rekonstruiert worden ist, beispielsweise als ein am anderen Ende der Telefonleitung vernommenes Wort, kann der Interpretationsprozess einsetzen. Was bedeutet dieses Wort? Welche Aussage impliziert es? Solche Fragen werden allerdings von diesem Modell zunächst ausgeklammert, geht es ihm doch um innerhalb eines medientechnischen Verbundes erzeugte und deshalb weder auf menschliche Partizipation noch auf sprachliche Vermittlung angewiesene Signalübertragung. Indem Shannon und Weaver die Sendung, Übermittlung und den Empfang technisch generierter Signale als Kommunikation beschreiben, koppeln sie diese von ihrer Festlegung auf soziale Zusammenhänge ab, um sie stattdessen als Übertragungsprozess schlechthin zu generalisieren.[25] Von hier aus ist eine Applikation auf *face-to-face*-Interaktionen allerdings ebenso möglich[26] wie auf Text/Leser-Interaktionen. Die Generalisierung des Kommunikationsbegriffs bietet also auch für literaturwissenschaftliche Überlegungen einen möglichen Anknüpfungspunkt, sofern es sich dabei um Übertragungsvorgänge handelt.

Mit Rekurrenz auf Shannon und Weaver und mit dem Organonmodell von Bühler einsetzend, reformuliert Roman Jakobson 1968 die *Darstellungs*funktion als eine kontextbedürftige Mitteilung, während er die *Ausdrucks*- und *Appell*funktion der Sprache in der materiellen

Apperzeption des Codes durch die *metasprachliche* und in der Kontaktherstellung und -erhaltung durch die *phatische* Funktion ergänzt. Auf diese Weise führt er Funktionen sprachlicher Zeichen mit Kommunikationskomponenten (Kontext, Code, Kanal) zusammen. Die metasprachliche Funktion liegt dann vor, «[w]enn der Sender und/oder Empfänger kontrollieren wollen, ob beide denselben Code gebrauchen»[27]. Wenn Lotte, mit Werther vor dem Fenster stehend, den Namen «Klopstock» ausruft, dann legt sie die Kommunikation auf einen bestimmten Code fest:

> [S]ie sah gen Himmel und auf mich, ich sah ihr Auge tränenvoll, sie legte ihre Hand auf die meinige und sagte: «Klopstock!» – Ich erinnerte mich sogleich der herrlichen Ode, die ihr in Gedanken lag, und versank in dem Strome von Empfindungen, den sie in dieser Losung über mich ausgoß. (27)

Das Beispiel zeigt, dass die Festlegung eines Codes sogar stumme Kommunikation ermöglicht, indem sie eine spezifische, hier mit dem Namen des Dichters Friedrich Gottlieb Klopstock verbundene Erfahrung hervorruft, die die Kommunikationspartner einander wechselseitig zurechnen. Phatische Kommunikation aber fragt, «ob der Kanal offen ist»[28] und die Kommunikation (störungsfrei) fortgesetzt werden kann. Es geht ihr um die Sicherstellung, dass der Angesprochene den Sprecher und umgekehrt versteht, wie erneut an einer Szene zwischen Werther und Lotte deutlich wird: «Er schlang seine Arme um sie her, preßte sie an seine Brust und deckte ihre zitternden, stammelnden Lippen mit wütenden Küssen. – ‹Werther!› rief sie mit erstickter Stimme, sich abwendend […] ‹Werther!› rief sie mit dem gefaßten Tone des edelsten Gefühles» (115). Lottes zweifacher Appell funktioniert phatisch, weil er Werthers Aufmerksamkeit zu gewinnen sucht, um das Missverständnis der Situation zu klären und gegebenenfalls einen Codewechsel vorzunehmen. Werther merkt nicht, dass Lotte sich seiner erotischen Annäherung verweigert. Um ihm ebendies mitzuteilen, muss sie dafür sorgen, dass Werther sie überhaupt erst hört.

Formen metasprachlicher und phatischer Kommunikation lassen sich in allen kommunikativen Bereichen beobachten. Die Besonderheit poetischer Sprache jedoch besteht nach Jakobson in einer reinen Selbstreferenz des Zeichengebrauchs: «Die *Einstellung* auf die Bot-

SCHAFT als solche, die Ausrichtung auf die Botschaft um ihrer selbst willen, stellt die POETISCHE Funktion der Sprache dar. […] Indem sie das Augenmerk auf die Spürbarkeit der Zeichen richtet, vertieft diese Funktion die fundamentale Dichotomie der Zeichen und Objekte.»[29] Ihr konkreter Nachweis lässt sich allerdings nicht einfach erbringen, denn entweder begrenzt sich die poetische Sprachfunktion nur auf einige wenige, von jeder Fremdreferenz suspendierte Textstellen. Das Poetische konzentriert sich dann auf kleine textuelle Ausschnitte. Oder aber jede poetische Kommunikation muss als grundsätzlich selbstreferenziell gelten. Weitere kommunikative Funktionen, wie sie oben am *Werther* festgestellt wurden, müssten von ihr zusätzlich übernommen werden.

Dekonstruktive Kommunikation

Bereits an den Bezeichnungen Sender und Empfänger ablesbar, orientiert sich die klassische Kommunikationsauffassung im Wesentlichen an der Logik des postalischen Übermittlungs- und Zustellungsvorgangs. Briefumschlägen oder Päckchen vergleichbar, schließen auch Codes die versendeten Informationen ein und schützen sie so vor den Störquellen im Kanal, um sie unversehrt über räumliche Entfernungen hinweg an den Zielort zu bringen:

> Kommunikation wird im Rahmen des alltagstheoretischen Modells als linear verlaufender Prozess konzipiert, bei dem jemand eine Botschaft (eine Bedeutung) in einem dafür vorgesehenen Container deponiert und diesen auf die Reise schickt, bis er schließlich sein Ziel erreicht, wo die Botschaft dann entnommen (besser: übernommen) wird. Uns begegnet dieses Modell in der alltäglichen wie in der wissenschaftlichen Diskussion mit hoher Wahrscheinlichkeit immer dort, wo von ‹Messages›, von ‹Aussagen›, ‹Informationen› oder von ‹Inhalten› die Rede ist, wo also Kommunikation auf den Austausch abgrenzbarer Einheiten reduziert wird und das Kommunikationsproblem folglich auf ein Transportproblem verkürzt wird.[30]

Was versendet wird, kann prinzipiell beim Adressaten wieder in Empfang genommen werden, vorausgesetzt, dass dieser den Code beherrscht. Missverständnisse gelten dabei als lediglich temporäre, prinzipiell durch Wiederholung der Übertragung behebbare Irritationen. Dass Sender und Empfänger einander überhaupt erreichen können, liegt an der Symmetrie ihrer Beziehung und der ihr korrespondierenden Reversibilität von En- und Decodierung. Die Nachricht selbst wird innerhalb dieses Modells nicht als Resultat des kommunikativen Austausches aufgefasst, vielmehr ist sie diesem zeitlich wie logisch stets vorgängig. Das unterscheidet sie von den Störungen, die während der Übertragung entstehen können. Wie die Formen der Codierung steht auch der Übermittlungskanal[31] ausschließlich im Dienst des Informationstransfers. Als Kontrollinstanzen gelten innerhalb dieses Konzepts der Sender und der Empfänger, deren Informationsaustausch allein von der Störquelle bedroht werden kann.

Das postalische Gesetz der Informationsübertragung, «die postalischen Institutionen, die Techniken und Sitten der Telekommunikation, die Netze und Epochen der Telekommunikation»[32], wird in dem Buch *Die Postkarte* von Jacques Derrida einer dekonstruktiven Beobachtung unterzogen. Bereits in der 1967 erschienenen *Grammatologie* weist er mit der dort zentral verhandelten Unterscheidung zwischen mündlicher Rede und Schrift von philosophischen Implikationen ausgehend auch eine medienanalytische Orientierung[33] auf, die jedoch in daran anschließender Forschung erst ausbuchstabiert[34] und mit Thesen aus der *Postkarte* zusammengelesen wird.[35] Derrida zeigt an der Unterscheidung zwischen Stimme und Schrift ihre hierarchische Beziehung auf, da Letztere zu einem nur äußerlichen, technischen Supplement der Ersten degradiert, die ihrerseits präsenzverankert im Verbund mit dem Logos gedacht wird. Während die Stimme, als das primäre Medium, eine unmittelbare Beziehung zum Denken unterhält, ist die Schrift, als das sekundäre Medium, eine nur äußerliche und supplementäre Repräsentationstechnik. Demgegenüber fordert Derrida eine Umkehrung der Hierarchie und mit ihr auch eine Freisetzung der Schrift ein. Diese soll nicht mehr der Stimme subordiniert, sondern als differente Spur[36] gedacht werden. Auf diese Weise wird ein Textkonzept möglich, das sich nicht mehr von der gesprochenen Sprache herleitet, sondern eine Funktionsstruktur eigener Art hervorbringt.

Von hier aus entwickelt Derrida auch das dekonstruktive Lektüreverfahren.[37] Dieses führt nicht zur Errichtung eines theoretischen Systems,[38] vielmehr ist es als eine infinite Aufgabe zu begreifen:

> Es hat notwendigerweise von innen her zu operieren, sich aller subversiven, strategischen und ökonomischen Mittel der alten Struktur zu bedienen [...]. Die Dekonstruktion wird immer auf bestimmte Weise durch ihre eigene Arbeit vorangetrieben.[39]

In diesem Sinn formuliert auch die *Postkarte* keine neue Theorie postalischer Kommunikation aus. Stattdessen höhlt der Text, konstativ wie performativ, die Prämissen des Shannon/Weaver'schen Konzepts aus. Derrida insistiert darauf, dass sich eine postalische Sendung weder der Intentionalität des Senders noch des Adressaten fügt und sich daher weder adressieren lässt noch erreichbar ist. Sie dient nicht der Kontaktherstellung auf Distanz, sondern beschreibt die Gesetze des Umwegs. Um lesbar zu sein, muss ein Brief das Ich und Du der Anrede auslöschen, und er «[muß] immer nicht ankommen [...] am Schickungsort.»[40] Nicht die Ankunft, sondern unvermeidliche parasitäre Störungen, «mit einem Wort die postalische différance»[41], rücken in diesem Kommunikationskonzept in den Vordergrund. Damit spürt Derrida exakt den kommunikativen Funktionsort auf, an dem Shannon und Weaver die Störquelle positionieren. Die postalische Übertragung von der Störung her als einen dekonstruktiven Vorgang zu denken, reorganisiert das Kommunikationsgefüge grundlegend. Die im klassischen Modell kommunikationssteuernden Konstituenten des Senders, Empfängers und der codierbaren Botschaft werden hier zu untergeordneten Elementen eines Prozesses umdefiniert, bei dem keine Bedeutung verschlüsselt und übertragen, sondern in den von Relais und Parasiten bewohnten Kanälen vervielfältigt und zerstreut wird.[42]

Auch für die Lektüre eines Textes folgt daraus, dass sie sich nicht mehr nach dem Modell einer autorzentrierten Hermeneutik vollziehen, das heißt nach der im Text verschlüsselten Autorintention suchen kann.[43] In der Verschiebung des Interesses auf textuelle Ränder, auf intertextuelle Verdichtungen und Verknüpfungen sowie im Offenlegen von Aporien, die aus der Konfrontation rhetorisch-figurativer mit buchstäblicher Deutung hervorgehen,[44] bringt die Dekonstruktion ein Textverständnis zum Vorschein, das sich als autonomes, heterogenes Geschehen konstituiert und als solches von der Lektüre ernst zu nehmen ist.

Systemtheoretisches Kommunikationskonzept

In ausdrücklicher Bezugnahme auf Derrida, dessen Differenzfundierung er bestätigt und für sich in Anschlag bringt,[45] konzipiert auch Niklas Luhmann den Kommunikationsbegriff und weist ihm im Rahmen seiner Theorie einen herausragenden Stellenwert zu. Er formalisiert die kommunikative Operation durch drei Selektionskomponenten: Mitteilung, Information und Verstehen. Nicht an sich schon semiotisch bestimmt, lassen sie sich dennoch als Signifikant (Mitteilung) und Signifikat (Information) behandeln. Und wie in der Semiotik stehen auch die kommunikativen Selektionskomponenten differenziell (bzw. arbiträr) zueinander, sodass die Information weder in der Mitteilung enthalten ist, noch von ihr repräsentiert wird, sondern mittels ihrer Differenz erst die Verstehensselektion ermöglicht.

Zwar stellt Luhmann Parallelen zwischen seinem und Derridas Ansatz fest,[46] doch er ignoriert, dass die Dekonstruktion von Lektüren ausgeht und Derridas philosophisches Verfahren sich im Umgang mit Texten vollzieht. Hingegen baut das systemtheoretische Konzept zunächst auf der Beobachtung sozialer Interaktionen auf,[47] deren Teilnehmer als *Alter* und *Ego* bezeichnet werden.[48] Erst unter der Voraussetzung, dass Alter zwischen Mitteilung und Information, also zwischen einem Wortlaut und der Bedeutung, unterscheiden und folglich erkennen kann, dass überhaupt eine Kommunikationssituation vorliegt, ist es dazu in der Lage zu verstehen und die Kommunikation dann entweder anzunehmen oder abzulehnen.

Verstehen als Selektionsgeschehen bedeutet nicht, dass Alter eine von Ego intendierte Nachricht empfängt,[49] da Kommunikation selbstreferenziell verläuft. Alter und Ego tauschen keine Informationen untereinander aus, sondern fügen sich einem Kommunikationsvorgang ein, der letztlich nur im Bezug auf sich selbst zustande kommt:

> Die Selektion, die in der Kommunikation aktualisiert wird, konstituiert ihren eigenen Horizont; sie konstituiert das, was sie wählt, schon als Selektion, nämlich als Information. Das, was sie mitteilt, wird nicht nur ausgewählt, es ist selbst schon Auswahl und wird deshalb mitgeteilt. […] Es geht nicht nur um Absendung und Empfang mit jeweils selektiver Aufmerksamkeit; vielmehr ist die Selektivität der Information selbst ein Moment des Kommunikationsprozesses […][50]

Da die dreistellige Selektion jeweils auf beiden Seiten der Kommunikation (bei Alter und Ego) stattfindet, womit das Schema einer einfachen En- und Decodierung unbrauchbar ist, liegt einer Interaktion stets *doppelte Kontingenz* zugrunde. Kommunikation wird deshalb von Luhmann als höchst unwahrscheinlich bestimmt.

Die Selbstreferenzialität der Kommunikation ist das Ergebnis ihrer *Autopoiesis*, das heißt ihrer Fähigkeit, sich selbst zu erzeugen und zu reproduzieren. Streng abgegrenzt wird sie dabei von zwei weiteren autopoietischen Systemtypen, die gegeneinander ebenfalls differenziert sind: die organischen und die psychischen. Kommunikative, psychische und organische Ereignisse können nicht ineinander hineinoperieren, in diesem Sinn sind sie füreinander jeweils unzugänglich. Sie können sich zwar strukturell überschneiden und aneinander koppeln, als spezifische Operationsvollzüge jedoch sind sie nicht ineinander übersetzbar. Für den Kommunikationsprozess bedeutet dies, dass er auf die psychischen Ereignisse im Bewusstsein – etwa Gedanken und Wahrnehmungen – zwar angewiesen ist. Dennoch kommuniziert Kommunikation ausschließlich sich selbst,[51] also eben keine Gedanken, Wahrnehmungen oder Emotionen. Von einem solchen Wissen um die Unhintergehbarkeit der Systemgrenzen zeugen auch Werthers Briefe, wenn sie folgende Zeilen enthalten: «Könnt' ich dir den Menschen vorstellen, wie er vor mir stand, wie er noch vor mir steht! Könnt' ich dir alles recht sagen, damit du fühltest, wie ich an seinem Schicksale teilnehme, teilnehmen muß!» (78). Werther konzediert, dass die Mitteilung von Gefühlen enorme Anforderungen an die Kommunikation stellt und dass ihm diese Herausforderung nicht gelingen will. Er kommuniziert also die Inkommunikabilität seiner Gefühlswahrnehmung.

Jedoch müssen auch höchst unwahrscheinliche Kommunikationsakte nicht immer auf eine Reflexion der kommunikativen Grenzen hinauslaufen. Denn der Ermöglichung erfolgreicher Kommunikation, auch dann, wenn sich diese auf emotionale Zustände bezieht, dienen interne Steuerungsmechanismen: *symbolische Codierungen*[52] und *symbiotische Mechanismen.*[53] Diese funktionieren als Medien, indem sie, so Luhmanns Definition der Medienleistung, Unwahrscheinliches (z. B. Intimkommunikation) in Wahrscheinliches (ihr Gelingen) transformieren.[54] Während die symbolische Codierung etwa in der sprachlichen Bezugnahme auf die Liebe in der Aussage ‹ich liebe dich› das Gefühl selbst zwar nicht vermittelt, gleichwohl ein bestimmtes Verstehen im Adressaten auslöst, richten sich symbiotische Mechanismen auf körperliche Äußerungen, in der Liebe also vor allem auf die Sexualität.[55]

Lotte macht Werther keine explizite Liebeserklärung, das heißt, sie codiert die Kommunikation nicht symbolisch, dennoch glaubt Werther in ihren Blicken und in ihrem Händedruck – also ihren symbiotischen Mitteilungen – zumindest zeitweilig einen Ausdruck ihrer Liebe zu vernehmen: «Ach, ich wußte, daß du mich liebtest, wußte es an den ersten seelenvollen Blicken, an dem ersten Händedruck, und doch, wenn ich wieder weg war, wenn ich Alberten an deiner Seite sah, verzagte ich wieder in fieberhaften Zweifeln» (117). Dadurch allerdings, dass Kommunikation keinen unmittelbaren Einblick in die Subjektivität der Beteiligten gewährt, kann jede Aussage trotz symbolischer Codierung und trotz symbiotischer Mechanismen missverstanden und in Zweifel gezogen werden. Jedoch können auch Zweifel wiederum zum Anlass weiterer Kommunikation genutzt werden.

Formen schriftlicher Kommunikation

Eine Literaturwissenschaft, die das Paradigma der Kommunikation anerkennt, muss auch die kommunikativ relevanten Medientechniken berücksichtigen.[56] Die literaturhistorisch folgenreichsten technischen Innovationsschübe sind jedoch weit vor dem 17. Jahrhundert datiert, sodass sich die Abgrenzung zwischen mittelalterlicher und neuerer Literatur vor diesem Hintergrund nur mehr als eine Unterscheidung zwischen dem Auftreten neuer Medientechniken und ihrer Nutzung bzw. Reflexion darstellt. Die Etablierung phonetischer Schrift, die Gliederung des biblionomen Seitenlayouts und die Erfindung des Buchdrucks, um nur die einschneidendsten Errungenschaften zu nennen,[57] liegen sämtlich vor der Ausdifferenzierung des modernen Literatursystems.[58] Worin besteht dann die Bedeutung der Medientechniken für die neuzeitliche Literatur?

Der Buchdruck ermöglicht eine massenhafte Vervielfältigung und Verfügbarkeit von Texten und macht Literatur zu einem Massenmedium,[59] vor deren exzessivem Konsum[60] im 18. Jahrhundert unter dem Titel der ‹Lesewut› sogar gewarnt wird:

Die unter solchen Bedingungen aufgenommenen Zeichen repräsentieren nicht, sondern substituieren. Lesesucht bedeutet demnach Verstrickung im Substitut. Sie läßt keine Öffnung zu einer Natur hinter den Texten. Die Sucht zu lesen führt nicht durch das Medium wie durch eine permeable Schicht hindurch, sondern nur immer tiefer in seine Opazität. Bei den Lesesüchtigen spaltet sich die Fiktion von der Mimesis ab. Und genau dies ist auch die Wendung, die um 1790 die klassisch-idealistische Ästhetik vollzieht.[61]

Strukturell sorgt die Verbreitung von Texten für die Herausbildung der Beobachtung zweiter Ordnung, d. h. einer stärkeren Bezugnahme der Texte aufeinander. Quantität schlägt in Qualität um, wenn von der Frage nach der einen, jenseits des jeweiligen Textes bestehenden Wahrheit allmählich abrückend, die Variabilität der Mitteilungsformen zum tragenden Element literarischer Kommunikation wird. Auf diese Weise differenziert sich Literatur als selbstreferenzielles System aus, das fortan keinen systemfremden und mimetisch wiederzugebenden Gesetzen verpflichtet ist. Sie bringt vielmehr ihre eignen Gesetze hervor, die zum alleinigen Maßstab ihres Gelingens oder Misslingens werden. Sowohl in Bezug auf die Durchsetzung der Schrift als auch in Bezug auf die hierarchische Gliederung des Seitenlayouts[62] lassen sich ähnliche Zusammenhänge nachweisen und in ihrer Relevanz für das autonome Literaturverständnis bestimmen. Denn es bedarf der Schrift, damit Literatur aus der zweistelligen Interaktion zwischen Autor bzw. Erzähler und Leser bzw. Hörer heraustritt und sich als Text definiert. Die Gliederung und Unterteilung der Textgestalt indes begünstigt eine Texthermeneutik, die das Hauptargument von Nebenargumenten und das Textzentrum von seinen paratextuellen Rahmenbedingungen[63] abzugrenzen versteht.

Darüber hinaus ist zu bedenken, dass Medientechniken nicht nur Veränderungen in der Produktion und Rezeption von Literatur evozieren, sie werden vielmehr auch von den literarischen Texten selbst reflektiert. Jeder Text muss sich nämlich in irgendeiner Form zu der Tatsache verhalten, dass er geschrieben ist – sei es, dass er die Schrift hervorhebt, indem er graphische Zeichen, die kein phonetisches Äquivalent haben, markant einsetzt (z. B. der berühmte Gedankenstrich in

Heinrich von Kleists *Marquise von O.*, Stéphane Mallarmés *Le livre*), sei es, dass er am Duktus der mündlichen Rede festhält, beispielsweise durch Akzentuierung der akustischen Gesichtspunkte (besonders deutlich in James Joyces *Finnegans Wake* oder in den Dialektgedichten der ‹Wiener Gruppe›) und somit seine mediale Konstitution durchzustreichen scheint. Auch die Textgestalt kann zum ausschlaggebenden Kommunikationsmoment werden, wenn sie wie in E. T. A. Hoffmanns *Kater Murr* in der Überlagerung von zwei Layouts aus der funktionalen Unsichtbarkeit heraustritt und zum zentralen Gegenstand der Erzählung wird. Es gibt keinen literarischen Text, dessen kommunikative Struktur nicht unter einem der genannten Medienbezüge beobachtbar ist.

Exemplarische Lektüre – Goethes «Werther»

Als Briefroman exponiert Goethes *Werther* die kommunikative Struktur in besonderer Weise.[64] Der Text fängt mit dem Vermerk eines fiktiven Herausgebers an: «Was ich von der Geschichte des armen Werther nur habe auffinden können, habe ich mit Fleiß gesammelt und lege es euch hier vor, und weiß, daß ihr mir's danken werdet» (7). Vor jeder Datierung und vor der Ankündigung des ‹ersten Buchs› noch errichtet der Roman eine paratextuelle Schwelle, an welcher die Produktion des Romans auf zwei Funktionen, den Briefschreiber und Ich-Erzähler Werther sowie den anonymen Herausgeber, verteilt wird. Mit diesen beiden Figuren inszeniert sich die Autorschaft des Textes. Als solche unterstreicht sie gleichermaßen die Bedeutung der Schrift und der editorischen Vermittlungsinstanz, die die Briefe aus dem postalischen Dispositiv[65] in das der Literatur transferiert. Autorschaft impliziert hier die Produktion, also das Schreiben der Briefe, aber auch ihre Sammlung und Herausgabe als Buch. Sie führt zugleich zwei Zeithorizonte zusammen, da die Briefe Reflexionen und Beobachtungen des Ich-Erzählers festhalten,[66] während ihre editorische Zusammenstellung eine nachträgliche Dokumentation fingiert.

«Und du gute Seele, die du eben den Drang fühlst wie er, schöpfe Trost aus seinem Leiden, und laß das Büchlein deinen Freund sein, wenn du aus Geschick oder eigener Schuld keinen nähern finden kannst» (7) – damit schließt die einführende fiktive Herausgebernotiz. Indem sie dem Leser in Aussicht stellt, das Büchlein könne sein Freund werden, beschwört sie eine Interaktion, die sich der medientechnischen Konfiguration entgegensetzt. Mit der Einschränkung, «wenn du [...] keinen nähern finden kannst», soll die Schrift, obwohl sie Distanz voraussetzt und Abwesenheit substituiert, zum empfindsamen Kommunikationspartner werden.

Räumliche Trennung und zeitliche Verschiebung, Distanz und Diachronie, bestimmen die Situation eines Briefautors, der gleichwohl eine spezifische Person adressieren, ebenso wie der Adressat umgekehrt die empfangenen Worte auf einen spezifischen Absender zurückführen kann. Mit einer erfolgreichen Adressierung des Geschriebenen und mit der Rückführung des Gelesenen auf eine bestimmte Person können der mediale Status der Schrift und der postalische Zustellungsprozess eines Briefes vergessen werden.[67] Das Gelesene erscheint als ein Gespräch.[68] In der Korrespondenz wird auf diese Weise nicht nur die Kommunikation aufrechterhalten, sondern eine Art Kontakt insinuiert. Auch der Leser dieses «Büchleins» wird vom fiktiven Herausgeber zu einer kommunikativen Teilnahme am Geschehen eingeladen, die im Versprechen des «Trostes» und der «Freundschaft» (7) über das Lesen hinausweist.

Werther hingegen problematisiert die vom Herausgeber in Aussicht gestellte Verbindung von Freundschaft und Schrift, wenn er schreibt: «Wie froh bin ich, daß ich weg bin! Bester Freund, was ist das Herz des Menschen! Dich zu verlassen, den ich so liebe, von dem ich unzertrennlich war, und froh zu sein!» (7). Mit diesen Worten fängt sein erster Brief an und pointiert, gleichsam programmatisch, die für den gesamten Text ausschlaggebende Konkurrenz zwischen der Nähe und Präsenz der Angesichtigkeit einerseits und der Distanz und Absenz der Schrift andererseits. Im 11. Brief wird sie als Konflikt zwischen der Unmittelbarkeit des Erlebens und der Nachträglichkeit der Verschriftlichung zugespitzt:

> Warum ich dir nicht schreibe? [...] Dir in der Ordnung zu erzählen, wie's zugegangen ist, daß ich eins der liebenswürdigsten Geschöpfe habe kennen lernen, wird schwer halten. [...] Das ist alles garstiges Gewäsch, was ich da von ihr sage, leidige Abstraktionen, die nicht einen Zug ihres Selbst ausdrücken. [...] Denn, unter uns, seit ich angefangen habe zu schreiben, war ich schon dreimal im Begriffe, die Feder niederzulegen [...]. (19f.)

Schrift steht so für einen fundamentalen Mangel ein, der den Tod assoziiert. «Wie kann der kalte, tote Buchstabe diese himmlische Blüte des Geistes darstellen!» (58) Leben wird hingegen mit Fülle des Besitzes, des ‹Zugreifenkönnens›[69], auch im Sinne der taktilen Unmittelbarkeit, die sich zwischen Werther und Lotte meist auf Berührung der Hände beschränkt, kurzgeschlossen. Werthers Selbstmord erfolgt von hier aus zwangsläufig, muss er doch auf Lotte, die bereits verlobt ist, verzichten. Hier korrespondiert die Schrift einem Verzicht, der, anders als vom fiktiven Herausgeber indiziert, jedem Substitutionsbegehren eine Absage erteilt. Wie verhält sich mithin die an den Leser gestellte Lektüreerwartung zu den Lektüreprozessen, die der Text selbst vorführt?

Sie hatte ein Zettelchen an ihren Mann aufs Land geschrieben, wo er sich Geschäfte wegen aufhielt. Es fing an: «Bester, Liebster, komme, sobald du kannst, ich erwarte dich mit tausend Freuden.» [...] Ich las es und lächelte; sie fragte worüber? – «Was die Einbildungskraft für ein göttliches Geschenk ist,» rief ich aus, «ich konnte mir einen Augenblick vorspiegeln, als wäre es an mich geschrieben.» (79)

Da Schrift die Differenz der Mitteilungs-/Informationsselektion von der Verstehensselektion auseinander reißt, da erstere unabhängig von den Rezeptionsbedingungen zustande kommen kann, steigert sie die Kontingenz des Verstehens. Wie dieses von Lotte an ihren Verlobten geschriebene Billett, das sich auf dem Weg vom Sender zum Empfänger verfangen hat und in die Hände eines Dritten, nämlich Werthers, geriet, so gehört es prinzipiell zur strukturellen Disposition von schriftlicher Kommunikation, dass sie unterschiedliche Leser an unterschiedlichen Orten zu unterschiedlichen Zeiten erreichen kann. Zwar weist ein Brief aufgrund individualisierter Adressierung immer noch eine Ähnlichkeit mit *face-to-face*-Interaktion auf,[70] jedoch macht ihn gerade die Angewiesenheit auf die Überbringung vom Schreiber zum Angeschriebenen höchst anfällig für Verfehlungen – «als wäre es an mich geschrieben» – und Unterschlagungen, für unerlaubte Einblicke, gar Verluste. An diesem Punkt ist der Brief der Kontrolle der Korrespondenten entzogen.

Werther handelt vom Lesen und Schreiben. Während die Briefe vom

Wissen um die Unübersetzbarkeit der Empfindungen in die Schrift zeugen, vollzieht sich umgekehrt Werthers Wahrnehmung im Modus der Schrift: «Nein, ich betriege mich nicht! Ich lese in ihren schwarzen Augen wahre Teilnehmung an mir und meinem Schicksal» (38). Eine Zirkularität aus empfindsamer Schrift und gelesener Empfindung entsteht, die einerseits Grenzen der Mitteilbarkeit aufdeckt, andererseits Missverständnisse in der Gefühlszurechnung erzeugt. Insofern aber nicht nur Werthers Empfindung in Briefe übersetzt, sondern auch die Empfindung Lottes von ihm – wie ein Brief – gelesen wird, erscheinen die Operationen der Schrift und des Lesens unausweichlich; damit aber auch die Verfehlungen in der Adresse.

Wenn ein Roman von Herausgeber-Ergänzungen gesäumt wird, weitestgehend aber aus einer unkommentierten Abfolge einzelner Briefe besteht, dann verzahnt er drei unterschiedliche Kommunikationsformen. *Face-to-face*-Interaktionen kommen dabei lediglich als das vor, wovon die Briefe sprechen, während diese die Textgestalt bestimmen und als eigentliche Aktanten des Romans aufzufassen sind. Nicht die Figuren, sondern die Briefe treiben ihn voran. Operativ aber werden sie von einer weiteren kommunikativen Form eingefasst, die für die moderne, qua Buchdruck quantifizierbare und ein massenhaftes Lesepublikum einbeziehende Literatur typisch ist. Lassen die Briefe noch Reste einer Angesichtigkeit erkennen, so wird es dem Roman zunehmend «unmöglich, Bedürfnisse und Interessen auf der Ebene der beteiligten Individuen zu kontrollieren. […] Er bezieht sich auf sich selbst, um weiterzukommen.»[71] Die Formen dieser Selbstbezüglichkeit zu unterscheiden und für die Lektüre einzelner Texte nutzbar zu machen, ist somit eine wichtige Aufgabe, die eine kommunikations- und medientheoretisch orientierte Literaturwissenschaft zu leisten hat.

Anmerkungen

1 Kommunikationstheorien «beanspruchen relativ hohe Allgemeingültigkeit, denn sie betrachten die Merkmale, die sie in den Vordergrund rücken, als kennzeichnend für alle menschlichen Kommunikationsprozesse: für das Gespräch zwischen zwei Menschen ebenso wie für das massenmedial vermittelte Kommunikationsgeschehen». Burkart, Roland. *Kommunikationswissenschaft. Grundlagen und Problemfelder. Umrisse einer interdisziplinären Sozialwissenschaft.* 3. überarbeitete und aktualisierte Aufl. Wien, Köln u. Weimar, 1998. 414.

2 Noch in einer aktuellen ästhetischen Abhandlung wird im Anschluss an Gadamers Hermeneutik vom Kommunikationsbruch als spezifisch ästhetischer Kondition ausgegangen; vgl. dazu Sonderegger, Ruth. *Für eine Ästhetik des Spiels. Hermeneutik, Dekonstruktion und der Eigensinn der Kunst.* Frankfurt a. M., 2000. 46 ff.

3 Exemplarisch sei hier auf Gfrereis, Heike (Hg.). *Grundbegriffe der Literaturwissenschaft.* Stuttgart u. Weimar, 1999 hingewiesen.

4 Auf der Seite der Lektüre wird entsprechend die Unverständlichkeit hochgehalten: «[F]olgt man einem verbreiteten – und auch hier bereits mehrfach vorausgesetzten – Konsens, werden die Anstrengungen der Hermeneutik, dem vollkommenen Verstehen näher zu kommen, im letzten Drittel des 19. Jahrhunderts durch eine zunehmend unverständlicher werdende Kunst und Literatur konterkariert und herausgefordert.» Schumacher, Eckhard. *Die Ironie der Unverständlichkeit. Johann Georg Hamann, Friedrich Schlegel, Jacques Derrida, Paul de Man.* Frankfurt a. M., 2000, 65.

5 Stanitzek, Georg. «Kommunikation (Communicatio & Apostrophe einbegriffen)». *Literaturwissenschaft.* Hg. v. Jürgen Fohrmann u. Harro Müller. München, 1995. 13–30, 15.

6 Schiller, Friedrich. «Sprache». *Werke.* Nationalausgabe. Gedichte 2. Hg. v. Norbert Oellers. Leipzig, 1983. 322.

7 Vgl. dazu Plumpe, Gerhard. «Autor und Publikum». *Literaturwissenschaft. Ein Grundkurs.* Hg. v. Helmut Brackert u. Jörn Stückrath. 5. erw. Aufl. Reinbek bei Hamburg, 1997. 377–91, 381.

8 Goethe, Johann Wolfgang. «Die Leiden des jungen Werther». *Goethes Werke. Hamburger Ausgabe in 14 Bänden.* Hg. v. Erich Trunz. Hamburg, 1951. 82. (Seitenzahlen dieser Ausgabe werden im Folgenden den Zitaten im Text nachgestellt.)

9 Vgl. zum Textbegriff in historischer und theoretischer Hinsicht: Greetham, David C. *Theories of the Text.* Oxford u. New York, 1999. Zur kulturwissenschaftlichen Grundlegung des Textbegriffs vgl. Bachmann-Medick, Doris (Hg.). *Kultur als Text. Die anthropologische Wende in der Literaturwissenschaft.* Frankfurt a. M., 1966; Baßler, Moritz. «New Historicism und der Text der Kultur. Zum Problem synchroner Intertextualität». *Literatur als Text der Kultur.* Hg. v. Moritz Csáky u. Richard Reichensperger. Wien, 1999. 23–40.

10 Vgl. dazu grundlegend Rorty, Richard (Hg.). *The Linguistic Turn.* Chicago, 1992.

11 Philosophisch ausbuchstabiert von Wittgenstein, Ludwig. «Logisch-philosophische Abhandlung. Tractatus logico-philosophicus». *Werkausgabe 1.* Hg. v. Joachim Schulte. Frankfurt a. M., 1984; und in den Arbeiten des Wiener Kreises. Ein solch radikaler Sprachskeptizismus geht aber schon auf Vico, Hamann und Nietzsche zurück. Literarisch ist er zentral für Hofmannsthal und Mallarmé.

12 «Die Bedeutung eines Dinges für eine Person ergibt sich aus der Art und Weise, in

der andere Personen ihr gegenüber in bezug auf dieses Ding handeln. Ihre Handlungen dienen der Definition dieses Dinges für diese Person.» Blumer, Herbert. «Der methodologische Standort des symbolischen Interaktionismus». *Kommunikationstheorien. Ein Textbuch zur Einführung.* Hg. v. Roland Burkart u. Walter Hömberg. 2. Aufl. Wien, 1995. 23–39, 26.

13 «Auf der Stufe des Bewußtseins wird eine [...] Geste zum Symbol, zum signifikanten Symbol. Aber die Interpretation von Gesten ist im Grunde kein Prozeß, der im Denken als solchem abläuft oder notwendigerweise Geist voraussetzt. Sie ist ein äußerlicher und objektiv gegebener physischer oder physiologischer Prozeß, der im realen gesellschaftlichen Erfahrungsbereich abläuft.» Mead, George Herbert. *Geist, Identität und Gesellschaft. Aus der Sicht des Sozialbehaviorismus.* Übs. v. Ulf Pacher. Frankfurt a. M., 1973. 118.

14 Bühler, Karl. *Sprachtheorie. Die Darstellungsfunktion der Sprache.* 3. Aufl. Stuttgart, 1999. 28.

15 Bühler (Anm. 14), 28.

16 Bühler (Anm. 14), 32.

17 Wolfgang Kayser übernimmt das Organonmodell und korreliert die drei Sprachfunktionen mit der Trias literarischer Gattungen. So schreibt er der Lyrik eine Dominanz der Ausdrucksfunktion zu, während die Epik als Darstellung und das Drama als appellative Funktion charakterisiert sind. Kayser, Wolfgang. *Das sprachliche Kunstwerk. Eine Einführung in die Literaturwissenschaft.* Bern u. München, 1948.

18 Shannon, Claude E. u. Warren Weaver. *The Mathematical Theory of Communication.* Urbana u. Chicago, 1963. 33.

19 Vgl. dazu Kümmel, Albert. «Mathematische Medientheorie». *Medientheorien. Eine Einführung.* Hg. v. Daniela Kloock u. Angela Spahr. München, 1997. 205–36, 206 ff.

20 «In telephony this operation consists merely of changing sound pressure into a proportional electric current.» Shannon u. Weaver (Anm. 18), 33.

21 Shannon u. Weaver (Anm. 18), 34.

22 Vgl. dazu auch Erhard Schüttpelz, der nachweist, dass und wie die Störquelle von jedem Funktionsort des Kommunikationsmodells aus zu einer zweiten Signalquelle werden kann. Schüttpelz, Erhard. «Eine Umschrift der Störung. Shannons Flußdiagramm der Kommunikation in ihrem kybernetischen Empfang.» *Transkribieren. Medien/Lektüre.* Hg. v. Ludwig Jäger u. Georg Stanitzek. München, 2002. 233–80.

23 Shannon u. Weaver (Anm. 18), 34.

24 Shannon u. Weaver (Anm. 18), 34.

25 Vgl. dazu Spangenberg, Peter M. «Mediengeschichte – Medientheorie». Fohrmann u. Müller (Anm. 5), 31–76, 32.

26 Weaver übersetzt dieses Kommunikationsmodell später auch in zwischenmenschliche Interaktion, indem er das Gehirn des Sprechers als Nachrichtenquelle bezeichnet. Die Stimmbänder entsprechen der Funktionsstelle des Senders, der das Signal als sich ändernden Schalldruck erzeugt und durch die Luft, d. h. den Kanal, überträgt. Die Gehörnerven des Hörers markieren die Position des Empfängers, während sein Gehirn als Bestimmungsort der Nachricht zu gelten habe. Kommunikation wird hier als neurophysiologischer Vorgang dargestellt.

27 Jakobson, Roman. «Linguistik und Poetik». *Poetik. Ausgewählte Aufsätze 1921–1971.* Hg. v. Elmar Holenstein u. Tarcisius Schelbert. Frankfurt a. M., 1979. 92.

28 Jakobson (Anm. 27), 91.
29 Jakobson (Anm. 27), 92 f.
30 Schmidt, Siegfried J. u. Guido Zurstiege. *Orientierung Kommunikationswissenschaft.* Reinbek bei Hamburg, 2000. 53 f.
31 Bereits 1964 fordert Marshall McLuhan einen autonomen Medienbegriff ein, wenn er die These, das Medium sei die Botschaft, proklamiert. Es soll nicht als Kanal verstanden werden, dessen man sich je nach Bedarf bedienen kann, sondern selbst als Informationserzeuger. Ein Medium überträgt somit keine vorbestimmte Information, vielmehr erwirkt es diese erst durch die ihm jeweils eigene Struktur. Vgl. dazu ders. *Die magischen Kanäle. Understanding Media.* Dresden u. Basel, 1994.
32 Derrida, Jacques. *Die Postkarte. Von Sokrates bis an Freud und jenseits. 1. Lieferung.* Übs. v. Hans-Joachim Metzger. 2. Aufl. Berlin, 1989. 37.
33 «Doch das Ende der linearen Schrift ist das Ende des Buches, selbst wenn es bis heute noch das Buch ist, das für neue literarische oder theoretische Schriften nolens volens formbestimmend ist. Es geht auch nicht darum, der Buchhülle noch nie dagewesene Schriften einzuverleiben, sondern endlich das zu lesen, was in den vorhandenen Bänden schon immer zwischen den Zeilen stand. Mit dem Beginn einer zeilenlosen Schrift wird man auch die vergangene Schrift unter einem veränderten räumlichen Organisationsprinzip lesen.» Derrida, Jacques. *Grammatologie.* Übs. v. Hans-Jörg Rheinberger u. Hanns Zischler. Frankfurt a. M., 1983. 154 f.
34 Vgl. dazu beispielsweise Poster, Mark. «Derrida and Electronic Writing. The Subject of the Computer». *The Mode of Information. Poststructuralism and Social Context.* Chicago, 1990. 99–128; Wetzel, Michael. *Die Enden des Buches oder die Wiederkehr der Schrift. Von den literarischen zu den technischen Medien.* Weinheim, 1992; Landow, George P. *The Convergence of Contemporary Critical Theory and Technology.* Baltimore, 1992.
35 Ulmer, Gregory. *Applied Grammatology, Post(e)-Pedagogy from Jacques Derrida to Joseph Beuys.* Baltimore, 1985.
36 «Die Spur *ist nichts*, ist nicht ein Seiendes; sie übersteigt die Frage *was ist* – und macht sie vielleicht erst möglich.» Derrida (Anm. 33), 131.
37 «Die eine Seite in Abhängigkeit von der anderen zu setzen heißt ja immer auch, beide Begriffe in ihrem Unterschiedensein anzuerkennen. Diese Einsicht in die doppelbödige Rolle metaphysischer Texte ist Derridas ‹Entdeckung›. Und die Dekonstruktion ist das Verfahren, welches die Rolle von Texten zutage fördert, durch Begriffshierarchien nicht nur den Primär-, sondern auch den Sekundärbegriff hervorzubringen und damit eine in dem Subordinationsverhältnis nicht vollständig aufgehende Begriffsdifferenz zu etablieren.» Krämer, Sybille. «Die Schrift als Bedingung der Möglichkeit und der Unmöglichkeit von Sprache». *Sprache, Sprechakt, Kommunikation. Sprachtheoretische Positionen des 20. Jahrhunderts.* Frankfurt a. M., 2001. 217–40, 220.
38 Vgl. dazu Derrida, Jacques. *Einige Statements und Binsenweisheiten über Neologismen, New-Ismen, Post-Ismen, Parasitismen und andere kleine Seismen.* Berlin, 1997.
39 Derrida (Anm. 33), 45.
40 Derrida, Jacques. *Die Postkarte. Von Sokrates bis an Freud und jenseits. 2. Lieferung.* Übs. v. Hans-Joachim Metzger. Berlin, 1987. 220.
41 Derrida (Anm. 32), 221.

42 Derrida (Anm. 40), 220.

43 Auch die Rezeptionsästhetik, die dem Leser eine aktive Beteiligung an der Herstellung der Textbedeutung zugesteht, affirmiert die hermeneutische Autorzentrierung, da sich der Aktionsrahmen des Lesers nur aus der Intention des Autors erschließt: vgl. dazu Eco, Umberto. *Das offene Kunstwerk*. Übs. v. Günter Memmert. Frankfurt a. M., 1977; Iser, Wolfgang. *Der Akt des Lesens. Theorie ästhetischer Wirkung*. München, 1976; Jauß, Hans Robert. «Der Leser als Instanz einer neuen Geschichte der Literatur». *Poetica* 7 (1974): 325–44. Dagegen schreibt Michel de Certeau ein Plädoyer für ein Lektüreverständnis, das auf Aktivität und Eigenmächtigkeit des Lesers setzt: de Certeau, Michel. *Kunst des Handelns*. Übs. v. Ronald Voullié. Berlin, 1988. 293–311.

44 Zu diesem Problem vgl. de Man, Paul. *Allegorien des Lesens*. Übs. v. Werner Hamacher u. Peter Krumme. Frankfurt a. M., 1988; vgl. dazu auch Bohrer, Karl Heinz (Hg.). *Ästhetik und Rhetorik. Lektüren zu Paul de Man*. Frankfurt a. M., 1993.

45 «Uns verhilft dieser Ansatz dazu, bei der Analyse von Kommunikation von Differenz auszugehen, nämlich von der Differenz von Mitteilung und Information. Diese Differenz wird durch Zeichengebrauch verstehbar gemacht und zugleich als ‹différance› (im Sinne einer zeitlichen Verschiebung von Einheit und Differenz) temporalisiert.» Luhmann, Niklas. *Soziale Systeme. Grundriß einer allgemeinen Theorie*. Frankfurt a. M., 1987. 202.

46 «Damit dekonstruieren wir, wie die Dekonstruktivisten selbst, den Begriff (die Unterscheidung) des ‹Lesens› und ersetzen ihn durch den Begriff der Kommunikation.» Luhmann, Niklas. *Die Kunst der Gesellschaft*. Frankfurt a. M., 1995. 162.

47 Vgl. dazu Koschorke, Albrecht. «Die Grenzen des Systems und die Rhetorik der Systemtheorie». *Widerstände der Systemtheorie. Kulturtheoretische Analysen zum Werk von Niklas Luhmann*. Hg. v. dems. u. Cornelia Vismann. Berlin, 1999. 49–60, 50.

48 In diesem Sinn bleibt Kommunikation stets auch auf Handlungen angewiesen: «Soziale Systeme werden demnach nicht aus Handlungen aufgebaut [...]; sie werden in Handlungen zerlegt und gewinnen durch diese Reduktion Anschlußgrundlagen für weitere Kommunikationsverläufe.» Luhmann (Anm. 45), 193.

49 «Verstehen ist nie eine bloße Duplikation der Mitteilung in einem anderen Bewußtsein, sondern im Kommunikationssystem selbst Anschlußvoraussetzung für weitere Kommunikation, also Bedingung der Autopoiesis des sozialen Systems.» Luhmann, Niklas. «Was ist Kommunikation?» *Soziologische Aufklärung 6*. Opladen, 1995. 116.

50 Luhmann (Anm. 45), 194 f.

51 «Die Kommunikation hat keinen Zweck, keine immanente Entelechie. Sie geschieht, oder geschieht nicht – das ist alles, was man dazu sagen kann. [...] jede andere Auffassung müßte begründen, weshalb das System nach dem Erreichen seiner Zwecke fortdauert; oder man müßte, nicht ganz neu, sagen: der Tod sei der Zweck des Lebens.» Luhmann (Anm. 49), 119.

52 Vgl. dazu Luhmann (Anm. 45), 135 ff.

53 Vgl. dazu Luhmann (Anm. 45), 337 ff.

54 Luhmann (Anm. 45), 220.

55 Luhmann, Niklas. *Liebe als Passion. Zur Codierung von Intimität*. Frankfurt a. M., 1982. 139 ff.

56 Zum Verhältnis von systemischer Reproduktion und Medienbezug vgl. Binczek,

Natalie. *Im Medium der Schrift. Zum dekonstruktiven Anteil in der Systemtheorie Niklas Luhmanns.* München, 2000.

57 Vgl. dazu Binczek, Natalie u. Nicolas Pethes. «Mediengeschichte der Literatur». *Handbuch der Mediengeschichte.* Hg. v. Helmut Schanze. Stuttgart, 2001. 282–315.

58 Luhmann datiert die Anfänge des Ausdifferenzierungsprozesses auf das 17. Jahrhundert zurück, dessen Vollendung auf die Zeit um 1800.

59 Vgl. zum Verhältnis von Kommunikation im Kontext der Massenmedien und Poesie Stanitzek, Georg. «Fama/Musenkette. Zwei klassische Probleme der Literaturwissenschaft mit den Medien». *Schnittstelle. Medien und Kulturwissenschaft.* Hg. v. dems. u. Wilhelm Voßkamp. Köln, 2001. 135–50, 141 f.

60 Vgl. zur Unterscheidung von intensiver Wiederholungslektüre und exzessiver Einmallektüre unterschiedlicher Texte Engelsing, Rolf. «Die Perioden der Lesergeschichte in der Neuzeit. Das statistische Ausmaß und die soziokulturelle Bedeutung der Lektüre». *Archiv für Geschichte des Buchwesens* 10 (1970): Sp. 945–63; Zur historischen Unterscheidung von Lesemodi, -formen und -techniken überhaupt vgl. u. a. Schön, Erich. *Der Verlust der Sinnlichkeit.* Stuttgart, 1987; Bickenbach, Matthias. *Von den Möglichkeiten einer ‹inneren› Geschichte des Lesens.* Tübingen, 1999; Chartier, Roger u. Guglielmo Cavallo (Hg.). *Die Welt des Lesens. Von der Schriftrolle zum Bildschirm.* Frankfurt a. M. u. New York, 1999.

61 Koschorke, Albrecht. *Körperströme und Schriftverkehr. Mediologie des 18. Jahrhunderts.* München, 1999. 420.

62 Vgl. dazu Illich, Ivan. *Im Weinberg des Textes. Als das Schriftbild der Moderne entstand.* Frankfurt a. M., 1992; Raible, Wolfgang. *Die Semiotik der Textgestalt. Erscheinungsformen und Folgen eines kulturellen Evolutionsprozesses.* Heidelberg, 1991; ders. «Von der Textgestalt zur Texttheorie. Beobachtungen zur Entwicklung des Text-Layouts und ihren Folgen». *Schrift, Medien, Kognition. Über die Exteriorität des Geistes.* Hg. v. Peter Koch u. Sybille Krämer. Tübingen, 1997. 29–41.

63 Genette, Gérard. *Paratexte. Das Buch vom Beiwerk des Buches.* Übs. v. Dieter Hornig. Frankfurt a. M. u. New York, 1992.

64 Vgl. zur Gattungstypologie: Nickisch, Reinhard M. G. *Brief.* Stuttgart, 1991. 186 ff.

65 Vgl. dazu Siegert, Bernhard. *Relais. Geschicke der Literatur als Epoche der Post 1751–1913.* Berlin, 1993. 44 ff.

66 Insofern sie die Unmittelbarkeit des Erlebens in einen Verzug zur schriftlichen Fixierung setzen, sind sie selbst schon zeitlich gespalten.

67 Vellusig, Robert. *Schriftliche Gespräche. Briefkultur im 18. Jahrhundert.* Wien, Köln u. Weimar, 2000. 86 ff.

68 Das entspricht der allgemeinen Auffassung im 18. Jahrhundert. Programmatisch formuliert: «So viel ist gewiß, daß wir in einem Briefe mit einem andern reden, und daß dasjenige, was ich einem auf ein Blatt schreibe, nichts anders ist, als was ich ihm muendlich sagen wuerde, wenn ich koennte oder wollte. […] Wodurch wird also ein Schreiben von so einer Rede unterschieden? Vielleicht nicht durch die Sache selber; sondern durch gewisse aeusserliche Eigenschaften, die wir der Kunst, dem Geschmacke und Gebrauche zu danken haben.» Gellert, Christian Fürchtegott. «Gedanken von einem guten deutschen Briefe, an den Herrn F. H. v. W.» *Gesammelte Schriften. Kritische kommentierte Ausgabe 4.* Hg. v. Bernd Witte. Berlin u. New York, 1989. 99.

69 «Weiß der große Gott, wie einem das tut, so viele Liebenswürdigkeit vor einem herumkreuzen zu sehen und nicht zugreifen zu dürfen; und das Zugreifen ist doch der natürlichste Trieb der Menschheit.» Goethe (Anm. 8), 84.

70 Dazu ist eine Anpassung des Stils an mündliche Sprache erforderlich: «Natürlichkeit ist der große Entwurf für eine veränderte deutsche Literatursprache im 18. Jahrhundert. […] Briefe sind das Medium, das sich zur Einübung und Weiterentwicklung der Natürlichkeitsvorstellungen anbietet.» Nörtemann, Regina. «Brieftheoretische Konzepte im 18. Jahrhundert und ihre Genese». *Brieftheorie des 18. Jahrhunderts. Texte, Kommentare, Essays.* Hg. v. Angelika Ebrecht, Regina Nörtemann u. Herta Schwarz. Stuttgart, 1990. 221.

71 Luhmann, Niklas. «Die Form der Schrift». *Schrift.* Hg. v. Hans Ulrich Gumbrecht u. K. Ludwig Pfeiffer. München, 1993. 349–66, 364.

4 New Philology/Textkritik

Jürgen Wolf

a) Ältere deutsche Literatur

Wider den ‹Irrglauben›: ‹New› versus ‹Old Philology›

Von angloamerikanischer Seite wurde in der letzten Dekade des 20. Jahrhunderts eine wichtige Theoriediskussion im Umkreis von Editionswissenschaft, Literaturgeschichte und Philologie angestoßen. Unter dem Etikett ‹New› sollte Altes, Überholtes ersetzt werden. In radikaler Abgrenzung von der auf genieästhetischen Vorstellungen des 19. Jahrhunderts fußenden klassischen Editionsphilologie suchte die ‹New Philology› eine auf das Material, die Einzeltexte, letztlich die einzelnen Handschriften fixierte Analysemethode zu etablieren.[1] Ausgehend von einem primär editionstheoretischen Ansatz hat sich die ‹New Philology› von Beginn an auch literatur- und kulturtheoretischen Horizonten geöffnet. Mit der grundlegenden Erkenntnis, dass jede Edition zugleich Interpretation ist, forderte die ‹New Philology› zugleich ein anderes Verständnis von Autorsubjekten, Werken, Gattungsstrukturen und literarischen Entwicklungslinien ein. Ein neues Bild vom Mittelalter begann sich am Horizont abzuzeichnen. Genau hier, in der Verbindung von handfester Philologie, deren theoretischer Reflexion und den wirkmächtigen Diskussionen um Diskurstheorie und Postmoderne lag die Faszination des neuen Ansatzes. Jan-Dirk Müller strich 1996 die erwarteten massiven Folgen für den Umgang mit mittelalterlicher Literatur in seinen Vorbemerkungen zum DFG-Symposion ‹*Aufführung* und *Schrift*› geradezu euphorisch heraus:

Zur Disposition steht der Text als geschlossenes Gebilde, von einem Autor verantwortet, auf allen Ebenen kontrolliert und ein für alle Male fixiert, ein Gebilde, dem dann auf Rezipientenseite eine abschließbare Interpretationstätigkeit entspricht. Philologisch erweist sich dieser feste Autortext (mit seinen Derivaten Original, Archetyp, Autorvariante, Kontamination etc.) für die ältere Literatur als Fiktion, die nicht nur unmöglich rekonstruiert werden kann, sondern den Blick verstellt auf das Transitorische des in wechselnden Aufführungen realisierten und jedes Mal neu und unverwechselbar zu Papier gebrachten Textes, den Blick auf seine ‹mouvance› (Zumthor). Der Text hat nicht Varianten, sondern ist ‹variance› (Cerquiglini).[2]

Und tatsächlich wurden in zahlreichen Publikationen Literaturmodelle unter Verzicht auf einen klassischen Autor- und Werkbegriff durchgespielt. In der Editionspraxis fiel der germanistischen Mediävistik der Abschied vom genialen Autor und seinem idealen (Kunst-)Werk allerdings sichtlich schwer. Die drei neuen zwischen 1994 und 1998 erschienenen Walther-Ausgaben von Christoph Cormeau, Günther Schweikle und Silvia Ranawake halten trotz gegenteiliger Bekenntnisse in Vorworten und Einleitungen zumindest unterschwellig an genieästhetisch verklärten Walther-Vorstellungen fest. Das handschriftliche Material schien den Editoren in seiner ästhetisch, rhythmisch, stilistisch und inhaltlich manchmal unvollkommenen Art mehr als einmal nicht zur hohen Dichtkunst eines Walther von der Vogelweide zu passen. Auf eine manuskriptzentrierte Literaturgeschichte warten wir bis heute ebenfalls vergeblich.

Aber kommen wir zum konkreten Feindbild der ‹New Philology›: Karl Lachmann hatte im Jahr 1817 in seiner Rezension zu Friedrich Heinrich von der Hagens *Nibelungen Lied* (1816) und Georg Friedrich Benneckes *Edel Stein* (1816) die für die ‹alte› Editionsphilologie bestimmende Idee formuliert: «Wir sollen und wollen aus einer hinreichenden Menge von guten Handschriften einen allen diesen zum Grunde liegenden Text darstellen, der entweder der ursprüngliche selbst seyn oder ihm doch sehr nahe kommen muss.» Lachmann hatte mit diesem Plädoyer für das rekonstruierte ‹Original› von der Hagens Editionsprinzip verworfen. Der hatte nur eine «gute» Handschrift abgedruckt, sie nach der Überlieferung gebessert und nach ästhetischen Vorstellungen rhythmisch geglättet. Für Lachmann eine unverzeihliche Unterlassungssünde, denn «von einer Ausgabe der Nibel., die diesen Namen verdiente, kann noch nicht die Rede seyn»[3]. Vom ‹Original› sah er von der Hagens Text weiter entfernt denn je.

Direkt gegen die alte Lachmann-Philologie beschritt die ‹New Philology› den Weg konsequent zurück zu den Handschriften, den «origins of medieval studies».[4] Basis des neuen Ansatzes waren Diskurstheorie, Poststrukturalismus und Dekonstruktivismus. Fast vollständig ausgeblendet blieben über 150 Jahre intensiver Forschungsdiskussionen um Lachmann und seine Methode. Man interessierte sich nicht für die romanistische und germanistische Textkritik, die schon mit Joseph Bédiers Ausgabe des *Lai de l'Ombre* (1913) und den Theoriediskussionen der 1950er bis 1980er Jahre radikal mit Lachmann gebrochen hatte. Es ging auch nicht um eine auf der gesamten Geschichte des Fachs fußende Aufarbeitung der Vergangenheit, sondern allein Lachmann und seine Rekonstruktionsphilologie waren die Gegner. Wegen dieser z. T. «übertriebenen Fixierung auf die von ihr gegeißelten ‹Irrwege› der im 19. Jahrhundert praktizierten ‹Old Philology›» hat man «die ‹New Philology› in den USA bisweilen in ‹Necro-Philology› umgetauft»[5].

Wirklich ‹neu› war der Ansatz freilich nicht,[6] denn Lachmanns Rekonstruktionsphilologie stand von Beginn an in der Kritik. Häufig beklagte man die Vernachlässigung des handschriftlichen Materials. Das Bild, das Wilhelm Scherer in den Preußischen Jahrbüchern des Jahres 1876 zeichnete, entsprach dabei durchaus der aufgeheizten Atmosphäre:

> Wer gegen Lachmann polemisirt, der setzt sich sofort in die Positur des gesinnungsüchtigen und unentwegten Kämpfers; und wenn es sich um besonders starke Fälle handelt, die nicht selten waren, wo Haupthiebe erteihlt werden, so stellt man dem jungen Helden das Zeugnis aus, daß er den Stier bei den Hörnern gefaßt habe.[7]

Richtig bei den Hörnern gepackt hat schließlich Gustav Roethe den Stier (1904). Sein zunächst als Hilfskonstruktion zur schnellen Erschließung wichtiger Texte vorgestelltes Leithandschriftenprinzip emanzipierte sich über die Deutschen Texte des Mittelalters (DTM) schon bald als tragfähiges Gegenmodell zur Rekonstruktionsphilologie: Eine mit den Methoden der Philologie (Lesartenanalyse) ermittelte ‹gute› Handschrift diente als Basis der Edition. Überlieferungsvarianten wurden über Apparate zugänglich gemacht.[8]

Die germanistische Diskussion um Fragen der Textherstellung erreichte in den 1960er Jahren mit Karl Stackmanns programmatischem Aufsatz *Mittelalterliche Texte als Aufgabe* eine neue Qualität. Zumindest bei kontaminierten, d. h. auf mehreren Vorlagen basierenden Handschriften sah er keinen Weg zurück zu einem Autororiginal.[9] Endgültig zu den handschriftlichen Wurzeln führte in den 1980er Jahren schließlich die überlieferungsgeschichtliche Methode der ‹Würzburger Schule›, wo viele Aspekte der ‹New Philology› bereits vorgeprägt sind.[10] Das Echo auf diese manchmal vielleicht zu sehr auf die Gegenstände fixierten und eben nicht in übergreifende kulturtheoretische Zusammenhänge eingebundenen Grundsatzdiskussionen blieb verhalten und nicht nur im Fall der ‹Würzburger Schule› auf einen engen Zirkel primär deutscher Editionsphilologen beschränkt. Es brauchte erst die nicht selten völlig losgelöst von den Gegenständen geführten Debatten um die ‹New Philology›, ehe das altehrwürdige Philologiemodell Lachmann'scher Prägung endgültig ins Wanken geriet.[11]

‹Das Lob der Variante› und der ‹offene Text›

Die Suche nach dem Autortext bzw. dem ‹Original› und dem kongenialen Autorindividuum wurde von den ‹neuen Philologen› – zumindest in der Theorie – durch einen radikal offenen Textbegriff ersetzt. Nicht mehr die Rekonstruktion eines Archetyps bzw. die Idee von einem festen Text, sondern ‹Éloge de la variante› (Cerquiglini)[12] und die Vorstellung vom ‹offenen Text› rückten im Bemühen um einen überlieferungsgetreuen Text ins Blickfeld. Werk und Autor standen zur Disposition. An die Stelle eines – wegen fehlender Autographen fast immer konstruierten – Fixums (= Autortext/Original) traten die Aggregatzustände der mittelalterlichen Texttradierung (= Handschriften). Aber schauen wir zunächst auf die mittlerweile zu allgegenwärtigen Schlagwörtern avancierten Leitbegriffe der ‹New Philology›, auf *variance* und *mouvance*: Das programmatische Begriffspaar definiert zunächst sachlich neutral grundlegende Phänomene der mittelalterlichen Textüberlieferung.

Variance beschreibt Abweichungen (Varianten) innerhalb der einzelnen Handschriften eines Werks. Die Palette der Varianten reicht dabei von einfachen Schreibfehlern, Auslassungen, Augensprüngen und Vorlagendefekten über orthographische und dialektale Eigenheiten der Schreiber (vgl. Beispiel 1) bis hin zum bewussten Eingriff, der bewussten Überarbeitung oder gar der Neukonzeption des Werks. Die ‹New Philology› räumt allen Varianten unabhängig von ihrer Qualität und ihrer Historizität einen absoluten Rang ein, das heißt, bedeutungstragende Veränderungen, redaktionelle Eingriffe, Schreibfehler, Augensprünge, dialektale Besonderheiten und technisch bedingte Vorlagendefekte (verlorene oder beschädigte Blätter etc.) werden als gleichwertige und zeitlose Faktoren eines fortwährenden Textualisierungsprozesses begriffen.

Mouvance umschreibt die Beweglichkeit von ganzen Textpassagen oder Strophen. Der Walther-(Lied-)Ton 35 findet sich z. B. in den Lieder-Handschriften A, B/C, E und O in vier verschiedenen Zusammenstellungen mit drei (A, B, C) oder fünf (E, O) Strophen in wechselnder Anordnung. Die einzelnen Strophen des Liedes werden in verschiedenen Überlieferungs- oder Vortragszusammenhängen wie Bausteine höchst unterschiedlich zusammenmontiert.[13] Die Einzelteile (hier die Strophen, es können aber auch einzelne Berichte, Beschreibungen etc. sein) erweisen sich beinahe frei kombinierbar. *mouvance*-Phänomene spielen in der mittelalterlichen Lyriküberlieferung eine große Rolle, sind aber auch bei Predigtsammlungen, Gebetbüchern, Wissenstexten (vgl. Beispiel 2), Rezept- und Arzneibüchern weit verbreitet.

Basis aller Forderungen nach einer Rückkehr zu den Handschriften sind zwei grundsätzliche Besonderheiten der mittelalterlichen Texttradierung: Zum einen liegt kaum ein Text in einer originalen Autorhandschrift (Autograph) vor. In der Regel wissen wir noch nicht einmal Näheres über den Entstehungsprozess der Werke. Zum anderen werden bis zur Erfindung des Buchdrucks durch Johannes Gutenberg die Texte ausschließlich von Schreibern individuell-handschriftlich vervielfältigt, was die in der Neugermanistik bedeutungslosen Überlieferungsvarianten in das Zentrum des Forschungsinteresses rückt: Jedes Manuskript stellt ein Unikat dar und ist letztlich seinerseits Original. Diesem handschriftlichen Original editorisch gerecht zu werden, hieß für Cerquiglini und seine Mitstreiter, die einzelne Handschrift in der Ausgabe direkt nachzubilden. Edition sollte ausdrücklich nicht mehr Rekonstruktion und damit Interpretation sein. Autor- und Werkvorstellungen schienen hinfällig geworden. Das Wort vom ‹offenen Text› und vom ‹Tod des Autors› machte die Runde. Die Diskussion um den ‹offenen Text› hatte freilich schon Umberto Eco in den 1960er Jahren eröffnet.[14] Seine Überlegungen wurden von Cerquiglini aufgenommen und weitergeführt. Bei ihm sind Werkentstehung und Tradierung schließlich nur noch Prozesse und die Überlieferung Momentaufnahmen. Auch der Autor lag bereits seit Roland Barthes (1968) und Michel Foucault (1969) auf dem Totenbett, ehe ihm Cerquiglini endgültig den Todesstoß versetzte.[15]

«Variance, mouvance» und die Realität der handschriftlichen Überlieferung

Dem *variance*-Begriff Cerquiglinis wohnt, wendet man ihn pauschal, quantitativ auf alle Arten von Literatur und alle Textzeugen ungeachtet von Raum und Zeit gleichermaßen an, ein Gattungs-, Werk-, Autor- und Überlieferungseigentümlichkeiten nivellierender Charakter inne. Alle Varianten erscheinen ungeachtet von Qualität und Historizität als absolute Größe. In bestimmten Gattungszusammenhängen wie Lyrik, Heldenepik, Chronistik, Medizin und Predigt lösen sich Werk-, Autor- und Textbegriff im Sinne von Cerquiglini und Zumthor scheinbar tatsächlich in *variance* und *mouvance* auf. Ein divergierender, bisweilen konträrer Befund ist jedoch bei den höfischen Romanen Hartmanns von Aue, Wolframs von Eschenbach, Gottfrieds von Straßburg oder Wirnts von Grafenberg zu konstatieren: ‹Iwein›, ‹Parzival›, ‹Willehalm›, ‹Titurel› (Beispiel 1), ‹Tristan› und ‹Wigalois› werden – sogar zu einem größeren Teil – sehr konstant tradiert. Varianten beschränken sich auf kaum bedeutungsrelevante Nuancen, die sich vielfach als dialektale oder orthographische Eigenheiten, Schreiberfehler und Vorlagendefekte identifizieren lassen.

Die kaum fassbare Bandbreite der Varianten wird dann zu einem Problem, wenn man sie – wie für mehr als ein Jahrzehnt unter dem Eindruck der Cerquiglini'schen *variance*-Euphorie geschehen – ohne Text und Kontext, Konturen und Qualitäten vermischend, auf eine imaginäre Ebene von Gleichzeitigkeit und Gleichwertigkeit projiziert; also klar zu unterscheidende und auch eine klare Unterscheidung erfordernde Phänomene wie Dialekte, Schreib- und Lesefehler, technisch bedingte Überlieferungslücken (Vorlagendefekte) in eins setzt mit bewussten, von wem und aus welchen Gründen auch immer initiierten Textveränderungen. Tatsächlich sind Varianten nicht per se Indikator einer generellen Offenheit von mittelalterlichen Texten. Sie sind auch – manchmal nur – Produkt einer historisch nachvollziehbaren und philologisch nachweisbaren Textgenese.[16] Entscheidende Faktoren sind dabei literarhistorische Größen wie Autorpersönlichkeit, Textsorte, Gattungsbewusstsein, aber auch die Individualität der Schreiber und technische Aspekte wie die Gestalt der Vorlage.

Der direkte Zugriff auf den mittelalterlichen Autor ist uns heute jedoch meistenteils verwehrt. Volkssprachliche Autographen aus dem Mittelalter haben nur selten die Jahrhunderte überdauert. Relativ häufig sind nur authentische Rechtsaufzeichnungen (Stadtrechte, Besitzverzeichnisse, Urkunden), Predigten, Segen und Rezeptsammlungen. Sie gelangten schon während des Mittelalters in Archive und Klosterbibliotheken, wo sie die Wirrnisse der Zeiten überdauern konnten.[17] Von den berühmten Epen der sog. Klassiker ist demgegenüber kein einziges authentisches Zeugnis auf uns gekommen. Was wir haben, sind bisweilen viele Jahrzehnte, ja Jahrhunderte von der Werkentstehung entfernte Überlieferungszeugen. Ebenso selten wie die Autographen sind authentische Zeugnisse über den Gestaltungswillen und den Gestaltungsanspruch der Autoren. Nur wenige Einzelfälle gestatten den Zugriff auf den Autor.[18] Sie erlauben uns, den Weg einer Autorintention durch die mittelalterliche Überlieferung oder auch gegen die Überlieferung nachzuvollziehen. Exemplarisch seien die Überlieferungseigentümlichkeiten der Hohelied-Paraphrase Willirams von Ebersberg (um 1065) herausgegriffen: Williram verbalisiert im Text deutlich sichtbar seine Autorintention. Er gibt sogar ein genial konstruiertes zweisprachig-dreigliedriges Textsystem mit lateinischem Bibeltext und lateinischem sowie deutschem Kommentar in drei Textspalten vor. In den hochkompetenten Skriptorien der Frühzeit war man mühelos in der Lage, Willirams extremen Anforderungen gerecht zu werden. Späteren Schreibern bereiteten die Vorgaben des Autors allerdings erhebliches Kopfzerbrechen, denn sie erforderten komplizierte Vorausberechnungen; der Text erschien ihnen nahezu unkopierbar. Einige Schreiber lösten kurzerhand das zweisprachig-dreigliedrige System auf und ersetzten es durch ein fortlaufend untereinander angeordnetes Textsystem oder sie verzichteten zugunsten eines rein lateinischen Kommentars vollends auf die mehrschichtige Konstruktion. Handschriften aus dieser Umbruchphase sind hochvariant.[19]

Wenn auch das Gros der mittelalterlichen Werke kaum selbstreferenzielle Aussagen der Autoren oder Redaktoren zu Textkonstitution, Textgestaltung und Intention kennt[20] und man deshalb Autorintention und Überlieferung nur selten gegeneinander spiegeln kann, lässt das Williram-Beispiel doch einiges von einem ganz eigenen mittelalterlichen Authentizitätsverständnis erahnen. Das zuerst skizzierte Bild der autonom arbeitenden Schreiber, deren überarbeitete Williram-Texte nicht Varianten haben, sondern, um mit Cerquiglini zu sprechen, *variance* sind, beschreibt sicher ein Charakteristikum mittelalterlicher Schriftlichkeit. Für weite Teile der Tradierung im engeren Sinn literarischer Texte durchaus häufiger sind aber die Schreiber, die ihre Vorlagen einfach ‹abschreiben› und sie z. T. sogar samt Einrichtung und Gestaltung kopieren. Ihr Zutun beschränkt sich auf Fehler. Im Spannungsfeld dieser zwei Extreme, dem ‹Autor-Schreiber› und dem bloßen Kopisten, begegnet ein dritter für das mittelalterliche Schriftwesen charakteristischer Schreibertyp. Gerhard Schmitz nennt ihn treffend den «intelligenten Schreiber»[21]: Er unterzieht seine Vorlagen keiner grundlegenden Bearbeitung, sein Text ist auch nicht *variance*, doch kopiert er auch nicht blindlings alles, was er vorfindet. Aus eigenem Wissen, parallelen Vorlagen, separaten Quellen oder anderweitig beschafften Informationen versucht er, einen möglichst ‹fehlerfreien› Text herzustellen. «Die Palette reicht von der Verbesserung orthographischer Fehler über geradezu konjekturale ‹Richtigstellungen› schwieriger oder am Anfang nicht ganz verständlicher Stellen, über den Vergleich mit der zugrundeliegenden Quelle bis hin zur Rückverbesserung.»[22]

Zahlreiche nach Fertigstellung durchkorrigierte Handschriften – so die *Kaiserchronik* in der berühmten *Vorauer Handschrift 276* (um 1190/1200) – dokumentieren lange vor der durch die Erfindung der

Buchdruckerkunst begünstigten Fixierung der Texte ein einerseits waches Bewusstsein um die Konstanz von Texten und Werken sowie ein andererseits präsentes Wissen um die Individualität und die Unzulänglichkeiten der Schreiber. Genau dieses Spektrum von *variance-* und *constance*-Phänomenen wird auch in der mittelalterlichen Schriftkultur selbst diskutiert: Mit großer Detailkenntnis des Schreibbetriebs verwahrt sich zum Beispiel Konrad von Heimesfurt im Prolog der *Urstende* (vv. 14–18) dagegen, «daz mir iemen iht dar abe / mit pumz oder mit mezzer / schabe und mir bezzer / in dem margine dâ bî / des in dem blate vergezzen sî» (dass mir niemand auf dem Pergament etwas mit Bimsstein oder Messer abschabe bzw. ausradiere oder auf dem Rand verbessere, was auf dem Pergamentblatt vermeintlich vergessen sei). Wirnt von Grafenberg lässt zu Beginn seines *Wigalois* (vv. 5–7, 11) allen Lesern und zukünftigen Schreibern vom sprechenden Buch mit dem erhobenen Zeigefinger die Leviten lesen: «ob iht wandels an mir sî / daz er mich doch lâze vrî / valscher rede: daz êret in. / … michn velsche lîhte ein valscher man» (wenn auch *variance* in mir, dem Buch, vorkommt, so soll er, der Rezipient, mich doch von falschen Eingriffen verschonen. Das ehrt ihn, denn mich verfälschte leicht ein falscher, bösartiger Leser/Schreiber). Konrad und Wirnt formulieren im Bewusstsein der Charakteristika des mittelalterlichen Schreibbetriebs – von Wirnt treffend mit dem Begriff «wandel» umschrieben – ein beinahe modernes Autor- und Werkverständnis.

Bereits im 13. Jahrhundert bringt in Frankreich (Paris) und Italien die gewerbsmäßige Buchproduktion eine neue Qualität in der – zunächst vornehmlich lateinischen – Textüberlieferung mit sich. Professionelle Schreibwerkstätten stellen nahezu identische Handschriften in größerer Zahl her.[23] In Deutschland sind es dann die manufakturiellen Schreibwerkstätten eines Diebold Lauber oder eines Henflin, die im frühen 15. Jahrhundert standardisierte Serienprodukte auf den Markt bringen. Übrigens hatte schon sechs Jahrhunderte zuvor Kaiser Karl der Große bei Alcuin eine Normbibel in Auftrag gegeben, die dann in unzähligen Exemplaren identisch kopiert wurde. Auch wenn erst mit der Erfindung des Buchdrucks wirklich große Stückzahlen identischer Bücher hergestellt werden können, zeigen entsprechende

Beispiele aus dem Manuskriptzeitalter doch, dass man die *variance*-Frequenz schon in dieser frühen Zeit nicht verabsolutieren darf. Außerdem war man sich sehr wohl des Phänomens bewusst. Je nach Textsorte (heilige oder profane Texte) und Art der Vorlage konnte dieses Bewusstsein allerdings zu ganz unterschiedlichen Resultaten führen.

Über die «Ehrfurcht vor der Vorlage» erfahren wir einiges von Caesarius von Milendonk. Als er im Jahr 1222 im Auftrag seines Abts eine Abschrift des *Prümer Urbars* von 893 anfertigte, umschrieb er sein Verhältnis zur Vorlage wie folgt:

Ich zeige Euch, verehrter Vater Abt an, daß ich das alte Buch [...] nach bestem Wissen und Können, dabei keinen Schritt vom Pfad der Wahrheit abweichend, abgeschrieben habe. Jedoch habe ich die meinem mäßigen Ingenium ungewöhnlich erscheinenden Namen und Wörter, die ich darin fand, damit sie dem Gemeinverstand besser offenstünden, durch eine Art Glossierung in ein gebräuchlicheres Latein überführt, jedoch den sprachlich wundersamen und gewissermaßen unerhörten Stil, in dem alles abgefaßt ist, aus Ehrfurcht vor dem Alter unverletzt belassen[24].

Caesarius' Position zur Vorlage erscheint aus moderner Perspektive ambivalent. Einerseits sieht er sich verpflichtet, die Vorlage originalgetreu zu bewahren. Andererseits fühlt er sich verantwortlich, den Text zu aktualisieren, ihn den Erfordernissen einer neuen Zeit anzupassen. Im mittelalterlichen Verständnis blieb der Text allerdings auch in seiner Bearbeitung ‹original›.

Ein derart tiefes Verständnis für Textgestaltung, Schreibkonventionen und den Wert der Vorlage ist selbstverständlich nicht bei allen mittelalterlichen Schreibern anzunehmen. Die große Fülle nahezu identischer ebenso wie hochvarianter Handschriften lässt jedoch erahnen, mit welchen Extremen zu rechnen ist. Die Ausführungen Konrads, Wirnts und Caesarius' machen darüber hinaus deutlich, dass die mittelalterlichen Autoren und Skriptoren nicht nur sehr genau die Charakteristika des zeitgenössischen Schreibbetriebs reflektierten, sondern auch in der Lage waren, *variance*-Phänomene unterschiedlich zu gewichten: Wirnt toleriert beispielsweise *wandel*, wehrt sich aber vehement gegen bedeutungsrelevante Eingriffe; Caesarius kopiert seine Vorlage ausdrücklich ‹originalgetreu›, was in seinen Augen heißt,

Form und Inhalt zu bewahren, Wortlaut und Orthographie aber den Bedürfnissen der Zeit anzupassen.

Für die mittelalterlichen Literaten, Schreiber und Rezipienten sind Varianten also keineswegs gleichwertig. Können sie es dann für den neuzeitlichen Philologen sein? Hier die erwünschten objektiven Kriterien zur Charakterisierung und Differenzierung von Schreibertypen und damit von Typen der Schriftproduktion zu gewinnen, verlangt eine qualifizierende, strikt historisierende Bewertung von Varianten. *variance-* und *mouvance-*Phänome verlieren damit ihre absolute, alle Überlieferungs- und Textkritik nivellierende Qualität.

Die Eliminierung des Herausgebers: ‹New Philology› in der mediävistischen Editionspraxis

Ausgehend von einem das Werk schaffenden Autorindividuum erschienen die Schreiber – und die aus ihrer Arbeit resultierenden Textveränderungen – den ‹alten Philologen› letztlich als Störfaktoren. Sie machten Fehler, nahmen ‹nicht autorisierte› Veränderungen am Text vor und behinderten so die ‹korrekte› Tradierung des Werks. Mittels stemmatologischer Analysen, Stiluntersuchungen und nicht zuletzt auf der Basis romantisch verklärter Dichterprofile glaubten Lachmann und seine Nachfolger den Einfluss dieser Störfaktoren nicht nur erkennen, sondern auch eliminieren zu können. Resultat waren idealtypisch rekonstruierte ‹Originale›, die häufig mit der Realität der tatsächlich vorhandenen handschriftlichen Überlieferung nichts mehr gemein hatten (vgl. exemplarisch das sog. ‹Veldeke-Problem›[25]).

In gleicher Radikalität wie einst Lachmann dem ‹Original› das Wort redete, gilt den ‹Neuen Philologen› nun das tatsächlich greifbare handschriftliche Material als unantastbare Größe. Konsequent zu Ende gedacht, sollte dies das Ende der traditionellen Editionspraxis bedeuten, denn der letztlich unendlichen Variabilität handschriftlicher Überlieferung könnte der ‹neue Editor› nur gerecht werden, wenn er dem Leser das Unikat selbst – die Handschrift – an die Hand gibt. Eine philologische Kompetenz des Herausgebers wäre letztlich nicht mehr gefragt, die Philologie ‹entphilologisiert›.[26]

Editorische Versuche in diese Richtung sind in den vergangenen Jahrzehnten jedoch kaum unternommen worden.[27] In zumindest lockerer Übereinstimmung mit neuphilologischen Ansätzen wurden allenfalls einige wenige, meist dünn überlieferte Werke in Paralleldrucken ediert. Dass der ‹New Philology›-Ansatz in der Editionslandschaft dennoch eine größere Breitenwirkung erzielen konnte, ist einem modifizierten, vornehmlich von Joachim Bumke geprägten Verfahren zu verdanken. Exemplarisch sei auf seine Edition der *Nibelungen-Klage*[28] verwiesen. Sie enthält vier nach dem Leithandschriftenprinzip erstellte Fassungen im Paralleldruck. Alle weiteren Handschriften werden über den Variantenapparat zugänglich gemacht, aber nicht abgedruckt oder abgebildet. Bumkes Edition bietet ein philologisch gefiltertes, dennoch recht originalgetreues Abbild nahezu aller *Klage*-Handschriften. Das Resultat ist für den normalen, nicht philologisch interessierten Rezipienten allerdings auch in dieser entschärften Version zwiespältig: Die stellenweise hohe Frequenz der Varianten erscheint zunächst beeindruckend und die Vierfach-Edition sowie alle Postulate Cerquiglinis zu rechtfertigen. Über weite Strecken bieten die *Klage*-Handschriften allerdings einen sehr konstanten Text. Nimmt man einmal die tatsächlich grundlegend umgearbeitete J-Fassung aus, beschränkt sich das Gros der Varianten auf Bedeutungsirrelevantes. Für den Philologen hat eine solche Ausgabe sicher ihren Reiz, lesbar ist ein solch atomisiertes Textkonglomerat freilich kaum.

Zurzeit wird an verfeinerten Editionskonzepten gearbeitet, die sowohl der handschriftlichen Vielfalt als auch dem ‹normalen› Leser besser gerecht werden wollen: Ein mehrschichtiges System mit einem Lesetext, also einer klassischen Editionsvariante nach dem Leithandschriftenprinzip, sowie dem diplomatischen Abdruck aller Textzeugen samt Abbildungen aller Handschriften haben Joachim Bumke und Joachim Heinzle für ihre neue Ausgabe der *Titurel-Fragmente* Wolframs von Eschenbach gewählt.[29] Die klassische (papierne) Buchform setzt diesem Modell jedoch Grenzen. Schon ein kurzer (ca. 170 Strophen) und dünn überlieferter Text (nur drei Handschriften) wie Wolframs *Titurel* beansprucht in der Edition mehrere hundert Druckseiten. Bei den weit umfangreicheren, extrem verbreiteten Epen der sog. Klassiker und den noch voluminöseren Reimchroniken mit bisweilen über 100 000 Versen kämen leicht viele tausend Druckseiten zusammen.

Ein vergleichbares, dreigliedriges Editionsmodell bereitet Michael Stolz für Wolframs *Parzival* vor.[30] Der entscheidende Unterschied liegt in der Verwendung modernster elektronischer Hilfsmittel. Wie von Cerquiglini angedacht, sollen alle knapp 100 *Parzival*-Textzeugen dem Leser auf dem PC in diplomatischem Abdruck und Abbildung per Mausklick zugänglich gemacht werden. Cerquiglinis Idee wäre damit auch für größte Werk- und Überlieferungskomplexe umgesetzt; die Überlieferung transparent gemacht. Einen Zugang für den von Cerquiglini vernachlässigten ‹normalen› Leser böte analog zum Modell von Bumke und Heinzle ein Editionstext nach dem Leithandschriftenprinzip. Man wird allerdings auch hier nach Sinn und Unsinn einer solchen Edition fragen müssen, denn dem enormen Aufwand stehen eher wenige, bedeutungsrelevante Varianten gegenüber.

Perspektiven für eine ‹neue Sachlichkeit›

Klassisch ‹rekonstruierte› Ausgaben suggerieren, selbst wenn man den Variantenapparat berücksichtigt, eine (relativ) konstante buch-, sprach- und textgeschichtlich einheitliche Überlieferung. Meist noch mit einem mehr oder weniger konstruierten, genieästhetisch angehauchten Autor- und einem hermetischen Werkbegriff verbunden, ging mittelalterliche Literatur – vermeintlich problemlos – in Kategorien, Theoremen und Mustern der neuzeitlichen Literaturgeschichtsschreibung auf. Es stellt sich jetzt, nachdem die Resultate der ‹New Philology›-Debatte in zahlreichen Arbeiten auf dem Tisch liegen, die Frage, ob die neuen Modelle den Besonderheiten der mittelalterlichen Überlieferung editorisch besser gerecht werden können und ob sie Genese, Tradierung und Wirkung mittelalterlicher Literatur treffender zu beschreiben vermögen. Antworten darauf wurden bisher vornehmlich punktuell in den mehr oder weniger materialreichen Einzelstudien der großen programmatischen Sammelbände *New Philology* (1990), *Toward a Synthesis?* (1993), *Alte und neue Philologie* (1997), *Philologie als Textwissenschaft* (1997) und *Neue Wege der Mittelalter-Philologie* (1998) gegeben.[31]

Für ein Werk – die *Nibelungen-Klage* – editorisch und literaturtheoretisch vollständig durchgespielt hat die neuphilologischen Überlegungen Joachim Bumke: Allgemeine programmatische Überlegungen[32] flossen 1996 zunächst in ein monumentales Grundlagenwerk[33] ein, das die Überlieferung aufarbeitet, die Varianzphänome in allen Textzeugen analysiert und Interpretationsmuster bietet. Mit der Edition der *Klage*[34] – nach allerdings schon stark modifizierten neuphilologischen Gesichtspunkten (s. o.) – ist das Modellvorhaben abgerundet. Als Problem bleibt allerdings die Erkenntnis, dass die *Klage* für die mittelalterliche Literatur- und Überlieferungssituation kaum aussagekräftig ist. Eigentümliche Überlieferungsbesonderheiten lassen das Werk eher als ‹Sonderfall› denn als Muster erscheinen. Wie das *Klage*-Beispiel erweisen sich auch andere der in der gesamten ‹New Philology›-Literatur so beliebten Sonder- und Einzelfälle als problematisch. Sie verstellen in ihrer zugegebenermaßen faszinierenden Einzigartigkeit (z. B. *Rappolsteiner Parzival*, Walther-Lyrik) mitunter den Blick auf das Normale.

Belege für *variance* und *mouvance*, Offenheit, Beweglichkeit, Innovation, aber auch Konstanz, Geschlossenheit, Konservatismus, ja Starrheit sind sowohl für die eine wie die andere Seite in großer Zahl beizubringen. Was zunächst überaus disparat, ja geradezu chaotisch erscheint, lässt im Überblick sowohl auf textueller wie kodikologischer Ebene jedoch bestimmte Grundstrukturen erkennen. Dazu gehören unter anderem Aspekte wie ein mehrschichtiges, weder allein mit Gattungs- bzw. Werkcharakteristika noch mit Entwicklungsmodellen zu erklärendes Nebeneinander von offenen (*variance*, *mouvance*, Fassungsbildung) und geschlossenen bzw. konstanten Strukturen; ein spezifischen Bedürfnissen (Nutzungssituation, materielle Potenz, Interessen) und Bedingungen (Infrastruktur/Potenz des Schreibers bzw. Skriptoriums, Vorlage) entsprechendes, fast zeitloses Nebeneinander intensiv betreuter und manchmal buchstabengetreu kopierter Texte und sogar Buchformen; eine auch in vermeintlich oral dominierten Bereichen (Predigt, Recht, Lyrik) in der Fülle aufwendig gestalteter Handschriften deutlich sichtbare, bereits sehr früh hoch ausdifferenzierte Schriftlichkeit; eine unter bestimmten beschreibbaren Bedingungen zu beobachtende Vorlagentreue bzw. Wertschätzung der Vorlage; ein partiell sicher vorhandenes, aber mit neuzeitlichen Kategorien kaum zu fassendes Autor- und Werkverständnis. Dies gilt allerdings nicht für weite Teile der pragmatischen Schriftlichkeit, wo z. B.

in der Chronistik, in der Predigt-, Medizin- und Rechtsüberlieferung frei kombinierbare, der Nutzanwendung verpflichtete Textkonglomerate dominieren. Die Lyriküberlieferung folgt insbesondere dort, wo sie Momentaufnahme vermutlich unmittelbar mündlicher Tradierungssituationen ist (vgl. die frühe Einzelstrophenüberlieferung in Psalterien, Predigtsammlungen und Rechtshandschriften), eigenen Gesetzen.

Wenn auch die ‹Neue Philologie› der ersten Stunde mit ihrem letztlich poststrukturalistischen Ansatz sicher zu Recht in die Kritik geraten ist, Autor und Werk eine Wiedergeburt erleben[35] und die Varianten ihren Schrecken für den Editor verlieren, bleibt doch das Bewusstsein für das ‹Material›, für den ‹Einzelfall›, für ein Mittelalter der Handschriften- bzw. Buchkultur geschärft. Von einem Untergang der germanistischen Mediävistik, den Werner Schröder mit der ‹New Philology› eingeleitet sah,[36] ist jedenfalls nichts zu spüren. Eher im Gegenteil haben die von Schröder verteufelten «Modeschreie»[37] dazu geführt, dass auch die letzten Erbhöfe der ‹Old Philology› ans Licht der aktuellen Forschungsdiskussion geholt wurden. Und wenn am Ende einer solchen Debatte eine neue, sachliche(re), von vielen alten und neuen theoretischen Zwängen befreite Mediävistik steht, verspricht dies nicht zuletzt weitergehende Einsichten in eine für uns ferne Zeit, in einen fremden Kultur- und Literaturbetrieb.

Beispiel: der Brief des Presbyters Johannes variant und konstant

Der Brief des sagenhaften Presbyters Johannes gehört zu den am weitesten verbreiteten und zugleich wirkmächtigsten Texten des Mittelalters. Bettina Wagner kann mehr als 200 lateinische und volkssprachliche Handschriften sowie 14 Druckausgaben nachweisen.[38] Rezipiert haben den Brief z. B. Otto von Freising in seiner *Chronica sive Historia de duabus civitatibus*, Wolfram von Eschenbach im *Parzival* und Albrecht von Scharfenberg im sog. *Jüngeren Titurel*. Auffällig ist dabei, dass einzelne Brieffassungen je nach Überlieferungskontext sowohl hochvariabel als auch auffällig konstant tradiert werden. Der im *Jüngeren Titurel*[39] (Str. 6139–6278) enthaltene Johannes-Brief ist z. B. in allen Handschriften stabil. Abweichungen (unterstrichen) sind selten und beschränken sich auf dialektale Merkmale (kunic – chunich; kristenheit – christenhait; bekeret – pecheret), Schreib- und Formulierungsvarianten (ie – hie; wart er alda – so wart er da) sowie Lesefehler (in der Beispielpassage nicht vorhanden). Bedeutungstragende Inhaltsvarianten finden sich nicht.

Beispiel 1 zeigt einen Ausschnitt aus dem Johannes-Brief im *Jüngeren Titurel* (Str. 6259) in vier repräsentativ ausgewählten *Titurel*-Handschriften.

Hs. A[40]	Hs. C[41]	Hs. E[42]	Hs. X[43]
Durch kunic den	Durch kunic den	Durch kunic der	Durch chunich den
aller ersten, der sich	aller ersten, der sich	aller ersten, der sich	aller ersten. den man
ie priester nande	hie priester nande	hie priester nande	hie priester nande.
und der des	und der des	und der des	vnd der des
hoͤhsten hersten	hoͤhsten hersten	hoͤhsten hersten	hoͤchsten hersten.
gar mit kraft die	gar mit kraft der	gar mit der kraft der	lere mit der
kristenheit erkande.	kristenheit erkande.	kristenheit erkande.	christenhait erkande.
von Sant Thoman	von santhoman	von Sant thoma so	von sand Tomas der
wart er alda bekeret	wart er alda bekeret	wart er da bekeret	selbe wart pecheret.
heidenschaft er	heidenschaft er	Die Heidenschaft er	haidenschaft der
smahte, des sit diu	smahte, des sit diu	smahte, das sit der	smœhte. des seit der
himmelschar wart	himmelschar wart	himmelschar wart	himmel schar wart
wol gemeret.	wol gemeret.	wol gemeret.	hoch gemeret.

Vergleicht man die in den *Titurel*-Handschriften ausgesprochen konstant überlieferte Brieffassung aber mit der Pariser Briefversion[44], fällt auf, dass dort nicht nur Wortlaut und Orthographie von der *Titurel*-Version erheblich abweichen, sondern auch viele bedeutungstragende Varianten vorkommen. Der oben abgedruckte Bericht aus Str. 6259 fehlt im Pariser Brief sogar völlig. Darüber hinaus werden Details ebenso wie komplette Abschnitte in der *Titurel*- und der Pariser Version jeweils in unterschiedlicher Anordnung miteinander kombiniert. Manche Abschnitte sind überhaupt nur in jeweils einer Version vorhanden, andere weisen keinen Bezug zueinander auf. Die einzelnen Elemente des Briefs – Beschreibungen einzelner Wunder, Orte, Gegenstände, Gestalten – erweisen sich dabei als beweglich und beinahe frei kombinierbar *(mouvance)*.[45]

Beispiel 2 vergleicht die *Titurel*-Version mit dem Pariser Brief.

‹Jüngerer Titurel› Str. 6140 (Hs. A)
An luͤten und an lande, an gold und an gesteine.
in himel der bekande ist er wol von sinen tugenden reine.
sin richeit, sine wirde ich nie benenne
ein teil, niht wan die groͤsten, da bi du dich an mich an wirde erkenne

Pariser Version Z. 16–21
An richtum vnde an lant, an luden, an golt, an sylber, an edelm gesteyne, an wyde des landes vnde daz meiste an allem schacze, der vnder dem hiemel ist, vnde an allen dieren, zam vnde wilde,
die da alle vnser wirdekeit vnderdenig sint, vnde aller selekeit vnsers landes. So nement beyde war vnser vberflüßekeit der großen wirdekeit. …

Die ‹alten Philologen› müssten nun darangehen, aus diesem Lesartenmaterial mittels Kollation und qualifizierender Lesartenanalyse ein Original zu rekonstruieren. Ein Verfahren, das bei den *Titurel*-Handschriften durchaus weitergehende Einsichten verspräche, denn die Varianten lassen sich sowohl horizontal (Qualität) in reine Dialekt- sowie Schreibbesonderheiten und bedeutungstragende Abweichungen als auch vertikal (Historizität) in ältere und jüngere Veränderungen klassifizieren. In der Relativität des beschriebenen Variantenmaterials scheint ein planendes Autorindividuum durch. Genau dieses Verfahren geißeln die ‹Neuen Philologen› als Irrweg und Missachtung der tatsächlichen Überlieferungsvielfalt. Sie wollen die textuelle Vielfalt aller Handschriften gleichzeitig und gleichwertig, d. h. ohne wertende Eingriffe des Editors, bewahrt wissen.[46] Resultat einer solchen Edition wären in unserem Fall knapp 60 über weite Strecken parallele *Titurelle*.[47] Über Sinn und Nutzbarkeit einer solch atomisierten Edition ließe sich streiten: Sie würde die vielen dialektalen und orthographischen Details sichtbar machen (s. o. Beispiel 1), doch Inhalt und Bedeutung stimmten in allen Fassungen so exakt überein, dass ein Leser zigmal das Gleiche lesen würde. Wollte man aber die *Titurel*- und die Pariser Brieffassung (Beispiel 2) nach den Vorgaben der klassischen Rekonstruktionsphilologie zu einem ‹Original› vereinigen, wäre man angesichts der nun hochkomplizierten Textverhältnisse, der unzähligen bedeutungstragenden Varianten und der *mouvance*-Phänomene, die sich eben nicht mit philologischen Mitteln aufschlüsseln lassen, schnell zum Scheitern verurteilt. Hier, aber auch nur hier, gilt uneingeschränkt das Cerquiglini-Diktum vom Text, der nicht Varianten hat, sondern *variance* ist.

Die beschriebenen Überlieferungseigentümlichkeiten der verschiedenen Versionen des Priesterbriefs machen exemplarisch deutlich, wie variant *variance*- und *mouvance*-Phänomene sein können. Sie zeigen, wo das Rüstzeug der ‹alten Philologie› sinnvoll eingesetzt werden kann und muss, um die Überlieferung kritisch zu sichten, zu klassifizieren, zu entwirren, und wo dieses Rüstzeug versagt.

Anmerkungen

1 Vgl. grundlegend Cerquiglini, Bernard. «Éloge de la variante». *Langages* 17 (1983): 25–35; ders. *Éloge de la variante. Histoire critique de la philologie*. Paris, 1989; Nichols, Stephen G. «‹Introduction›. Philology in a Manuscript Culture». *Speculum* 65 (1990): 1–10, sowie das gesamte Themenheft ‹New Philology›: *Speculum* 65. Cambridge, Mass. 1990; Busby, Keith (Hg.). *Toward a Synthesis? Essays on the New Philology*. Amsterdam, Atlanta, 1993. Zur Diskussion in Deutschland vgl. das Themenheft «Philologie als Textwissenschaft. Alte und neue Horizonte». Hg. v. Helmut Tervooren u. Horst Wenzel: *Zeitschrift für deutsche Philologie* 116 (1997): Beiheft; Gleßgen, Martin-Dietrich u. Franz Lebsanft (Hg.). *Alte und neue Philologie*. Beihefte zu Editio 8. Tübingen, 1997; Heinzle, Joachim L., Peter Johnson u. Gisela Vollmann-Profe (Hg.). *Neue Wege der Mittelalter-Philologie. Landshuter Kolloquium 1996*. Wolfram-Studien XV. Berlin, 1998.

2 Müller, Jan-Dirk (Hg.). *‹Aufführung› und ‹Schrift› in Mittelalter und Früher Neuzeit*. DFG-Symposion 1994. Germ.-Symposien-Berichtsbände 17. Stuttgart u. Weimar, 1996, XV.

3 Lachmann, Karl. «Rezension ‹Der Nibelungen Lied› von v. d. Hagen und ‹Der Edel Stein› von Benneke». *Jenaische allgemeine Literatur-Zeitung* (1817); wieder abgedruckt in: Müllenhoff, Karl (Hg.). *Kleinere Schriften zur deutschen Philologie von Karl Lachmann*. Berlin, 1876. 81–114, 82 f.

4 Nichols (Anm. 1), 7.

5 Vgl. Williams-Krapp, Werner. «Die überlieferungsgeschichtliche Methode. Rückblick und Ausblick». *Internationales Archiv für Sozialgeschichte der deutschen Literatur* 25 (2000): 1–21, 20.

6 Vgl. Bennewitz, Ingrid. «Alte ‹Neue Philologie›? Zur Tradition eines Diskurses». *Zeitschrift für deutsche Philologie* (1997): Beiheft, 46–61; Dietmar Rieger. «‹New Philology›? Einige kritische Bemerkungen aus der Sicht eines Literaturwissenschaftlers». Gleßgen u. Lebsanft (Anm. 1), 97–109; Schnell, Rüdiger. «Was ist neu an der ‹New Philology›? Zum Diskussionsstand in der germanistischen Mediävistik». Gleßgen u. Lebsanft (Anm. 1), 61–95; Williams-Krapp (Anm. 5).

7 Scherer, Wilhelm. «Karl Lachmann. Kleinere Schriften von Karl Lachmann». *Preußische Jahrbücher* 38 (1876): 597–604, 597.

8 Bentzinger, Rudolf. «Die Deutschen Texte des Mittelalters in Vergangenheit, Gegenwart und Zukunft». *Altgermanistische Editionswissenschaft. Dokumentation germanistischer Forschung 1.* Hg. v. Thomas Bein. Frankfurt a. M., Berlin u. a., 1995. 306–18.

9 Stackmann, Karl. «Mittelalterliche Texte als Aufgabe». *Festschrift für Jost Trier.* Hg. v. William Foerste u. Karl Heinz Borck. Köln, 1964. 241–67. Stackmann hat seine Skepsis gegenüber der Rekonstruktions- bzw. Stemmaphilologie später auf alle Überlieferungsarten ausgeweitet und eine Anwendung der Lachmann'schen Methode für grundsätzlich unmöglich erklärt; vgl. Stackmann, Karl. «Neue Philologie?» *Modernes Mittelalter. Neue Bilder einer populären Epoche.* Hg. v. Joachim Heinzle. Frankfurt a. M., Leipzig, 1994. 398–427, 414.

10 Grundlegend: Ruh, Kurt (Hg.). *Überlieferungsgeschichtliche Prosaforschung.* Beiträge der Würzburger Forschergruppe zur Methode und Auswertung. Texte und Textgeschichte 19. Tübingen, 1985; zusammenfassend Williams-Krapp (Anm. 5). Breitere Wirkung entfalteten die Würzburger Thesen, und zwar selbst in der germanistischen Mediävistik, erst im Gewand der ‹New Philology›.

11 Sehr gute zusammenfassende Überblicke bieten Stackmann. «Neue Philologie?» (Anm. 9); Westra, Jan Haijo. «Die Philologie nouvelle und die Herausgabe von lateinischen Texten des Mittelalters». *Mittellateinisches Jahrbuch* 30 (1995): 81–91; Schnell (Anm. 6); ders. «‹Autor› und ‹Werk› im deutschen Mittelalter. Forschungskritik und Forschungsperspektiven». Heinzle u. Vollmann-Profe (Anm. 1), 12–73; Williams-Krapp (Anm. 5).

12 Dass sich Cerquiglini so vehement gegen die Rekonstruktionsphilologie wendet, hängt sicher auch mit seiner editorischen Arbeit zusammen: Cerquiglini hat z. B. den hochvariant überlieferten altfranzösischen *Roman du Graal* des Robert de Boron herausgegeben.

13 Dieses Walther-Beispiel analysiert Bein, Thomas. «Der ‹offene› Text – Überlegungen zu Theorie und Praxis». *Quelle – Text – Edition.* Ergebnisse der österreichisch-deutschen Fachtagung der Arbeitsgemeinschaft für Germanistische Edition. Beihefte zu Editio 9. Hg. v. Anton Schwob u. Erwin Streitfeld. Tübingen, 1997. 21–35, 23–30; vgl. auch Cramer, Thomas. «Mouvance». Tervooren u. Wenzel (Anm. 1), 150–81.

14 Eco, Umberto. *Das offene Kunstwerk.* Frankfurt a. M., 1963.

15 Die Basis für seine Thesen entwickelt Cerquiglini bereits in einem 1983 erschienenen Aufsatz: Cerquiglini (Anm. 1); vgl. zu den Thesen Rieger (Anm. 6), 100 f. u. Schnell (Anm. 6), 62.

16 Vgl. exemplarisch Worstbrock, Franz Josef. «Der Überlieferungsrang der Budapester Minnesang-Fragmente. Zur Historizität mittelalterlicher Textvarianz». Heinzle u. Vollmann-Profe (Anm. 1), 114–42.

17 Mittelalterliche Autographen sind im Internet verzeichnet unter der Adresse http://www.uni-muenster.de/Fruehmittelalter/Projekte/Autographen/Abfrage.html. Eine knappe Liste im engeren Sinn literarischer Autographen aus dem 9. bis 16. Jahrhundert bietet Schnell (Anm. 6), 89.

18 Walter Haug hat mit einigem Erfolg versucht, aus abstrakten, nicht als Autorreflexion gekennzeichneten Textpassagen Autorintentionen herauszudestillieren. Seine weitreichenden Interpretationsansätze sind umstritten. In der Neugermanistik gehört der Zugriff auf den Autor zur alltäglichen Praxis. Haug, Walter. *Literaturtheo-*

rie im deutschen Mittelalter. Von den Anfängen bis zum Ende des 13. Jahrhunderts. 2. überarbeitete Aufl. Darmstadt, 1992.

19 Vgl. zu den Charakteristika der handschriftlichen Überlieferung Gärtner, Kurt. «Zu den Handschriften mit dem deutschen Kommentarteil des Hoheliedkommentars Willirams von Ebersberg». *Deutsche Handschriften 1100–1400.* Oxforder Kolloquium 1985. Hg. v. Volker Honemann u. Nigel F. Palmer. Tübingen, 1988. 1–34; und zur inhaltlichen Konzeption Zerfaß, Christiane. *Die Allegorese zwischen Latinität und Volkssprache. Willirams von Ebersberg «Expositio in cantica canticatorum».* Göppinger Arbeiten zur Germanistik 614. Göppingen, 1995.

20 Zum Teil anders stellt sich die Situation in der lateinischen Literatur dar. Hugo von Fleury, Bonaventura, Alexander Neckam und viele andere lateinische Autoren reflektieren ihre Arbeit in umfangreichen Exkursen. Ähnliche Momente glaubt Haug (Anm. 18) in größerem Umfang auch in der volkssprachlich-höfischen Literatur ausmachen zu können.

21 Schmitz, Gerhard. «Intelligente Schreiber. Beobachtungen aus Ansegis- und Kapitularienhandschriften». *Papsttum, Kirche und Recht im Mittelalter. Festschrift für Horst Fuhrmann.* Hg. v. Hubert Mordeck. Tübingen, 1991. 79–93.

22 Schmitz (Anm. 21), 92.

23 Vgl. grundlegend Rouse, Richard H. u. Mary A. Rouse. «The Commercial Production of Manuscript Books in Late-Thirteenth-Century and Early-Fourteenth-Century Paris». *Medieval Book Production. Assessing the Evidence.* Proceedings of the Second Conference of the Seminar in the History of the book to 1500. Oxford, July 1988. Hg. v. Linda L. Brownrigg. Vermont, 1990. 103–15.

24 Kuchenbuch, Ludolf. «Die Achtung vor dem alten Buch und die Furcht vor dem neuen. Caesarius von Millendonk erstellt 1222 eine Abschrift des Prümer Urbars von 893». *Historische Anthrophologie* 3 (1995): 175–202, 183.

25 Die Herausgeber Otto Behagel (1882) sowie Theodor Frings und Gabriele Schieb (1964–1970) hielten es für geboten, den vermeintlich originalen limburgischen Dialekt des ‹Eneas›-Romans Heinrichs von Veldeke zu rekonstruieren. Tatsächlich überliefert keine einzige Handschrift einen Text in dieser Mundart.

26 Rieger (Anm. 6), 109. Mögliche Einwände gegen ein solches Verfahren formuliert der neugermanistische Editionswissenschaftler Siegfried Scheibe überaus prägnant: Scheibe, Siegfried. «Welche Editionsart für welchen Zweck?» *Die Funktionen von Editionen in Wissenschaft und Gesellschaft.* Hg. v. Hans Gert Roloff. Berlin, 1998. 48; vgl. dazu auch das Zitat auf S. 200 dieses Buchs.

27 Zahlreiche diplomatische Abdrucke von Fragmenten und singulär überlieferten Texten wird man jedenfalls kaum auf ‹neu-philologische› Implikationen zurückführen können. Hier handelt es sich um eine bereits seit den ersten Tagen der modernen Germanistik im 19. Jahrhundert übliche Praxis, fragmentarisches oder singuläres Material zugänglich zu machen.

28 Bumke, Joachim (Hg.). *Die Nibelungenklage. Synoptische Ausgabe aller vier Fassungen.* Berlin u. New York, 1999.

29 Vorgestellt von Joachim Bumke und Joachim Heinzle auf der Wolfram-Tagung in Eichstätt; vgl. *Wolfram-Studien* 17 (2002): im Druck.

30 Vorgestellt wurde das Projekt von Michael Stolz auf derselben Tagung in Eichstätt; vgl. *Wolfram-Studien* 17 (2002): im Druck.

31 Vgl. bibliographische Nachweise in Anm. 1.

32 Bumke, Joachim. «Epenhandschriften. Vorüberlegungen und Informationen zur Überlieferungsgeschichte der höfischen Epik im 12. und 13. Jahrhundert». *Philologie als Kulturwissenschaft. Festschrift für Karl Stackmann.* Hg. v. Ludger Grenzmann, Hubert Herkommer u. Dieter Wuttke. Göttingen, 1987. 45–59; und Bumke, Joachim. «Der unfeste Text. Überlegungen zur Überlieferungsgeschichte und Textkritik der höfischen Epik im 13. Jahrhundert». *‹Aufführung› und ‹Schrift› in Mittelalter und Früher Neuzeit.* DFG-Symposion 1994. Germ.-Symposien-Berichtsbände 17. Hg. v. Jan-Dirk Müller. Stuttgart u. Weimar, 1996. 118–29.

33 Bumke, Joachim. *Die vier Fassungen der ‹Nibelungenklage›. Untersuchungen zur Überlieferungsgeschichte und Textkritik der höfischen Epik im 13. Jahrhundert.* Quellen und Forschungen zur Literatur- und Kulturgeschichte 8 (242). Berlin u. New York, 1996.

34 Bumke (Anm. 28).

35 Vgl. zusammenfassend Schnell (Anm. 6), 71–73; und Schnell (Anm. 11). Die Literaturwissenschaft folgt damit einem vor allem von der Geschichtswissenschaft angestoßenen Trend hin zur «Wiederkehr der Subjekte», zur «Wiederkehr des Individuellen». Vgl. Oexle, Otto Gerhard. «Auf dem Weg zu einer historischen Kulturwissenschaft». *Mediävistische Komparatistik. Festschrift für Franz Josef Worstbrock.* Hg. v. Wolfgang Harms u. Jan-Dirk Müller. Stuttgart, 1997. 241–62.

36 Schröder, Werner. «Die ‹Neue Philologie› und das ‹Moderne Mittelalter›». *Germanistik in Jena. Reden aus dem Anlaß des 70. Geburtstags von Heinz Mettke.* Hg. v. Georg Machnik und Heinz Mettke. Jena, 1996. 33–50.

37 Schröder (Anm. 36), 50.

38 Wagner, Bettina. *Die ‹Epistola presbiteri Johannis› lateinisch und deutsch. Überlieferung, Textgeschichte, Rezeption und Übertragung im Mittelalter.* Münchener Texte und Untersuchungen zur deutschen Literatur des Mittelalters 115. Tübingen, 2000.

39 Zitierte Ausgabe: *Albrechts Jüngerer Titurel.* III. 2. DTM LXXVI. Hg. v. Kurt Nyholm. Berlin, 1992.

40 Wien, Österreichische Nationalbibliothek, Cod. 2675 (Datierung: um 1300; Schreibdialekt: bairisch-österreichisch). Dieser Kodex ist zugleich Grundlage = *Leithandschrift* der Edition; Wagner (Anm. 38).

41 Hannover, Landesbibliothek, Ms. IV 489 (Datierung: 14. Jahrhundert; Schreibdialekt: südwestdeutsch).

42 London, British Library, Ms. Add. 30984 (Datierung: 15. Jahrhundert; Schreibdialekt: mitteldeutsch).

43 Berlin, Staatsbibliothek, mgf 475 (Datierung: 14. Jahrhundert; Schreibdialekt: südbairisch).

44 Paris, Bibliothèque nationale, Ms. allem. 150 (Datierung: 1418; Schreibdialekt: rheinfränkisch). Edition und Analyse bei Wagner (Anm. 38), 603–29.

45 Vgl. die tabellarische Synopse der deutschen Texte bei Wagner (Anm. 38), 472–85.

46 Meines Wissens existiert im Bereich der mittelhochdeutschen Literatur bisher keine einzige Edition, die den theoretischen Vorgaben der ‹New Philology› voll entspräche. Zu Beispielen aus der Romania vgl. Gleßgen und Lebsanft (Anm. 1), 1–14, 7 f.

47 Die Zahl der Fassungen ergäbe sich aus der Zahl der erhaltenen Handschriften (11) und Fragmente (56).

Jörg Döring

b) Neuere deutsche Literatur

Keine «New Philology» in der Neugermanistik?

Von der Diskussion, die in der Mediävistik mittlerweile in der ganzen Breite des Fachs um Nutzen und Nachteil einer *New Philology* für die altgermanistische Editionspraxis geführt wird, hält die Neugermanistik sich fern. Sie glaubt sich von einem Problem entlastet, das in der mediävistischen Auseinandersetzung im Zentrum steht und mit der spezifischen Überlieferungssituation mittelalterlicher Texte zu tun hat: dem Fehlen autorisierter Textzeugen und der Existenz vieler varianter Abschriften fremder Hand. Weil der mittelalterliche Text gleichsam nur in seinen Varianten bezeugt sei, forderten die Verfechter einer *New Philology* die konsequente Rückkehr zur Einzelhandschrift in ihrer je historisch-konkreten Ausdrucksgestalt. Ganz gleich von welcher Hand verfasst, müsse jedes Überlieferungszeugnis als prinzipiell gleichrangiger Editionsgegenstand angesehen werden. Das klang zunächst reichlich unzeitgemäß, so als müsste der alte Karl Lachmann nochmals vom Thron gestoßen werden. Doch obwohl dieser radikale Vorstoß die anhaltende Forschungsentwicklung in der deutschen Mediävistik seit dem späten 19. Jahrhundert souverän missachtete, zwang er das Fach, sein Konzept von mittelalterlicher Autorschaft und seinen Werkbegriff gründlich auf den Prüfstand zu stellen. Der mediävistische Burgfrieden, der seit Roethes und Stackmanns Begründung des Leithandschriftenprinzips bestanden hatte, war aufgekündigt.[1] Mittlerweile ist die neuphilologische Konzeption des «unfesten», varianten Textes zu einem «offenen Problem des Faches geworden.»[2]

Die Neugermanistik hingegen findet eine ungleich komfortablere

Überlieferungssituation vor. Im Idealfall kann sie auf originale Autorhandschriften zurückgreifen. Deshalb begreift sie in erster Linie Entstehungs-, weniger Überlieferungsvarianten des gegebenen Textmaterials als ihre zentrale editorische Herausforderung.[3] Weil die Varianz in der Regel jenem Urheber zurechenbar ist, um dessentwillen überhaupt ediert wird, stellt sich – vordergründig betrachtet – der Neugermanistik das Problem der *mobilité* bzw. *incessante récriture* (Bernard Cerquiglini), das die mittelalterliche Überlieferung kennzeichnet, nicht in seiner ganzen Tragweite.

Dass aber die Neugermanistik mit einem eigenen Überlieferungsproblem zu kämpfen hat, zeigt die anhaltende Debatte um die Prinzipien der historisch-kritischen Edition. Sie wird nicht in der ganzen Breite des Fachs geführt wie der Streit um die *New Philology* in der Mediävistik, aber kaum weniger erbittert. In Frage steht – und das macht beide Debatten vergleichbar – der Stellenwert der Handschrift für die Textkonstitution und -interpretation.

Die neugermanistische Kontroverse entzündete sich an Friedrich Beißners Großer Stuttgarter Hölderlin-Ausgabe (1943–85). Beißner galt als der erste Editor, der für das Problem der Darstellung von Textentwicklung innerhalb eines komplexen handschriftlichen Befundes eine überzeugende Lösung gefunden zu haben schien. Anstatt wie zuvor den Apparat als (mehr oder weniger vollständiges) gleichsam mechanisch erzeugtes Variantenverzeichnis zu gebrauchen, erfand Beißner den so genannten Treppenapparat: ein Editionsmodell, das Hölderlins Handschriften textgenetisch zu deuten beanspruchte. Den handschriftlichen Befund übersetzte er in eine mit Leitziffern und -buchstaben versehene Stufendarstellung, die das «Ineinander und Durcheinander» von Entwürfen, Korrekturen und vermeintlicher Reinschrift «zu einem Nacheinander [...] entwirren»[4] sollte. Beabsichtigt war, das «ideale Wachstum» des Hölderlin'schen Gedichts «vom ersten Keim des Plans und Entwurfs bis zur endgültigen Gestalt»[5] sichtbar zu machen. Diese Deutung der Handschrift als organisch sich ausbildenden Gestaltzusammenhang einer fortschreitenden Vervollkommnung machte Beißner dann zur Grundlage seiner Textkonstitution. In Zweifelsfällen, wann immer das Hölderlin'sche Arbeitsmanuskript keine chronologische Abfolge der Schreibphasen eindeutig zu erkennen gab, musste sich der Editor für die vermeintlich vollkommenste Textgestalt entscheiden. Beißner scheute sich nicht, von «mitdichtende[r] Betrachtung des Werdenden»[6] zu sprechen.

Dieses Verfahren blieb nicht lange unumstritten, aber ein Verdienst Beißners konnten auch seine zahlreichen Kritiker seither kaum bezweifeln: Die Große Stuttgarter Ausgabe popularisierte Hölderlin und hatte fachgeschichtlich einen enormen Produktivitätsschub zur Folge. Erst Beißners historisch-kritische Anstrengung half einen Autor endgültig zu kanonisieren, dessen Spätwerk lange Zeit mit dem Makel behaftet war, einem umnachteten Hirn entsprungen zu sein. Kaum ein anderer Autor der neueren deutschen Literaturgeschichte ist seither so leidenschaftlich interpretiert worden wie Hölderlin.

Noch das geringste Detail der Textgestalt konnte beanspruchen, bedeutungsrelevant zu sein. Doch gerade aufgrund der gestiegenen Wertschätzung Hölderlins musste die Beißner'sche Textkonstitution schon bald zum Problem werden. Die Heerschar von Interpreten interpretierte Hölderlin auf der Basis der von Beißner gedeuteten Handschrift, zugespitzt gesagt: einer in Drucktext verwandelten Umschrift fremder Hand. Was dabei kenntlich wurde, war ein allgemeines Dilemma neugermanistischer Arbeitsteilung: Weil man die historisch-kritische Verwaltung der Handschriften einer Hand voll von Editionsspezialisten überließ, hatte sich das Fach sein eigenes Überlieferungsproblem geschaffen – nicht vorgefunden, wie in der Mediävistik, sondern ganz und gar hausgemacht. Und das, obwohl doch das autorisierte Original des zu interpretierenden Textes prinzipiell verfügbar war.

Um die zwangsläufig interpretierenden Entscheidungen eines Editors hinreichend transparent (und damit auch kritisierbar) zu machen, forderte Hans Zeller, der Herausgeber der historisch-kritischen Conrad-Ferdinand-Meyer-Ausgabe, die strikte Trennung von «Befund und Deutung»[7] als editorisches Grundprinzip. Den Blick auf die Handschrift selbst wollte auch er den Benutzern seiner Edition noch nicht gestatten, aber anstelle des Beißner'schen Treppenapparats entwickelte er ein komplexes System graphischer Verweise und diakritischer Zeichen, das auch über die texträumliche Position von Autorkorrekturen innerhalb der Handschrift informieren sollte. Trotz seiner Übersetzung in Drucktext sollte der handschriftliche Befund im Wesentlichen rekonstruierbar bleiben.

Mit diesem Verfahren plädierte Zeller für eine Selbstbescheidung des Editors in szientifischer Absicht: Statt Beißners «mitdichtender Betrachtung» war nun Bezeichnungspräzision angemahnt im Umgang mit den Mehrdeutigkeiten des handschriftlichen Befundes. Das Problem von Zellers richtungweisendem Modell kennt jeder Lehrende aus dem akademischen Unterricht, der Studierenden der Germanistik die Benutzung historisch-kritischer Editionen nahe zu bringen versucht: furchtgebietende Apparatungetüme, unterschieden in Erst- und Zweitapparate, Kolonnen voller (uneinheitlicher) diakritischer Zeichen – Editions-Esperanto, das gelernt sein will, bevor überhaupt die Frage gestellt werden darf, wie viel Nutzen man davon hat.

Seit 1975 gibt es – zunächst für Hölderlin, seither auch für eine Reihe weiterer Autoren – einen dritten Editionstypus, der die Benutzungskomplikationen mit den monströsen Apparaten historisch-kritischer Ausgaben zu vermeiden sucht. Dietrich E. Sattler konzipierte die Frankfurter Hölderlin-Ausgabe, und zwar in ausdrücklicher Konkurrenz zu Beißners Edition. Zellers Maxime, Befund und Deutung zu trennen, machte er sich zu Eigen, aber er konnte dessen Darstellungsprobleme vermeiden durch einen ebenso radikalen wie verblüffend schlichten Einfall: Statt eines aufwendig annotierten Apparats bot Sattler eine fotomechanische Reproduktion aller Hölderlin-Autographen, der er eine die texträumlichen Verhältnisse des handschriftlichen Befundes typographisch nachbildende diplomatische Umschrift[8] gegenüberstellte. Seine Deutung der Arbeitsphasen in Hölderlins Schreibprozess kennzeichnete er durch verschiedene Schrifttypen. Damit waren die Trennung von ediertem Text und Apparat aufgehoben und die Idee einer Faksimile-Edition geboren. Der Benutzer hat die Handschrift selbst vor Augen – eine Annäherung an die Archivsituation; zudem eine Revalorisierung der Einzelhandschrift als Editionsbestandteil und insofern in der Konsequenz dem neuphilologischen Vorstoß in der Mediävistik durchaus vergleichbar. Die diplomatische Umschrift bei Sattler kann der Benutzer als Lesehilfe gebrauchen und die textgenetische Deutung des Editors am Material selbst überprüfen.

Seit sich auch die Reproduktionsmöglichkeiten von Handschriften durch Computersatz entscheidend verbessert haben, gibt es eine ganze Reihe von Editionsunternehmungen, die sich an Sattlers Ausgabentypus orientieren: eine Edition von Büchners *Woyzeck* durch Gerhard Schmid,[9] die Brandenburger Kleist-Ausgabe,[10] Ausgaben von Trakl, Keller und Kafka. Am Beispiel der «Historisch-Kritischen Ausgabe sämtlicher Handschriften, Drucke und Typoskripte» Franz Kafkas (herausgegeben von Roland Reuß und Peter Staengle, Frankfurt a. M. u. Basel, 1995 ff.) soll veranschaulicht werden, wie der Nutzen einer Faksimileedition in der Neugermanistik bislang diskutiert wird.

Wie soll man Kafkas «Process» edieren?

Unter der Überschrift «Welche Editionsart für welchen Zweck?» formuliert der Editionswissenschaftler Siegfried Scheibe grundsätzliche Einwände gegen den Typus der Faksimile-Ausgabe:

> Zwar wird von den Philologen, die für solche Faksimileausgaben eintreten, immer wieder betont, dass der Benutzer anhand der Handschrift selbst die Entscheidungen des Editors überprüfen können soll. Das ist zwar gut gemeint, aber schlecht bedacht. Der Editor hat sich im Laufe seiner Arbeit mit großem Eifer und viel Geduld in die schwierigen Schreib- und Korrekturverhältnisse seines Autors eingelesen und eingearbeitet, er kennt die von ihm verwendeten Buchstaben und Buchstabenkombinationen aus seinem jahrelangen Umgang mit der Schrift und vermag deshalb, ausgehend eben von diesen Erfahrungen, Kenntnissen und Fähigkeiten, am ehesten eine schwierig zu deutende Stelle zu lesen und zu entziffern [...] So schön also Faksimiles sind und sein können – den von ihren Befürwortern angestrebten eigentlichen Gewinn werden sie kaum einmal erbringen können, da die unkundigen Benutzer selten eine Handschrift besser lesen können als der eingearbeitete Editor.[11]

Deutlich spürt man den Affekt, dass mit dem Typus der Faksimile-Edition die Handschrift – zuvor noch einem exklusiven Benutzerkreis vorbehalten – sich gleichsam gemein mache und in die Hände Unkundiger gerate. In Bezug auf Franz Kafka freilich kann dieser Sachwalter editorischen Erfahrungswissens ganz unbesorgt sein. Für kompetente Leser des Deutschen braucht es keine jahrelange Übung, um Kafkas schöne Kanzleischrift entziffern zu lernen. Auch der ‹unkundige Benutzer› wird die Transkriptionsentscheidungen eines Editors anhand eines Kafka-Autographen relativ mühelos nachvollziehen können.

Wie kam es zu der Idee, Kafkas *Process* als Faksimile zu edieren? Die Editionsgeschichte dieses Textkonvoluts ist ein besonders prominentes Beispiel für ein neugermanistisches Überlieferungsproblem. Bekanntlich beruhte die Erstveröffentlichung von 1925, die jene erstaunliche Wirkungsgeschichte Kafkas zur Folge hatte, auf einer in strategischer Absicht korrumpierten Textgestalt – der Fremdredaktion durch den Herausgeber Max Brod. Seit 1923 war der Kafka-Vertraute im Besitz des Manuskripts, unmittelbar nach Kafkas Tod richtete er das Textkonvolut für den Erstdruck her in der ausdrücklichen Hoffnung, den bewunderten Freund auf dem Buchmarkt als Romancier zu lancieren. Nicht nur ignorierte er die Verfügung Kafkas, alles Geschriebene «ausnahmslos am liebsten ungelesen» zu vernichten. Auch glaubte er, Kafkas Akzeptanz in der literarischen Öffentlichkeit entscheidend zu steigern, wenn er die handschriftlich nachgelassenen und allesamt unvollendet gebliebenen Manuskripte *Der Process*, *Das Schloss* und *Der Verschollene* als Romane ausgab. Im Nachwort zur Erstausgabe bekannte sich Brod ausdrücklich zu dieser Absicht: «Erst diese Werke [gemeint sind *Schloss* und *Process*, J. D.] werden zeigen, daß die eigentliche Bedeutung Kafkas, den man bisher mit einigem Recht für einen Spezialisten, einen Meister der Kleinkunst halten konnte, in der großen epischen Form liegt.»[12] Des Herausgebers Hoffnung erfüllte sich rasch – Kafka reüssierte posthum als Romancier.

Was Brod den Lesern vorerst verschwieg, waren die redaktionellen Vorkehrungen, die er hatte treffen müssen, damit das *Process*-Manuskript Romangestalt annahm. Kafka nämlich hatte die Arbeit an dem Manuskript zu einem Zeitpunkt abgebrochen, als er zwar die zum geplanten Textganzen zugehörigen Manuskriptteile aus den Kladden, in die er zunächst hineinschrieb, schon herausgelöst und zu 16 verschiedenen Konvoluten zusammengefügt hatte. Aber weder waren diese Konvolute im Hinblick auf eine intendierte Kapitelreihenfolge nummeriert, noch gaben sie als einzelne zweifelsfrei zu erkennen, ob Kafka die Arbeit daran jeweils für abgeschlossen erachtete. Brod musste also als Herausgeber zwei Konstruktionsleistungen erbringen: zunächst die unverkennbar fragmentarischen Konvolute aussondern, danach die übrig gebliebenen zu einem möglichst kohärenten Textkontinuum anordnen. Nur so konnte aus dem nachgelassenen Arbeitsmanuskript

Kafkas ein druck- und buchmarkttauglicher Lesetext hergestellt werden. Dass sich Brod der Kühnheit seines editorischen Verfahrens überaus bewusst war, zeigt die zweite Ausgabe des Romans von 1935. Brod als Herausgeber korrigierte sich selber. Die für die Erstausgabe ausgeschiedenen Fragmente wurden nun in einem Anhang mitpubliziert, ebenso eine Auswahl der von Kafka gestrichenen Manuskriptpassagen. Diese erweiterte Edition begründete Brod damit, dass die strategischen Ziele der ersten mittlerweile erreicht seien:

> Die vorliegende zweite Ausgabe von Kafkas großen Romanfragmenten hat anderen Sinn, untersteht anderen Gesetzen als die, nun historische, erste. Damals galt es, eine eigenwillige, befremdliche, nicht zur Gänze vollendete Dichtwelt zu erschließen; es wurde daher alles vermieden, was das Fragmenthafte betont, die Lesbarkeit erschwert hätte. Heute, da sich dies Werk von Jahr zu Jahr weiter eröffnet [...] soll einer kritischen, mit Lesarten versehenen Ausgabe, soweit dies möglich ist, vorgearbeitet worden sein.[13]

Auch Brod hielt also eine zukünftige historisch-kritische Ausgabe des Fragments für erforderlich, auch wenn er noch Zweifel an ihrer Realisierbarkeit hegte. Unterdessen konkurrierten aber schon die Interpreten (weit über die Grenzen der Germanistik hinaus) mit den widersprüchlichsten Deutungsangeboten. Das veranlasste schon 1950 Heinz Politzer zu der Forderung, vor aller weiteren Interpretation zunächst für die Herstellung einer «philologisch einwandfreien und unzensurierten Ausgabe»[14] zu sorgen. Erst 1990 allerdings wurde Politzers Forderung Rechnung getragen: Der Doyen der Kafka-Forschung, Sir Malcolm Pasley, legte eine nunmehr «kritisch» genannte Ausgabe des Romantorsos vor. Im Ergebnis aber waren die Unterschiede zu der von Brod konstituierten Textgestalt nicht besonders gravierend. Auch Pasley hielt an der Unterscheidung von für vollendet gehaltenen Kapiteln und Kapitelfragmenten fest, und auch er stellte einen fortlaufenden Lesetext her, der zu weiten Teilen auf Brods Kapitelreihenfolge beruhte. Zwar gelang es Pasley, durch eine akribische Auswertung von Wortdichte und Papierbeschaffenheit des Manuskripts, auf die Chronologie der Textentstehung zu schließen. Aber das Problem einer von Kafka intendierten Handlungschronologie der Konvolute war so noch nicht geklärt. Damit konnte Brod, der seine eigene Arbeitsweise selbst als vorläufig und unkritisch eingestuft hatte, fast als rehabilitiert gelten.

Solange man an der Prämisse festhielt, Kafkas Textkonvolute als Roman zu edieren, kam auch die moderne Textkritik zu keinem durchgreifend anderen Resultat als der als Zensor gescholtene Erstherausgeber.

Von dieser Prämisse verabschiedet hat sich die 1997 erschienene *Process*-Edition von Roland Reuß und Peter Staengle im Rahmen ihrer «Historisch-Kritischen Ausgabe sämtlicher Handschriften, Drucke und Typoskripte». Sie präsentiert keinen fortlaufenden Lesetext mehr, sondern faksimiliert Kafkas Manuskripte, stellt ihnen eine diplomatische Umschrift gegenüber und reproduziert auch den ursprünglichen Überlieferungszusammenhang: Ohne eine editorische Vorentscheidung über mehr oder weniger abgeschlossene Kapitel oder die vermutliche Handlungsanordnung werden die nachgelassenen Textkonvolute, so wie man sie im Deutschen Literaturarchiv in Marbach vorfände, als Hefte in einem Schuber versammelt. Über ihren möglichen Zusammenhang soll der Interpret selbst entscheiden – auch darüber, ob der solchermaßen dokumentierte Überlieferungszusammenhang die Gattungskennzeichnung ‹Roman› schon rechtfertigt oder noch nicht. Der Benutzer kann die Anordnungsprobe der Konvolute, die schließlich zu Brods und Pasleys Editionsvorschlägen führten, eigenhändig vornehmen und deren Plausibilität überprüfen. Zellers Maxime von der Trennung von Befund und Deutung wird hier radikal befolgt – mit der Konsequenz, dass die Deutungskomplikationen bei diesem häufig interpretierten Text nun erst wirklich zutage treten. Die Rekonstruktion des authentischen Überlieferungszusammenhangs soll vermeiden helfen, was die Edition von Brod, selbst die von Pasley noch kennzeichnet: «eine Konfundierung von Editorintention und Autorintention»[15].

Es muss erstaunen, dass die Fachwissenschaft die Provokation durch Reuß' und Staengles editorischen Vorstoß bislang allenfalls missmutig und halbherzig zur Kenntnis genommen hat. Von einer innovativen Auslegungspraxis, die der wiederhergestellten Textgestalt Rechnung trüge, ist noch nichts zu sehen, und im engeren editionswissenschaftlichen Kontext werden allen Ernstes die Buchhandelspreise der konkurrierenden Kafka-Ausgaben gegeneinander aufgerechnet und paternalistisch das Recht auf einen «eingängigen und eleganten Lesetext»[16] geltend gemacht, so als müsste Kafka – wie noch zu Brods Zeiten – auf dem Buchmarkt erst durchgesetzt werden. Was zudem noch aussteht, ist eine Debatte, die explizit in kulturwissenschaftlicher Perspektive geführt würde: Wie verändert sich prinzipiell unsere Lektürepraxis, wenn als Textgrundlage die Autorhandschrift präsentiert wird?

Faksimileedition und Kulturwissenschaft

Vor nicht allzu langer Zeit konstatierte der Germanist und Kulturwissenschaftler Hartmut Böhme zwei seiner Ansicht nach gegenläufige Therapien, mit denen die Germanistik ihre oft beschworene Krise zu bewältigen suche: Die eine bestünde in einer Engführung der literaturwissenschaftlichen Tätigkeit, die andere in deren Erweiterung. Mit Engführung meinte er die Editionsphilologie als Rückzug der Germanistik auf ein vermeintlich krisensicheres grundwissenschaftliches Terrain. Die Tendenz zur konstitutionstheoretischen Erweiterung erkannte Böhme in der Öffnung des Fachs für kulturwissenschaftliche Fragen. Beide Krisenreaktionsfraktionen verhielten sich zueinander bislang bloß im Modell einer «binnenkonkurrentische[n] Diversifikation»[17] – Editionsspezialisten tun die Kulturwissenschaft als allerjüngste Theoriemode mit beschränkter Haltbarkeitsdauer ab; im Gegenzug belächeln die Kulturwissenschaftler die Editionsphilologen als Staubfresser, die in dunklen Archivkellern wegen eines falsch gesetzten Kommas Glaubenskriege entfachen.

Auch wenn Böhme eine fast schismatisch zu nennende Situation des Fachs heraufbeschwört: Vielleicht lässt sich gerade am Beispiel der Faksimileedition ein Forschungsfeld aufzeigen, indem kulturwissenschaftliche wie editionstheoretische Fachinteressen sich sinnvoll ergänzen. Drei Implikationen dieses Zusammenhangs verdienen dabei besondere Beachtung:

1. Die Seitenansicht eines Autographen, das Bild einer Schrift vor Augen zu haben – wie es der Typus der Faksimileedition ermöglicht –, schärft den Blick für den mediengeschichtlich gravierenden Transformationsprozess, dem ein Text durch seine Verbreitung als Druck und in Buchform zwangsläufig unterworfen ist. Das indiskrete Medium des Drucktextes muss das «Ineinander und Durcheinander» eines handschriftlichen Befundes in ein strikt lineares Zeichenkontinuum über-

führen. Damit wird der spezifische «Konstellationscharakter»[18] autographer Aufzeichnungen unkenntlich gemacht, der gleichsam topographische Zusammenhang der Handschrift im Schreibfluss (oder -stau), das *cluster* aus neben- und übereinander Geschriebenem, Gestrichenem oder Unterstrichenem. Gerade wenn kein autorisierter Drucktext überliefert ist, bewahrt allein die Handschrift die (möglicherweise bedeutungsrelevante) Integrität des Unabgeschlossenen. Durch die Arbeit mit der ursprünglichen Seitenansicht einer Handschrift könnte die Germanistik als Kulturwissenschaft zu nicht weniger gelangen als einem material-gehaltvollen Begriff des Fragmentarischen.

2. Das Lesen einer Handschrift – im Unterschied zu dem von Drucktexten – verändert die Lektürepraxis, da es dem Muster von Privat- oder Intimkommunikation ähnelt. Handschriften (außer der eigenen) begegnen uns heute fast ausschließlich in Form von speziell an uns gerichteten Mitteilungen: dem Brief, den Einkaufswünschen der Mitbewohnerin auf dem Küchentisch, dem Zettel an der Windschutzscheibe des Autos: ‹Wollen Sie verkaufen?› Aber auch diese müssen nicht mehr notwendigerweise handschriftlich abgefasst sein. Im Allgemeinen aber kann gelten: Je spezifischer der Adressatenbezug, desto wahrscheinlicher, dass – trotz aller koexistenten Möglichkeiten – noch immer die Form der handschriftlichen Mitteilung gewählt wird – vielleicht gerade als Ausweis einer besonders persönlichen Kommunikationseröffnung. Für uns als Leser wird diese Kommunikationshandlung durch ihren eindeutigen Adressatenbezug aufgewertet. Wir im Besonderen sind gemeint und fühlen uns daher zu einer alltagshermeneutischen Lektürepraxis verpflichtet (vor allem natürlich im Falle des Briefs), die wie selbstverständlich die Mitteilung auf alle ihre bedeutungsrelevanten Aspekte hin befragt – weit über den propositionalen Gehalt hinaus. Auch die Handschrift selbst, ihre Kontur und ihre Konstellation in der Seitenansicht, könnte uns einen Teil der an uns gerichteten Botschaft verraten. Beim Briefelesen sind wir immer schon Schriftpsychologen, suchen den Text auf Gebrauchsspuren ab (Kaffeeflecken, Aschenreste), achten auf die Materialität des Handschriftträgers (holzfreies Briefpapier oder Schmierzettel), schließen über das Mitgeteilte hinaus auf die Gemütsverfassung des Schreibenden (Tränenspuren, die die Tinte verlaufen lassen), wir versuchen, selbst noch

das Durchgestrichene zu entziffern (das Protokoll einer verworfenen Schreibabsicht), wir fahnden nach Schrifthinweisen, die ein Zögern des Schreibflusses andeuten könnten – Indizien für eine vielleicht problematische Stelle. All dies ist Teil einer alltagshermeneutischen Interpretationsroutine beim Lesen von an uns gerichteten Handschriften.

Die Deutungsarbeit, die durch Faksimileeditionen angeregt wird, unterscheidet sich davon nur graduell, und das gilt es, sich in kulturwissenschaftlicher Perspektive bewusst zu machen: Zwar sind wir von der Reziprozitätsverpflichtung befreit, der sozialen Nötigung, die Botschaft richtig und in allen relevanten Einzelheiten zu verstehen, weil sie eben nicht primär an uns gerichtet ist. Dichterhandschriften interpretieren wir sozusagen handlungsentlastet – ein Privileg von Wissenschaft. Aber auch die Handschrift, die nicht primär an uns gerichtet ist, führt als Überlieferungsträger jede Menge Bedeutung mit sich. Es hängt von der Lektürepraxis ab, wie viel wir davon zu realisieren geneigt sind. Eine kulturwissenschaftliche Deutung von Handschriften könnte sich unsere alltagshermeneutische Interpretationskompetenz reflexiv zunutze machen.

3. Die Faksimileedition in der Neugermanistik trägt mit dazu bei, den literaturtheoretisch seit über 20 Jahren geschwächten Begriff des Autors zu rehabilitieren. Dies ist der entscheidende Unterschied zu der Debatte um die *New Philology* in der Mediävistik. Dort soll durch den editorischen Rückgriff auf die Einzelhandschrift und die Darstellung ihrer überlieferungsbedingten Varianz das Wunschbild eines stemmatologisch zu restituierenden Urtextes gerade entzaubert werden. Damit wird das Konzept von Autorschaft und Autorintention entscheidend depotenziert. Die neugermanistische Faksimileedition hingegen ist beim technisch reproduzierten Abbild dieses Urtextes angekommen und damit bei den Textspuren seines Urhebers. Der Autor erscheint durch die Leibnähe suggerierende Handschrift gleichsam noch restpräsent. Die Integrität der ursprünglichen, durch Autorhand authentifizierten Überlieferung wird emphatisch verteidigt gegenüber wirkungsgeschichtlich vielleicht höchst bedeutsam gewordenen Herausgebereingriffen. Dabei ist, paradox gesprochen, die Autorhand umso interessanter, je weniger Autorintention sie schon zu erkennen

gibt. Gerade der unfeste Text macht die Reproduktion als Faksimile erforderlich, und je mehr authentische Entstehungsvarianz er aufweist, desto bedeutungsvoller erscheint die Konstellation der Handschrift. Auch das stärkt die Position ihres Autors. Kulturwissenschaftlich wäre zu fragen, ob die Reauratisierung der Schrift in der Handschriftendokumentation auch einer Fetischierung des Autors Vorschub leistet.

Der Konstellationscharakter der Handschrift in einem Brief Franz Kafkas

Von Kafkas Briefen sind bislang erst drei als Faksimile ediert worden: drei undatierte Briefe an Milena Jesenská, die im August 1920 geschrieben wurden. Daher muss unser Textbeispiel sich auf diese Ausgabe beziehen.[19] Sie ist kein Bestandteil der historisch-kritischen Kafka-Ausgabe von Reuß und Staengle, greift aber deren Editionsprinzipien schon voraus und will ausdrücklich als «Vorgeschmack»[20] darauf verstanden werden. Auch in der konkurrierenden kritischen Kafka-Ausgabe von Pasley u. a. steht die Edition der Briefe an Milena Jesenská noch aus, gegenwärtig ist als Drucktext auf dem Buchmarkt nur eine Studienausgabe verfügbar, herausgegeben von Jürgen Born und Michael Müller.[21]

Kafkas Briefe sind undatiert und geben als Abfassungszeitpunkt nur den Wochentag und gegebenenfalls die Tageszeit an («Sonntag», «Sonntag abend und Montag», «Montag nachmittag»), aber da sie sich auf ein unmittelbar bevorstehendes Zusammentreffen der Briefpartner beziehen, das am Wochenende 14./15. August 1920 im tschechisch-österreichischen Grenzort Gmünd tatsächlich stattfand, schließen die Herausgeber der Studienausgabe, die erstmals eine Datierung der Briefe vorschlugen, im Kontext des Gesamtkonvoluts auf den Abfassungszeitraum 8./9. August 1920.

Kafka war Milena Jesenská zuerst im Herbst 1919 in einem Prager Kaffeehaus begegnet. Sie, die seinerzeit mit ihrem Ehemann Ernst Polak in Wien lebte und als Journalistin und Übersetzerin arbeitete, trat mit dem Vorschlag an Kafka heran, dessen Werk ins Tschechische zu übersetzen. Aus dem Kontakt entstand zunächst Jesenskás Übersetzung von *Der Heizer*. Vom 3. April bis 28. Juni 1920 hielt Kafka sich zur

Kur in Meran auf, dorthin bekam er die Übersetzung zugeschickt, und bald darauf begann ein rasch hochfrequent sich entwickelnder Briefverkehr mit Jesenská in Wien. Vom Mai an schrieb er ihr beinahe täglich, bisweilen sogar mehrmals, und seitdem verzichtete er in der Regel auch auf Anrede oder Briefunterschrift – Ausweis einer verstetigten Kommunikationsbewegung, die sich nicht durch von der Briefform erzwungene Eröffnungs- oder Beschließungsformeln unterbrechen lassen will. Die Liebesbeziehung der beiden entwickelte sich zunächst nur auf postalischer Grundlage. Auf seiner Rückreise von Meran nach Prag allerdings machte Kafka am 29. Juni in Wien Station und verbrachte vier Tage mit Milena Jesenská – wie der Fortgang der Briefe Kafkas verdeutlicht, die rückblickend mehrmals darauf Bezug nehmen, der Höhepunkt ihrer Liebesbeziehung. Da von der Korrespondenz der beiden nur Kafkas Briefe überliefert worden sind, wissen wir nur aus einem Brief Jesenskás an Max Brod vom Februar 1921, wie sie die Wiener Tage empfunden hat:

> Ich habe seine Angst eher gekannt, als ich ihn gekannt habe. Ich habe mich gegen sie gepanzert, indem ich sie begriffen habe. In den vier Tagen, in denen Frank neben mir war, hat er sie verloren. Wir haben über sie gelacht […] Es war nicht die geringste Anstrengung nötig, alles war einfach und klar, ich habe ihn über die Hügel hinter Wien geschleppt, ich bin vorausgelaufen, da er langsam gegangen ist […] er ist in der Sonne gelaufen, nicht ein einziges Mal hat er gehustet, er hat schrecklich viel gegessen und wie ein Dudelsack geschlafen, er war einfach gesund, und seine Krankheit war uns in diesen Tagen wie eine kleine Erkältung. (370 f.)

Nach diesem von beiden als glücklich empfundenen Zusammensein drängte Milena Jesenská offenbar auf ein weiteres Treffen, das Kafka aber immer weiter hinausschob, auch deshalb, weil er bei seinem Arbeitgeber, der Arbeiter-Unfall-Versicherungs-Anstalt, nach dem langen Kuraufenthalt keinen Urlaub beantragen wollte. Kafka wünschte einerseits die Trennung Milena Jesenskás von ihrem Ehemann Polak, der sie sich wiederum nicht gewachsen fühlte. Andererseits sah Kafka sich trotz der Wiener Tage offenbar außerstande, den Liebesdialog anders als auf postalischem Weg zu führen. Darüber kam es – was aus den überlieferten Briefen Kafkas deutlich hervorgeht – zu einer Verstimmung der Briefpartner, von denen auch noch jene Briefe grundiert sind, die dem zweiten Treffen der beiden in Gmünd unmittelbar vorausgehen. Das Treffen im Anschluss an diese Briefe war dann der Anfang vom Ende der Liebesbeziehung zwischen Kafka und Milena Jesenská. Von Gmünd reiste Jesenská weiter an den Wolfgangsee, wo sie, ohne Kafka davon in Kenntnis zu setzen, mit ihrem Mann zusammentraf, um ihre Ehe zu retten. Die Korrespondenz mit Kafka nahm ab, im Januar 1921 kam man überein, sie ganz einzustellen. So viel zum Kontext der drei Briefe vor dem Gmünder Treffen.

Der erste Brief bezieht sich schon unmittelbar auf die bevorstehende Begegnung – resigniert klingt Kafkas Einwilligung:

Sonntag
Das Telegramm. Ja, es ist wohl das Beste, wenn wir zusammenkommen. Wie lange würde es sonst dauern, ehe wir Ordnung machen. Woher ist das alles eingebrochen zwischen uns? Man sieht ja kaum einen Schritt weit [...] Es ist so still geworden, man wagt in die Stille kein Wort zu sagen. Nun Sonntag werden wir ja beisammen sein. 5, 6 Stunden, zum Reden zu wenig, zum Schweigen, zum Bei-der-Hand-halten, zum In-die-Augen sehen genug. (194)

Bei dem zweiten, begonnen am gleichen Tag – «Sonntag abend» –, verdienen zwei Eigentümlichkeiten des handschriftlichen Befundes Beachtung, die im linearen Drucktext gar nicht (oder nur schwer) darstellbar sind. Die erste bezieht sich auf den Konstellationscharakter des Schriftbildes (Abb. S. 210), die zweite auf eine augenfällige Varianz von Kafkas Buchstabengestaltung am Schluss des Briefes (Abb. S. 212).

Schon der erste Blick auf die Handschrift der vorderen Briefseite verdeutlicht, dass der Brieftext sich aus zwei Texten zusammensetzt: einem ordentlichen Haupttext, parallel zu den waagerechten Linien des karierten Konzeptpapiers geschrieben, und einem Nebentext, gepresst an den oberen und rechten Seitenrand. Dabei behält die Schreibhand für den Nebentext nicht etwa die Bewegungsrichtung des Haupttextes bei, so wie man eine nachträgliche Ergänzung einfügen würde – um den Nebentext zu schreiben, musste Kafka, und damit auch seine Adressatin beim Lesen, den Brief auf den Kopf stellen: ein deutliches handschriftliches Signal dafür, dass der Nebentext gegenüber dem Haupttext sein Eigenrecht behauptet und auch als verselbständigter gelesen werden will. Warum hat ihn Kafka aber dann nicht

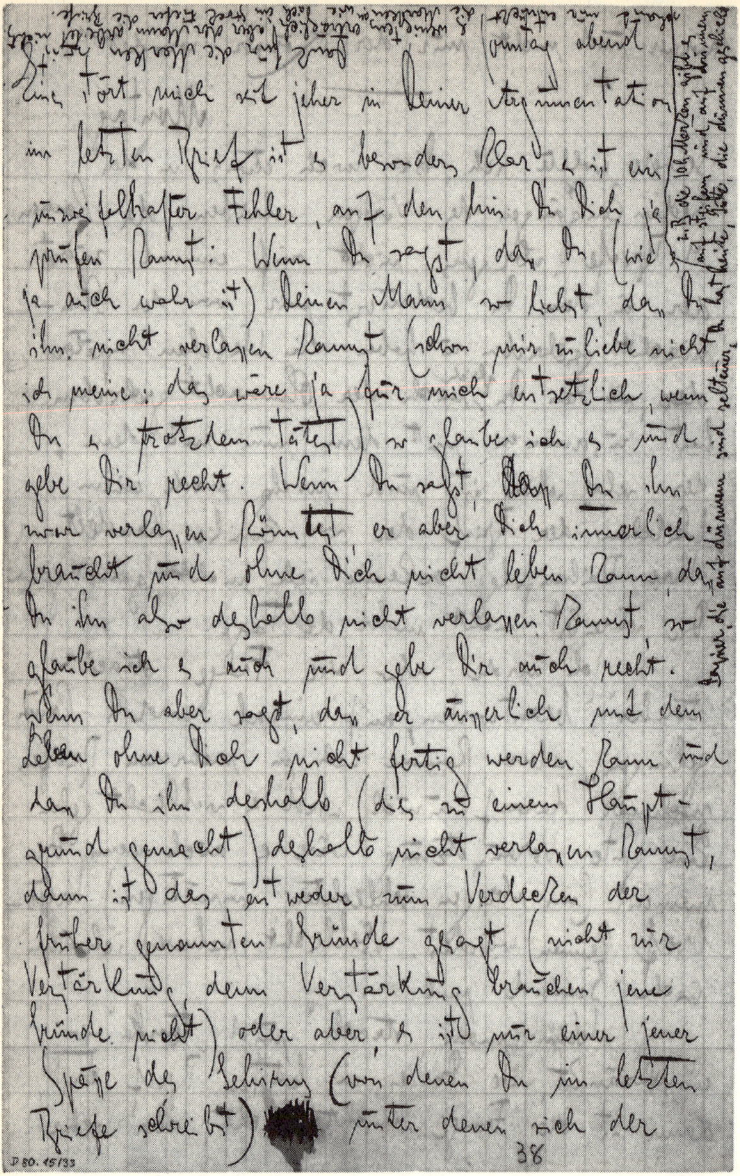
Sonntag abend
Eines stört mich seit jeher in Deiner Argumentation
im letzten Brief ist es besonders klar, es ist ein
zweifelhafter Fehler, auf den hin Du Dich ja
prüfen kannst: Wenn Du sagst, daß Du (wie
ja auch wahr ist) Deinen Mann so liebst daß Du
ihn nicht verlassen kannst (schon mir zuliebe nicht
ich meine: das wäre ja für mich entsetzlich, wenn
Du es trotzdem tätest) so glaube ich es und
gebe Dir recht. Wenn Du sagst, daß Du ihn
nun verlassen könntest er aber Dich innerlich
braucht und ohne Dich nicht leben kann, daß
Du ihn also deshalb nicht verlassen kannst so
glaube ich es auch und gebe Dir auch recht.
Wenn Du aber sagst, daß er äußerlich mit dem
Leben ohne Dich nicht fertig werden kann und
daß Du ihn deshalb (dies zu einem Haupt-
grund gemacht) deshalb nicht verlassen kannst,
dann ist das entweder zum Verdecken der
früher genannten Gründe gesagt (nicht zur
Verstärkung, denn Verstärkung brauchen jene
Gründe nicht) oder aber es ist nur einer jener
Späße des Gehirns (von denen Du im letzten
Briefe schreibst) unter denen sich der
38
D 80. 15/33

einfach als *Post Scriptum* an den Haupttext angehängt, zumal der Haupttext auf der Briefrückseite nur noch eine weitere Zeile umfasst? Offenbar weil er die beiden als getrennt markierten und dennoch kopräsenten Texte auf einer Handschriftseite zueinander in Konstellation treten lassen wollte.

Warum er so verfuhr, das zeichnet sich ab, wenn man nun den Inhalt der beiden Texte berücksichtigt. Der Haupttext macht Milena Jesenská Vorhaltungen in einer für Kafka ungewöhnlich scharfen und konzisen Form. Er zerlegt ihre (offenbar brieflich vorausgegangene) Argumentation, die begründen sollte, warum sie ihren Mann nicht verlassen könne, und tut sie als lächerlich und bloß vorgeschoben ab. «Eines stört mich seit jeher in Deiner Argumentation» – so die entschieden undiplomatische Eröffnungszeile des Haupttextes, so als sei eine solche Klarstellung überfällig gewesen (‹seit jeher›) – «im letzten Brief ist es besonders klar, es ist ein unzweifelhafter Fehler, auf den hin Du Dich ja prüfen kannst: Wenn Du sagst, dass [...]» (194). Eine ordentliche Widerlegung schließt sich an, die in die vorwurfsvoll gemeinte *conclusio* mündet, ihr «Hauptgrund» (ihr Mann könne ohne sie äußerlich mit dem Leben nicht fertig werden) sei «entweder zum Verdecken der früher genannten Gründe gesagt [...] oder aber, es ist nur einer jener Späße des Gehirns, (von denen Du im letzten Briefe schreibst) unter denen sich der Körper und nicht nur der Körper windet» (195). Er macht sich sogar eine ihrer Formulierungen zunutze, um diese gegen sie zu verwenden. Insgesamt also ein starkes Stück Streitschrift zu einem gewichtigen Thema, das Kafka flüssig und (mit Ausnahme eines unleserlich gemachten Worts) fast ohne Sofortkorrekturen zu Papier bringt.

Der Nebentext hingegen scheint – seiner Rand-Stellung entsprechend – eine Marginalie zum Thema zu haben: Er handelt von Briefmarken, den ausgewählten österreichischen, mit denen Jesenská ihre Briefe frankiert, offenbar auch um einem kleinen Angestellten der Versicherungs-Anstalt zu Gefallen zu sein, der von Kafka die Marken ausgehändigt bekommt. Der begeisterte Sammler ist ein Dauerthema in Kafkas Briefen, auch weil er in diesem sich eine nützliche Mitwisserfigur aufgebaut hat, die wie er selbst von einer hochfrequenten Korrespondenz mit Jesenská profitiert. Insofern sind die Briefmarken, von

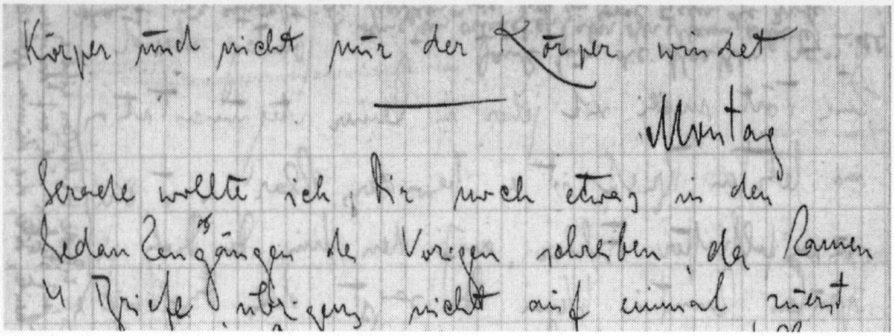
Körper und nicht nur der Körper windet

Montag

Gerade wollte ich, Dir noch etwas in den
Gedankengängen der Vorigen schreiben, da kamen
4 Briefe übrigens nicht auf einmal zuerst

denen der Nebentext des Briefes handelt, doch keine Marginalie. Kafka schreibt verkehrt herum auf den oberen Rand: «Dank für die Marken, so ist es wenigstens erträglich, aber der Mann arbeitet nichts schaut nur entzückt die Marken an, wie ich im Stock tiefer die Briefe» (195). Ihre Briefe, die im Haupttext auf derselben Seite noch Anlass für eine verärgerte Klarstellung bieten («Eines stört mich seit jeher»), die ihm entweder unaufrichtig erscheinen oder körperlichen Schmerz bereiten: Im Nebentext will er sie plötzlich entzückt in Händen halten wie der Sammler die Marken (und genauso wenig arbeiten wie jener, stattdessen lieber Briefränder beschreiben)! Ein Kompliment, das den Groll und die Verbitterung des Haupttextes auf das wirkungsvollste konterkariert – Milena möge sich das Profil eines großen Gebäudes imaginieren, wo zwei Menschen in verschiedenen Etagen sehnsüchtig ihren nächsten Brief erwarten. Auch die Randstellung des Nebentextes erweist sich so als bedeutsam. Indem Kafka ihn verkehrt herum direkt über der ersten Zeile des Haupttextes beginnen lässt, bleiben beide Textanfänge aufeinander verwiesen und führen doch in entgegengesetzte (Lese-)Richtungen. Die Konstellation des Schriftbildes zeigt die Kopräsenz zweier Texte, die einander den Rücken zukehren. Je nachdem, wie herum man das Blatt hält, liest man entweder die Streitschrift oder die Liebesminiatur.

Das zweite deutungsrelevante Detail, das nur der Blick auf die Handschrift preisgibt, bezieht sich auf den bereits zitierten letzten Satz des Sonntagabend-Briefs: «[…] oder aber es ist nur einer jener Spässe des Gehirns (von denen Du im letzten Briefe schreibst) unter denen sich der […]» – hier ist die Briefvorderseite zu Ende beschrieben, der Restsatz («Körper und nicht nur der Körper windet»), mit dem der

Brief beschlossen wird, findet sich auf der ersten Zeile der Briefrückseite. In der Handschrift sieht er folgendermaßen aus (Abbildung 2): zweimal das Wort «Körper» und doch zwei markant verschiedene Ausgestaltungen des Anfangsbuchstabens: das K einmal schmächtig und platzsparend ausgeführt, unscheinbar auf der gedachten Hilfslinie aufsitzend, die den Zeilenraum nach unten begrenzt; das andere Mal breit und ausladend, im Abschwung die Zeilenbegrenzung souverän unterlaufend.

Schriftpsychologische Spekulationen, die auf großen statistischen Befunden über Verteilungshäufigkeiten beruhen, haben zumeist etwas Unbefriedigendes an sich. Wer möchte schon eine Hypothese darüber wagen, wann ein Autor aus welchem Grund Großbuchstaben so oder anders entworfen hat? In dem vorliegenden Beispiel ist es anders: Die Varianz einer Schreibweise innerhalb von nur einer einzigen Zeile – zweimal dasselbe Wort annähernd parallel in zwei verschiedenen Schriftkörpern – lässt sogar die Annahme zu, dass diese Varianz dem Handschreiber nicht unwillkürlich unterlaufen ist, sondern bewusst von ihm herbeigeführt wurde. Zumal dann, wenn es sich dabei um einen Prägnanzpunkt wie das Ende eines Briefs handelt.

In dem noch auf der Briefvorderseite begonnenen Satz ist von den «Spässen des Gehirns» die Rede, «unter denen sich der Körper und nicht nur der Körper» winde. Allein den Drucktext vor Augen, ließe sich zu diesem Wortgebrauch kaum mehr sagen, als dass er redundant klingt und stilistisch leicht hätte vermieden werden können (etwa: ‹der Körper und nicht nur dieser› oder ‹nicht nur der Körper›). Für das eigentliche semantische Problem des Satzes, wer oder was sich noch unter den ‹Spässen› aus Milenas Gehirn winde, wenn es ‹nicht nur der Körper› sein soll, scheint die Wortrepetition im Drucktext keinen Aufschluss zu versprechen. Erst der Blick auf das Bild der Handschrift lässt erkennen, dass Kafka, indem er zwei ‹Körper› in einer Zeile versammelt, die Aufmerksamkeit auf ihre konträre graphische Gestaltung zu lenken vermag. Die Wortwiederholung wird zu einer Gegenüberstellung mit Signalcharakter, die den Verdacht nährt, mit den zwei Schrift-Körpern könnte auch semantisch Verschiedenes bezeichnet sein. Meine These dazu lautet nun: Das weit abschwingende K der zweiten Schreibweise, so wie es die restliche Graphenfolge gleichsam mit unterschreibt, fungiert als Chiffre für die Signatur des Briefschreibers. Es ist das K, so wie Kafka es bei seiner Namensschreibung verwendet. Als Beleg mag Kafkas bislang berühmteste Schriftprobe gelten: Jeder Taschenbuchleser kennt noch das weit abschwingende K in Kafkas Unterschrift vom Umschlag der Brod-Ausgabe:

Indem aber ein Stück Kafka-Signatur im Schriftbild aufscheint, verändert sich auch die Semantik von ‹Körper›: Der Briefschreiber selbst möchte offenbar mitgemeint sein, wenn das zweite Mal innerhalb einer Zeile von ‹Körper› die Rede ist; die Adressatin soll ihn identifizieren mit dem ‹Nicht nur›, dem ‹Mehr› als bloß Körper, das sich windet unter den ‹Spässen› ihres Gehirns.

Dass das weit abschwingende K, selbst wenn man es als Chiffre einer Briefsignatur versteht, dennoch nicht mit einer ordentlichen epistolaren Beschließungsformel verwechselt werden darf, zeigt ein abschließender Blick auf die Handschrift: Nach dem allerletzten Wort des Briefs ‹windet› hat Kafka den Satzpunkt weggelassen – auch eine Vorkehrungsmaßnahme, diesmal mit den Mitteln der Interpunktion, damit der Briefstrom ungehemmt weiterfließen könne. Am nächsten Tag schon – «Montag» – schrieb er auf der gleichen Seite weiter. Die Herausgeber der Drucktextausgabe *Briefe an Milena* empfinden den fehlenden Punkt am Ende des Briefs offenbar als sinnstörend. Sie glauben, ihn hinzufügen zu müssen.

Anmerkungen

1 Vgl. Bennewitz, Ingrid. «Alte ‹Neue› Philologie? Zur Tradition eines Diskurses». *Zeitschrift für deutsche Philologie* 116 (1997): 46–61, 49 ff.

2 Jannidis, Fotis. «Rede über den Autor an die Gebildeten unter seinen Verächtern. Historische Modelle und systematische Perspektiven». *Rückkehr des Autors. Zur Erneuerung eines umstrittenen Begriffs.* Hg. v. ders. u. a. Tübingen, 1999. 3–35, 28.

3 Vgl. Plachta, Bodo. *Editionswissenschaft.* Stuttgart, 1997. 28.

4 Beißner, Friedrich. *Hölderlin. Reden und Aufsätze.* Weimar, 1961. 214.

5 Beißner (Anm. 4), 260.

6 Hölderlin, Friedrich. *Sämtliche Werke* I.2. [= Stuttgarter Ausgabe]. Hg. v. Friedrich Beißner u. Adolf Beck. 8 Bde. Stuttgart, 1943–1985. 318.

7 Zeller, Hans. «Befund und Deutung. Interpretation und Dokumentation als Ziel und Methode der Edition». *Texte und Varianten. Probleme ihrer Edition und Interpretation.* Hg. v. Gunter Martens u. Hans Zeller. München, 1971. 51.

8 «Diplomatisch» wird in der Editionswissenschaft die «genaue, urkundliche Wiedergabe einer Handschrift» genannt, «wobei sämtliche Eigenheiten (Fehler, Abkürzungen, gelegentlich auch Zeilenfall) übernommen werden.» Plachta (Anm. 3), 137.

9 Büchner, Georg. *Woyzeck.* Faksimile-Ausgabe der Handschriften. Bearb. v. Gerhard Schmid. Wiesbaden, 1981.

10 Kleist, Heinrich v. *Sämtliche Werke. Brandenburger Ausgabe.* Hg. v. Roland Reuß u. Peter Staengle. Frankfurt a. M. u. Basel, 1988 ff.

11 Scheibe, Siegfried. «Welche Editionsart für welchen Zweck?» *Die Funktionen von Editionen in Wissenschaft und Gesellschaft.* Hg. v. Hans Gert Roloff. Berlin, 1998. 43–61, 48.

12 Brod, Max. Nachwort zur ersten Ausgabe. Franz Kafka. *Der Prozeß.* Roman. Frankfurt a. M., 1983. 227 f.

13 Brod, Max. Nachwort zur zweiten Ausgabe (Anm. 12), 229.

14 Politzer, Heinz. «Problematik und Probleme der Kafka-Forschung». *Monatshefte für deutschen Unterricht, deutsche Sprache und Literatur* 42 (1950): 273–80, 279.

15 Jannidis u. a. (Anm. 2), 26.

16 Vgl. Wittbrodt, Andreas. «Wie ediert man Franz Kafkas *Proceß*?» *editio* 13 (1999): 131–56, 146 f.

17 Böhme, Hartmut. «Die Literaturwissenschaft zwischen Editionsphilologie und Kulturwissenschaft». *Perspektiven der Germanistik.* Hg. v. Walter Delabar u. Anne Bentfeld. Opladen, 1997. 32–46, 33.

18 Reuß, Roland. «Schicksal der Handschrift, Schicksal der Druckschrift. Notizen zur ‹Textgenese›». *Text. Kritische Beiträge* 5 (1999): 1–25, 19.

19 Kafka, Franz. *Drei Briefe an Milena Jesenská vom Sommer 1920.* Faksimileedition. Hg. v. KD Wolff u. Peter Staengle unter Mitarbeit v. Roland Reuß. Frankfurt a. M., Basel, 1995.

20 Kafka (Anm. 19), 7.

21 Kafka, Franz. *Briefe an Milena.* Erweiterte u. neu geordnete Ausgabe. Hg. v. Jürgen Born u. Michael Müller. Frankfurt a. M., 1986. Im Folgenden durch Seitenangabe zitiert.

[illegible]
[illegible]
[illegible]
[illegible]
[illegible]
[illegible]
[illegible]
[illegible]
[illegible]
[illegible]
[illegible]
[illegible]

5 Performativität

Hans Rudolf Velten

a) Ältere deutsche Literatur

In memoriam Hans-Jürgen Bachorski

«Performance», Performanz, Performativität

Seit etwa einem Jahrzehnt ist das theoretische Begriffsfeld der Performativität in den Kulturwissenschaften auch in Deutschland gängig. Es bezeichnet heterogene und teilweise auch widersprüchliche Perspektiven auf Kultur, die je nach ihrer Herkunft und interessegeleiteten Funktion aus Theaterwissenschaft, Kulturanthropologie oder Literaturwissenschaft mehr oder weniger stark voneinander differieren. Zudem werden die Begriffe *performance*, Performanz und Performativität auch in der Linguistik, der Sprachphilosophie, der Soziologie und in Gender-Studien teilweise seit längerem schon als Fachtermini gebraucht, was eine übergreifende definitorische Bestimmung beinahe unmöglich macht. Deshalb werde ich mich im Folgenden auf Performativität als kulturwissenschaftliches Konzept beschränken und seine Herkunft und Anwendung zunächst skizzieren.

Der Begriff *cultural performance* wurde 1959 zuerst von dem amerikanischen Ethnologen Milton Singer in der Einleitung zu einer Aufsatzsammlung zur Kultur Indiens geprägt.[1] Er gebrauchte ihn zur Beschreibung von organisierten kulturellen Ereignissen wie theatralen und musikalischen Aufführungen, aber auch religiösen Festen, Hochzeiten, Rezitationen, Spielen oder Tänzen. Singer war der Auffassung, dass die südasiatischen Völker – und vielleicht nicht nur sie – ihre Kultur vor allem anderen in besonderen Ereignissen wahrnehmen, in deren Vollzug vor ihren Mitgliedern und vor Fremden sie sich ihrer gemeinschaftlichen kulturellen Traditionen und Identität versichern konnten. Alle diese *performances* hatten folgende allgemeine Merkmale gemeinsam: Sie zeichneten sich durch eine begrenzte zeitliche Dauer, einen Anfang und ein Ende, einen organisierten Handlungsablauf, eine Gruppe von Aufführenden, ein Publikum, einen Anlass sowie einen Ort der Vorführung aus.[2] Diese grobe Definition von *performance* trug später, in den 1970er Jahren, in nicht geringem Maß zur Konvergenz der anthropologischen und der theaterwissenschaftlichen Performancetheorien bei, da sie unter anderem die Absonderung der kulturellen Performance von den zeit-räumlichen Gegebenheiten der Alltagswelt betont.[3]

Nach Singer war es vor allem der britische Ethnologe Victor Turner, der unter dem Stichwort *performance* die Dynamiken und Prozesse in Ritual und Theater parallel untersuchte. Seine Definition lautet wie folgt:

> I mean by cultural performance the public presentation or exhibition of a sequence of events and acts in a place and period of time specially assigned to it. This sequence owes its shape and content to beliefs and attitudes shared by a specific group, ethnic, linguistic, professional, gender-based, defined by age, or rooted in class or caste […].[4]

In seiner Studie über die südafrikanischen Ndembu, *Schism and Continuity,* entwickelte Turner 1957 das Konzept des *social drama* als methodisches Werkzeug für Ethnologen. Es war ebenso wie Singers *cultural performance* als Modell einer spezifischen kulturellen Form von Theatralität für die Analyse einer wesentlich breiteren Zahl kultureller Praktiken und Ereignisse geeignet. Doch während Singer mehr die Aufführung an sich im Blick hatte, richtete Turner seine Aufmerksamkeit auf die Organisation, die Dynamik und den dramatischen Ablauf der Performance. Deren Status charakterisiert er als transitär, als eine liminale (Schwellen- oder Übergangs-)Form zwischen zwei stärker gefestigten Feldern kultureller Aktivität. Dieses Dazwischen *(in-betweenness)* der Performance, mit dem nicht nur ihr liminaler Zustand, sondern auch ihre Kontingenz und Flüchtigkeit beschrieben werden kann, wurde im Anschluss an Turner später zu einem der wichtigsten Charakteristika von Performativität (s. u.).

Im Laufe seiner Zusammenarbeit mit dem New Yorker Theaterwissenschaftler Richard Schechner, mit dem er in den 1970er Jahren mehrere gemeinsame Projekte zum Verhältnis zwischen sozialem und ästhetischem Drama durchführte, kam Turner zu der Auffassung, dass man (außereuropäische) Rituale, Zeremonien, Feste, Tänze usw. gemeinsam mit (modernen westlichen) Bühnendramen, Liedvorträgen oder Musikkonzerten im Begriff der *performance* zumindest ansatzweise fassen könne. Dies bedeutete, dass Performance für Turner zu einem Oberbegriff für Ritual und Spiel, Vortrag und Theateraufführungen, Kampf und Tanz geworden war, alle jene Aktivitäten, die auch als ‹kulturelle Ereignisse› oder ‹kulturelle Praktiken› bezeichnet werden können. Schechners Verdienst ist es wiederum, die Theorie Turners auf das Theater angewendet zu haben; er arbeitete Analogien und Differenzen bei der Übertragung von Turners Vier-Phasen-Modell auf ästhetische Dramen heraus.[5] Mit den Ergebnissen dieser Studien setzte sich dann wiederum Turner ausführlich und kritisch in seinem 1982 erschienenen Buch *From Ritual to Theatre* auseinander.[6]

Diese Entwicklungen in der Ethnographie und den Theaterwissenschaften der 1960er und 1970er Jahre hatten nicht nur die Einsicht zur Folge, dass man mit dem Begriff Performance als wissenschaftlichem Konzept fächerübergreifend arbeiten konnte, sondern auch, dass sich in diesen Disziplinen zuallererst das Interesse immer stärker von einer textzentrierten zu einer handlungszentrierten Betrachtung verschob. Dies betont Marvin Carlsson: «The emphasis of such an approach shifts from the text to its function as a performative and communicative act in a particular cultural situation.»[7] Nicht mehr der (literarische) Text einer Aufführung sollte im Mittelpunkt der Aufmerksamkeit stehen, sondern die Prozessualität der Aufführung selbst. Hier war eine Wende der Forschungsperspektive eingeleitet, die später für die Kulturwissenschaften allgemein folgenreich war. Denn damit verband sich die Einsicht, dass Kultur insgesamt (eingeschlossen die europäisch-westliche Kultur) nicht nur in Texten und Monumenten, sondern auch in den fluideren Performances hervorgebracht wird.[8]

Von ganz anderer Seite her wurde ebenfalls in den 1960er Jahren unter dem Stichwort ‹Performanz› (von engl. *performance*) der Handlungscharakter von Sprache untersucht. Es waren die Sprachphilosophen John L. Austin und Richard Searle, die eine Umorientierung von der Sprache als Repräsentation auf den Sprechakt als Handeln einleiteten. Mit seiner Unterscheidung von konstativen und performativen Äußerungen (die er später zwar differenzierte und teilweise zurücknahm) versuchte Austin zu zeigen, dass man keine Feststellung treffen kann, ohne etwas zu tun, denn eine sprachliche Aussage zu treffen zeitigt Konsequenzen.[9] Durch performative Äußerungen wie ‹Ich verspreche dir, morgen pünktlich zu sein› oder ‹Wir taufen dich auf den Namen Irene› werden die sprachlich bezeichneten Handlungen tatsächlich vollzogen, sodass Sprechen zuallererst ein Handeln ist.[10]

Die Bemühungen Austins und Searles um den Sprechakt wurden von Jacques Derrida und Jonathan Culler kritisiert und weitergeführt, die beide von unterschiedlichen Positionen her darauf hinweisen, dass der Kontext einer Äußerung prinzipiell unendlich und daher von der Intention des Sprechers nicht beherrschbar sei. Von dort entwickelt Derrida auch sein Konzept der aufgeschobenen Bedeutung *(différance)*, mit welchem er die grundsätzliche Instabilität semantischer Bezüge aufdeckte und damit deutlich machte, dass nicht nur der Gebrauch der Sprache, sondern auch der von Texten in hohem Maß performativ ist.[11]

Um die Performanz von Texten, wenn auch in anderer Weise, geht es auch dem Mediävisten Paul Zumthor, der sich von literaturwissenschaftlicher Seite her mit den ethnologischen, theaterwissenschaftlichen und sprachphilosophischen Ansätzen auseinander setzte und versuchte, daraus ein Instrumentarium zur Analyse mittelalterlicher Liedvorträge zu gewinnen. Zumthor griff bereits 1972 in seinem *Essai de poétique médiévale*, basierend auf der Grundannahme der Theatralität mittelalterlicher Dichtung, auf den Begriff der *performance* zurück, um damit die Vokalität und multisensorische Wahrnehmung von künstlerischen Aufführungen zu beschreiben.

Aus dem bisher Gesagten ergibt sich folgendes begriffliches Schema: Die Termini Performance und Performanz unterscheiden sich zunächst durch ihre wissenschaftsgeschichtliche Herkunft. Während das aus der angloamerikanischen Theaterwissenschaft stammende Wort *performance* im Deutschen nur ungenügend mit ‹Aufführung› wiedergegeben werden kann und somit – auch im Hinblick auf die inzwischen etablierte Kunstform der Performance – als Lehnwort für eine besondere Form des im Sinn von Singer und Turner definierten prozesshaften, sich einmalig und situativ vollziehenden ‹kulturellen Ereignisses› erhalten bleiben muss, bezeichnet Performanz im allgemeinsten Sinne einen von der Sprachphilosophie her kommenden Handlungscharakter von Sprache (und von Texten).[12]

Was aber ist dann ‹Performativität›? Zunächst einmal die Bezeichnung für eine methodische Herangehensweise, wie etwa Intertextualität oder Semiotik. Als ein aus dem Adjektiv ‹performativ› abgeleitetes qualitatives Substantiv kann sich der Begriff aber auch entweder auf Performance oder auf Performanz beziehen und bezeichnet dann jeweils die Eigenschaft eines Gegenstandes oder Vorgangs. Freilich ist es tautologisch, wenn Aufführungen als performativ gekennzeichnet werden, nicht aber im Fall ihrer medialen Vermittlung. Wenn ein Sprechakt performativ sein kann, weil er im Medium Sprache eingebettet ist, dann gilt das ebenso für einen Text, ein Bild, ein Kunstwerk, einen Film, einen Körper. Wenn Performances durch Medien vermittelt werden, bleiben nur bestimmte ihrer Merkmale erhalten, andere verschwinden oder werden umakzentuiert. Das Medium, das die Performance repräsentiert – im Fall der Literaturwissenschaft meistens Texte, bisweilen Illustrationen –, kann daher performativ sein und Performativität beanspruchen, ist aber nicht selbst Performance.

Deutlicher wird diese Bestimmung, wenn wir Performativität mit Textualität in Beziehung setzen. Beide Begriffe sind systematisch ausgerichtete Oberbegriffe, die sowohl Phänomene als auch wissenschaftliche Perspektiven bezeichnen (Textualität als kulturelles Modell etwa). Während demnach ‹Textualität› als Ensemble kultureller Einzelelemente, als strukturiertes und bedeutungstragendes Gewebe bezeichnet werden kann und methodisch die Beschreibung alles kulturellen Handelns mit semantischen Metaphern ist, zielt ‹Performativität› auf ein Verständnis von Kultur als Handlung, als dynamischen Prozess ab, in dessen Rahmen kulturelle Ereignisse, aber auch Texte sich zunächst aus ihrem Vollzug, ihrer Konstituierung verstehen lassen und mit Handlungsmetaphern beschreibbar sind.[13]

Mit dieser methodischen Differenz führt das Forschungsparadigma des Performativen in produktiver Weise das in den Kulturwissenschaften vorherrschende Modell ‹Kultur als Text› weiter und grenzt sich gleichzeitig davon ab.[14] Dahinter steht der Anspruch, Performativität als universalen Ansatz für vergleichende Studien zwischen europäischen und außereuropäischen Kulturen, zwischen hohen und niedrigen, vergangenen und gegenwärtigen Kulturen gebrauchen zu können.[15] Was für die Literaturwissenschaft daran interessant ist, liegt auf der Hand: Gegenüber bisherigen Verfahren der Textwissenschaften schafft die Perspektive des Performativen als zunächst anthropologisch und sozial bestimmtes Modell die Voraussetzungen, um die Relation zwischen kulturellen Aufführungen und Handlungen auf der einen Seite, sprachlichen Beschreibungen und imaginären Entwürfen, die uns in Texten überliefert sind, auf der anderen Seite genauer untersuchen zu können, wie die Theaterwissenschaftlerin Erika Fischer-Lichte darlegt:

> Wird die Performance als kulturelles Modell vorausgesetzt, kann es folglich nicht mehr darum gehen, Performances nach dem Textmodell zu analysieren; vielmehr gilt es außerdem, sowohl Performances als auch Texte und Monumente nach dem Performance-Modell zu untersuchen.[16]

Mit der Diskursanalyse hatte schon in den 1960er Jahren Michel Foucault die Grenzen zwischen Text und kulturellen Praktiken durchlässig gemacht, indem er zeigte, wie Texte zeitgenössische Diskurse der Macht aufnehmen und verhandeln. Auch der *New Historicism* und sein Hauptvertreter Stephen Greenblatt versuchen, die Positionen, die Texte zu sozialen Phänomenen, aber auch zu verschiedenen Diskurstypen einnehmen, zu bestimmen. Greenblatt führte vor, dass es auf die Zirkulation sozialer Energien, die Austauschprozesse zwischen Texten, theatralen Aufführungen und Ritualen der Macht besonders ankommt.[17] Problematisch daran ist allerdings, dass das Verständnis von Kultur als Text weitgehend von semiotischen Beziehungen geprägt ist, da Handlungen immerzu etwas *bedeuten*.

Die performativen Ansätze versuchen hingegen, die Austauschbeziehungen zwischen Performance und Text nicht nach den Regeln der Texte zu lesen, sondern nach denen der Aufführungen. Dazu gehört auch, dass kulturelle Ereignisse Nicht-Semantisches enthalten, welches sich dem ‹Wissen als Macht› entzieht, dass mediale Überschneidungen von Mündlichkeit und Schriftlichkeit, von Handschrift und Druck sowie ihre Materialität berücksichtigt werden, dass die Wirkungen von Texten in die Welt hinein untersucht und schließlich Phänomene wie Stimmlichkeit, Körperlichkeit und Spiel im Zusammenhang mit Texten mehr als bisher in Augenschein genommen werden. Dahinter steht die Skepsis derjenigen Disziplinen, für welche die Entsprechungsformeln Kultur gleich Text und Zeichen gleich Repräsentation fraglich geworden sind.

Hier konnten nur einige Aspekte von Performativität als Theoriekonzept angesprochen werden, ausführlicher wird dies in den nächsten Abschnitten im Blick auf die Mediävistik geschehen. Zum Schluss sollen noch eine Reihe von Gegensatzpaaren angeführt werden, die das weite Feld für den Gebrauch in den Literaturwissenschaften abstecken: Performativität als Methode und Theorie betont: (1) die Prozess- und Ereignishaftigkeit von Kultur – im Gegensatz zu ihrer Systematisierung und Verfestigung in Texten; (2) den Handlungscharakter kultureller Praktiken – im Gegensatz zu ihrer Fest-Schreibung und Repräsentation; (3) den Konstruktionscharakter dieser Praktiken – im Gegensatz zu ihrer Identität oder Wesenhaftigkeit; (4) die Materialität von Kultur – im Gegensatz zu ihrer (codierten) Bedeutung; (5) den Vollzugscharakter des (sprachlichen) Handelns – im Gegensatz zu seiner Repräsentation.

Aufführung, Performance, Ritual:
Theorieansätze in der mediävistischen und frühneuzeitlichen Literaturwissenschaft

Anders als Theater- und Kommunikationswissenschaftlern oder Ethnologen ist es Literaturwissenschaftlern nicht möglich, eine kulturelle Performance zu beobachten und zu analysieren. Dies gilt prinzipiell für alle Disziplinen, deren Gegenstand historische kulturelle Praktiken und literarische Werke sind, die vor der Erfindung des Videos, des Films oder zumindest der Tonbandaufzeichnung entstanden sind.[18] Zudem stellt sich sowohl für zeitgenössische Analysen als auch für historische Untersuchungen in gleicher Weise die Frage nach der Vermittlung von Aufgeführtem durch schriftliche Medien. Schon die Analyse einer Performance und erst recht die Verschriftlichung dieser Analyse ist etwas Vermitteltes. Trotz dieser Probleme ist es notwendig, wissenschaftliche Hypothesen über Verlaufsformen, Funktionen und soziale Wirkungen von kulturellen Aufführungen der Vergangenheit aufzustellen, nicht nur als theoretisch notwendige Rahmung und kulturgeschichtliche Verankerung, sondern auch zur stärkeren Berücksichtigung der medialen Mittelbarkeit und ‹Materialität› der bekannten textlichen und bildlichen Quellen.

So verwundert es nicht, dass die seit den 1920er Jahren betriebene Mündlichkeitsforschung als eine der wissenschaftsgeschichtlichen Wurzeln des Performativen bezeichnet werden kann.[19] Mit dem Satz «Literary history is no longer entirely literary», der einen programmatischen Aufsatz zum mittelalterlichen Textbegriff im Verhältnis zur Oralität einleitet, konstatiert Walter Ong zu Beginn der 1980er Jahre die notwendige Öffnung der Mittelalter-Philologien zur Kulturwissenschaft. Denn die komplexe und hochartifizielle orale Kunstform bestimmte in hohem Maß die Schriftlichkeit derjenigen Werke, die die ‹Literatur› des Mittelalters konstituieren.[20]

Es war jedoch der Mediävist Paul Zumthor, der, aufbauend auf die Ergebnisse der Oralitätsforschung zu Beginn der 1970er Jahre, den Begriff der Performance auf mittelalterliche Dichtung angewendet hat.[21] Er ging davon aus, dass die volkssprachliche Kultur des Mittelalters mündlich bestimmt ist, vor einem versammelten Publikum aufgeführt wird und sich der Schrift nur zu bestimmten Zwecken bedient.[22] Daraus ergab sich in seinen Studien eine Konzentration auf die Gebrauchs- und Rezeptionssituation des mittelalterlichen Liedvortrags, die er als *performance* kennzeichnete:

Mit dem Wort *performance* bezeichne ich die vokale Aktion, die den poetischen Text an seine Adressaten übermittelt, einschließlich der Umstände und Vorgänge, die ihr vorangehen, sie begleiten, ihr folgen. Die Übermittlung von Mund zu Ohr arbeitet im wörtlichen Sinn an dem Text; sie verwirklicht ihn. Es ist die performance, die aus einer mündlichen Kommunikation einen poetischen Gegenstand macht, indem sie ihm die soziale Identität verleiht, kraft derer man ihn versteht und erklärt. Die performance ist damit konstitutiv für die Form. […] Deshalb unterscheide ich im gesamten poetischen Œuvre des Mittelalters zwischen der sprachlichen Oberfläche und der Form, wobei die zweite die erste einschließt, aber in allem über sie hinausgeht, was mit Atem, Klang, Geste, Instrumentierung und Dekor zu tun hat. Mit dem Terminus *œuvre* werde ich künftig die Gesamtheit aller zur performance gehörenden Faktoren bezeichnen, alles, was hic et nunc poetisch mitgeteilt wird: Worte und Sätze, Klänge, Rhythmen, visuelle Elemente. Mit dem Terminus *Text* bezeichne ich die sprachliche Sequenz, also Worte und Sätze; sie bilden einen der genannten Faktoren.[23]

Stimme, Körper und Musik bringen somit ein ‹Werk› zur Aufführung, dessen textliche Fixierung für Zumthor nur als Reduktionsform begriffen werden kann. Bei den poetischen Formen, die über die Stimme übertragen werden (auch wenn sie schriftlich konzipiert worden sind), verringert sich die Autonomie des Textes im Bezug zum Werk stark. Fast könnte man sagen, dass die Wirkung des Textes sich auflöst und dass der gesamte Ort des Werks von performativen, nicht-textuellen Elementen eingenommen wird, wie etwa Körper und Spiel der Interpreten, Publikum, Aufführungsbedingungen, kulturelles Umfeld, intersubjektive Relationen sowie jene zwischen Wirklichkeit und Repräsentation.[24] Dabei spricht Zumthor nicht mehr von Literatur, sondern von Poesie bzw. Dichtung. Er hat auch den Begriff der ‹oralen Literatur› zugunsten des Begriffs der *poésie vocale* vermieden.

Die methodischen Konsequenzen, die Zumthor aus diesen Befunden ableitet, sind zusammengefasst folgende: Um der mittelalterlichen Dichtung gerecht zu werden, müssen ihre performativen und theatralen Elemente rekonstruiert werden. Dabei stützt er sich einerseits auf innerkulturelle Faktoren wie direkte und indirekte Aufführungshinweise in den Handschriften selbst (deiktische Angaben, verbalisierte Gesten, Publikumsadressen usw.), andererseits auf historische Zeugnisse der literarischen Rezeption sowie außerkulturelle Hinweise, die durch den Vergleich mit Forschungsergebnissen zur Performance aus der Ethnologie gewonnen werden können (z. B. Wiederholung, Rhythmus).[25]

Drei wichtige Begriffe hat Zumthor in seinen Studien geprägt: Theatralität[26], Vokalität und Beweglichkeit *(mouvance)*, die zusammen einen besonderen Literaturbegriff des Mittelalters ausmachen, der in der Performance seinen Grund hat: Er ist erstens gekennzeichnet durch spezifisch theatrale Ausdrucksformen (Schaffung eines transitorischen Raumes mit einer Totalität aus multisensorischen, affektiven, intellektuellen Faktoren als Theatralität), zweitens durch die simultane physische Präsenz, die sich um einen menschlichen Körper und seine Stimme artikuliert (Vokalität), und drittens in der Situationalität und Okkasionalität der Aufführung, die sich dann als Beweglichkeit und Veränderlichkeit der Handschriften *(variance)* ausdrückt.

Wenn Zumthor Regeln für die Prozessualität von Performances aufstellt, legt er deren performative Merkmale fest. Dadurch können wir zwar sehr viel über die möglichen Formen, Abläufe und Funktionen von Liedvorträgen und theatralen Aufführungen erfahren, aber die theoretischen Annahmen beziehen sich vornehmlich nicht auf Texte, sondern immer auf die dahinter stehenden kulturellen Praktiken. Zumthor will zunächst das originäre performative Ereignis hermeneutisch beschreiben, und erst in zweiter Linie achtet er auf die Beziehungen von Text und Performanz. Neben der Rekonstruktion oraler und theatraler Ereignisse steht aber auch das Problem zur Diskussion, in welcher Weise Texte mit kulturellen Aufführungen umgehen, sie medial (schriftlich und bildlich) reinszenieren, sprachlich formal strukturieren und verhandeln, ihre Funktionen übernehmen oder verändern, Strategien entwickeln, um sie zu fingieren oder vielleicht selbst wieder Teil einer Performance zu werden. In dieser Möglichkeit der Analyse der Interaktionen zwischen Performance und Text, zwischen verschiedenen Medien der Repräsentation, den Austauschprozessen und Schnittstellen zwischen ‹Kunstwelten› und ‹Wirklichkeitswelten› liegt der spezifische Erkenntniswert der Performativität für die Literaturgeschichte.[27] Im Anschluss an die Ritualtheorien Arnold van Genneps und Turners ist die Performance als ein ‹liminales› oder ‹liminoides› Feld zwischen Akteuren und Zuschauern, zwischen Verkörperung und Symbolisierung zu verstehen, ein «betwixt and between», in dem Bedeutungen allererst hervorgebracht und verhandelt werden.[28] Darunter lassen sich sowohl Texte wie auch Aufführungen als Gegenstände einer performativen Literaturwissenschaft fassen: Versteht man sie als liminale oder liminoide Felder, die sich im Zustand der permanenten Dynamisierung, des ständigen Wandels befinden, lassen sie sich als (historisch beschreibbare) Frei- oder Spielräume fassen, an denen Interaktion und Austausch von semiotischen Beziehungen und Bedeutungen oder Selbstbeschreibungen erkennbar sind.

Die anthropologische Ritualforschung hat damit stärker noch als die Oralitätsforschung ein breit verwendbares Beschreibungsinstrumentarium der Performativität geliefert. Für die Frühe Neuzeit sind mit Foucault und Greenblatt zwei weitere Modelle des Textverständnisses genannt worden, die der Öffnung des Textes hin zur Performance gleichfalls verpflichtet sind. Auch der russische Literaturwissenschaftler Michail Bachtin hat mit seiner Theorie des Karnevals einen Prototyp der performativen Untersuchung geliefert, indem er in *Rabelais und seine Welt* literarische Quellen des 15. und 16. Jahrhunderts mit historischem Material und Gebrauchsliteratur wie Chroniken, Anekdoten, wissenschaftlichen Traktaten sowie Zeugnissen aus der bildenden Kunst, aber auch volkstümlichen Praktiken und Aufführungen in Beziehung setzte.[29]

Bachtin, Foucault, Greenblatt – sie alle sind als Vorläufer für ein Performativitätsverständnis zu sehen, das in erster Linie auf Texte ausgerichtet ist. Denn Texte sind nach wie vor die Hauptgegenstände jeder historisch arbeitenden Literaturwissenschaft. Performativität als Untersuchungsmethode von Texten bedeutet daher nicht nur, dass ein Text Spuren von Mündlichkeit oder von vorangegangenen kulturellen Praktiken aufweist, sondern auch, dass diese Spuren bewusst gelegt sein können und eine Textstrategie darstellen.[30] Performativität kann daher auch eine Fiktion der Schrift oder eine Wirkung betreffen, die der Text gegenüber seiner historischen und sozialen Wirklichkeit ausübt. Es ist somit möglich, dass ein Text auf verschiedene Weise performativ ist; für die Arbeit mit mittelalterlichen und frühneuzeitlichen Texten erscheint es daher sinnvoll, den Begriff ‹Performativität von Texten› heuristisch auf vier Ebenen anzulegen:[31]

1. Zunächst kann ein Text – wie etwa in der Oralitätsforschung – nach Restbeständen und ‹Spuren› seiner Interaktion mit Aufführungen bzw. Mündlichkeit untersucht werden. Auf dieser Darstellungsebene geht es um Performances und Handlungen, die im Text wiedergegeben und verstetigt werden. Der jeweilige Text dient hier jedoch nicht nur als Quelle für eine zu rekonstruierende Handlung oder Situation, sondern wirkt der Flüchtigkeit von Aufführungen und Gesten entgegen, indem er sie fixiert und ihr kulturelles Wissen produktiv verarbeitet. Dies ist für die Analyse der Re-Inszenierung von *face-to-face*-Kommunikationen, Gesten und anderen Körperinszenierungen in Texten wichtig.

2. Die zweite Ebene bezieht sich auf die Tatsache, dass mittelalterliche und frühneuzeitliche Texte in hohem Maß als Material für und von Performance existieren, also nach Zumthor erst durch Aufführung zu einem Werk werden. Dies wird besonders deutlich bei der mündlichen wie auch handschriftlichen Existenzform von Texten, die einer Aufführung durch Stimme, Gestik, Körpereinsatz etc. bedürfen. Zentral ist dabei die Frage, inwieweit der Text etwa in Regieanweisungen oder im aktionistischen Sprechen mit situativen Aktualisierungen kalkuliert, welche durch die von ihm angeregten Formen des Lesens, Vorlesens, Vortragens oder Aufführens entstehen. Ferner ist hier die Materialität des Textes, seine selbstreferenzielle Gegenständlichkeit als Requisit in verschiedenen außertextlichen Inszenierungen bedeutsam.

3. Von den beiden ersten ist eine dritte, die diskursive Ebene des Textes zu unterscheiden. Hier geht es darum, wie Performances in den narrativen oder dramatischen Vollzug integriert und simuliert werden. Dazu zählen sprachliche Inszenierungen, mittels deren der Text das tut, wovon er spricht. Ähnlich verwenden Erzähltexte die narrative Steuerung und Semantisierung von performativen Elementen durch Bildfolge und Rhythmus, um Effekte der situationalen Teilhabe oder der Körperlichkeit von Wahrnehmung zu erzielen. Schließlich sind hier allgemein textuelle Strategien zu nennen, wie die verschiedenen Formen der fingierten Mündlichkeit, die Simulation von direkten Gesprächssituationen z. B. bei Anreden im Text oder von Präsenz und Ereignishaftigkeit, erkennbar an Ausrufen und atemlosem Sprechen.

4. Auf der vierten Ebene ist es schließlich möglich, die Erzeugung von außertextueller Wirkung durch Texte zu analysieren. Hier geht es zunächst um die Fähigkeit von Texten, Rezipienten zu affizieren, das Publikum zum Weinen oder Lachen zu bringen, zu Hass- oder Rachegefühlen zu provozieren. Im Anschluss an Judith Butler[32] geht es aber weitergehend auch um die Fähigkeiten von Texten, Wirklichkeit zu konstituieren: Adressaten zu modellieren, Diskurse, Emotionen, soziale Zusammenhänge und Ähnliches zu konstituieren oder zu verändern. Mit Hilfe der funktionalen Performativität ist es möglich zu zeigen, wie etwa eine besondere Gefühlskultur (Lachen, Trauer, Liebe) durch Texte erst geschaffen wird oder wie ein sozialer Zusammenhang durch die Mitwirkung in Dialogen bzw. das Erzählen von Witzen hergestellt wird.

Diese Ebenen veranschaulichen verschiedene Zugänge zur Performativität von alten Texten, von denen jede für sich genommen zu wenig wäre. Erst in der Verknüpfung der verschiedenen Gesichtspunkte gewinnt das Performative als Beschreibungsmodell seine Kontur.

Arbeitsfelder

Das Mittelalter und die Frühe Neuzeit sind Epochen, in denen sich mündliche Kultur und Schriftkulturen auf vielfältige Weise durchdringen, wobei sich der Gebrauch der Schrift auf immer mehr soziale Felder und Gruppen ausdehnt. Sie dient dabei zur Fixierung mündlichen und körperlichen Wissens und seiner Anpassung an schriftsprachliche Kommunikationssituationen oder zum weiteren mündlichen Gebrauch. Diese unbestrittene Semi-Oralität der europäischen Kulturen des Mittelalters, die bis weit über die Erfindung des Buchdrucks hinausreicht, legt nahe, sie als ‹Aufführungskulturen› zu bezeichnen. Das Performative spielt als wesentlicher Bestandteil von Präsenz in zahllosen kulturellen Akten wie repräsentativen Herrschaftszeichen, Zeremonial- und Symbolhandlungen, ritualisierten Gesten, Spiel und Wettkampf, in den Inszenierungen von Ritualen religiöser und weltlicher (etwa politischer) Prägung[33], und eben auch in den verschiedenen Formen der Dichtung und künstlerischen Darstellung eine große Rolle. Dieser sinnlichen Präsenz körperlichen Agierens, der literarischen Rezeption als ‹Kommunikation unter Anwesenden› wird daher in der mediävistischen Forschung seit einiger Zeit berechtigte Aufmerksamkeit geschenkt.[34] Dabei standen bisher naturgemäß der Liedvortrag im Minnesang, aber auch die frühen geistlichen Spiele im Mittelpunkt des Interesses für das Performative.

Ungleich den Theaterwissenschaften hatte sich die Mittelalterphilologie bis auf wenige Ausnahmen nur am Rande mit der Kategorie der Aufführung (von literarischen Kunstwerken) beschäftigt. Eine der ersten Stimmen, die wieder auf diesen lange vernachlässigten Sachverhalt aufmerksam machten, war jene Hugo Kuhns, der 1967 in seinem Aufsatz *Minnesang als Aufführungsform* den Liedvortrag selbst als für die Gattung konstitutiv angesehen hatte. Er unterstrich, «daß die Strophen und Wortsequenzen der Minnelieder gelegentlich erst in der lebendigen Situation des Minnelieds, im Vorgang seiner ‹Aufführung› durch den Sänger ihr Leben und ihren Sinn voll enthüllen»[35]. Nach dieser Auffassung war es notwendig, den mittelalterlichen handschriftlichen Text neben editions- und textkritischen Interpretationen stärker im Licht seiner Vermittlung, Rezeption und Aufführung zu sehen. Kuhns Aufsatz und die Anregungen, die aus der *Oral Poetry* kamen, lösten im Anschluss zwar einige Studien zum Aufführungsstatus in Minnesang und Sangspruchlyrik aus, doch blieben sie eher Marginalien in der Beschäftigung mit mittelalterlichen Texten. Auch von den veränderten Fragestellungen durch die Arbeiten Zumthors und Teilen der französischen Mittelalterphilologie nahm die germanistische Mediävistik insgesamt kaum Notiz. Mit den obligaten Ausnahmen brauchte es immerhin bis zu dem 1995 stattfindenden DFG-Symposium *Aufführung und Schrift*, bis die Kategorie des Performativen sich als wesentliches Element der mittelalterlich-frühneuzeitlichen Literaturwissenschaft durchsetzen konnte.[36] Nach Jan-Dirk Müller stehen für die europäischen Literaturen folgende Aspekte im Mittelpunkt:

> [...] die Interdependenz von situationsgebundener Aufführung und schriftgebundener Gestalt, [...] die Einbettung von Literatur in religiöse, rechtliche, politische Rituale, die Beschreibung von Texten, die durch ihren Aufführungscharakter, ihre Bindung an face-to-face-Kommunikation geprägt sind, Formen der Theatralisierung in der mittelalterlichen und frühneuzeitlichen Gesellschaft, schließlich die Interferenzen zwischen Text, Bild und Körper in der literarischen Präsentation.[37]

Das Symposium steckte ein Feld ab, in dem sich Literatur als Interaktion zwischen ‹Aufführung› und ‹Schrift› abspielt und dessen bis heute bestimmende Themen folgende sind: die Regeln und Bedingungen von Aufführungssituationen, die Medialität von Kommunikation, die Performativität der Schrift, die Partizipation und Wahrnehmung von literarischen Performances und ihre Repräsentationsleistungen sowie der Charakter von Inszenierung und Theatralisierung von Performances und Texten.

Der am stärksten bearbeitete Forschungsgegenstand ist wiederum die höfische Lyrik (Minnesang, Sangspruchdichtung). Hier liegen inzwischen mehrere Arbeiten zum Auftreten des Sängers, zum ‹inszenierten Diskurs›, zur räumlichen Deixis durch Pronominalverwendung beim Liedvortrag, zur Referenzialisierung von Ich-Aussagen des

Sängers usw. vor. Die Aufmerksamkeit richtet sich dabei auf die komplizierten Rollenschemata und Diskursregeln, deren Inszenierung anhand einiger Liedtexte noch deutlich erkennbar ist: Sänger und Hörer erzeugen gemeinsam die Situation der Aufführung als interaktiven, pragmatischen Kontext, «in welchem Rollenübernahmen und deren Modi sowie der Fiktionalitätsstatus des Sangs je situationsgebunden, okkasionell ausgehandelt werden mussten.»[38] Am Rollen-Ich der Lieder Reinmars d. Ä. ist beispielsweise zu erkennen, dass die Referenz sich von der verbalen Ebene (das, was gesagt wird) auf die visuelle Ebene (das, was gezeigt wird) ausdehnt: «Ich-Rede und Sich-Zeigen sind aufeinander angewiesen»[39]. Daraus ergibt sich die Inszenierung eines ‹performativen Selbstwiderspruchs›, also ein ironisches Auseinanderfallen zwischen Sagen und Tun im Vollzug. Im Anschluss an Zumthor ist auch der Versuch gemacht worden, die Wirkung der Stimme bei der Aufführung zu analysieren: An den Liedern des Minnesängers Hadlaub wird deutlich, dass die Stimme das eigentliche Faszinosum des Minnesangs gewesen sein musste: «Entscheidend ist dabei die Dimension, die der Text auf dem Pergament gerade nicht mehr hat: die sinnliche Faszination des Vortrags»[40].

Neben der höfischen Lyrik sind es weitere Aufführungsgattungen, denen mehr und mehr Beachtung geschenkt wird: das geistliche und weltliche Spiel.[41] Hier waren vor allem theaterwissenschaftliche und historisch arbeitende Studien der 1990er Jahre wegweisend, die die städtischen Aufführungen früh schon als in rituelle Abläufe eingebettete Performances bezeichnet hatten.[42] Zum Verhältnis von Text und Ritus bzw. Ritual, eine der grundlegenden performativen Forschungsfragen, liegen inzwischen sowohl zum geistlichen Spiel als auch zum Fastnachtspiel erste Ansätze vor, bei denen es nicht nur um die je spezifische Fiktionalität des Textes geht (Als-ob-Formel), sondern um die Verhandlungen, die der Text zwischen Aufführung und Schrift führt.[43]

Die Epik und die zahlreichen kleineren Formen der Literatur des Mittelalters und der Frühen Neuzeit sind erst ansatzweise auf performative Zusammenhänge hin untersucht worden. Hier sind es Fragen der Strategien der Vergegenwärtigung der kollektiven Erinnerung, der Evokation und Visualisierung von Bildern vor einem anwesenden Publikum als multimediales Ereignis. Anhand der Artusepik kann gezeigt werden, wie die volkssprachliche Dichtung den Schauraum der körperlichen Repräsentation zum Schauraum der höfischen Literatur erweitert und somit eine Übertragungsleistung zwischen Performanz und Text vollbringt.[44]

Weitere Performativitätsstudien können hier nur kursorisch angeführt werden: Die Frage der Körperlichkeit ist in zahlreichen Arbeiten der späten 1980er und 1990er Jahre untersucht worden, wobei der Konstruktionscharakter und der Inszenierungscharakter von Körperlichkeit im Mittelpunkt steht. An dieser notwendig interdisziplinären Diskussion, die die Diskursivität und somit Heterogenität des Körpers betont, sind Literaturwissenschaftler aller Fächer wie auch Historiker und Kunsthistoriker beteiligt. Der Körper ist das wichtigste Medium in kulturellen Performances, und er geht mit der Schrift zahlreiche Verbindungen ein (Schrift in Körpern, Körper als Schrift und vice versa, Körper und Schrift in der Ikonographie).[45] Am Beispiel des Körpers in der Frauenmystik kann man beobachten, wie die körperlich geführte Inszenierung der mystischen Erfahrung *(unio mystica)* im Text und religiöse, körperbezogene Praktiken im Rahmen des Kults miteinander zusammenhängen. Daraus ergibt sich ein neuer Blick auf die Darstellung von Emotionalität in mittelalterlicher Literatur, die nun stärker auf ihre performative Wirkkraft innerhalb eines gegebenen Lektürevortrags analysiert werden kann.[46]

Ein anderes Beispiel des performativ bestimmten Körpers ist der burleske Körper des Narren in spätmittelalterlichen Narrenschwänken, der weniger durch seine Sprachkomik als durch seine körperliche Bewegungslogik und seine Komik *in actu* gekennzeichnet ist.[47] Das Lachen ist überhaupt eines derjenigen Phänomene, die mit Hilfe der Perspektive der Performativität gewinnbringend untersucht werden können, da es als anthropologisches Phänomen in seiner Körperlichkeit, Flüchtigkeit und gemeinschaftlichen Wahrnehmung gleich mehrere Aspekte einer kulturellen Performance aufweist.[48] Mit einem Text aus der Lachkultur des Spätmittelalters wird sich auch das Briefbeispiel beschäftigen, nämlich mit den Liebesbriefen aus Heinrich Wittenwilers *Der Ring* (1390).

Folgenschwere Briefe
Brief und Botschaft eignen sich als Gegenstände der Performativitätsforschung, da sie intensiver als andere Texte in kommunikative Interaktionen und materiale Zusammenhänge eingebunden sind. Zudem gehen in Mittelalter und Früher Neuzeit Brief und Botschaft engere Verbindungen ein als in späteren Epochen, da sie durch Boten überbracht werden müssen. Boten spielten daher auch literarisch meist eine wichtigere Rolle als die Briefe selbst, und im Vollzug der Zustellung verschmolzen mündliche und schriftliche Nachricht zu einer komplexen, multimedialen Einheit. Dabei lassen sich mehrere performative Aspekte unterscheiden: die Kontingenz zwischen schriftlicher Botschaft und ihrer mündlichen Aktualisierung oder Variation, die körperliche Inszenierung der Brief- oder Botschaftsüberbringung, die Sicherung von Boten und Briefen durch materielle Formen wie Gesten und Zeichen, Botenreden und Briefformeln, der Akt des Empfangs und der Anhörung des Boten bzw. die Lesung des Briefs als ritueller Vorgang und seine soziale und emotionale Wirkung.[49]

Die Aufmerksamkeit richtet sich daher nicht so sehr auf den Aussagegehalt des Briefs oder seine stilistische und rhetorische Kunstfertigkeit, sondern auf die Umstände, Begleiterscheinungen und insbesondere die Dynamik der Briefübergabe oder Botschaftsverlesung, welche deren Inhalt meist vorwegnimmt und symbolisch auflädt: In höfischen Epen wird dies häufig anhand von Gesten und formelhaften Wendungen beim Auftritt des Boten inszeniert.[50] Texte werden aus dieser Perspektive nicht semiotisch oder hermeneutisch gelesen, sondern wie eine Aufführung, eine Performance. Die Fragen, die in diesem Kontext erscheinen, sind auf die performativen Funktionen der Botschaft gerichtet (wo und wie werden mit ihr körperliche Reaktionen wie Weinen, Schmerz, Lachen ausgelöst?), auf die Re-Inszenierung von Bildern und Vorgängen und auf die Materialität der Botschaft und ihrer Überbringung.

In Heinrich Wittenwilers Roman *Der Ring*, diesem ambivalenten, zwischen Didaxe und Komik kontinuierlich oszillierenden Hauptwerk des Spätmittelalters, kommt es im ersten Teil der Handlung, im Rahmen der Brautwerbung des dörflichen Helden Bertschi Triefnas um die Bauerntochter Mätzli Rüerenzumph, zu einem Wechsel zweier Minnebriefe. Da Bertschi die Begehrte nicht sehen darf, weil ihr Vater sie vor dessen Nachstellungen schützen will und sie zu diesem Zweck in einer Scheune einsperrt, fasst er den Beschluss, ihr einen Brief zu senden, und dies, obwohl er nicht schreiben und Mätzli nicht lesen kann (vv. 1639 ff.).[51] Seine allzu direkten mündlichen Formulierungen ersetzt der Oheim Nabelreiber, nachdem er ihm die Vorteile einer herkömmlichen Brautwerbung durch ein Kuppelweib ausführlich, doch vergeblich vor Augen gestellt hat, durch einen stilistisch einwandfreien, in Ton und Duktus der Situation jedoch unangemessenen Minnebrief (vv. 1878–1912).[52] Diesen wickelt er um einen Stein und wirft ihn der gefangenen Mätzli in die Scheune, wobei er den Brief topisch wie einen Boten benennt, eine Topik, die sich allerdings verselbständigen wird:

Er sprach: «Nu ge hin ane füess!
Dich umbschlahend arme süess.
Var hin, brief, dar ich dich sende!
Dich enphahend weisse hende.»
Min briefel daz ward fliegen,
Zum fenster in hin stieben
Und cham her, da es Mätzen vand.
Es verfället paider hand
Und dar zuo lieber armen;
Es mocht da nicht erwarmen.
Also es der choph emphieng
So schon, daz im daz pluot aus gieng. (vv.19–30)

Der personalisierte und mit einem ganz eigenen, steinigen Körper zugerüstete Brief trifft also Mätzli unabsichtlich am Kopf, sodass das Blut läuft und sie in Ohnmacht fällt; in dieser unmittelbaren Konsequenz wirkt er nicht als Zeichen, das decodiert werden muss, sondern als materielle Botschaft direkt auf den Körper der Empfängerin ein, sozusagen ein harter Kuss auf Distanz, ein verletzender, doch existenzverändernder Gruß. Denn um den Brief zu entziffern, muss die Verwundete den Arzt Chrippenchra aufsuchen, was zu neuerlichen Komplikationen führt:

Der arztet nam den brief ind hand
Und sait ir, waz er dar inn vand.
Des danketz im und was sin fro;

Zuo dem artzet sprach sei do:
«Lieber herr, so schreibet mir
Hin wider umb auch mein begir!» (vv. 2059–64)

Auch hier ist es nicht der Briefinhalt, der die Handlung vorantreibt, sondern die szenische Darstellung in der Arztstube, in der Mätzlis unverhüllte Begierde zum Ausdruck kommt, wenn sie dem Arzt ihre Antwort mitteilt. Indem jedoch das Sender-Empfänger-Schema durcheinander gebracht wird, entfaltet Mätzlis Botschaft eine ganz andere Wirkung als beabsichtigt, nämlich die Inszenierung einer gewalttätigen Liebesperformance, bei der die Kopulation im Vordergrund steht und in den grellsten Farben ausgeschmückt wird.

Notwendigerweise bringt Chrippenchra nun auch die Botschaft Mätzlis in die richtige Form eines Minnebriefs, parallel zu jenem Bertschis. Der Brief enthält eine umfangreiche, allegorisch deutbare Traumvision, in der Venus als Minnekönigin Maria mit dem Kinde gegenübersteht, und schließt mit der Einwilligung Mätzlis in die Ehe. Diese komplexe Allegorie ist in der Wittenwiler-Forschung unterschiedlich interpretiert worden. Eine der Interpretationen konstatiert: «Der allegorische Liebesbrief spielt hier die entscheidende Rolle, er lenkt die Werbung Bertschis in neue Bahnen.»[53] Diese Lesart vernachlässigt die Tatsache, dass weder der erste noch der zweite Minnebrief direkt Einfluss auf die Handlung nehmen. Als Bertschi der lange Brief Mätzlis vorgelesen wird, bleibt ihm der Text unverständlich:

Do man im den brief gelas,
Do wist er wenich, waz er sait,
Bis im es Nabelreiber zaigt;
Der sprach: «Es mag nicht anders sein:
Sei spricht, sei tät den willen dein
Und dar zuo vil und dannocht me,
Nämist du sei zuo der e.» (vv. 2616–22)

Die Botschaft des Briefs kondensiert sich in diesem letzten Satz des ‹Übersetzers› Nabelreiber, ohne dass die rhetorisch differenzierten Mitteilungen des Schriftstücks den Liebhaber erreichten – ohnehin hatte die Botin ihm bereits angedeutet, dass er mit seiner Werbung erfolgreich war. Die Semantik des Briefs ist somit für den Fortgang der

Handlung uninteressant; wichtiger als die Entschlüsselung einer Botschaft ist die Inszenierung – mit Wissen des halben Dorfes – des Schreibens, Überbringens und Erhaltens der beiden Briefe, in deren Mittelpunkt eine Kettenreaktion von Begierde und Gewalt steht, die durch den Steinwurf ausgelöst wurde und nun die Werbung überwuchert und verändert, sodass sie eine ganz eigene Dynamik entfaltet.[54]

Diese Handlungsfolge ist schon deshalb als performativ zu kennzeichnen, weil sie sich sehr gut mit Austins Perspektive der Fehlschläge erklären lässt. Für Austin ist das Verfehlen dem menschlichen Tun inhärent, gehört das Scheitern zum Handeln.[55] Nicht Absicht und Plan eines Tuns, vielmehr erst seine Aktualisierung, Konkretisierung und Realisierung enthüllen, was ein Tun tatsächlich ist, und nicht bloß, was ein Tun sein soll. Austin interessiert sich also für die Brechungen im Vollzug des Handelns, in welchem die Ausführung dem Vorhaben zuwiderläuft, die Realisierung das System unterminiert, die Phänomene die Ordnung durchkreuzen, die Aktualisierung die Regel verletzt. In diesem Sinn werden im Fall von Wittenwilers doppelter Briefzustellung Absicht und Plan immer wieder durchkreuzt und verändert, das Tun der Protagonisten scheitert kontinuierlich und nimmt trotz des grotesken Verlaufs dann doch wieder eine günstige Wendung.[56]

Doch wozu dann der Aufwand für die beiden vorzüglichen Muster rhetorisch gestalteter Liebesbriefe, wenn sie in ihrer Unangemessenheit wirkungslos bleiben? Zweifellos eignen sie sich in ihrer Verwendung literarischer Vorlagen und ihrer symbolischen Bildlichkeit für eine allegorische Lesart, doch bleibt diese Allegorie (der Entscheidung zwischen richtigem und falschem Handeln in der Traumvision) seltsam blutleer. Nicht die literarischen Muster sind es, die den Roman vorantreiben, sondern die Inszenierung wirkkräftiger Bilder wie der Steinwurf und die Vergewaltigung. Aber ohne den Kontrast zur Semantik wären auch diese performativen Elemente wirkungslos; nur dadurch, dass sie die Minnebriefe kontrastieren und dekonstruieren, können sie ihr burleskes und komisches Potenzial voll entfalten. Hans-Jürgen Bachorski hat diesen Aspekt der Dekonstruktion der lehrhaften Partien des *Ring* durch das Lachen gezeigt, indem er auf das Spiel von Semantik und zerstörender Karnevalisierung aufmerksam machte.[57] Der Text verfolgt eine Strategie der Entdifferenzierung zugunsten einer Familiarisierung der Diskurse und der komischen Dialogisierung, die die Grenzen zwischen erhaben und niedrig, höfisch und bäurisch, Kultur und Natur vorsätzlich verwischt.

Betrachten wir noch einmal die Mittel, mit denen Wittenwiler die Brautwerbung ‹entdifferenziert› und karnevalisiert: Da ist zunächst eine ausgeprägte und an manchen Stellen wuchernde Dialogisierung (etwa bei Beratungen vor der Hochzeit), ein lustvoll gestaltetes Gewirr von Stimmen, das die Vokalität der Rede betont, nicht selten mit sprachlich-stilistischen Mitteln (lächerliche Bauernnamen, Liedeinlagen). Sodann werden die einzelnen Szenen durch theatrale Gestik und Mimik ausgeschmückt, das schwankhafte Geschehen mit sprachlichen und körperlichen Derbheiten versehen; dazu kommen traditionelle Schwankhandlungen, die sich um groteske Motive wie Fresssucht und Triebhaftigkeit anlagern. Diese Elemente deuten in ihrer körperlichen und szenischen Dramatisierung auf Bilder des spätmittelalterlichen Spiels (Neidhart-Spiele) und Karnevals hin.[58] Es sind ausnahmslos performative Mittel, die in ihrer Funktion, Gelächter auszulösen, gleichzeitig die lehrhaften Passagen zersetzen.

Die Briefwerbung in Wittenwilers *Ring* ist daher in mehrfacher Hinsicht als performativ zu bezeichnen: Auf der Darstellungsebene re-inszeniert sie erstens komische Szenen und absurde Situationen einer lächerlichen Welt durch die Visualisierung von Gesten, grotesken Körpern und *face-to-face*-Kommunikationen und hält dadurch zeitgenössische theatrale Formen fest. Dies wird auch durch die Verwendung textueller Strategien der Theatralisierung und der Simulation von Mündlichkeit (Fingieren von Gesprächssituationen, Ausrufe, Vokalität) erreicht, mit denen die Performance beim (Vor-)Lesen des Werks diskursiv nachgeahmt und in den narrativen Vollzug integriert wird. Hinzu kommt die Materialisierung der Botschaft zum körperlich wirkenden Gegenstand, wodurch eine Desemantisierung von Sinnkonstruktionen erreicht wird und die Dimension des Scheiterns als kontingentes Wirklichkeitsmodell zum Tragen kommt. Diese Performance-Elemente haben schließlich eine bestimmte Funktion, die sich nicht mehr mit dem Attribut ‹lehrhaft› erklären lässt: Sie dienen dazu, Gelächter beim zuhörenden oder lesenden Publikum auszulösen und somit Gemeinschaft zu stiften. Es läge im Sinn einer performativen Lesart des Textes, mehr über die verschiedenen Lachanlässe des *Ring* wie die Modellierung von Adressaten und Diskursen in Erfahrung zu bringen.

Aus der Perspektive des Performativen muss der Literaturbegriff insofern neu überdacht werden, als dass er die funktionale Ebene von Inszenierung, Spiel und Maskerade einbezieht. Es kann jedoch nicht nur um die Rekonstruktion von Aufführungen gehen, wie dieses Beispiel zeigt, denn dann hätte man lediglich die groteske Form der brieflichen Liebeswerbung auf dem Dorf, sagen wir einmal, zu unterhaltsamen Zwecken festgestellt. Vielmehr geht es darum, auf der Basis einer genauen Mediendifferenzierung (die hier *in extenso* nicht möglich war) die performativen Potenziale des Textes sichtbar zu machen. Daraus ergeben sich weitreichende Fragen an das Kunstwerk, nämlich bezüglich seiner Diskursivität und deren Regeln, seiner Rolle im Gefüge der höfischen oder frühbürgerlichen Kultur sowie seiner Wirkungen in Publikum und Gesellschaft hinein.

Anmerkungen

1 Singer, Milton (Hg.). *Traditional India. Structure and Change.* Philadelphia, 1959, xii.
2 Vgl. Singer (Anm. 1), xiii.
3 Vgl. dazu Carlsson, Marvin. *Performance. A Critical Introduction.* London u. New York, 1996. 16 f.
4 Turner, Victor. «Are there Universals of Performance?» *Comparative Criticism 9* (1987): 35–58, 47; vgl. dazu auch die Beiträge in Schechner, Richard u. Willa Appel (Hg.). *By Means of Performance. Intercultural studies of theatre and ritual.* New York, 1989.
5 Die beiden wichtigsten Veröffentlichungen Schechners sind: Schechner, Richard. *Between Theater and Anthropology.* Philadelphia, 1985; ders. *Performance Theory.* London, 1988.
6 Turner, Victor. *From Ritual to Theatre.* New York, 1982; vgl. auch ders. *The Anthropology of Performance.* New York, 1987.
7 Carlsson (Anm. 3), 16.
8 Vgl. Fischer-Lichte, Erika. «Auf dem Weg zu einer performativen Kultur». *Paragrana. Internationale Zeitschrift für Historische Anthropologie* 7.1 (1998): 13–32, 23.
9 Austin, John L. *Zur Theorie der Sprechakte (How to do things with words).* Stuttgart, 1998. 153 ff.
10 Diese Ansätze haben nur mittelbar mit der linguistischen Unterscheidung von Kompetenz und Performanz zu tun (Chomsky). Die Dichotomie zwischen Sprach-

beherrschung und Sprachverwendung spielt beim Theoriekonzept des Performativen kaum eine Rolle.

11 Vgl. Culler, Jonathan. *Dekonstruktion. Derrida und die poststrukturalistische Literaturtheorie.* Reinbek, 1994. 136 f.

12 Der Gebrauch von ‹Performanz› zur Bezeichnung von Aufführungen kultureller und ästhetischer Praktiken, wie man ihn nicht selten in Literatur- und Geschichtswissenschaften findet, ist vor diesem Hintergrund zu undifferenziert und sollte vermieden werden. Auch der sich daraus ergebende Plural ‹Performanzen› erscheint sprachlich und stilistisch problematisch.

13 Dies ist die zentrale Annahme des Berliner DFG-Sonderforschungsbereichs 447 *Kulturen des Performativen*, der seit 1999 arbeitet.

14 Vgl. dazu Bachmann-Medick, Doris (Hg.). *Kultur als Text. Die anthropologische Wende in der Literaturwissenschaft.* Frankfurt a. M., 1996.

15 Ein klassisches Beispiel der Erklärung kultureller Handlungsmuster als Text ist Geertz, Clifford. *Dichte Beschreibung. Beiträge zum Verstehen kultureller Systeme.* 4. Aufl. Frankfurt a. M., 1995.

16 Fischer-Lichte (Anm. 8), 26 f.

17 Vgl. Röcke, Werner. «Mentalitätsgeschichte – ‹New Historicsm›. Perspektiven einer kulturwissenschaftlichen Mediävistik». *Mittellateinisches Jahrbuch* 31 (1996): 21–37.

18 Vgl. Bachorski, Hans-Jürgen, Werner Röcke, Hans Rudolf Velten u. Frank Wittchow. «Performativität und Lachkultur in Mittelalter und Früher Neuzeit». *Paragrana. Internationale Zeitschrift für Historische Anthropologie* 10.1 (2001): 157–90, 163.

19 Vgl. für die Literaturwissenschaft vor allem die Studien von Walter J. Ong und Jack Goody. Einen guten Überblick gibt Zumthor, Paul. *Einführung in die mündliche Dichtung.* Übs. v. Irene Selle. Berlin, 1990; von kulturanthropologischer Warte her Bauman, Richard. *Story, Performance, and Event. Contextual Studies in Oral Narrative.* New York, 1986.

20 Ong, Walter J. «Orality, Literacy, and Medieval Textualization». *New Literary History* 16 (1984): 1–11.

21 Zumthor, Paul. *Essai de poétique médiévale.* Paris, 1972.

22 Vgl. zum Werk Zumthors einleitend: Müller, Jan-Dirk. «Paul Zumthor». *Grundlagen der Literaturwissenschaft. Exemplarische Texte.* Köln, 1999. 169–71.

23 Zumthor, Paul. *Die Stimme und die Poesie in der mittelalterlichen Gesellschaft.* München, 1994. 35 f.

24 «On peut supposer que, à la limite, l'effet textuel s'évanouirait, et que le lieu entier de l'œuvre serait investi par les éléments performantiels, non-textuels, tels que la personne et le jeu de l'interprète, l'auditoire, les circonstances, l'ambiance culturelle et, en profondeur, les relations intersubjectives, les rapports entre la représentation et le vécu.» Zumthor, Paul. *Performance, réception, lecture.* Quebec, 1990. 19.

25 Im Rückgriff auf die Performanztheorien von Hymes vgl. Zumthor (Anm. 24), 38 ff.; und Zumthor, Paul. «The Text and the Voice». *New Literary History* 16 (1984): 67–92, 85.

26 Zur ‹Erfindung› des Begriffs *théatralité* durch Zumthor vgl. Cerquiglini-Toulet, Jacqueline u. Christopher Lucken (Hg.). *Paul Zumthor où l'invention permanente.* Genève, 1998. 118.

27 Vgl. dazu auch Gerhard Neumann: «Ferner sei darauf verwiesen, daß literarische Texte auf intrikate Weise auf das nicht-textuelle Substrat einer Kultur Bezug nehmen, also auf das Korporelle, das ‹Physiologische› und Triebdynamische – die im Prozeß der Zivilisation wirksamen Bewegungs- und Verwandlungsmuster.» Neumann, Gerhard. «Begriff und Funktion des Rituals im Feld der Literaturwissenschaft». *Lesbarkeit der Kultur. Literaturwissenschaft zwischen Kulturtechnik und Ethnographie.* Hg. v. dems. u. Sigrid Weigel. München, 2000. 19–52, 25.

28 Vgl. van Gennep, Arnold. *Übergangsriten.* Frankfurt a. M. u. New York, 1986; Turner, Victor. *The Ritual Process. Structure and Anti-Structure.* Chicago, 1969. Turner benutzt den Begriff ‹liminal› zur Kennzeichnung von Schwellen im Ritual und ‹liminoid› von solchen im Theater.

29 Vgl. Bachtin, Michail. *Rabelais und seine Welt. Volkskultur als Gegenkultur.* Hg. v. Renate Lachmann. Frankfurt a. M., 1987.

30 Vgl. dazu Maaßen, Irmgard. «Text und / als / in der Performanz in der frühen Neuzeit. Thesen und Überlegungen (mit einem Appendix von Manfred Pfister: Skalierung von Performativität)». *Paragrana. Internationale Zeitschrift für Historische Anthropologie* 10.1 (2001): 285–302, 289.

31 Ich beziehe mich dabei sowohl auf die Ausführungen von Bachorski u. a. (Anm. 18), 169 f. wie auch auf das Vier-Dimensionen-Modell, das die Mitarbeiter der literaturwissenschaftlichen Projekte des Sonderforschungsbereichs 447: *Kulturen des Performativen* der Freien Universität Berlin in den Jahren 1999–2001 entwickelt haben.

32 Vgl. Butler, Judith. *Das Unbehagen der Geschlechter.* Übs. v. Kathrina Menke. Frankfurt a. M., 1991.

33 Für die historische Mediävistik dazu Althoff, Gerd. *Spielregeln des Politischen. Kommunikation in Frieden und Fehde.* Darmstadt, 1997.

34 Vgl. dazu den Überblick von Peters, Ursula. «Zwischen New Historicism und Gender-Forschung. Neue Wege der älteren Germanistik». *Deutsche Vierteljahrsschrift für Literaturwissenschaft und Geistesgeschichte* 3 (1997): 363–95; und die Einleitung in Müller, Jan-Dirk u. Horst Wenzel (Hg.). *Mittelalter. Neue Wege durch einen alten Kontinent.* Stuttgart, 1999. 7–18.

35 Kuhn, Hugo. «Minnesang als Aufführungsform». *Text und Theorie.* Stuttgart, 1969. 182–90, 183. Um das Kreuzzugslied Hartmanns von Aue zu interpretieren, gebrauchte Kuhn Wendungen wie «im Schrifttext erstarrt», «lebendiger Vorgang der melodischen und metrischen Liedform», der Auftritt des Sängers, der «als ungesagtes Formelement dialektisch gegen den ganzen Text mitspielt».

36 Ob nun eine «Wende der Wissenschaft von der älteren Literatur» (Müller), also eine Art Paradigmenwechsel eingeleitet wurde oder nicht, kann man erst in einigen Jahren mit Gewissheit sagen.

37 Müller, Jan-Dirk (Hg.). «Vorbemerkung». *«Aufführung» und «Schrift» in Mittelalter und früher Neuzeit.* DFG-Symposion 1994. Stuttgart, 1996. XI–XVIII, XII.

38 Strohschneider, Peter. «‹nu sehent, wie der singet!› Vom Hervortreten des Sängers im Minnesang». Müller (Anm. 37), 7–30, 30.

39 Müller, Jan-Dirk. «Performativer Selbstwiderspruch. Zu einer Redefigur bei Reinmar». *Zeitschrift für deutsche Philologie 116* (1999): 379–405, 384.

40 Mertens, Volker. «Der Sänger und das Buch. Minnesang zwischen Performanz und Schriftlichkeit». *Paragrana. Internationale Zeitschrift für Historische Anthropologie*

7.1 (1998): 113–34, 118; vgl. auch zu Walther: Mertens, Volker. «Autor, Text und Performanz. Überlegungen zu den Liedern Walthers von der Vogelweide». *Amsterdamer Beiträge zur älteren Germanistik* 43/44 (1995): 379–97.

41 Studien zur Inszenierung und Aufführung von geistlichen und weltlichen Spielen bieten etwa die Arbeiten von Heinz Kindermann, Bernd Neumann und Eckehard Simon.

42 Beispielsweise Kotte, Andreas. *Theatralität im Mittelalter. Das Halberstädter Adamsspiel.* Mainz, 1994; oder Pfrunder, Peter. *Pfaffen, Ketzer, Totenfresser. Fastnachtskultur der Reformationszeit.* Zürich, 1989.

43 Wolf, Gerhard. «Inszenierte Wirklichkeit und literarisierte Aufführung. Bedingungen und Funktion der ‹performance› in Spiel- und Chroniktexten des Spätmittelalters». Müller (Anm. 37), 381–405; Röcke, Werner. «Text und Ritual. Spielformen in der Fastnachtskultur des späten Mittelalters». *Das Mittelalter* 5.1 (2000): 83–100; Müller, Jan-Dirk. «Kulturwissenschaft historisch. Zum Verhältnis von Ritual und Theater im späten Mittelalter». Neumann u. Weigel (Anm. 27), 53–78.

44 Vgl. dazu die Beiträge von Elke Brüggen, Walter Haug, Haiko Wandhoff in Müller (Anm. 37); allgemein auch Wenzel, Horst. *Hören und Sehen. Schrift und Bild. Kultur und Gedächtnis im Mittelalter.* München, 1995; Wandhoff, Haiko. «‹velden und visieren, blüemen und florieren›. Zur Poetik der Sichtbarkeit in den höfischen Epen des Mittelalters». *Zeitschrift für Germanistik N. F.* IX.3 (1999): 586–97; Wenzel, Horst u. Christina Lechtermann. «Repräsentation und Kinästhetik. Teilhabe am Text oder die Verlebendigung der Worte». *Paragrana. Internationale Zeitschrift für Historische Anthropologie* 10.1 (2001): 191–214.

45 Dazu Bumke, Joachim. «Höfische Körper – höfische Kultur». *Modernes Mittelalter. Neue Bilder einer populären Epoche.* Hg. v. Joachim Heinzle. Frankfurt a. M. u. Leipzig, 1994. 67–102.

46 Vgl. Eming, Jutta u. a. «Emotionalität und Performativität in der Literatur des Mittelalters». *Paragrana. Internationale Zeitschrift für Historische Anthropologie* 10.1 (2001): 215–36.

47 Werner Röcke hat dies als Erster an der Eulenspiegel-Figur herausgearbeitet. Röcke, Werner. *Die Freude am Bösen. Studien zu einer Poetik des deutschen Schwankromans im Spätmittelalter.* München, 1987. 213–51; ders. «Inszenierungen des Lachens in Literatur und Kultur des Mittelalters». *Paragrana. Internationale Zeitschrift für Historische Anthropologie* 7.1 (1998): 73–94; und Velten, Hans Rudolf. «Komische Körper. Zur Funktion von Hofnarren und zur Dramaturgie des Lachens im Spätmittelalter». *Zeitschrift für Germanistik N. F.* 11.2 (2001): 292–317.

48 Zu einer performativen Theorie des Lachens vgl. Bachorski u. a. (Anm. 18).

49 Vgl. dazu die Einleitung in Wenzel, Horst (Hg.). *Gespräche – Boten – Briefe. Körpergedächtnis und Schriftgedächtnis im Mittelalter.* Berlin, 1997. 9–21.

50 So kann die Übergabe des ersten Briefs an Wilhelm in Rudolf von Ems' *Willehalm von Orlens* als Inszenierung einer Zeremonialhandlung charakterisiert werden; vgl. Brackert, Helmut. ‹Da stuont daz minne wol gezam.› Minnebriefe im späthöfischen Roman». *Zeitschrift für deutsche Philologie* 93 (1974), Sonderheft: 1–18, 9 f.

51 Im Folgenden im Text durch Versangabe zitiert. Wittenwiler, Heinrich. *Der Ring. Frühneuhochdeutsch/Neuhochdeutsch.* Übs. u. hg. v. Horst Brunner. Stuttgart, 1991.

52 Literarhistorisch entstand der mittelhochdeutsche Minnebrief zu Beginn des 13. Jahrhunderts und ist dann bis zur Spätzeit der höfischen Epik vorhanden. Vgl. Brackert (Anm. 50), 5.

53 Lutz, Eckart Conrad. *Spiritualis fornicatio, Heinrich Wittenwiler, seine Welt und sein ‹Ring›*. Sigmaringen, 1990. 228.

54 Die latente Gewalttätigkeit Bertschis und die Triebhaftigkeit Mätzlis werden durch die Briefe nur verschoben; vgl. dazu die Interpretation von W. Röcke in diesem Band.

55 Krämer, Sybille u. Marco Stahlhut. «Das Performative als Thema der Sprach- und Kulturphilosophie». *Paragrana. Internationale Zeitschrift für Historische Anthropologie* 10.1 (2001): 35–64, 43.

56 Zu den Verfehlungen im Lichte einer Selbstironie des Autors vgl. Cramer, Thomas. «Nabelreibers Brief». Wenzel (Anm. 49), 212–25.

57 Bachorski, Hans-Jürgen. «‹Der Ring›. Dialogisierung, Entdifferenzierung, Karnevalisierung». *Heinrich Wittenwiler in Konstanz und ‹Der Ring›*. Jahrbuch der Oswald von Wolkenstein-Gesellschaft 8 (1994/5): 239–58.

58 Vgl. dazu Knühl, Birgit. *Die Komik in Heinrich Wittenwilers ‹Ring› im Vergleich zu den Fastnachtspielen des 15. Jahrhunderts*. Göppingen, 1981; Bachorski, Hans-Jürgen. *Irrsinn und Kolportage. Studien zum ‹Ring›, zum ‹Lalebuch› und zur ‹Geschichtklitterung›*. Unveröff. Habilitationsschrift. Bayreuth, 1992.

Sylvia Sasse

b) Neuere deutsche Literatur

«Urtheil – Zersetzung».
Novalis (1798)[1]

Georg Bendemann fragt sich zu Beginn von Franz Kafkas Erzählung *Das Urteil* (1912), was man einem Mann schreiben könne, «der sich offenbar verrannt hatte, den man bedauern, dem man aber nicht helfen konnte»[2]. Einem solchen Mann, seinem Freund aus St. Petersburg, müsse man mit Worten und Sätzen vorsichtig gegenüber sein. Schließlich, so redet sich Bendemann ein, könnten ihn diese von der Fremde und zugleich von der Heimat entfernen. «Aus diesen Gründen», so lässt Kafka Georg schlussfolgern, «konnte man ihm, wenn man noch überhaupt die briefliche Verbindung aufrechterhalten wollte, keine eigentlichen Mitteilungen machen, wie man sie ohne Scheu auch den entferntesten Bekannten machen würde» (44, 45). «Keine eigentlichen Mitteilungen», sondern «bedeutungslose Vorfälle» schreibt Bendemann regelmäßig seinem Petersburger Freund.[3]

Die Frage, warum Georg Bendemann schreibt, obwohl er doch nichts Bedeutsames formuliert, wird zu einer Schlüsselfrage der gesamten Erzählung und zum Anlass für ein Sprechduell, einem Wortkrieg, dessen eigentümlicher Macht Georg Bendemann schließlich selbst zum Opfer fallen wird. Die hohe Aufmerksamkeit, die Kafka hier dem in Briefen geschriebenen Wort zueignet, und das Interesse, das er dem Briefverkehr entgegenbringt, mündet in einem Sprechakt, einem Urteil, das nicht nur das Leben Bendemanns und die Erzählung beendet, sondern auch über deren Sprache und Sprachauffassung Auskunft geben wird.

In Kafkas literarischen Texten und in seinen Briefen taucht die dem geschriebenen und gesprochenen Wort gegenüber geäußerte Skepsis und das gleichzeitige Wissen um dessen Macht immer wieder auf, bisweilen wird die Macht des Worts zur eigentlichen Protagonistin seiner Texte.[4] In seinen Briefen an Felice – den ersten schrieb Kafka zwei Tage vor Abfassung des *Urteils* – und in seinem 1919 verfassten *Brief an den Vater*, den er nie abschickte, ist die Sprachmacht des Worts, die Kraft der Rede, vor allem an die Besonderheiten eines Genres, den Brief, geknüpft. Die «Brieftheorie» Kafkas, die Bernhard Siegert als «Postkrieg»[5] bezeichnet, als eine Lebensaufgabe, «Mädchen mit der Schrift zu binden»[6], und Heinz Politzer als den wohl einmaligen Versuch eines Mannes, «sich einer Frau durch Worte, nichts als Worte [...] zu bemächtigen»[7], weiß um den performativen Akt, der vom Briefschreiben ausgeht: eine Sprach-Realität durch den Briefverkehr und den Inhalt des Briefs gleichzeitig herzustellen und in der Schwebe zu halten. Dabei wird der potenziell unendliche Akt des Aufschiebens, das Warten auf den kommenden, möglicherweise verloren gegangenen oder nie abgeschickten Brief, zum eigentlichen Inhalt, zu einer Briefwirklichkeit, die außerhalb der Texte nie einzuholen ist. In den Briefen an Felice etwa kündigt Kafka unzählige Male Briefe an, die er gar nicht schreibt. Kafka, so heißt es bei Siegert, «tut nicht, was der Brief ankündigt», «aber er vollzieht mit dem unabgeschickten, in der Schublade wartenden, längst angekündigten Brief genau das, was der Briefverkehr als Schriftverkehr ermöglicht»[8]. Für Kafka wie für Georg Bendemann ist es unentbehrlich zu schreiben, auch wenn nichts Bedeutsames formuliert wird. Nicht zu schreiben indes würde bedeuten, den Briefverkehr zu unterbrechen, während Nichts-Schreiben ihn ohne weiteres aufrechterhält, aber den Verkehr zum eigentlichen Substrat und zum Inhalt des Briefwechsels macht.

Dass das Hin und Her des Briefs immer auch an ein semantisches Hin und Her geknüpft ist, an ein Setzen und Aufheben von Bedeutung, liegt nahe. In Kafkas Erzählung *Das Urteil* wird dieses Hin und Her mit einem weiteren, unendlichen Prozess verbunden, auf den Kafka sich wenig später literarisch einlassen wird: Der ‹Prozess› des Briefverkehrs wird mit dem ‹Prozess› über das Wort verknüpft. Schon im *Urteil* bindet Kafka die unendliche Prozedur des Briefeschreibens an die Praxis der «Verschleppung»[9] von Bedeutung, an seine «Lehre vom Gericht» und die entsprechenden Sprech- und Schreibweisen wie Geständnis, Verhör, Urteilsspruch und Freispruch. Aus dem Wort im Prozess, im Briefverkehr, entwickelt sich ein Prozess über das Wort und zugleich ein Prozess, den das literarische Wort der Rechtsprechung macht.

Diese performative Macht des Worts wird in Kafkas Erzählung *Das Urteil* jedoch nicht nur thematisiert, der Text funktioniert auch selbst performativ, er führt vor, welcher Sprache sich Urteile bedienen und wovon im *Urteil* die Rede ist: vom Sprechen, dem Kafka auf den Grund geht und dabei den Leser, wie den Empfänger der Briefe, in eine eigenwillige Position versetzt – er verlangt ihm ein Urteil ab, das er ihm schon unterstellt, und zwar, dass er dem gesprochenen und geschriebenen Wort traut.

Textualität und Performativität – Sprechakte und Sprachakte

Behauptet man, ein Text sei performativ, geht man davon aus, dass dieser Text tut, vollführt, wovon er handelt. Inhalt, Form und Performativität stehen in einem besonderen Wechselverhältnis. Behauptet man des Weiteren, Briefe seien performativ, dann heißt das nicht nur, dass sie tun, worauf sie referieren, dass sie Sprechakte sind, die Realitäten herstellen (Liebesbriefe, Abschiedsbriefe, Beileidsbriefe, Antragsbriefe, Mahnbriefe, Gegenbriefe),[10] sondern dass dem Briefverkehr eine *Performance* (als Gattung und als Medium) eigen ist, die den Inhalt oder auch die Form des Textes in einer bestimmten Weise aufführt: durch das Briefpapier, die Briefmarken, die berechenbare oder ungewisse Zeit der Zustellung, die Abwesenheit des Empfängers, die Erwartung oder den Zwang zur Antwort – all diese Ereignisse und Paratexte gehören zum ‹Text› des Briefs dazu.

Über Performativität und literarische Genres zu spekulieren setzt deshalb voraus, zum einen Performativität und Literarizität in ein Wechselverhältnis zu setzen, zum anderen nach der ‹Performance› eines Genres zu fragen – nach der Spezifik des Genres Brief –, das Sprache nicht nur enthält, sondern Sprache unter bestimmten Bedingungen zur Aufführung bringt. Man könnte sogar behaupten, Briefe seien selbst eine ‹Performance›, eine Aufführung der Essenz von Sprache, die sich über das Abwesende konstituiert und sich in einem permanenten Wechselspiel von Empfänger und Absender, von Autor und Leser, manifestem und latentem Text zeigt.

In den Kulturwissenschaften tauchen die Begriffe Performativität, Performanz, Performance zunächst in unterschiedlichen Kontexten auf und beziehen sich dabei auf verschiedene Konzepte von Sprache und Kultur. So ist gegenwärtig geradezu programmatisch von einem *performative turn* die Rede, der den «Textbegriff, der lange Zeit modellhaft für unsere Kultur war»[11], nun durch Forschungen zu einer «Kultur des Performativen» abzulösen versucht und sich stärker auf vollziehende anstelle von repräsentierenden kulturellen Praktiken bezieht.

Die Verwendung der Begriffe Performativität, Performanz oder Performance in der Literaturwissenschaft geht zunächst auf sprachwissenschaftliche Forschungen zur Sprechakttheorie (Austin) und Sprachtheorie (Chomsky) zurück, ist später beeinflusst von der poststrukturalistischen Debatte um Textualität und Iterabilität (Derrida), von Rhetorizität und Performanz (de Man), von Forschungen zur diskursiven Macht der Sprache, einer diskursiven Performativität (Butler) und schließlich von der kulturwissenschaftlichen, anthropologischen, auch theaterwissenschaftlichen Diskussion um *cultural performances*, die Wissen weniger über Texte als über kulturelle Praktiken und Rituale vermitteln.

Eine erste Verwendung des Begriffs *Performativa* stammt aus der Sprechakttheorie John L. Austins, während die Bezeichnung *Performanz* auf Noam Chomskys Unterscheidung zwischen einer individuellen Sprachverwendung *(performance)* und einer allgemeinen Sprachfähigkeit *(competence)* zurückgeht. Chomsky erwähnt *Performanz* nicht im Kontext einer Sprache als Handlung, sondern einer Sprache als Struktur, in der Kompetenz und Performanz einander bedingende Praktiken sind. Am ehesten lässt sich Chomskys Unterscheidung mit der von Ferdinand de Saussure getroffenen Differenzierung zwischen *parole* und *langue* vergleichen. In der Nachfolge von Chomsky wird man schließlich zwischen linguistischer und kommunikativer Performanz (Dell Hymes[12]) unterscheiden, wobei einerseits die grammatikalische Korrektheit einer Äußerung, anderseits die situative Angemessenheit derselben gemeint ist. Chomsky und später Hymes machen zwar auf die Performanz der Äußerung aufmerksam, sie rücken sie jedoch nicht als produktive Kraft, als Ereignis des Aussagens, ins Zentrum.[13] Für die Literaturwissenschaften sind diese Untersuchungen zur Performanz einer Äußerung oder eines Textes im Kontext einer Rezeptionstheorie und Aufführungstheorie relevant geworden, die die Prozesse der sinnlichen Wahrnehmung, der Perzeption eines Werks, stärker berücksichtigt.

Bei Austin geht es weniger um die individuelle Sprachverwendung und die Situation des Sprechens als darum, wie Sprache selbst eine Situation herbeiführen kann, indem sie verwendet wird. Solche Macht bzw. Kraft spricht er *performativen* Äußerungen zu, die er *konstativen* Äußerungen gegenüberstellt. Performative Äußerungen sind nach Austin weder deskriptiv noch als wahre oder falsche Aussagen beurteilbar. Für performative Äußerungen gilt eher, dass sie glücken oder missglücken können.[14] Günstigstenfalls fallen Wort und Handlung zusammen, sie koinzidieren, das heißt, die Unterscheidung von Wort (Zeichen) und Sache (Bezug) wäre bei performativen Äußerungen (zum Teil) aufgehoben. In seinen späteren Arbeiten differenziert Austin unterschiedliche performative Sprechakte, darunter den *illokutionären Akt* und den *perlokutionären Akt*. Illokutionäre Sprechakte vollziehen, was sie inhaltlich sagen (Versprechen, Auffordern, Bitten, Urteilen, Garantieren, Taufen), und zwar indem sie es sagen. Oder mit den Worten von Judith Butler: Es geht um Situationen, «in denen ein Wort nicht nur etwas benennt, sondern etwas performativ herbeiführt und zwar genau das, was es benennt»[15]. Das Wort ist dabei sowohl Instrument dieser Handlung als auch die Handlung selbst. Perlokutionäre Sprechakte hingegen führen Wirkungen herbei, die nicht unmittelbar den Inhalt des Gesagten realisieren müssen. Sie führen zu bestimmten Effekten, zu Wirklichkeiten, die aus dem Sprechakt resultieren, die aber nicht dessen Inhalt realisieren. Beide Sprechakte fasst Austin unter performative Äußerungen, wobei illokutionäre Sprechakte schon durch den Akt der Bezeichnung, den Vorgang des Bezeichnens, selbst performativ sind. Die illokutionäre Äußerung wäre zugleich ‹Sprechakt› und ‹Sprachakt›, der sich selbst, seinen präpositionalen Inhalt, vollzieht.

Das Gelingen oder Misslingen einer solchen performativen Äußerung, darauf hat Austin immer wieder hingewiesen, wird nicht durch den Inhalt des Gesagten hervorgerufen, sondern vor allem durch die ideale Sprechsituation, die Inhalt, Form und Kontext zueinander in Bezug setzt. Ginge man von einem Gelingen aus, das allein der Macht der Sprache geschuldet ist, müsste man der Sprache eine eigenwillige Immanenz zuschreiben, eine geradezu biblische Performativität, in der jedes sprachliche Zeichen entweder den Riss oder die Lücke zwischen Signifikant und Signifikat, Zeichen und Referenz schließt und ein transzendentes Signifikat[16] außerhalb eines Systems von Differenzen behauptet oder von einem mit göttlicher Macht ausgestatteten Subjekt artikuliert wird. Einen solchen reinen performativen Sprechakt, darauf haben Forscher im Anschluss an Austin immer wieder hingewiesen, gibt es nicht.[17]

Austins Theorie der performativen Äußerungen und Chomskys Begriff der Performanz sind in der Philosophie und in den Literaturwissenschaften in ganz unterschiedlicher Weise rezipiert und weiterentwickelt worden. Ich möchte hier nur einige Ansätze diskutieren, die dem Sprechen in Kafkas Erzählung *Das Urteil* und den Sprechakten dort näher kommen könnten. Es handelt sich dabei um die Korrelation von mündlicher und schriftlicher Performativität, von Schreibakt und Sprechakt, um die Unterschiede zwischen literarischer und außerliterarischer Performativität, ‹reiner› und diskursiver Performativität sowie um die Verdopplungen, Bestätigungen, Einschränkungen und Abweichungen, die das Wort durch die Situation des Sprechens oder Schreibens erfährt.

Performativität und Iterabilität

Jacques Derrida schließt mit einem konkreten Interesse an Austin an: Er will eine Voraussetzung des Gelingens performativer Sprechakte bei Austin unter die Lupe nehmen und wissen, ob Sprechakte nicht eigentlich graphemischer Natur seien, also gleichzeitig wiederholbar, iterierbar und dennoch ereignishaft und differenziell. Derrida interessiert sich dabei vor allem für die Art und den Akt der Kommunikation in der Sprache des Agierens, in der artikulierten Sprache und in der Schrift. Er setzt voraus, dass in der Schrift wie auch in der mündlichen

Kommunikation etwas verborgen liegt, das über die semio-linguistische Kommunikation hinausgeht und als «sogenannte Präsenz»[18] bezeichnet wird. «Denn auch einem schriftlichen Zeichen ist eine Gegenwart ‹eingeschrieben›, eine Gesamtheit von Abwesenheiten, die vorausliegen und in die Zukunft verweisen»[19] – die Abwesenheit des Empfängers, des Moments der Einschreibung, der Intention, der Referenz, des Signifikats. Diese Abwesenheiten stehen der Iterierbarkeit, die die Lesbarkeit der Schrift ermöglicht, nicht entgegen, sie sind vielmehr deren Bedingung. An Austin interessiert Derrida nun, dass dieser in seiner Theorie der performativen Sprechakte umgekehrt parasitäre und interierbare Handlungen für das Gelingen einer performativen Äußerung ausschließt. Die Kraft performativer Äußerungen, so Derrida Austin lesend, schwindet, wenn diese in einer «nicht ernsthaften», «in einem Gedicht eingeführten», «von einem Schauspieler auf der Bühne gesprochenen» Sprache erscheinen.

Nun könnte man einwenden, dass die theatrale und literarische Sprache sowie deren Performativität nicht auf diese Form der Zitathaftigkeit zu reduzieren seien, sondern eine generelle Zitathaftigkeit von Sprache zum Erscheinen bringen, aber das würde von Derridas Argument wegführen. Derrida behauptet, dass gerade die Wiederholbarkeit die Voraussetzung eines «geglückten Performativs» ist: «So daß – als paradoxe, aber unvermeidliche Konsequenz – ein geglücktes *performative* notgedrungen ein ‹unreines› *performative* ist, um das Wort wieder aufzunehmen, das Austin später vorschlägt, wenn er eingesteht, dass es kein ‹reines› *performative* gibt.»[20] Derrida überträgt die Situation, in der der Sprechakt stattfindet, auf die Situation, in der die Sprache selbst ist. Warum also, so fragt Derrida, berücksichtigt Austin die «Beliebigkeit des Zeichens» nicht. «Der ‹Ritus› ist keine Eventualität, sondern als Iterierbarkeit ein strukturelles Problem jedes Zeichens»[21]. Jedem Ereignis einer Äußerung, auch den performativen Sprechakten, geht eine solche Lesbarkeit, eine Zitathaftigkeit voraus, die nichts mit dem Aufführen von Sprache und dem uneigentlichen Sprechen auf der Bühne gemein hat, sondern grundsätzlich, in ihrer inneren Struktur, durch ein solches geprägt ist. Derrida schlussfolgert, dass nicht Zitathaftigkeit und Einmaligkeit, Präsenz und Repräsentation einander gegenüberstehen, sondern die Formen des Zitierens genau den Akt ausmachen, den eine performative Äußerung gelingen und misslingen lässt. Eine performative Äußerung muss, so Derrida, will sie gelingen, graphemischer Natur sein.

Derridas grundlegende sprachphilosophische Überlegungen zum Ereignis- und Zitatcharakter schriftlicher und mündlicher performativer Äußerungen zeigen, wie die Sprache dem Sprechakt entweder entgegentritt oder diesem entspricht. Zu unterscheiden wäre demnach ein Tun, ein Ereignis, das von der Sprache selbst ausgeht (und die Frage, worin dieses Tun besteht), von einem Tun, das mit Hilfe von Sprache als Instrument und Medium der Mitteilung institutionell verankert wird. Dies müsste man dann als diskursiv hergestellte bzw. *diskursive Performativität* bezeichnen. Zu differenzieren sind grundsätzlich die Fragen, ob man es mit Performativen zu hat, deren Wirkungen durch Rituale oder Institutionen hergestellt sind, oder ob die Sprache in der Lage ist, solche Bedingungen aus sich heraus zu instituieren. Wäre Sprache selbst performativ, würde man ihr unterstellen, dass sie sich «in einem Akt absoluter Autothesis» selber setzt, «daß sie, um Sprache zu sein, sich stets selber voraussetzt»[22]. Werner Hamacher hat diesen inneren Konflikt der Sprache im Anschluss an Derrida und Paul de Man als das «Versprechen der Sprache» bezeichnet, die sich doppelt verspricht, «weil sie sich selber als *Handlung* nicht entspricht» und weil sie sich «selber stets ankündigen, sich vorausspreechen muß», da sie sich selbst nicht gegenwärtig sein kann. Der der Sprache aber innewohnende willkürliche Akt der Setzung, resultierend aus der Konventionalität des Zeichens, bewirkt gerade ein paradoxes Geschehen, eine ‹feststellbare› Freiheit, eine ‹Entsetzung› im Moment der Setzung. Hamacher nennt diesen Riss, die ‹Entsetzung›, einen *Afformativ*, der jedem Performativ innewohnt.[23]

Die *diskursive Performativität* hingegen, die wesentlich über Zitationshandlungen, Resignifizierungspraktiken im Kontext von institutionellem und ritualisiertem Sprechen geprägt ist, versucht diesen Performativ (bzw. Afformativ) der Sprache einzudämmen oder sich zunutze zu machen. Wie Judith Butler im Anschluss an Derrida und an Austin in ihrem Buch *Haß spricht* zeigt, ist die Frage des Gelingens performativer Äußerungen nicht nur an den Kontext geknüpft, sondern auch daran, wie Sprache im jeweiligen Kontext als performative eingesetzt und definiert wird. Sie stellt fest, dass performative Äußerungen nicht wegen ihrer Intentionalität gelingen, sondern weil in ihnen «frühere Sprachhandlungen nachhallen und sie sich mit autoritativer Kraft anreichern, indem sie vorgängige autoritative Praktiken wiederholen bzw. zitieren»[24]. Die Zitation ist bei Butler nicht mehr nur eine der Sprache inhärente Bewegung, sie ist auch eine diskursive Praktik. Der performative Akt läge dann nicht nur darin begründet, «daß ein Wort etwas tut, was es bezeichnet, sondern daß der Akt der Bezeichnung, der durch resignifizierende, zitathafte Praktiken vollzogen wird, selbst eine Handlung ist.»[25] Es ist gleichzeitig möglich, eine performative Äußerung zu zitieren und dadurch eine Wirkung zu erzeugen und die Zitation, die dieser Äußerung innewohnt, als performativen Effekt zu nutzen.

Zitiert man eine performative Äußerung, stellt sich zudem die Frage, wie Subjekt und Sprache bzw. Sprechakt sich gegenseitig konstituieren. Dass das Subjekt nicht der Autor[26] der performativen Äußerung ist, wenn diese im doppelten Sinn zitiert wird, sondern nur das Subjekt des Aussagens, das hat die poststrukturalistische Theorie immer wieder formuliert; zitiert aber ein Subjekt eine performative Äußerung, kann es durchaus zum Autor werden, und zwar zum Autor dieser Zitation. Das heißt, der Sprecher versetzt sich über sein Sprechen in eine Situation, in einen sprachlichen Kontext, in dem eine Aussage möglicherweise als performative gilt. Diese Einschränkung jedoch macht auf einen Punkt aufmerksam, auf den Butler schließlich insistiert. Diskursiv performative Äußerungen benötigen einen Ort, eine Institution, einen mit Macht ausgestatteten Sprecher, um zu gelingen:

> Wenn ich beispielsweise sage: ‹ich verurteile dich›, kann ich zwar einen Sprechakt äußern, der in Austins Sinn durchaus illokutionär ist. Doch wenn ich nicht die Position innehabe, daß meine Worte als bindend gelten können, habe ich nur einen Sprechakt geäußert, der in Austins Sinn als ‹unglücklich› oder ‹verunglückt› ist, d. h. der Adressat entkommt ihm unversehrt.[27]

In solchen Fällen zeigt der Sprechakt an, dass sich jemand einer performativen Aussage bedienen wollte, diese aber nicht gelingt, es zeigt sein Verhalten gegenüber der Sprache an. Sprache entzieht sich hier, gerade weil sie zitierte ist, dem Akt der Benennung, und sie setzt, im entsprechenden Kontext, weil sie zitiert.

Literarizität und Performativität

Für die Literaturtheorie sind die Begriffe Performativität, Performanz und Performance in besonderer Weiterführung der Erkenntnisse aus der Sprachphilosophie relevant geworden. Man spricht dabei entweder von der Performativität oder der Performanz literarischer Texte und bezieht sich auf das Konzept literarischer Performativität bzw. Performanz: auf die Literarizität oder Rhetorizität von Sprache. Oder man bezieht sich auf Texte in Performanz, wobei es sich dann um das mediale, situative Bewegen von Texten in Aufführungssituationen, beim Lesen, in Installationen, Aktionen, Filmen handelt – also in künstlerischen Prozessen oder in Prozessen, in denen diese literarischen Texte auftauchen, etwa in den Medien, in der Literaturwissenschaft oder auch vor Gericht.[28] Auf beide Punkte möchte ich kurz eingehen: Als Überlegungen zu einer literarischen Performanz könnte man zunächst die von der Sprechakttheorie inspirierten Forschungen zur Wirkungsästhetik und Rezeptionsästhetik literarischer Texte bezeichnen, die – auch im Anschluss an Derridas Dekonstruktion, an Michail Bachtins Konzept der Dialogizität und der Forschung zur Intertextualität sowie an Paul de Mans Untersuchungen zu einer defigurativen Rhetorik – in ein Konzept der Performanz münden, eines Handlungscharakters von Sprache, der der sich selbst setzenden, einen Sinn intendierenden Sprache ‹ins Wort fällt›.

Der literarische Text wird generell zum Sprechakt erklärt, zu einem Sprechakt, der zum einen offen legt, dass die konventionelle Beziehung im Zeichen, zwischen Signifikant und Signifikat, zwischen Zeichen und Referent immer Risse und Spuren eines Dialogs mit anderen, fremden Worten und Zeichen in sich trägt, zweitens, dass Sprechen, nicht nur literarisches Sprechen, nicht voraussetzungslos, sondern zitierendes, resignifizierendes Sprechen ist (Intertextualitätsdebatte, Dialogizität des Worts).

Die Selbstreferenzialität poetischer Texte, ihre Ausrichtung auf Form, Materialität, Figuralität und Zitathaftigkeit widersetzt sich einer für den performativen Akt (bei illokutionären Sprechakten) angenommenen Ineinssetzung von Sprechen und Handeln, Wort (Zeichen) und Sache (Bezug). De Man hat beispielsweise den Handlungscharakter von Sprache, deren Performanz gerade als deren Rhetorizität bezeichnet und damit radikal in Frage gestellt.

Im antiken Projekt der Rhetorik sieht de Man jenes paradoxe ‹Verhalten› der Sprache angelegt, nämlich dass Rhetorik einerseits eine Kunst der Überredung und Überzeugung, eine Technik der Persuasion sei, wie sie gleichzeitig eine Technik der Tropen ist, die diesen setzenden Charakter entstellt. Obwohl zwischen diesen beiden Funktionen die Kluft so groß ist, schaffen sie es, «Seite an Seite zu existieren, wo man es am wenigsten für möglich hält».[29] Denn die Kunst der Überredung arbeitet mit figurativen Elementen, die ihre Intention, ihr Projekt gefährden, aber sie benötigt diese, um ihr Ziel zu erreichen: «Als Persuasion aufgefaßt ist Rhetorik performativ, doch als ein System von Tropen betrachtet dekonstruiert sie ihre eigene Performanz»[30]. Das, was die Rhetorik sich vornimmt, setzt sie durch ihre Verfahren aufs Spiel. De Man bezeichnet Rhetorik als einen literarischen Text, weil sie zwei «miteinander unverträgliche, sich wechselseitig zerstörende Blickpunkte ermöglicht und deshalb jedem Lesen oder Verstehen ein unüberwindliches Hindernis in den Weg legt».[31] Oder umgekehrt: Er bezeichnet dasjenige als *Literarizität*, was, wie die Rhetorik, von jener Spannung und Unentscheidbarkeit zwischen figurativer und referenzieller Funktion gekennzeichnet ist. Hamacher bezeichnet diese Unentscheidbarkeit im Anschluss an de Man als eine «aporetische Semantik»[32], die nicht von einer Sinnexplosion oder Polysemantik ausgeht, sondern davon, «daß verschiedene Bedeutungen eines Textes, die aufeinander angewiesen sind, einander wechselseitig ausschließen»[33].

Literarische Texte führen die Performanz der Sprache als ihren wahrhaft dekonstruierenden Charakter vor. Der literarische Text zergliedert, hebt Schichten hervor, die das Zeichen ausschloss, um sich selbst setzen zu können. Jenseits einer solchen aus der Rhetorik vermittelten Auffassung von Literarizität – einer literarischen Schreibweise, die das paradoxe Verhältnis zwischen Aufheben und Setzen von Referenz und Bedeutung als sich gegenseitig ausschließenden und voneinander abhängigen Prozess sichtbar macht – muss man sich auch fragen, ob man nicht auf weiteren Ebenen von Performanz in literarischen Texten sprechen kann. Sagt man beispielsweise, ein literarischer Text (ein Roman, eine Novelle, ein Krimi, ein Gedicht) tut, worüber es spricht, oder tut, was er zeigt, dann bezieht sich dieses Tun nicht allein auf seine Literarizität, auf seine ‹aporetische Semantik›, die ihm eigen ist, sondern auch darauf, dass ein Text mit der Idee des performativen Sprechens, dem Ineinander von Wort und Tat, experimentell umgehen und einen konkreten Inhalt auf das komplexe Verhältnis von Narration, Form, Materialität und Figuralität übertragen kann.

Von Performance und Performanz in Verbindung mit literarischen Texten kann aber auch die Rede sein, wenn Texte in Kontexte gestellt werden, wenn sie in den Prozessen des Aufführens, Ausstellens und Lesens ihre Textualität verlassen und der Kontext, beispielsweise die Stimme, den Text kommentiert. Dann erscheint die Ereignishaftigkeit von Texten in konkreten Lesesituationen, Installationen oder Aufführungen mit der Ereignishaftigkeit des Textes, seine Performanz mit einer anderen Performanz oder Performance konfrontiert. Dabei trifft das raumzeitliche Verhältnis des Textes auf den Raum und die Zeit des Vortrags (konkret erzählte Zeit auf Erzählzeit), die Stimmen des Textes auf die Stimme, die den Text spricht.

Paul Zumthor verwendet den Begriff der Performanz ganz in diesem Sinn, den er – abgeleitet von Hymes und von Chomsky – an den Akt der Präsentation bindet, an die «Bedingung der Darbietung und Wahrnehmung» und als «kommunikative Handlung» eines Werks versteht.[34] Im Grunde geht Zumthor hier auf die bereits in der Rhetorik formulierte *actio-Lehre* zurück und nimmt Bezug auf die Diskussion der Performanz, die – inspiriert von den Theaterwissenschaften – die Aufmerksamkeit auf die Präsenz des Textes und nicht auf dessen repräsentationale Praktiken lenkt.

In diesem Sinn ersetzt Zumthor den Begriff des Werks durch den des Textes, um dessen multisensorische Eigenschaften, «das jetzt und hier poetisch Mitgeteilte (Text, Klänge, Rhythmen, optische Elemente), d. h. alle performativen Merkmale»[35] herauszustreichen. Es geht ihm um die Gesamtheit der vom Werk in Gang gebrachten taktilen, akustischen und visuellen Wahrnehmungen. Im Unterschied zum geschriebenen Text, der nach Zumthor seinen Effekt verschobener Kommunikation durch die Distanz der Zeiten und den Kontext von Produktion und Rezeption ‹zugeschrieben› bekommt, produziert der mündlich vorgetragene zumindest die Fiktion der Unmittelbarkeit.

Deshalb folgert Zumthor, dass der geschriebene Text bezeichnet, der gesprochene aber beweist, indem er zeigt.

Bei Zumthor ist jede konkrete Lektüresituation eine performative Situation. Dabei ist eine vollständige Performanz zu finden, wenn die Situation als Ganze gehört oder gesehen werden kann; bei öffentlichen Vorträgen und medialisiertem Hören hat man es hingegen mit Etappen fortschreitender Schwächung von Performanz zu tun, «beim einsamen, nichtartikulierten Lesen geht der Performanzgrad gegen Null»[36]. Performanz ergibt sich bei Zumthor aus dem Zusammenspiel der soziokorporellen Eigenschaften eines Textes und der linguistischen Eigenschaften. Zweifelsohne macht Zumthor hier auf eine Textebene aufmerksam, die in der literaturwissenschaftlichen Forschung mitunter zu kurz kommt: Er bindet die Sinnproduktion eines Textes an dessen Präsenz in einer konkreten Situation. Doch er berücksichtigt nicht, wie bereits weiter oben diskutiert, dass man es dabei schon immer mit zwei Performanzen zu tun hat, mit dem Ereignis der Bezeichnung, das passiert und dem etwas passieren kann, und mit dem Vortragen dieser Handlung, die diesen Prozess gleichermaßen unterstützt, stabilisiert oder aushebelt: Der ‹Vortrag› kann dem Text ins Wort fallen. Der geschriebene Text kann selbst Stimme, Vortrag sein. Kafka las zum Beispiel seine Texte gern in Gesellschaft vor. Beim Vorlesen des *Urteils*, so ist überliefert, soll er so laut über seinen eigenen Text gelacht haben, dass das Lachen über den Text für die damaligen Zuhörer ein völlig anderes Urteil über den Text ergab, als es die Rezeptionsgeschichte des Textes aus heutiger Sicht nahe legt.

Kafka, Charms – Urteile und Freisprüche

Kafkas Erzählung *Das Urteil* ist ein Text über Schreib- und über Sprechakte, über deren (Un-)Wirksamkeit, (Un-)Verfügbarkeit und (Un-)Berechenbarkeit.[37] Zu fragen aber bleibt, ob *Das Urteil* als poetischer Text auch performativ funktioniert, ob er die in ihm artikulierte Sprachauffassung zum Erscheinen bringt und vollzieht.

Zunächst möchte ich den Faden vom Anfang wieder aufnehmen: Kafkas Erzählung *Das Urteil* beginnt mit der Rede von mitteilungslosen Briefen, die Georg Bendemann an seinen Freund in St. Petersburg schreibt, und endet mit einem gewalt- und gehaltvollen Sprechakt, einem Urteilsspruch, der gleich einer performativen Äußerung vom Empfänger vollstreckt wird, zwar nicht im Moment, aber im unmittelbaren Anschluss. Der Vater spricht: «Und darum wisse: Ich verurteile dich jetzt zum Tode des Ertrinkens!» (53). Das Urteil, mit dem der Vater aufs Bett stürzte und das Georg aus der Wohnung, die Treppe hinunter, durchs Tor, über die Fahrbahn zum Wasser «trieb», das ihn das Geländer wie «einen Hungrigen die Nahrung» ergreifen und in einem günstigen Moment hinabfallen ließ, dieser konsequent vollstreckte Urteilsspruch oder dieser sich konsequent vollstreckende Urteilsspruch, dem Georg gierig folgt, beendet eine ganze Reihe von anderen Sprechakten, die einem Urteil für gewöhnlich vorauszugehen pflegen: ein Geständnisbrief an den Freund aus Petersburg, ein Geständnis dem Vater gegenüber und ein darauf folgendes Verhör, ein Rededuell zwischen Vater und Sohn. Dieser ganze Prozess im doppelten Wortsinn, bei dem es um die Macht und die Kraft der Rede geht, wird am Ende, durch das Urteil, das sich selbst am Adressaten vollstreckt, zugleich ausgehebelt. Ein solch biblischer Performativ richtet sich weniger an den Vollzug, sondern erfragt, von welchem Sprach- und Sprechverständnis die beteiligten Protagonisten ausgehen.

Der Prozess, an dessen Ende das Urteil steht, beginnt in Kafkas Erzählung mit einem Brief. Er setzt ein, als Georg Bendemann sich entschließt, den nichts sagenden, aber dadurch doch unabschließbaren Briefverkehr zu beenden.[38] Georg unterbricht seine Gewohnheit, dem Freund fingierte Mitteilungen zu machen, und zeigt ihm die Verlobung mit dem Fräulein Frieda Brandenfeld an, die er ihm bis dahin mitzuteilen vermied. Er entschließt sich, wie es heißt, «dem Freund alles zu schreiben» (46). Georg verlässt die Ebene der Fiktion, die das «besondere Korrespondenzverhältnis» (45) ausmachte, und betritt mit dem Geständnisbrief die Ebene der Wahrheit, er tritt in den Prozess der Wahrheitsfindung ein. Der nüchtern gehaltene und sorgsam formulierte Geständnisbrief wird verschlossen, lange Zeit von Georg Bendemann in Händen gehalten, schließlich in die Tasche gesteckt und zu seinem Vater getragen: «Ich wollte Dir eigentlich nur sagen, daß ich nun doch nach Petersburg meine Verlobung angezeigt habe. Er zog den Brief», so heißt es weiter, «ein wenig aus der Tasche, und ließ ihn wieder zurückfallen» (47) – Georg Bendemann beichtet sein Geständnis.[39]

Mit dem Geständnis betritt Georg ein neues Territorium der Rede, das zum Urteil führt. In der Rede vor Gericht – im Geständnis, beim Verhör, beim Richten und Urteilen, Freisprechen, Rehabilitieren oder Absolution-Erteilen – wird Sprache eine performative, setzende Macht zugeteilt. Aber gleichzeitig sind genau diese Orte von der Sprache abhängig, sie sind ihrem sich selbst nicht identischen Rest genauso ausgesetzt wie der setzenden Absicht. Hier finden, um Paul de Mans Formulierungen wieder aufzunehmen, Persuasion und Trope ihren Schauplatz. Die Performativitätsgrade der Äußerungen vor Gericht sind dabei selbst unterschiedlich: Während im Verhör noch mit und über Sprache verhandelt wird, ist ein Geständnis unter Umständen nicht mehr auslegbar, ein Urteil aber gilt. Spätestens durch das Urteil wird das Geständnis bestätigt. Andererseits spielt die Formulierung des Geständnisses und der Beichte selbst eine Rolle, mitunter kann das Wort schon zum Sündenregister zählen oder gegen das Gesetz des Sagbaren verstoßen. In Beichtspiegeln wurde deshalb schon immer darauf geachtet, dem Vergehen eine geeignete Formulierung zukommen zu lassen, um nicht eine weitere Sünde während des Beichtens herbeizuführen.[40] Beim Richten und Urteilen jedoch wird nicht die Sprache und das Sprechen verhandelt, es sei denn, Sprechweisen stehen vor Gericht (diskriminierendes, die Zensur verletzendes Sprechen), oder über das Sprechen gerichtet, die Sprache bleibt – scheinbar gerade weil die Formulierung zur rechtlichen Setzung gehört – Medium.

Die Macht der Rede ist immer an eine Territorialität gebunden. Mit dem Wechsel des Rede-Territoriums und der Redegattung und den damit verbundenen Sprech- oder Schreibweisen[41] werden die Machtverhältnisse neu verteilt. Bendemanns Wechsel von der schriftlichen zur mündlichen Rede, von der fingierten Rede zur Sprache der Wahrheitsfindung vor Gericht deuten darauf hin, dass er gewillt ist, das Territorium des Vaters zu betreten. Dieser Redewechsel – im *Brief an den Vater* wird Kafka später formulieren, dass ein Selbstherrscher, «wenn er einmal außerhalb der Grenzen seines Landes ist, keinen Grund hat, noch immer tyrannisch zu sein»[42] – zeigt an, dass Georg Bendemann seinen Vater nicht deterritorialisieren, sondern dessen Territorium besetzen will, es sich möglicherweise anzueignen gedenkt und den Vater so, im eigenen Land, ‹außer Landes› schaffen wird. Alle bisherigen Versuche, ein eigenes Kommunikationssystem zu bilden, etwa im Briefwechsel mit dem Freund aus St. Petersburg, in das, wie er glaubt, der Vater nicht eindringen kann, sollen von diesem neuen Versuch abgelöst werden.[43]

Georg Bendemann betritt nun auch tatsächlich das Territorium des Vaters, er betritt dessen Zimmer, das er schon monatelang nicht mehr aufgesucht hatte (alle anderen Treffen erledigten beide im Geschäft oder im gemeinsamen Wohnzimmer). Was Georg und der Vater dort tun und wovon sie sprechen, sind alles Versuche, den Anderen durch die Rede und durch Gesten, die diese anzweifeln oder stabilisieren, seines jeweiligen Territoriums zu berauben. Georg versucht, den Vater zu überreden, ein anderes Zimmer zu beziehen, sein Zimmer, und sich in sein Bett zu legen. Doch dann entkleidet er den Vater in dessen Zimmer, zieht ihm die Hose und die Socken aus, trägt ihn auf seinen Armen ins Bett und deckt ihn «besonders weit» (50) mit der Bettdecke zu. Während all dieser physischen Entmachtungen, die Georg vollzieht, entmachtet ihn der Vater mit der Rede. Er nimmt ihm seinen Petersburger Freund, indem er ihm unterstellt, diesen erfunden zu haben, und später, indem er behauptet, selbst das Territorium der Erfindung schon besetzt zu haben. Glaubt man dem Vater, dass der Freund in Petersburg Georgs Briefe «ungelesen in der linken Hand» zerknüllte, während er in Wahrheit die Briefe des Vaters «in der Rechten zum Lesen sich vorhielt» (52), dann kommuniziert Georg Bendemann seit Jahren über einen imaginären Dritten per Brief mit seinem Vater. Glaubt man also dem Wort des Vaters, so ist der Freund als Leser der Briefe von Georg entweder Erfindung, oder er ist tatsächlich vorhanden, aber nur als Leser von dessen Briefen. Seinem Sohn zu unterstellen, der Freund existiere gar nicht, könnte aber auch heißen, der Freund, den Georg in seinen Briefen erfindet, den er verurteilt, gescheitert zu sein, existiere nicht. Mit anderen Worten: Der erfundene Freund bzw. der Freund, den Georg sich erfindet, um schreiben zu können, ist eine Erfindung, die dem Freund etwas andichtet, dass dieser gar nicht ist.

Wenn Kafka im *Brief an den Vater* schreibt, er sei «im Schreiben» ein wenig «selbständig von ihm weggekommen»[44], dann ist die Erkenntnis, kein Territorium des Schreibens zu haben, für Georg Bendemann auch ein Scheitern seines Versuchs, sich vom Vater freizusprechen. Dann müsste man behaupten, Georg komme von der Sprache des Vaters nicht los, er habe keine eigene Sprache. Und er komme auch mit der Sprache des Vaters nicht zurecht, doch dieses Nichtzurechtkommen, das Sich-Verhören, das Wörtlichnehmen des Gesagten ist in gleicher Weise ein Deterritorialisieren des Vaters, der mit seiner Sprache nicht mehr ‹ankommt›. In diesem Moment, der Lücken und Risse in die Kommunikation einfügt, findet Georg Bendemann möglicherweise seinen Ort, einen Nichtort, der sich außerhalb der verhandelbaren Sprache befindet. An einer Stelle fragt der Vater Georg: «Bin ich gut zugedeckt»? Und Georg antwortet: «Sei nur ruhig, du bist gut zugedeckt», woraufhin der Vater, weil Georg dessen doppelte Intention nicht verstanden hat, vom Bett aufspringt und ihm demonstriert, dass es noch längst nicht zu Ende mit ihm sei: «Du wolltest mich zudecken, das weiß ich mein Früchtchen, aber zugedeckt bin ich noch nicht» (50).

Gerade Georgs Nichtverstehen der Doppelbödigkeit dieser Äußerung nimmt dem Vater seine rhetorische Macht, sein Sprachkönnen kommt nicht zum Zug, er kann nicht überzeugen. Liest man diese Szene jedoch vom Territorium des Vaters aus, erscheint die Lücke, die Georg lässt, wie ein Mangel, auf den der Vater spekuliert. Die Ambivalenz, die Kafka hier der Kommunikation zu- bzw. abschreibt, liegt nicht darin, polyvalente, dem Wort innewohnende Konnotationen möglich zu machen, sondern diese durch die Reaktionen darauf auszuschließen. Auch die anderen Reaktionen Georgs auf die Redeanfälle seines Vaters sind konkret oder doppeldeutig zu verstehen. Mal entgegnet er ihm mit «Komödiant», beißt sich aber anschließend auf die Zunge, meistens jedoch schweigt er und denkt sich nur ein Wort, das allein in Gedanken schon durch «seinen Kopf zischt», mal macht er Grimassen, um des Vaters Rede zu entkräften, dann wieder übersteigert er dessen Ausdruck, wobei alle Ironie «in seinem Munde [...] einen todernsten Klang» bekommt (51, 52, 53).

Redeakt und paralleles körperliches Tun (der Vater wirft die Beine beim Reden oder schwenkt seinen Arm vor Freude, um sich an seinem Sprechen zu begeistern und dies mitzuteilen) kommentieren den Inhalt des Gesagten. Der durch das Geständnis beim Vater vorgenommene Wechsel des Territoriums vom Schreibakt zum Sprechakt weist auf ein Kommunikationsverhältnis hin, das Georg durch die Briefe bislang mied: Aus dem Dialog mit einem Abwesenden wird ein Dialog mit einem Partner, dessen Präsenz und sichtbares Tun während des Sprechens eine eigene Textebene bilden. Die Sprechsituation, die Stimme, das Tun während des Sprechens, das Kafka minuziös beschreibt, zeigen, wie Sprechen und Handeln auseinander geraten oder zusammenfallen und damit auch den Sprechakt, den Akt der Bezeichnung, unterbrechen oder stützen. Die Gesten, als andere Zeichenordnung, unterstützen das Gesagte, mitunter bringen sie es aber auch aus der Fassung. Je nachdem, wem und welcher Sprachordnung hier geglaubt, was wörtlich genommen oder entschlüsselt wird, verändert sich auch die Rezeption des Textes. Man könnte beinahe behaupten, die Ungereimtheiten, die sich aus der unsicheren Existenz des Freundes ergeben, zeigen, wie es sein könnte, wenn Georg Bendemann seinem Freund nach all den mitteilungslosen Briefen tatsächlich begegnet wäre: Briefwirklichkeit und ‹Realität› wären dann aufeinander getroffen und hätten einander ausgeschlossen.

Als literarischen Kommentar zu Kafkas Erzählung *Das Urteil* könnte man an dieser Stelle auch einen von dem Petersburger Autor Daniil Charms 1942 verfassten Text *Die Rehabilitation* einfügen, den Charms wenige Tage bevor er selbst verhaftet und verschleppt wurde, beendete. Charms verbindet in seinem minimalistischen Prosastück die Sprechakte ‹Gestehen›, ‹Verhören›, ‹Urteilen› sowie ‹Freisprechen› so miteinander, dass diese durch die Performativität der poetischen Rede außer Kraft gesetzt werden. Charms' namenloser Angeklagter unterbricht und stützt die Gerichtskommunikation auf eine ungewöhnliche Weise. Er wartet nicht, wie Georg Bendemann, sein Urteil ab, er geht es nicht beim Vater abholen, sondern flicht es in sein Geständnis vor Gericht, vor dem imaginären Vater, ein. Er beginnt den Prozess, indem er ihn aussetzt und dessen Logik und Beginn mit dem Gestehen beendet. In Charms' Text spricht ein Angeklagter vor Gericht und ‹beichtet› seine – in diesem Fall faktische – Schuld. Der Angeklagte gesteht, indem er verneint und überbietet, was man ihm vorwirft. Und zwar, dass er weder vier Morde begangen noch ein junges Mädchen vergewaltigt, Leichen geschändet oder Tiere gequält habe. Im Gegenteil, so sagt er, seine Verbrechen seien noch viel schlimmer gewesen. Das Mädchen, das er vergewaltigt habe, sei längst keines mehr gewesen, und außerdem habe er nur Hand an den Leichnam gelegt, ‹verteidigt› er sich. Charms' Verbrecher beseitigt seine Spuren, indem er sie noch überbietet.

Der Angeklagte verteidigt sich dabei vor Gericht, indem er abwechselnd die Rolle des Anklägers und die des Angeklagten übernimmt und die richterliche Instanz in sein Innen verlagert. «Sich zu entleeren ist ein natürliches Bedürfnis und folglich ist es kein Verbrechen»[45], gibt er zu bedenken und konfrontiert die Zuhörer dabei mit der Sprache des Gesetzes, die er übernimmt. Dass der Angeklagte in Charms' Erzählung schließlich die Ankläger genau des Vergehens bezichtigt, das zur Verurteilung von Charms' Texten vor einem tatsächlichen sowjetischen Gericht führte – nämlich absurde und keine realistischen Texte zu schreiben –, verdeutlicht Charms' literarischen Freispruch: Er kehrt die Logik des Gestehens um, indem er aus dem Geständnis eine *Rehabilitation* macht, die die Rede der Anderen, das Urteil und den Richtspruch schon vorwegnimmt und ganz aus der Sprache und Logik des Richtens hinausfällt, weil sie keine verhandelbare Rede ist.

Charms zwingt die Leser dabei in die Sprachwirklichkeit des Textes hinein und versetzt sie in die Position des Richters.[46] Die Rezipienten fällen so immer auch ein Urteil über den Realismus und die Sprachwirklichkeit des Gestandenen. Kafkas bzw. Bendemanns Freispruch ist ein anderer. Bendemann versteht das Urteil seines Vaters wörtlich, er vollführt, was der Vater sagt, bzw. – so schildert es der Erzähler – vollstreckt sich das Urteil, so als sei es eine handlungsmächtige Rede. Kafka lenkt, so könnte man Butler vielleicht folgen, indem er Gregor das Urteil direkt vollziehen lässt, die Aufmerksamkeit von der Aufforderung – vom Inhalt, mit dem Macht ausgeübt wird – hin zu dem Instrument, mittels dessen diese Macht ausgeübt wird. Kafka lenkt die Aufmerksamkeit auf das Instrument Sprache. Neumann resümiert, dass es für Kafka anscheinend zwei Sprachen gebe, «zunächst die pragmatische Sprache, die als ‹Gesetz› funktioniert und den Einzelnen zum Geständnis seiner Individualität in der Sprache der Anderen ‹verurteilt›; sodann die künstliche Sprache, die individuelle Spielmodelle des Wunsches schafft, Identifikationsphantasien entwickelt, ‹Freisprüche› produziert.»[47]

Mit dem letzten Satz, so der Freispruch des Autors, wird, wie es Neumann hier formuliert, die Ebene der künstlerischen Sprache betreten, und der Autor, Kafka, lenkt die Aufmerksamkeit auf die Nichtinstrumentalisierbarkeit der Sprache, auf deren ‹aporetische Semantik›. Kafka verlässt mit dem letzten Satz die Sprache des ‹Urteils›, er verlässt das Rededuell und den unendlichen Prozess-Verkehr, der sich zwischen Vater und Sohn ereignete. Und er nimmt mit dem letzten nachgestellten Satz die Möglichkeiten der Deutung wieder auf. Er beginnt einen anderen Verkehr, einen anderen Prozess – den der Deutbarkeit, den das Urteil zu umschiffen suchte. Es handelt sich also um zwei ‹Enden›: Mit dem letzten Satz versetzt Kafka den Leser selbst in einen Urteilenden, indem er ihn aus der bisherigen Geständnis-Urteils-Logik hinauszwingt. Nun wird der Leser nicht mehr wie der Petersburger Freund konzipiert, dem Georg unterstellte, dieser würde Worten gegenüber empfindlich sein und seinen Worten glauben. Sondern er wird, wie auch bei Charms, der die Kommunikationssituation zwischen Richter und Geständigem auf die Beziehung zwischen Text und Leser bzw. Leser und Text übertragen hatte, mit zwei Sprachen und Sprechweisen konfrontiert, die sein Urteil von diesen abhängig machen. Mit dem letzten Satz, der ‹literarischen› Antwort auf den Sprechakt des Urteils, setzt Kafka dem Leser ein poetisches Urteil über die Erzählung vor. Diese jedoch setzt nichts Abschließendes wie noch zuvor das Urteil, sondern eröffnet den *Prozess*, Kafkas ‹Lehre vom Gericht›, jenen der unendlichen Ausdeutbarkeit und Verschleppung von neuem. Der letzte, die Unverfügbarkeit der Rede vorführende Satz, spricht den Text selbst von einem Urteil frei und beendet, um an Deleuze anzuschließen, das «unendliche Geschäft des Richtens»[48], indem er den semantischen ‹Verkehr› der Rede wieder aufnimmt. Beide Enden fallen sich ins Wort: «In diesem Augenblick ging über die Brücke ein geradezu unendlicher Verkehr»[49].

Anmerkungen

1 Novalis. *Dichtungen und Fragmente.* Leipzig, 1989. 407.

2 Kafka, Franz. «Das Urteil». *Gesammelte Werke 5. Erzählungen.* Hg. von Max Brod. 5. Aufl. Frankfurt a. M., 1980, 43; im Folgenden im Text mit Seitenangabe zitiert.

3 Wie Evelyn Torton Beck schreibt, gibt es hier intertextuelle Bezüge zu Abraham Scharkanskys Stück *Kol Nidre,* in dem fingierte Briefe eine Rolle spielen und ein Todesurteil durch Briefe (ein Vater verurteilt seine Tochter zum Tode) erfolgt. Beck,

Evelyn T. *Kafka and the Yiddish Theater. Its Impact on his Work*. Madison, Milwaukee, London, 1971. 70–121; dazu auch: Binder, Hartmut. *Kafka-Kommentar. Zu sämtlichen Erzählungen*. München, 1975. 132. Zum Motiv des Briefs bei Kafka vgl. auch Deleuze, Gilles u. Félix Guattari. *Kafka. Für eine kleine Literatur*. Frankfurt a. M., 1976. 40–49. Zum Freund aus Petersburg und zu Analogien mit Dostoevskijs «Schuld und Sühne» vgl. Binder, 128 f.; Dodd, William J. *Kafka and Dostoyevsky. The Shaping of Influence*. Basingstoke, 1992. 33–50. Allgemein zu Kafka *Das Urteil* und zum Wort im *Prozess*: Neumann, Gerhard. *Franz Kafka. ‹Das Urteil›. Text, Materialien, Kommentar*. München, 1981; Hiebel, Hans H. *Die Zeichen des Gesetzes. Recht und Macht bei Franz Kafka*. 2. Aufl. München, 1989; Vogl, Joseph. *Ort der Gewalt. Kafkas literarische Ethik*. München, 1990; Adorno, Theodor W. «Aufzeichnungen zu Kafka». *Prismen*. Frankfurt a. M., 1955. 325–53; Schweppenhäuser, Hermann (Hg.). *Walter Benjamin über Kafka. Texte, Briefzeugnisse, Aufzeichnungen*. Frankfurt a. M., 1981; Abraham, Ulf. *Der verhörte Held. Verhöre, Urteile und die Rede von Recht und Schuld im Werk Franz Kafkas*. München, 1985.

4 Elias Canetti nennt Kafka in seinem Essay, der die Herausgabe der Briefe an Felice begleitet, «den größten Experten der Macht» unter allen Dichtern, er habe sie in jedem ihrer Aspekte erlebt und gestaltet. Canetti, Elias. *Der andere Prozeß. Kafkas Briefe an Felice*. Leipzig, 1983. 7–96, 65.

5 Siegert, Bernhard. *Relais. Geschicke der Literatur als Epoche der Post. 1751–1913*. Berlin, 1993, 254. Siegert schreibt dort über den irrsinnigen Briefverkehr, den Briefkrieg, den Kafka mit Felice beginnt und der eine Fundgrube für «mißglückte postalische Sprechakte» sei, «bei denen Austin und Searle nicht fänden, was sie nicht aus der Sprechakttheorie ausschließen müßten» (ebenda, 264).

6 Siegert (Anm. 5), 254. Kafka schreibt in einem Brief an Max Brod nach der Begegnung mit einer jungen Dame, der Tochter des Hauswarts im Goethehaus: «Wenn es wahr wäre, daß man Mädchen mit der Schrift binden kann?» Vgl. Canetti (Anm. 4), 10.

7 Politzer, Heinz. *Franz Kafka. Der Künstler*. Frankfurt a. M., 1965. 197.

8 Siegert (Anm. 5), 264.

9 Vgl. Deleuze, Gilles. «Schluss mit dem Gericht». *Kritik und Klinik. Aesthetica*. Frankfurt a. M., 2000. 171–83, 172.

10 Vgl. Canetti (Anm. 4), 38.

11 Vgl. Fischer-Lichte, Erika. «Auf dem Wege zu einer performativen Kultur». *Kulturen des Performativen*. Hg. v. ders. u. Doris Kolesch. *Paragrana* 7.1 (1998): 13–29, 15; vgl. auch die Texte in: *Theorien des Performativen*. Hg. v. Erika Fischer-Lichte u. Christoph Wulf. *Paragrana* 10.1 (2001).

12 Hymes, Dell. «Kompetenz und Performanz in der Sprachtheorie». *Wirkendes Wort* 28 (1978): 305–28.

13 Vgl. Austin, John L. *How to do Things with Words?* Oxford, 1962. Zu Austins Text als performativem Text siehe: Krämer, Sybille u. Marco Stahlhut. «Das ‹Performative› als Thema der Sprach- und Kulturphilosophie». Fischer-Lichte u. Kolesch (Anm. 11), 35–64.

14 John R. Searle (1969) setzt sich mit den Bedingungen für den erfolgreichen bzw. geglückten Vollzug von performativen Äußerungen auseinander. Vgl. Searle, John R. «How Performatives Work». *Linguistics and Philosophy* 12 (1969): 535–58; ders.: *Die Konstruktion der gesellschaftlichen Wirklichkeit*. Reinbek, 1998.

15 Butler, Judith. *Haß spricht. Zur Politik des Performativen.* Berlin, 1998. 67.
16 Vgl. Derrida, Jacques. «Die Struktur, das Zeichen und das Spiel im Diskurs der Wissenschaften vom Menschen». *Die Schrift und die Differenz.* Übs. v. Rudolph Gasché. 7. Aufl. Frankfurt a. M., 1997. 422–41.
17 Vgl. u. a. Žižek, Slavoj. «Der ‹unmögliche› Performativ». *Grimassen des Realen.* Übs. v. Isolde Charim u. a. Köln, 1993. 109–14.
18 Derrida, Jacques. «Signatur, Ereignis, Kontext». *Randgänge der Philosophie.* Frankfurt a. M., Berlin, Wien, 1992. 124–55, 334.
19 Derrida (Anm. 18), 335.
20 Derrida (Anm. 18), 345.
21 Derrida (Anm. 18), 343.
22 Hamacher, Werner. «Afformativ, Streik». *Was heißt Darstellen?* Hg. v. Christian L. Hart Nibbrig. Frankfurt a. M., 1994. 340–71, 363.
23 Hamacher (Anm. 22), insbesondere 359–61.
24 Butler (Anm. 15), 78.
25 Butler (Anm. 15), 68.
26 Vgl. Jannidis, Fotis u. a. (Hg.). *Texte zur Theorie der Autorschaft.* Stuttgart, 2000.
27 Butler (Anm. 15), 30.
28 Zu ähnlichen Unterscheidungen siehe etwa: Maassen, Irmgard. «Text und/als/in der Performanz in der frühen Neuzeit. Thesen und Überlegungen». Fischer-Lichte u. Kolesch (Anm. 11), 285–302. Maassen unterscheidet zwei «Dimensionen von Performativität des Textes: Text in der Performanz (funktionale Performativität) und Performativität im Text (strukturelle Performativität)» und kommt dann auf vier Leitbegriffe, die sich in der konkreten Arbeit mit literarischen Texten und Performativität ausmachen lassen: Oralität, Korporalität, Plurimedialität, Perspektivierung (ebenda, 290, 294 ff.). Vgl. dazu auch den ‹performativen› Nachtrag von Manfred Pfister über performative Äußerungen (ebenda, 302); Felman, Shoshana. *The literary Speech Act. Don Juan with J. L. Austin, or Seduction in Two Languages.* Ithaca u. New York. 1983; Sasse, Sylvia. *Texte in Aktion.* München, 2002.
29 De Man, Paul. *Allegorien des Lesens.* Frankfurt a. M., 1988. 176.
30 De Man (Anm. 29), 176.
31 De Man (Anm. 29), 176.
32 Werner Hamacher. «Unlesbarkeit». De Man (Anm. 29), 7–26, 9.
33 Hamacher (Anm. 32), 9.
34 Zumthor, Paul. «Körper und Performanz». *Materialität der Kommunikation.* Hg. v. Hans Ulrich Gumbrecht u. Monika Elsner, Frankfurt a. M., 1988. 703–13, 703. Zumthor bezieht sich auf Hymes Dell. «Breakthrough into Performance». *Folklore. Performance and Communication.* Hg. v. Dan Ben-Amos u. Kenneth S. Goldstein. Mouton, 1975. 703.
35 Zumthor (Anm. 34), 705.
36 Zumthor (Anm. 34), 706.
37 Vgl. dazu auch Neumann (Anm. 3), 40 ff. Neumann spricht von einem Sprachkampf zwischen Vater und Sohn «als Mittel der Umsetzung von ‹Beziehungen› in ‹Macht›, von ‹Sprache›, in ‹Urteil›» (ebenda, 44).
38 Wie Siegert schreibt, ging es auch Kafka in seinem Briefverkehr nicht um die Unabschließbarkeit der Lektüre, sondern Kafka sicherte sich mit seinen Setzungen und

Aufhebungen, Ankündigungen und Zurücknahmen die «Unabschließbarkeit des Schreibens». Siegert (Anm. 5), 271.

39 Bei Binder ist nachzulesen, dass Kafka *Das Urteil* kurz nach dem Versöhnungstag, dem jüdischen Fest, in dessen Zentrum das Bekenntnis der Sünden steht, verfasst hat. Binder (Anm. 3), 138.

40 Zum (un)erlaubten Sprechen in der Beichte vgl. auch Foucault, Michel. *Der Wille zum Wissen. Sexualität und Wahrheit 1*. Übs. v. Ulrich Raulff u. Walter Seitter. Frankfurt a. M., 1983. 27 ff.

41 Neumann schreibt, «der Brief sei der Weg aus der ‹Gemeinsamkeit› der familiären Rede zum ‹Alleinsein› durch autonome Rede». Neumann (Anm. 3), 44.

42 Kafka, Franz. «Brief an den Vater». *Gesammelte Werke 7. Hochzeitsvorbereitungen auf dem Lande und andere Prosa aus dem Nachlaß*. Hg. v. Max Brod. Frankfurt a. M., 1980. 162–223, 195.

43 Neumann spricht in Bezug auf die Familienkonstellation, die Kafka im *Brief an den Vater* formuliert, vom Versuch einer «Erziehung zur Freiheit» und zur «Erzwingung von Autonomie». Dieses System zwinge durch widersprüchliche Befehle dazu, «durch Befolgung zu mißachten und durch Mißachtung zu befolgen». Neumann (Anm. 3), 58.

44 Im *Brief an den Vater* heißt es: «Richtiger trafst Du mit Deiner Abneigung mein Schreiben und was, Dir unbekannt, damit zusammenhing. Hier war ich tatsächlich ein Stück selbstständig von Dir weggekommen [...]». Kafka (Anm. 42), 202.

45 Charms, Daniil. *Sobranie Socinenii 2. Novaja Anatomija*. St. Petersburg, 1997. 241 f., meine Übersetzung.

46 Dass die Logik der Verurteilten mit dem Gestehen beginnt, weiß auch Dostoevskijs Held Raskol'nikov, der Kafka schon 1912 bekannt gewesen sein muss; vgl. Binder (Anm. 3), 128. Raskol'nikov macht sich nach seiner Verurteilung unendlich Gedanken darüber, warum er überhaupt gestanden habe, warum er infolge des Urteils zugrunde gehe, warum er sich dem Gesetz, das nicht das seine ist, gebeugt habe. Auch Raskol'nikov korrespondiert mit seinen Petersburger Freunden, seine Briefe sind nüchtern. Vgl. zu den intertextuellen Bezügen zwischen Kafka und Dostoevskij auch Dodd (Anm. 3), 33–50.

47 Neumann (Anm. 3), 102.

48 Deleuze (Anm. 9), 172.

49 Neumann (Anm. 3), 102.

6 Gender-Theorien

Judith Klinger

a) Ältere deutsche Literatur

Geschlechter, Körper, Subversion: Theoriebildung

Eine kulturwissenschaftlich ausgerichtete Mediävistik kommt nicht umhin, sich mit der Konstitution der Geschlechterdifferenz zu beschäftigen, die die kulturellen Zeichenordnungen auf verschiedenen Ebenen prägt und eigene Zusammenhänge ausbildet. Doch erst seit den späten 1980er Jahren haben sich Gender-Theorie und Gender-Studien als fester Bestandteil auch der mediävistischen Forschung etablieren können. Gegenüber früheren feministischen Studien, die sich wesentlich auf die Erforschung authentisch weiblicher Erfahrungen sowie weiblicher Autorschaft und Ästhetik konzentrierten, hat die Einführung der Kategorie *gender* einen weitreichenden Perspektivenwechsel eingeleitet.[1] Gender bezeichnet immer eine gesellschaftliche Konstruktion und verweigert damit jeden biologischen Determinismus, betont aber zugleich «den Beziehungsaspekt der normativen Definitionen von Weiblichkeit»[2]. Damit rücken die Konstruktionen beider Geschlechter, aber auch die Prozesse der Differenzierung selbst in den Blick. Zentral ist

> die Forderung, die Interpretations*geschichte* der sexuellen Differenzierung, die das Geschlechterverhältnis allererst konstituiert, selbst als Teil der ‹gesellschaftlichen Konstruktion der Wirklichkeit› […] zu begreifen, um auf diese Weise die Interaktion zwischen dieser Geschichte und anderen gesellschaftlichen Organisationsstrukturen analysieren zu können.[3]

Wenn damit die kulturelle Produktion von ‹Männlichkeit› ebenfalls zum Gegenstand der Analyse wird, steht die moderne Identitätskategorie im Brennpunkt kritischer Theoriebildung. Feministische Untersuchungen haben immer wieder offen gelegt, dass scheinbar geschlechtsneutrale Ordnungskategorien von einer männlichen Bedeutungsökonomie organisiert werden. So ordnet sich einem universellen, *de facto* aber männlich gedachten Subjekt die Kategorie ‹Frau› als das gänzlich Andere, Marginale und stets Partikulare zu.[4]

Die Kritik dieser Subjektformation steht daher seit längerem im Zentrum feministischer Reflexion; entschleiert wird ein Geschlechterregime, dessen Wirkungsmacht nicht zuletzt von seiner gelungenen Maskierung getragen wird. Das vermeintlich symmetrische Verhältnis der Geschlechter gründet insofern in einer fundamentalen Asymmetrie. Es geht also nicht nur darum, die jeweiligen Mechanismen zu bestimmen, die ‹Männlichkeit› oder ‹Weiblichkeit› kulturell produzieren, sondern auch die Taktiken nachzuzeichnen, die ‹Männlichkeit› als «entleiblichte Universalität» im geschlechtsabstrakten Jenseits von Geschichte verankern, während ‹Weiblichkeit› als «verleugnete Körperlichkeit»[5] durch die Kategorie des Geschlechts selbst identifiziert wird. Genau diese Zuschreibung verweigert eine an Gender-Theorie geschulte Analyse der Männlichkeiten, und sie dekonstruiert mit dem ‹neutralisierten (männlichen) Gattungswesen› auch die fundamentalen Ordnungen des Wahrnehmens und des Wissens, wie sie vor allem die modernen Humanwissenschaften hervorgebracht haben.[6]

Wird Gender verstanden als «wesentliches Gebiet [...], in dem oder mittels dessen Macht artikuliert wird», so stellt sich im Anschluss die Frage, «wie der *Gender*begriff gesellschaftliche Beziehungen legitimiert und konstruiert»[7]. Die Analyse der wechselseitigen Konstruktion von Gender-Kategorie und Machtverhältnissen hebt zunächst die strikte Trennung der angeblich geschlechtsneutralen Sphäre des Politischen und der geschlechtsverhafteten Sphäre des Privaten auf. Gleichzeitig richtet sie den Blick auf historische Wandlungsprozesse sowie die jeweils kontextuelle Definition von ‹Geschlecht› und kommt damit wesentlich über die Beobachtung einer universalen patriarchalen Unterdrückung hinaus.

Ein Paradigmenwechsel innerhalb der Gender-Theorie ist mit Judith Butlers Überlegungen zum Körper und dem Status des biologischen Geschlechts markiert. Nachdrücklich problematisieren ihre Arbeiten die essenzialistischen Implikationen der zuvor gängigen Auffassung, das ‹natürliche Geschlecht› *(sex)* bilde die materielle und unveränderliche Basis all jener sozialen Differenzierungsprozesse, die das ‹kulturelle Geschlecht› *(gender)* erst herstellen.[8] Butler geht es allerdings nicht um die Aufhebung dieser Differenz, vielmehr beschreibt sie die vermeintlich ungeformte, geschichtslose Materialität des Körpers als spezifischen diskursiven Effekt, der zugleich die Naturalisierung gesellschaftlicher Setzungen leistet. Um eine Ontologie der Geschlechterordnung aufrechtzuerhalten, generiert die moderne Bedeutungsökonomie den Körper als invariantes Substrat und konstitutives Außerhalb seiner Diskurse. Biologie und Anatomie legitimieren in dieser Sicht eine historische Machtformation und sind insofern als Konstruktionen zweiter Ordnung zu dechiffrieren. Die diversen Materialisierungen des Körpers, die Körperschemata, -wissenschaften und -inszenierungen werden damit transparent für die Analyse unterschiedlicher ideologischer Einschreibungen. Erst in dieser Optik kann der Körper einer radikal historisierenden Betrachtung unterzogen werden,[9] statt noch als letzte Bastion des Essenzialismus zu fungieren.

Für die Praxis der Gender-Studien ist weiterhin die Beobachtung heterogener und dynamischer Verhältnisse entscheidend, deren unterschiedliche Dimensionen mit den Stichworten (1) Pluralisierung, (2) Produktivität der Macht und (3) Performativität umrissen werden können. Butler kritisiert zunächst die Unterstellung eines kohärenten und festen Subjekts des Feminismus, denn die stabile Kategorie ‹Frau› folgt gerade jenen Repräsentationsmechanismen, die Identitäten als universelle hervorbringen.[10] Stattdessen von einem Pluralismus der Realisierungen geschlechtlicher Identität auszugehen, bedeutet noch nicht, die binäre Geschlechteropposition auszuhebeln, lenkt aber den Blick auf die je besonderen Bedingungen, unter denen sich ihre Produktion, aber auch mögliche Störungen vollziehen.

Für die Überlegungen Butlers ist Michel Foucaults Analyse der Machtbeziehungen wichtig, die sich quer zu allen Repressionshypothesen und Emanzipationsbestrebungen stellt, indem ‹Macht› als subjektloses Kräfteverhältnis begriffen wird, das allen gesellschaftlichen Verhandlungen grundsätzlich innewohnt. Foucault weist auf die Produktivität der Macht hin, der nicht durch Ausschlussregeln, sondern vielmehr durch Einschließung die Produktion spezifischer Subjekte und Individuen gelingt:[11] «Was Foucault hier als Modalität von Macht erkennt, nämlich der eigenen Identität verhaftet zu sein, ist das, was wir gemeinhin als Ausdruck von Selbstverwirklichung und Emanzipation verstehen: eine eigene Identität.»[12] Mit diesem Machtbegriff wird ein ‹Verhältnis zwischen Handlungsweisen› anstelle einsinniger Hierarchien beschrieben.[13] Von daher verbietet sich eine Utopie der Befreiung vordiskursiver Körper oder Begehren von sozial verhängten Zwängen; die jeweiligen Ordnungsmuster gehen vielmehr aus einem Wechselspiel von Macht und Widerstand hervor. Regulative und Verbote sind auf dieser Grundlage aber als produktive Mechanismen zu begreifen, die bestimmte Formen von Subjektivität oder Begehren erst ermöglichen.[14] An die Stelle eines binären Gegensatzes von zugelassenen und ausgeschlossenen, herrschenden und beherrschten Diskursen tritt eine dialektische Vielfalt: «Der Diskurs befördert und produziert Macht; er verstärkt sie, aber er unterminiert sie auch, er setzt sie aufs Spiel, macht sie zerbrechlich und aufhaltsam.»[15] Diese Angreifbarkeit kann, so Butler, auch für subversive Strategien genutzt werden: «indem man nicht nur die Kategorie ‹Geschlecht› anficht, sondern die Überschneidung vielfältiger Diskurse am Schauplatz der Identität artikuliert, um diese Kategorie, gleichgültig in welcher Form sie auftreten mag, dauerhaft problematisch zu machen.»[16]

Wenn Butler Identitätskonstitution als Praxis der Bezeichnung und regulierten Wiederholungsprozess versteht,[17] setzt sie die Performativität von ‹Geschlecht› allen Vorstellungen einer selbstverständlich vorgegebenen, stabilen Ordnung entgegen. Um sich als ‹Natur› der Identitäten zu behaupten, muss sich die Geschlechterordnung immer wieder neu performativ realisieren, doch eröffnet diese Notwendigkeit auch einen Möglichkeitsspielraum der Subversion:

Ebenso wie die Körperoberflächen *als* das Natürliche inszeniert werden, können sie umgekehrt zum Schauplatz einer unstimmigen, entnaturalisierten Performanz werden, die den performativen Status des Natürlichen selbst enthüllt. [...] Als Effekt einer subtilen und politisch erzwungenen Performanz ist die Geschlechtsidentität gleichsam ein ‹Akt›, der für Spalten, Selbstparodie, Selbstkritik und hyperbolische Ausstellungen ‹des Natürlichen›, die gerade in ihren Übertreibungen ihren grundsätzlich phantasmatischen Status offenbaren, offen ist.[18]

Die normalisierende Herstellung kohärenter Identitäten und ‹natürlicher› Körper ist aufgrund ihrer performativen Praxis immer auch der Subversion und Destabilisierung zugänglich.

Die mit Butler eingeleitete theoretische Neuorientierung sowie die Neubewertung des analytischen Apparats fordert mit der grundsätzlichen Annahme kulturell bestimmter Geschlechterordnungen nachgerade zu historischen Analysen auf. Dabei kann sie den Gegenstandsbereich kritischer feministischer Lektüren erweitern und die Perspektive von der Suche nach authentisch ‹weiblichen› Erfahrungen zur Erforschung ihrer je kulturell spezifischen Produktionsprozesse, damit aber auch in Richtung auf höhere Komplexität verschieben. Die kulturgeschichtliche Frauenforschung hatte sich oftmals darauf konzentriert, weibliche Wahrnehmungsweisen und Ausdrucksformen aus der Geschichte ihrer Unterdrückung herauszupräparieren und darin, wenn möglich, auch die Spuren einer selbständigen Utopie des ‹feministischen Subjekts› zu lesen.[19]

Ein gendertheoretischer Ansatz fragt demgegenüber nach den wechselseitigen Konstruktionen von Geschlechteridentität und löst das Repressionsparadigma zugunsten einer differenzierten Beobachtung regulierender Prozesse, ihrer inhärenten Konflikte und ihres produktiven Überschusses auf. Werden Identitäten als Effekte in einem störanfälligen Prozess kultureller Artikulationen verstanden, dann folgt daraus, «daß keine Identität [...] vollkommen konstituiert werden kann, ihr Sinn immer schon untergraben ist vom Feld der Diskursivität. Ihre Namen, sprich: Identitäten, sind Schauplätze des Kampfes um die Macht, die Welt in den eigenen Begriffen zu erklären und zu ordnen.»[20] So richten sich neuere (literatur-)historische Untersuchungen auch nicht an der Maßgabe geschlossener Modelle von ‹männlich› und ‹weiblich› aus, sondern wenden sich einer prinzipiellen Heterogenität konkurrierender Entwürfe zu,[21] die in je spezifischen performativen Praxisformen realisiert und (de)stabilisiert werden können.

Zur Anwendung der Gender-Theorie in der Mediävistik

Dieser Zugang scheint gerade für die vielfach heterogenen und insulären Kulturen vor der modernen Staatenbildung vielversprechend, obschon sie von einer nach Hegemonie strebenden klerikalen Bezeichnungsökonomie überschattet werden, die unter anderem auch systematisierende Geschlechterdiskurse hervorbringt und institutionalisiert.

Als historischer Disziplin stellt sich der Mediävistik nun in besonderer Weise die Aufgabe, die kritische Analyse einer spezifisch neuzeitlichen Geschlechterordnung und das Postulat ihres historischen Konstruktionscharakters auf die eigenen Gegenstände anzuwenden. Zumal seit längerem die Alterität mittelalterlicher Kulturen zum Grundbestand mediävistischer Leitbegriffe gehört,[22] muss eine fundamental andere Geschlechterordnung vorausgesetzt werden, deren Erforschung zu weiten Teilen noch aussteht.[23] Es kann indes nicht darum gehen, allein die Archäologie der gegenwärtigen Ordnung und ihrer Diskurse zu betreiben: Neben die Traditionslinien einer patriarchalen Konstruktion des ‹universellen Subjekts› müssten Beschreibungen und Analysen all jener Geschlechterverhältnisse treten, die sich als nicht traditionsbildend erwiesen haben, die im soziokulturellen Strukturwandel der Neuzeit Fragment oder innerhalb einer herrschenden Kultur insulär geblieben sind. Damit können nicht nur interessante Einzelanalysen und Fallstudien, sondern auch weitere Bausteine für die Theoriebildung geliefert werden.

Allerdings hat sich die Mediävistik hier auch einem grundlegenden erkenntnistheoretischen Problem zu stellen: Wenn ‹Geschlechtsidentität› nicht nur eine historisch variabel besetzbare Größe, sondern Effekt spezifischer Machtstrukturen ist, wie lässt sie sich dann als analytische Kategorie auf das ‹andere› Mittelalter anwenden? Inwiefern legt die Fokussierung auf Deutungsschemata von ‹Männlichkeit› und ‹Weiblichkeit› bereits eine Systematisierung von Differenz fest, die sich womöglich erst in der Neuzeit zur hegemonialen Matrix von Identität formiert? Ist vorauszusetzen, dass auch in mittelalterlichen Kulturen die Zeichen des Geschlechts stets unverzichtbarer Bestandteil erkennbarer und kulturell sinnvoller Identität sind? Und wenn dies so sein sollte, handelt es sich mit der Zuordnung des Geschlechts auch um eine hinreichende Bestimmung von Identität, oder sind andere Deutungsmuster als ebenso notwendige Konstituenten anzusetzen? Für die mittelalterliche Ständegesellschaft sind zudem grundsätzlich andere Mechanismen der Konstitution personaler Identität zu verzeichnen, die sie zuerst als kollektive hervorbringen;[24] daraus folgen zwangsläufig andere Realisierungsmöglichkeiten von Subjektivität. Hinsichtlich der Geschlechterordnung muss sich weiterhin die Frage stellen, welche Positionen sie in den unterschiedlichen gesellschaftlichen Milieus, alltäglichen Lebensräumen, Wahrnehmungs- und Ordnungsmustern einnimmt, wie ausdifferenziert ihre jeweilige Semantik ist und welche Spielräume sich für ihre performative Produktion in den von unterschiedlichen Medien geprägten sozialen Interaktionen eröffnen.

Ist die Geschlechterordnung der Neuzeit nicht zu trennen von einer heterosexuellen Matrix, die Subjekte über ihr Begehren nach dem jeweils anderen Geschlecht differenziert,[25] so muss auch die Mediävistik nach Konzepten und eventuell identitätskonstitutiven Operationsweisen von Begehren und ‹Sexualität› fragen. Allerdings verbietet sich die unreflektierte Übertragung dieses Begriffs auf mittelalterliche Kulturen seit Foucaults (wenngleich schematischer) Differenzierung zwischen moderner ‹sexueller Identität› und vormodernen ‹sexuellen Akten›. ‹Sexualität› beschreibt Foucault als neuzeitliche Ordnung des Wissens, die den ‹Sex› generiert und ihn als innerste Wahrheit des Subjekts implantiert.[26] Folgt man dieser historischen Grenzziehung, muss das weitreichende Konsequenzen auch für die Konstruktion und Praxis von ‹Heteronormativität› im Mittelalter haben.[27]

Foucault verweist vor allem auf die Produktivität der (ursprünglich kirchlichen) Pastoralmacht, deren Geständnistechniken die Individuen zur Herstellung einer kohärenten Subjektivität anleiten. Ähnliche Prozesse ließen sich anhand der Kataloge sexueller Sünden in mittelalterlichen Beicht- und Bußspiegeln verfolgen:[28] Wird damit einerseits ein Wissen von ‹Sexualität› im Zeichen der Sünde systematisiert, so ist andererseits zu fragen, wann und wie dieses Wissen zum dominanten Gegenstand der Selbsterforschung und -beschreibung gerät. Ferner muss sich angesichts der klerikalen Werthierarchie, die gerade die Überwindung sexueller (Selbst-)Wahrnehmung und Handlungsweisen fordert, die Frage stellen, inwiefern auch innerhalb dieser Wissensordnung ein Begehren nach dem anderen Geschlecht als das unverzichtbar normative Fundament jeder Identität konzipiert wird. Bildet ‹Sexualität› auch die Basis menschlicher Konstitution nach dem Sündenfall, so sind andererseits die sakralen Modi ihrer Aufhebung ebenso zentraler Gegenstand kirchlicher Lehre, wie nicht zuletzt das Paradigma der jungfräulichen Empfängnis zeigt. Angesichts dieser Ausrichtung auf die Transzendenz sündhafter Körperlichkeit stellt sich dann aber die Frage, inwiefern auch die Diskurse der Jungfräulichkeit ein Geschlechterregime implizieren und ob jungfräuliche Identitäten durch die Negation des Begehrens nach dem anderen Geschlecht hinlänglich beschrieben sind. Jenseits des klerikalen Deutungshorizonts kann ferner nicht übersehen werden, dass sexuelles Begehren – beispielsweise in den verschiedenen Textsorten laikaler Literatur – weit weniger systematisch verhandelt wird, keineswegs überall eigenständige Diskurse ausbildet oder sich überhaupt gegenüber anderen lustvollen Artikulationsformen des Körpers verselbständigt.

Daher ist immer auch in Rechnung zu stellen, dass sich die divergenten Diskurse von Geschlecht und Begehren in unterschiedlichen Wissenssystemen ausprägen, die nicht allein eigene Ordnungskategorien setzen, sondern auch unterschiedlich institutionalisiert sind und unter je spezifischen medialen Bedingungen realisiert werden, ohne notwendig aufeinander Bezug zu nehmen.[29] So verfügt nur die schriftgestützte Klerikerkultur des Mittelalters über die materiellen Bedingungen und Diskurskanäle, ein weit ausgefächertes Expertenwissen systematisch zu organisieren, weiterzuvermitteln und zu speichern; ihre Traditionen leiten ferner dazu an, Deutungsmuster und Kategorienbildung theoretisch zu reflektieren. In ähnlicher Weise ist die medizinische Disziplin den Institutionen und Ordnungen gelehrten Wissens zuzurechnen, die Geschlechterdifferenz als Folge ‹natürlicher›

Konstitution festschreiben können.[30] In beiden Feldern steht eine umfangreiche schriftliche Überlieferung zur Verfügung, die es Mediävisten nicht zuletzt aufgrund der textimmanenten Autorisierungsverfahren erlaubt, Traditionsstränge und intertextuelle Bezüge nachzuzeichnen. Allerdings dürfen Volumen und Reflexionsniveau dieser Überlieferung nicht dazu verleiten, sie unbefragt als normativen Horizont ganz anderer Wissensordnungen, Diskurse und kultureller Praktiken zu installieren.

Wichtig ist in diesem Zusammenhang auch die Frage nach geschlechtsspezifischen Zugängen zu den jeweiligen Wissensdiskursen, zu Sprache und Literaturproduktion sowie spezieller nach weiblicher Autorschaft und Autorisierungsstrategien. Konfrontiert mit dem Problem, dass nur eine geringe Anzahl überlieferter Texte verlässlich Autorinnen zugeschrieben werden kann, konzentrierte sich die historische Geschlechterforschung zunächst auf das Mäzenatentum hochadliger Frauen und Herrscherinnen sowie der Textproduktion religiöser Frauen, insbesondere der Mystikerinnen.[31] Diskussionen um die Authentizität weiblicher Autorschaft sind seither abgelöst worden durch eine kritische Reflexion der gender-spezifischen Diskursbedingungen. Neuere Untersuchungen problematisieren verstärkt die Inszenierungen einer weiblichen Stimme innerhalb männlich dominierter Redesysteme[32] sowie die Spielräume möglicher Gegendiskurse, die sich der patriarchalen Bezeichnungsökonomie – beispielsweise über die Artikulationen des Körpers[33] – widersetzen.

Mit der Feststellung der Alterität und des Pluralismus mittelalterlicher Wissensordnungen ist selbstverständlich noch keine Aussage darüber verbunden, ob sich in den Konstruktionen der Geschlechter, der Begehren und der Körper Modelle aufspüren lassen, die sich der neuzeitlichen Ordnung ganz und gar sperren und insofern als kategorial alternative Entwürfe von Identität zu begreifen wären. Thomas Laqueur hat mit seiner These vom prämodernen *one-sex model* versucht, der modernen Zweigeschlechtlichkeit ein alternatives anatomisches Konstrukt als historische Vorstufe zuzuordnen. Demzufolge reicht die vormoderne Biologie der Körper eben nicht zur Differenzierung der Geschlechter hin, da weibliche Anatomie die männlichen Geschlechtsorgane nach innen gekehrt imitiert. Der weibliche Körper erscheint insofern als defizitäre Variante des männlichen Originals. Laqueur zieht daraus die Konsequenz, dass auf der Grundlage dieses medizinischen Analogiemodells ‹Geschlecht› ausschließlich sozial konstruiert werden muss.[34]

Diese These ist in mediävistischen Studien bereits verschiedentlich rezipiert und kritisch reflektiert worden.[35] Aus unterschiedlichen Richtungen lässt sich zeigen, dass die Deutungsmuster der Dichotomie und Analogie in den mittelalterlichen Geschlechterdiskursen koexistieren und kooperieren, sodass die Annahme einer grundsätzlich labilen Geschlechterordnung, die sich dann auch für zeitgenössische Utopien in Anschlag bringen ließe, in der Tat problematisch werden muss.[36] Allerdings ist die Frage nach Formen und Möglichkeiten von *gender trouble*, wie sie Butler formuliert hat, nicht dem Auftrag gleichzusetzen, ein System wahrhafter Unordnung historisch dingfest zu machen. Butler geht es vielmehr um die unauflöslichen Inkohärenzen und die grundsätzliche Labilität jedes regulierenden Ideals, ebendas ‹Unbehagen› der Geschlechter. Wie dies diskursiv und performativ bewältigt wird, ob Widersprüche und Lücken rigoros geschlossen oder verschärfend hervorgetrieben werden, eine normative Ordnung bestätigt oder subversiv in Frage gestellt wird, ist dann im Einzelfall zu prüfen. Die mediävistische Gender-Forschung ist damit keinesfalls nur auf solche Texte verwiesen, denen Ordnungsverstöße oder ein (bewusst) subversiver Sinn entlockt werden können, sondern kann sich grundsätzlich allen Deutungsmustern von Identität sowie den Spannungen und Brüchen in normativen Entwürfen zuwenden.

Wo es um so elementare Fragen wie die Konstitution von Identität geht, sind kulturwissenschaftliche Ausrichtung und interdisziplinäres Arbeiten nicht nur wünschenswert, sondern unabdingbar:[37] Identitätsregulierende Prozesse lassen sich selbstverständlich in allen Bereichen kultureller Produktion nachzeichnen, von der literarischen zur darstellenden und bildenden Kunst; sie manifestieren sich des Weiteren in anderen symbolischen Ordnungen, die Gegenstand historischer Forschungen sind. In der Analyse von Machtformationen sind zudem stets Spannungen und Kräftefelder zu beschreiben, und das heißt auch: ein je spezifischer Komplex von Diskurskonstellationen und -interferenzen, die sich ihrerseits nicht auf den Geschlechterdiskurs reduzieren lassen. Das Gleiche gilt für das methodische Spektrum und die Kategorienbildung: Gibt die Diskursanalyse schon eine Grundlage der Gender-Forschung ab, so ist darüber hinaus nach den jeweiligen Ordnungen des Wissens sowie den medialen und performativen Bedingungen und Praktiken zu fragen.

Im Folgenden sollen einige Arbeitsbereiche skizziert werden, die sich allerdings nur idealtypisch so gegeneinander abgrenzen lassen. Die Analyse einzelner Texte, Textgruppen oder Diskursformationen sieht sich zumeist mit Komplexionen der genannten Themen konfrontiert.

1. Identität, Subjekt und Subjektivität: Im Zentrum der Gender-Studien steht Identität als «Effekt diskursiver Praktiken»[38], wobei für die Neuzeit vorausgesetzt wird, dass Identität erst in der Bezeichnungspraxis der Geschlechterordnung auch verstehbar wird. Konstruiert die Neuzeit eine Geschlechtersymmetrie, die ihre fundamentale Asymmetrie zugleich verschleiert, so ist den mittelalterlichen Diskursen (besonders den theologischen) eine unverstellte Geschlechterhierarchie abzulesen. Seit der Patristik gilt auf der Grundlage der *Genesis* der Mann als originärer Repräsentant des Menschengeschlechts in seiner Gottebenbildlichkeit, während die Frau einerseits als nachgeordnetes Schöpfungswerk klassifiziert, andererseits durch besondere Sündenanfälligkeit identifiziert wird. Entsprechend kann ‹Geschlecht› moralisch skaliert werden und eine (wenigstens spirituelle) ‹Vermännlichung› von Frauen als handlungsleitendes Modell in Erscheinung treten.[39]

Daran zeigt sich allerdings eine signifikante Differenz gegenüber dem neuzeitlichen Geschlechterregime, da ein symmetrisches Geschlechterverhältnis nur auf der Basis dieser hierarchischen Ordnung gedacht werden, insofern aber auch nicht der Verschleierung von Machtbeziehungen dienen kann. Trotz der partiellen Anerkennung begrenzter weiblicher Selbstbestimmungsrechte, etwa in der Betonung des Konsenses durch das kanonische Eherecht, wird eine fundierende Symmetrie nicht angenommen. Eine grundsätzlich ähnliche Konstruktion ist in mittelalterlichen Rechtsdiskursen zu verzeichnen, zumal Frauen nicht der Status selbständiger Rechtssubjekte zukommt;

zugleich scheint sich die Organisation von Verwandtschaftsverbänden, Vererbungsregeln und Herrschaftsrechten im Verlauf des Mittelalters zunehmend zugunsten patrilinearer Prioritäten zu verengen.[40] In diesen Deutungsmustern sozialer Identität zeichnet sich also ebenfalls eine Konstellation ab, die die Position des Subjekts immer unverhüllt männlich besetzt. Eine derart unverschleierte Asymmetrie muss aber Konsequenzen für den Konnex von Identität und Geschlechterdifferenz haben.[41]

Erstens sieht die durchweg hierarchische Organisation der Geschlechteropposition Beweglichkeiten vor, die – als Auf- oder Abstieg gedacht – unter je diskursspezifischen Konditionen formuliert werden können. Zweitens geht aus dieser asymmetrischen Logik hervor, dass nicht in jedem Kontext ‹Frau› als oppositioneller Term zu ‹Mann› fungieren muss, da sich die Geschlechterhierarchie in einer ständischen Gesellschaft mit anderen, ebenso identitätskonstitutiven Hierarchien überlagert. Identitäten lassen sich in bestimmten Zusammenhängen auch über andere Oppositionsbildungen stabilisieren, die die Differenz männlich/weiblich ergänzen, unter Umständen aber auch ersetzen können. Im Kontext standesspezifischer Identitätsentwürfe (etwa in der feudaladligen Literatur), deren Verständnis des handlungs- und rechtsfähigen Subjekts sich ganz vom männlichen Adligen herleitet, können etwa auch Mönche oder Bauern das ‹Andere› der Identität repräsentieren. Drittens ist unter diesen Bedingungen nicht vorauszusetzen, dass Ansätze zur Darstellung von Subjektivität (im Sinne spezifischer Formen des Wahrnehmens, Denkens und Empfindens) immer schon geschlechtlich codiert werden.

Aus diesem Befund müssen sich besondere Fragestellungen für die Erforschung geschlechtlicher Identitäten und der Repräsentationsfunktionen von Geschlecht in den symbolischen Ordnungen ergeben. Dies betrifft zunächst die prinzipielle Möglichkeit, ein selbständiges weibliches Subjekt zu konstruieren, sowie die Verschiebungen in den Deutungsmustern männlicher Identität, wo sie nicht ausschließlich oder wesentlich gegen ‹Weiblichkeit› abgegrenzt, sondern mit Hilfe anderer Ordnungskategorien differenziert wird.[42] Wenn ‹Männlichkeit› ferner als notwendiges, wenngleich nicht hinreichendes Kriterium für den Subjektstatus anzusetzen ist, folgt daraus, dass einem weiblichen Subjekt männlich konnotierte Attribute verliehen werden müssen, doch können in der Folge vorausgesetzte Geschlechterdifferenzen wiederum destabilisiert werden. Die resultierende Problematik einer Repräsentation des Weiblichen grenzt sich insofern scharf von der modernen Fiktion der Frau als Objekt und Fundament männlicher Repräsentation ab.[43] Ein außerordentlich komplexes Repräsentationssystem weist gerade die exklusiv männliche Bedeutungsökonomie klerikaler Diskurse auf: Wird Geschlechtsidentität weder von sexueller Praxis noch vom Begehren nach dem anderen Geschlecht abgeleitet, so können ‹männlich› und ‹weiblich› auch für ganz andere Symbolisierungsfunktionen verfügbar werden. Konzeptionen geistlicher Mutterschaft oder die Übertragung weiblicher Attribute auf Mönche, Äbte oder Christus selbst[44] stellen sich beispielsweise quer zur laikalen Geschlechterhierarchie und transzendieren die ‹natürliche› Geschlechterdifferenz zugunsten einer sakralen Umdeutung der Kategorien.

Die skizzierten Rahmenbedingungen werfen zudem Fragen nach der Rolle von Emotionalität und Affektivität für die Konstitution der Geschlechter auf.[45] Zum einen zieht es die Spezifik der Subjektformation nach sich, dass sich ein Paradigma männlicher Selbstdisziplinierung ausbildet, dessen Semantik neuzeitlichen Geschlechtercodes diametral entgegensteht. Nicht der Mann, sondern die Frau erscheint weithin als Inbegriff von Kultur und Zivilisation, während männliche Subjekte die eigene Naturhaftigkeit zu überwinden und ihre Affekte zu bändigen haben.[46] Das weitgehende Fehlen einer Sphäre des ‹Privaten› sowie die erst allmähliche Ausdifferenzierung einer ‹inneren› Identität bzw. Protoformen von Subjektivität bedingen es zum anderen, dass Affekt und Emotion nicht zwangsläufig auch geschlechtsspezifisch codiert werden. Vielmehr können Verhaltensprogramme, beispielsweise der Minne oder der Disziplinierung von Begehren, geschlechtsübergreifend zur Konstitution der Identitäten beitragen.[47]

2. ‹Sexualität› und Begehren: Innerhalb des modernen Geschlechterregimes stabilisiert Heterosexualität als Norm des Begehrens stets auch die Identitäten. Nach Butler sind intelligible Geschlechtsidentitäten

solche, die in bestimmtem Sinne Beziehungen der Kohärenz und Kontinuität zwischen dem anatomischen Geschlecht *(sex)*, der Geschlechtsidentität *(gender)*, der sexuellen Praxis und dem Begehren stiften und aufrechterhalten.[48]

Das Begehren nach dem jeweils Anderen reguliert die Beziehungen der oppositionell gedachten Geschlechter, während Homosexualität diese ‹Naturform› von Begehren nur mehr imitieren kann und entsprechend als Abweichung klassifiziert wird. Diese binäre Codierung der Sexualitäten ist allerdings als spezifisch moderne Formation zu beschreiben, die ein Schisma vorrangig männlicher Identitäten (heterosexuell versus homosexuell) produziert.[49]

Systematisieren auch die klerikalen Diskurse des Mittelalters sexuelle Akte sowie die sexuelle Konstitution des Menschen, so ist das resultierende Konzept normativer Heterosexualität doch wesentlich anders organisiert als in der Neuzeit. Sein Zentrum bildet der eheliche Beischlaf; die oppositionelle Kategorie der Sodomie umgreift jedoch weit diffuser all jene sexuellen Akte, die nicht der Reproduktion dienen können, ohne dass immer schon zwischen den Objektklassen gleich- und andersgeschlechtlicher Partner unterschieden würde. Wenn sich Sodomie allmählich zum Sammelbegriff gleichgeschlechtlicher Akte verengt, scheint sich gerade in diesem Bezirk ein Paradigma des zweckfreien Begehrens auszubilden,[50] während der eheliche Verkehr einem präzisen Reglement unterworfen wird. Den Normenhorizont bestimmt indes die möglichst vollständige Entsexualisierung im Zeichen der Gottesliebe, sodass sexuelle Praxis oder Orientierung keinesfalls hinreichen können, um (Geschlechter-)Identitäten zu definieren.

Weitaus unschärfer stellen sich in großen Teilen der weltlichen Literatur jene Zusammenhänge von Geschlecht und Begehren dar, die als Bausteine zu einem Komplex von ‹Heteronormativität› aufgefasst werden könnten. Heterosexualität erweist sich vor allem im Hinblick auf die Reproduktion und Konsolidierung adliger Sozialbeziehungen als normativ, wird aber weniger von einem individuellen (und speziell erotischen) als einem generellen kollektiven Begehren nach gesellschaftlicher Stabilität oder Vormacht getragen. Gleichheit und Differenz als Kriterien des Begehrens sind in diesem ständisch geprägten Kontext zudem anders besetzt, wenn etwa Vorstellungen von Ebenbürtigkeit oder Gleichrangigkeit als Voraussetzung einer gelungenen Eheverbindung gelten, also gerade nicht die Anziehungskraft des gänzlich Anderen thematisiert wird. Wo Differenz als Auslöser von Begehren eine Rolle spielt, konstituiert sie sich vielmals nicht allein über das Geschlecht, sondern wird durch andere Zeichen der Fremdheit zusätzlich codiert. Eine heterosexuelle Identitätskonstitution im symmetrisch-wechselseitigen Begehren ist schließlich auch nur konstruierbar, wenn ein weibliches Subjekt schlüssig vorausgesetzt werden kann.

Häufig begegnet dagegen ein monologisches männliches Begehren, das sich auf die Inbesitznahme verschiedenster Objekte – Land, Frauen, Pferde, Jagdvögel – richtet, dann aber nicht im Sinne der modernen Setzungen Geschlechtsidentität verbürgen kann. Ferner wird politisch relevantes Handeln fast ausschließlich durch homosoziale Beziehungen strukturiert, doch erscheinen die literarisch stilisierten Männerbindungen nicht nur als Träger von Gesellschaftlichkeit, sondern vielfach als idealtypische und intensiv affektive Lebensbündnisse.[51] Gerade wo es um die Konstellation gleich- und zwischengeschlechtlicher Verhältnisse geht,[52] kann die mediävistische GenderForschung vom Austausch mit *queer theory* und *queer studies* profitieren, die Foucaults Thesen zur Geschichte der Sexualität kritisch reflektiert und weiterentwickelt haben.[53] Angesichts der Dominanz gleichgeschlechtlicher Beziehungsmodelle wäre weiter nach Prozessen der Ausdifferenzierung und der Konkurrenz mit zwischengeschlechtlichen Bindungen zu fragen, wobei nicht vorausgesetzt werden kann, dass das Paradigma von Begehren stets ein heterosexuelles ist.

Besonders anhand der höfischen Literatur, die den zwischengeschlechtlichen Beziehungen ein eigenes Profil verleiht, wäre weiter zu untersuchen, unter welchen Bedingungen sich Identitäten tatsächlich über das Begehren nach dem anderen Geschlecht konstituieren und wie sich die Systematisierung von Affekten und Gesten zum normativen Code formiert. Im Hinblick auf die Ästhetisierung von Körpern und Körpererfahrungen sowie deren Erotisierung im Modus des Verzichts verbietet sich allerdings eine teleologische Perspektive, die den heterosexuellen Genitalverkehr zum organisierenden Zentrum aller körperlichen Lüste, erotischen Attraktionen und sexuellen Handlungen macht. Einer solchen Vereindeutigung sperren sich verschiedene mittelalterliche Diskurse, aber auch Textsorten wie die mystische Visionsliteratur, die die spirituelle *unio* in der Semantik zwischengeschlechtlicher Vereinigung, nährender Mütterlichkeit oder gleichgeschlechtlicher Verschmelzung schildern kann.[54] Einer grundsätzlich binären Geschlechterordnung steht damit nicht, wie in der Neuzeit, ein ebenso kategorial differenzierendes System der Sexualitäten gegenüber, sondern eine noch weithin diffuse Konstellation verschiedener Formen von Lust und Begehren.[55]

3. Körperdiskurse und naturalisierende Effekte: Sollen biologisches Geschlecht und Körper nicht als ontologische Gegebenheiten gelten, dann stellt sich in neuer Schärfe die Frage nach der diskursiven Produktion von Körpern als Materialisierung kultureller Ordnungen.[56] Anhand der Körperbilder und -schemata sind Einschreibungen der Macht nachzuzeichnen, die sich als natürlich und unwandelbar darstellt. Für mittelalterliche Kulturen ist abermals von Spezialdiskursen auszugehen, die Körper als regelhaft funktionierende Organismen beschreiben, sie gemäß rechtlicher und moralischer Maßstäbe reglementieren, ihre soziale Programmatik ästhetisieren, ihre Materialität aber auch sakralisieren und transzendieren können.[57]

Zentral für die moderne Verkörperung der Geschlechter ist die Differenz von Kultur und Natur, die ‹männlich› und ‹weiblich› mit der Opposition von formgebendem Geist und ungeformter Materie zusammenschließt. Lässt sich diese Topik auch bis in die Patristik zurückverfolgen, die ‹Weiblichkeit› bereits als Inbegriff des Fleischlichen fasst,[58] so ist andererseits die universelle Sichtbarkeit weiblicher Körper und weiblicher Nacktheit, inszeniert als Objekt eines spezifisch männlichen Blicks,[59] noch nicht gegeben. Nicht nur werden auch adlige Männerkörper im Rahmen von Machtrepräsentation exponiert und (bisweilen erotisierend) ästhetisiert, sondern im Zentrum religiöser Kontemplation steht vielfach auch der Leib Jesu,[60] der die genannten Dichotomien in sich aufhebt. Theologische Spekulationen über den Auferstehungsleib machen zudem darauf aufmerksam, dass die Stofflichkeit des Körpers jenseits aller Geschlechtszuschreibung vollständig diskursiviert und als Effekt einer identitätsstiftenden Struktur begriffen werden kann.[61] Gerade am Paradigma des sakralisierten Körpers, wie er auch in Heiligenlegenden und -darstellungen begegnet, lässt sich zeigen, wie Geschlechterdifferenz in der Aufhebung profaner Ordnungen artikuliert oder transzendiert wird. Frauenmystische Texte geben zu erkennen, wie sich weibliche Identitäten über spezifische Körperbilder und -erfahrungen konstituieren,[62] wobei Aneignung und Modifikation eines patriarchal geprägten Deutungssystems auch zu alternativen Entwürfen führen.

Körper-Reglement und -Ästhetisierung in höfischer Literatur sowie ihre Visualisierungen können entsprechend auf die Verteilung von Subjekt-/Objektpositionen und die Konstruktion eines entkörperten (männlichen) Blicks sowie alternative Arrangements befragt werden. Die (Selbst-)Disziplinierung vornehmlich männlicher Protagonisten gibt in diesem Zusammenhang Wechselbeziehungen von Subjektformation und Körperkonzept zu erkennen. Dagegen weisen die Exzesse aggressiver Lust und Körperlichkeit in Mären und Schwänken gerade in den komischen Verkehrungen und Verzerrungen auf die Störanfälligkeit regulierender Ideale hin.[63] Untersuchungen zur anatomischen Entschlüsselung und der wissenschaftlichen Objektivierung des Körpers im Übergang zur Neuzeit können schließlich die Geschichte einer ‹weiblichen Sonderanthropologie› nachzeichnen[64] und die Verankerung der Geschlechterdifferenz in der pornographischen Erfassung und systematischen Sexualisierung des Körpers ausloten.

In Auseinandersetzung mit Laqueurs These vom *one-sex model* stellt sich ferner die Frage nach der Evidenz des geschlechtlich bestimmten Körpers besonders dort, wo sich – etwa aufgrund von *cross dressing* – Diskrepanzen zur sozialen Geschlechtsidentität eröffnen:[65] Anhand von Enthüllungserzählungen lässt sich zeigen, mit welchen Strategien das ‹anatomische› Geschlecht als letzte Wahrheit inszeniert wird. Andernorts sperrt sich der Komplex von Geschlecht und Gewand indes der erwartbaren Zuordnung zur *sex/gender*-Differenz: Adlige Naturschönheit wird in ihrer literarischen Stilisierung bisweilen nur durch die Bekleidung geschlechtlich vereindeutigt.[66] Für die Frage nach ‹biologisch› begründeten Identitäten müssen weiterhin die Darstellungen von Mischwesen, Monstren und hybriden Körpern interessieren. An den Störungen und Verschiebungen in den Körperumrissen lassen sich die Codes kultureller Kohärenzstiftung besonders prägnant ablesen. Allerdings sind die Differenzen von Natur und Kultur anders organisiert als in der Neuzeit; so können etwa die animalischen Qualitäten adliger Körper zur Naturalisierung ständischer Identität eingesetzt werden. Lassen sich mittels Mensch-Tier-Metamorphosen und Figurationen des ‹Monströsen› geschlechtliche Identitäten problematisieren, so ist zugleich zu fragen, wann und wie die Natur-Kultur-Opposition mit der Geschlechterdifferenz verkoppelt wird und sie stabilisiert.

4. Verwandtschaftsstrukturen: In der Ständegesellschaft des Mittelalters spielen Verwandtschaftsverbände eine herausragende Rolle für die Produktion kollektiver Identitäten, die sich in Genealogien und literarischen Texten gleichermaßen niederschlägt. Die Organisation von Stammbäumen und Erblinien, die Inkorporation matri- oder patrilateraler Vorfahren und Herrschaftstitel in die identitätskonstitutive Stammbildung sowie adlige Heiratspolitik und -praxis geben allesamt wichtige Einblicke in die wechselseitige Konstruktion von Macht- und Geschlechterverhältnissen. Literarisierte Genealogien lassen etwa erkennen, mit welchen Brüchen rigoros patrilineare Selbstdeutungsmuster erkauft sind und mit Hilfe welcher Strategien matrilaterale Verwandtschaft und weibliche Vorfahren für die männliche Identitätsbildung vereinnahmt werden. Gerade auf diesem Gebiet erschließt die Gender-Theorie aber neue Fragestellungen, indem sie die strukturellen Voraussetzungen und das Instrumentarium der Analyse von Verwandtschaftsbeziehungen einer kritischen Revision unterzieht.

Die Kritik heftet sich wesentlich an die Thesen Claude Lévi-Strauss' zur Universalität der Inzestverbote, zumal sie den Frauentausch und damit den Objektstatus von Frauen zum natürlichen Axiom jedweder Kultur erheben.[67] Dieses System der Verwandtschaftsstrukturen schreibt die Position von Frauen als bloßen Reflex männlicher Identitäten fest. Während einerseits die Universalregel von Inzestverbot und Exogamiegebot Verwandtschaft stets als heterosexuelle definiert, erweist sich das Tauschsystem andererseits als exklusive Kommunikationsform unter Männern, wobei sich homosoziales Begehren nur im Medium des Frauentransfers artikuliert. Dagegen fordern feministische Arbeiten, nach einer anderen Logik der Verwandtschaft zu fragen sowie nach der Produktivität von Inzestverbot und -praxis, den Formen von Begehren und der Verwirrung von Identitäten, die sie hervorbringen.[68] Diese Überlegungen sind anhand mittelalterlicher Darstellungs- und Deutungsmuster von Verwandtschaft erst noch zu überprüfen, zu ergänzen und gegebenenfalls zu modifizieren.

Vorauszusetzen ist, dass es sich auch bei der Blutsverwandtschaft um eine soziale Konstruktion handelt,[69] die sich zu anderen Verwandtschaftsformen verhält wie *sex* zu *gender*, indem sie als leiblich und natürlich gedacht wird. Schon den klerikalen Inzestverboten lässt sich aber entnehmen, dass kulturell gestifteten Verwandtschaften (wie der Taufpatenschaft) weit größeres Gewicht zukommt als in der Neuzeit; zugleich wird Verwandtschaft heterosexuell konstituiert, denn nur zwischengeschlechtliche Beziehungen unterliegen dem Inzesttabu. Foucault hat ferner darauf hingewiesen, dass das Allianzdispositiv der Vormoderne (ein «System des Heiratens, der Festlegung und Entwicklung der Verwandtschaften, der Übermittlung der Namen und der Güter»[70]) erst in der Neuzeit allmählich vom Sexualitätsdispositiv überlagert wird. Angesichts der Prominenz kultureller Verwandtschaften im Mittelalter, die – wie etwa Schwurbrüderschaften – auch direkt unter Männern geschlossen werden können, wäre dieser Gedanke zu radikalisieren und für die Gender-Forschung nutzbar zu machen. Zeichnen sich hier ganz unvertuschte homosoziale Präferenzen ab, die männliche Identitäten nicht über den Transfer weiblicher Tauschobjekte herstellen, dann sind auch die heterosexuelle Vermittlung von Verwandtschaft sowie die Positionen, die genealogisch weiblich besetzt werden, nicht als stabile Universalien, sondern als variable Resultate spezifischer Konstruktionsprozesse zu sehen.

Subjektformation und *Gender* im Brief

Anders als in der Neuzeit ist die Briefform im Mittelalter nicht als spezifisch weibliche Schreibweise identifiziert worden, doch bieten die überlieferten Briefe vorwiegend religiöser Autorinnen reichliches Material für die Analyse widerständiger Redestrategien in einem patriarchal dominierten Diskurssystem.[71] Ihnen stehen die von klerikalen Autoren verfassten *artes dictandi* gegenüber, die ihr formales Regelwerk aus der Perspektive gelehrten Wissens und schon von daher als männlichen Diskurs entwerfen. Ein *gendering* der Subjekt- und Objektpositionen wird in Liebesbriefstellern und Mustersammlungen von Liebesbriefen deutlicher greifbar;[72] besonders prägnant lässt sich die

Programmatik männlicher Subjektkonstitution aber anhand eines Textes vorführen, der einen exemplarischen Briefwechsel mit narrativen Elementen verbindet und sich im Horizont höfischer Minnedienst-Ideologie situiert.

Die Konstanzer *Minnelehre* platziert sich an der Schnittstelle normativer und erzählender Diskurse, indem sie die Minnetopik höfischer Romane wie auch die lateinische Tradition der *artes dictandi* verarbeitet.[73] Dieser traktathafte Text vom Ende des 13. Jahrhunderts gliedert sich in eine allegorisch reich ausgeschmückte Traumvision von der Venus-Minne und einen Handlungsteil, der die (erfolgreiche) Minnewerbung des Erzähler-Ich über einen Briefwechsel entfaltet. Weitab von ritterlicher Bewährung erfüllt sich die Dienst-Konzeption ganz in persuasiver Rhetorik und sprachlicher Verführungskunst.[74] Gemeinsam geben der Briefwechsel und seine narrative Einbettung Auskunft über eine männliche Subjektformation, die mit spezifischen Zuschreibungen an ein weibliches Gegenüber operiert. Die Stabilisierung männlicher Identität geht in diesem Text mit einer weitreichenden Diskursivierung von Körperlichkeit und (aggressivem) Begehren einher, die zugleich die Grenzen dieses Entwurfs ausstellen.

In der Traumvision begegnet dem Erzähler-Ich die personifizierte Minne zunächst als übergeordnete Macht, doch das inszenierte Unterweisungsverhältnis enthüllt sich bei näherem Hinsehen als selbstreflexiv. Mit seinen virtuosen Beschreibungskünsten sowie elegant integrierten Versatzstücken eines exklusiven Wissensbestandes setzt der Erzähler seine eigene Redekompetenz in Szene und spiegelt sich zuletzt ins multimediale Universum der vorbildlich Liebenden: «Do stůnd an der dritten wand / Alle, die dú mynne / Je bezwang ir sinne / [...] By den selben stůnd och ich» (vv. 764 ff.). Minne und Dienst, gelehrte Zeichendeutung und ästhetisch geformte Rede fallen hier in eins. Wie kompromisslos diese Sequenz auf die Absicherung der Erzähler-Autorität hin zugeschnitten ist, zeigt auch die Diskrepanz zwischen sprachlichem Ornat und der knapp explizierten Minnelehre, die sich in der Aufforderung zur Beständigkeit und zum Briefeschreiben erschöpft (vv. 970 ff.). Gesetz und Zeichenordnung der Minne werden damit in rhetorische Kompetenz umgesetzt: So ist die folgende Werbung angelegt als Bestätigung eines im eigenen Diskurs generierten und durch rhetorische Gewandtheit legitimierten Ich, das die (Sprach-)Normen der Minne sämtlich inkorporiert. Im Folgenden redet die Minne aus dem Herzen des Erzählers (vv. 1019 ff., 1160 ff., 1325 ff.) und untergräbt schon damit die Behauptung, bei der Minne handle es sich um eine geschlechtsübergreifende Kraft (v. 1804 f.: «Mynne ist weder wib noch man / Und ist doch by in baiden»).

Der Werbungsteil hebt die monologische Konstruktion dieses universellen Subjekts nun auch keinesfalls auf, sondern erweitert sie zum fingierten Dialog. Von vornherein ist die Dame als Minne-Objekt nur im männlichen Begehren selbst repräsentiert und setzt ihm genau jene Grenze, an der männliche Identität zu sich selbst kommt. Diese Struktur lässt sich zur Ich-Konstitution des Minnesangs zurückverfolgen, dem die *frouwe* bisweilen zum abstrahierten Anderen und unerreichbaren Spiegelbild eigener Identität wird.[75] Während im Minnelied aber die Möglichkeiten der Identitätsstabilisierung über ritualisierte Sangeskunst vielfach problematisiert werden, setzt sich das männliche Ich der *Minnelehre* einer solchen Gefährdung nicht aus. Obwohl die Brieftexte selbst kaum geschlechtsspezifische Zuschreibungen aufweisen, entsprechen alle weiblichen Sprechakte – ob in den Briefen oder den rahmenden Reflexionen – einer vom männlichen Subjekt aus konzipierten Logik, wie schon die Inszenierung weiblichen Widerstandes zeigt.

In der *Rota Veneris* des Boncompagno, einem Liebesbriefsteller und Prätext der *Minnelehre*, wird weibliche Verweigerung als Effekt einer mysteriösen Natur *(ex quadam occulta natura)* klassifiziert, bedeutet *de facto* jedoch nichts anderes als verzögerte Zustimmung.[76] Wenn damit jedes ‹nein› als aufgeschobenes ‹ja› zu lesen ist, differenziert sich die weibliche Haltung als Widersinnigkeit vom gradlinigen männlichen Begehren. Weibliche Rede wird damit als semiotische Unordnung denunziert, die Zeichen und Bedeutung widerspenstig ihrem natürlichen Zusammenhang entfremdet, während dem männlichen Subjekt die Aufgabe zufällt, diese derangierte Verkopplung korrekt zu interpretieren.

Die *Minnelehre* begründet weiblichen Widerstand allerdings nicht über ‹Natur›, sondern funktionalisiert ihn unmittelbar für die Stabilisierung männlicher Identität: Die Verweigerung der *rainen wib* gilt der

Überprüfung männlicher *staete* (vv. 986 ff.). Das Beharren auf dem eigenen (überlegenen) Willen genügt daher im Folgenden, um der Dame Zugeständnisse abzutrotzen. Ihre Reaktionen zeigen, dass die Umworbene über keine konsistente und von den Bedürfnissen des männlichen Ich unabhängige Subjektivität verfügt. Argwöhnt die Empfängerin der Briefe einerseits Täuschungsabsichten und weiß um die Möglichkeit bloß vorgespielter Affekte (vv. 1258 ff., 1702 ff.), so weist ihr der Text andererseits die Rolle der Kindlich-Unwissenden zu, die über das Wesen der Minne belehrt werden muss (vgl. vv. 1058 ff., 1113 ff., 1791 ff.). Ihr Einlenken ist ausschließlich über die Beharrlichkeit der Werbung begründet und folgt insofern der zuvor etablierten Minneregel. Im vorletzten Brief verschwindet daher auch das maskenhafte Ich der Schreiberin fast vollständig hinter den skandierten Effekten der Minne, die die Redefiguren des männlichen Briefschreibers wieder aufnehmen und steigern: «Lieb in hertzen, lieb in ougen. / Lieb, du bist mir one lougen / Lieb in minem sinne» etc. (vv. 1573 ff.; vgl. v. 1080 ff.). Hinter dem Briefwechsel steht ein monologisches Arrangement, das ein sprechendes weibliches Subjekt nur fingiert, um männliche *staete* gegen die Instabilität der weiblichen Haltung zu differenzieren.

Nach einer ersten Begegnung, erneuter Zurückweisung und einem letzten Austausch von Briefen kommt dann der männliche Wille an sein Ziel, doch genau an diesem Punkt wird auch die vertuschte Begrenzung dieses Entwurfs kenntlich. Der anvisierte Fluchtpunkt all jener rhetorischen Bemühungen (vgl. vv. 449 ff.) erweist sich in doppelter Hinsicht als leer, wenn der Beischlaf mit einer topisch verschleiernden Formulierung übersprungen wird: «Was da geschehe, das wil ich / Niemen sagen sicherlich, / Wan da von niemen reden sol / [...] / Man verstet wol hie bÿ: / Ich ward aber sorgen frÿ / Und enward nie manne basz / wie ich het verschult irn hasz» (vv. 2353 ff.). Der Akt, der die Erfüllung männlichen Begehrens und den nachhaltigsten Beleg männlicher Autorität hätte vorführen können, lässt sich nicht beschreiben:[77] Vor der Vereinigung der Körper weicht die rhetorische Kunstfertigkeit des Erzählers ins Floskelhafte aus und verlässt – mit dem Hinweis auf *hasz* – zugleich das Territorium der Minnedisziplin. Diese Konsequenz ließe sich mit der selbstreflexiven Diskursivierung des begehrenden Ich glatt verrechnen, täte sich nicht ein Bruch innerhalb dieser Konstruktion auf. Die Inbesitznahme der Frau gelingt nämlich nicht mit Hilfe geschmeidiger Rede, sondern nur unter Drohungen und zuletzt mit physischer Gewalt: «‹Das var als Gott welle!› / Sprach ich und underwand mich ir / Lieplich nach mins herzen gir» (vv. 2351 ff.). An diesem Punkt realisiert sich die durchgängige Geschlechterasymmetrie als brachiales Gewaltverhältnis; die vermeintlich symmetrischen Verhältnisse des Briefwechsels schrumpfen auf eine unnachgiebige Verteilung von Subjekt- und Objektpositionen zurück. Die anschließende Klagerede der Frau wird dann auch mit dem Versprechen, ihr weiter zu dienen, schnell beigelegt, doch besteht dieser Dienst des Erzählers wiederum nur in der Verfertigung von Texten: diesmal der *Minnelehre* selbst, die sich als *dienstlich gedichtet* ausweist (v. 2532).

Aus moderner Perspektive liegt es zunächst nahe, von einer unverfrorenen Vergewaltigung zu sprechen, die in der Minnerhetorik beschönigt wird, woraufhin der zum Objekt reduzierte weibliche Körper für die Literaturproduktion ausgeschlachtet werden kann. Eine solche Beschreibung verkennt aber nicht nur die monologische Diskursstruktur, die weibliche Subjektivität von vornherein ausschließt, sondern auch die limitierende und in sich widersprüchliche Zirkularität dieser Konstruktion. Sie entleert sich selbst an jenem Punkt, wo pragmatisch orientierte Rhetorik ihre Durchschlagskraft erweisen und sprachliches in körperliches Handeln umgesetzt werden soll. Dieses Arrangement destruiert zugleich die höfische Inszenierung wechselseitigen Begehrens und eines gemeinsamen Minnediskurses im Briefwechsel, wie sie etwa im *Willehalm von Orlens* und *Wilhelm von Österreich* zu finden sind.[78] Stattdessen läuft sie auf zu einer durch und durch asymmetrischen Konstruktion männlicher Selbst-Befriedigung an und in sich selbst. Hatte die Minne-Vision Bilder von Zwang und Gewalt in die kunstvolle Allegorie gebannt, so gerät im Handlungsteil die gewaltsame Durchsetzung des Begehrens zur paradoxen Geste, an der sich die identitätsstiftende Einheit von Sprach- und Liebeskunst brechen muss. Die Konstruktion eines universellen Subjekts scheitert insofern am partikularen Widerstand der Körper.[79]

Das überspielte Dilemma der *Minnelehre* ließe sich weiter analysieren als Konsequenz einer pragmatischen Kanalisierung höfischer Ideologie und ihrer Geschlechterordnung sowie der Friktion unterschiedlicher Entwürfe männlicher Subjektidentität in adlig-volkssprachlichen und klerikal-lateinischen Diskursen. Tritt damit die prononcierte Literarizität der Subjektkonstruktion zutage, so könnten systematische Lektüren von Briefstellern und -sammlungen die Verschränkung literarischer und lebenspraktischer Deutungsmuster sowie deren jeweilige Geschlechterdiskurse in einer erweiterten Konstellation kultureller Symbolisierungsprozesse lokalisieren. Den rhetorisch-selbstreflexiven Konstruktionen von Frauenkörpern wäre in einem weiteren Schritt die diskursive Produktion obszöner Körperlichkeit bis zur pornographischen Aneignung in anderen Textsorten gegenüberzustellen. Von hier aus ließen sich auch die Variationen einer sexualisierten Körpersemiotik beschreiben, die sich noch nicht auf den abstrakt-universellen Blick des männlichen Subjekts zurückgezogen hat.

Anmerkungen

1 Vgl. auch: Hof, Renate. «Die Entwicklung der *Gender Studies*». *Genus. Zur Geschlechterdifferenz in den Kulturwissenschaften.* Hg. v. Hadumod Bussmann u. Renate Hof. Stuttgart, 1995. 2–33; zur verzögerten Rezeption feministischer Theoriebildung in der germanistischen Mediävistik vgl. Bennewitz, Ingrid. «Frauenliteratur im Mittelalter oder feministische Mediävistik? Überlegungen zur Entwicklung der geschlechtergeschichtlichen Forschung in der germanistischen Mediävistik der deutschsprachigen Länder». *Zeitschrift für deutsche Philologie* 112 (1993): 383–93. Ich konzentriere mich hier auf die theoretischen wie methodischen Ansätze und Fragestellungen, die für die Mediävistik von besonderer Relevanz sind.

2 Scott, Joan. «Gender. Eine nützliche Kategorie der historischen Analyse». *Texte zur Literaturtheorie der Gegenwart.* Hg. v. Dorothee Kimmich, Rolf Günter Renner u. Bernd Stiegler. Stuttgart, 1996. 416–40, 417.

3 Hof (Anm. 1), 21 f.

4 So schon de Beauvoir, Simone. *Das andere Geschlecht.* Hamburg, 1990; Irigaray, Luce. *Speculum – Spiegel des anderen Geschlechts.* Frankfurt a. M., 1980; vgl. zum männlichen Repräsentationssystem de Lauretis, Teresa. *Alice doesn't. Feminism, Semiotics, Cinema.* Bloomington, 1984; dies. *Technologies of Gender. Essays on Theory, Film and Fiction.* Bloomington, 1987.

5 Butler, Judith. *Das Unbehagen der Geschlechter.* Frankfurt a. M., 1991. 31.

6 Honegger, Claudia. *Die Ordnung der Geschlechter. Die Wissenschaften vom Menschen und das Weib 1750–1850.* Frankfurt a. M., 1991. 2.

7 Scott (Anm. 2), 434 f. Das folgende nach Scott (Anm. 2), 435 ff.

8 Butler (Anm. 5); dies. *Körper von Gewicht. Die diskursiven Grenzen des Geschlechts.* Frankfurt a. M., 1995; kritisch dazu: Duden, Barbara. «Die Frau ohne Unterleib. Zu Judith Butlers Entkörperung. Ein Zeitdokument». *Feministische Studien* 2 (1993): 24–33; vgl. weiter den Überblick von Hey, Barbara. «Die Entwicklung des *gender*-Konzepts vor dem Hintergrund poststrukturalistischen Denkens». *L'Homme* 5.1 (1994): 7 ff.

9 Diesem Projekt einer Historisierung des Körpers widmen sich z. B. Feher, Michael, Ramona Nadaff und Nadia Tazi (Hg.). *Fragments for a History of the Human Body.* 3 Bde. New York, 1989; sowie zum Mittelalter die Arbeiten von Caroline Walker Bynum, nur stellvertretend sei hier genannt: Bynum, Caroline Walker. *Fragmentation and Redemption. Essays on Gender and the Human Body in Medieval Religion.* New York, 1991.

10 Butler (Anm. 5), 20 ff.

11 So etwa die Produktion der Perversionen im wissenschaftlichen Sexualitätsdiskurs und die Individualisierung sexueller Subjekte: Foucault, Michel. *Der Wille zum Wissen. Sexualität und Wahrheit 1.* Frankfurt a. M., 1983, vgl. besonders 113 ff.

12 Hark, Sabine. *Deviante Subjekte. Die paradoxe Politik der Identität.* Opladen, 1999. 46.

13 Hark (Anm. 12), 47. Der Begriff des ‹Geschlechterregimes› soll diese Definition von Macht zum Ausdruck bringen: Damit geht es nicht um die Unterdrückung weiblicher Objekte durch männliche Subjekte, sondern um die wechselseitige Produktion und (De-)Stabilisierung von Geschlechteridentitäten.

14 Vgl. Butler (Anm. 5), 114 zum Inzesttabu.

15 Foucault (Anm. 11), 122.

16 Butler (Anm. 5), 189.

17 Butler (Anm. 5), 212 f.

18 Butler (Anm. 5), 214 f.

19 Vgl. etwa Régnier-Bohler, Danielle. «Literarische Stimmen, mystische Stimmen». *Geschichte der Frauen 2. Mittelalter.* Hg. v. Georges Duby u. Michelle Perrot. Frankfurt a. M. u. a., 1993. 435–94.

20 Hark (Anm. 12), 31.

21 Vgl. etwa die folgenden Sammelbände zu den ‹Männlichkeiten›: Lees, Clare A. (Hg.). *Medieval Masculinities. Regarding Men in the Middle Ages.* London u. a., 1994; Cohen, Jeffrey Jerome u. Bonnie Wheeler (Hg.). *Becoming Male in the Middle Ages.* New York u. a., 1997; Dinges, Martin (Hg.). *Hausväter, Priester, Kastraten. Zur Konstruktion von Männlichkeit in Spätmittelalter und Früher Neuzeit.* Göttingen, 1998.

22 Vgl. Jauß, Hans Robert. «Alterität und Modernität der mittelalterlichen Literatur». *Alterität und Modernität der mittelalterlichen Literatur. Gesammelte Aufsätze 1956–1976.* München, 1977. 9–47.

23 Dies gilt unbeschadet der Fülle schon vorliegender und aufschlussreicher Forschungsarbeiten zu einzelnen Diskursen, Disziplinen, Textsorten, literarischen Konstellationen etc.; vgl. hierzu auch Ortmann, Christa u. Hedda Ragotzky. «Minneherrin und Ehefrau. Zum Status der Geschlechterbeziehung im ‹Gürtel› Dietrichs von der Glezze und ihrem Verhältnis zur Kategorie *gender*». *‹Manlîchiu wîp, wîplîch man›. Zur Konstruktion der Kategorien ‹Körper› und ‹Geschlecht› in der deutschen Literatur des Mittelalters.* Hg. v. Ingrid Bennewitz u. Helmut Tervooren. Berlin, 1999. 67–84.

24 Vgl. etwa die Beiträge von Arno Borst, Manfred Fuhrmann u. Wolfhart Pannenberg in: Marquard, Odo u. Karlheinz Stierle (Hg.). *Identität.* München, 1979.

25 Vgl. Butler (Anm. 5), 45.

26 Vgl. Foucault (Anm. 11); weiter Padgug, Robert. «Sexual Matters. On Conceptualizing Sexuality in History». *Forms of Desire. Sexual Orientation and the Social Constructionist Controversy.* Hg. v. Edward Stein. New York, 1992. 43–67.

27 Vgl. die Projektskizze von Lochrie, Karma. «Presidential Improprieties and Medieval Categories. The Absurdity of Heterosexuality». *Queering the Middle Ages.* Hg. v. Glenn Burger u. Steven F. Kruger. Minneapolis u. a., 2001. 87–96.

28 Vgl. die Untersuchungen von Payer, Pierre J. *Sex and the Penitentials. The Development of a Sexual Code 550–1150.* Toronto, 1984; Schwaibold, Matthias. «Mittelalterliche Bußbücher und sexuelle Normalität». *Ius Commune* 15 (1988): 107–33; Lutterbach, Hubertus. *Sexualität im Mittelalter. Eine Kulturstudie anhand von Bußbüchern des 6. bis 12. Jahrhunderts.* Köln u. a., 1997.

29 Auf eine solche Differenzierung der Geschlechterordnungen in unterschiedlichen Diskurszusammenhängen zielt auch die Studie von Gaunt, Simon. *Gender and Genre in Medieval French Literature.* Cambridge, 1995.

30 Vgl. Bullough, Vern L. «Medieval medical and scientific views of women». *Viator* 4 (1973): 485–501; Cadden, Joan. *Meanings of Sex Difference in the Middle Ages. Medicine, Science, and Culture.* Cambridge, 1993.

31 Vgl. z. B. Peters, Ursula. «Frauenliteratur im Mittelalter? Überlegungen zur Trobairizpoesie, zur Frauenmystik und zur feministischen Literaturbetrachtung». *Germanisch-Romanische Monatsschrift* 69 (1988): 35–56; Nisters, Christiane. «*Der gepineget lichnam.* Zur Bedeutung des Autorinnenkörpers». *Literalität und Körperlichkeit.* Hg. v. Günter Krause. Tübingen, 1997. 21–46; Bürkle, Susanne. *Literatur im Kloster. Historische Funktion und rhetorische Legitimation frauenmystischer Texte des 14. Jahrhunderts.* Tübingen u. Basel, 1999.

32 Vgl. z. B. Schmid, Elisabeth. «Die Regulierung der weiblichen Rede. Zum Problem der Autorschaft im Briefwechsel Abaelard – Heloisa». *‹Der frauwen buoch›. Versuche zu einer feministischen Mediävistik.* Hg. v. Ingrid Bennewitz. Göppingen, 1989. 83–111; Hassauer, Friederike. «Die alte und die neue Heloisa. Weibliche Zugänge zur Schrift». *Auf der Suche nach der Frau im Mittelalter. Fragen, Quellen, Antworten.* Hg. v. Bea Lundt. München, 1991. 277–303; Bennewitz, Ingrid. «‹Wie ihre Mütter›? Zur männlichen Inszenierung des weiblichen Streitgesprächs in Neidharts Sommerliedern». *Sprachspiel und Lachkultur. Beiträge zur Literatur- und Sprachgeschichte. Rolf Bräuer zum 60. Geburtstag.* Hg. v. Angela Bader u. a. Stuttgart, 1994. 178–93; Müller, Jan-Dirk. «Männliche Stimme – weibliche Stimme in Neidharts Sommerliedern». *Bi-Textualität. Inszenierungen des Paares. Ein Buch für Ina Schabert.* Hg. v. Annegret Heitmann u. a. Berlin, 2001. 334–45.

33 Vgl. Burns, E. Jane. *Bodytalk. When Women Speak in Old French Literature.* Philadelphia, 1993.

34 Laqueur, Thomas. *Auf den Leib geschrieben. Die Inszenierung der Geschlechter von der Antike bis Freud.* Frankfurt a. M. u. a., 1992.

35 Im Anschluss an Laqueur z. B. Hotchkiss, Valerie R. *Clothes Make the Man. Female Cross Dressing in Medieval Europe.* New York u. a., 1996; kritisch aus literaturwissenschaftlicher Perspektive die Beiträge von Peters, Ursula. «*Gender trouble* in der mit-

telalterlichen Literatur? Mediävistische Forschung und Crossdressing-Geschichten». Bennewitz u. Tervooren (Anm. 23), 284–304; und Spreitzer, Brigitte. «Störfälle. Zur Konstruktion und Rekonstruktion von Geschlechterdifferenz(en) im Mittelalter». Bennewitz u. Tervooren (Anm. 23), 249–263; außerdem Müller, Jan-Dirk. «Der Widerspenstigen Zähmung. Anmerkungen zu einer mediävistischen Kulturwissenschaft». *Nach der Sozialgeschichte. Konzepte für eine Literaturwissenschaft zwischen Historischer Anthropologie, Kulturgeschichte und Medientheorie.* Hg. v. Martin Huber u. Gertrud Lauer. Tübingen, 2000. 461–81. Die Arbeit von Cadden (Anm. 30) weist dagegen Entwürfe der Zweigeschlechtlichkeit in medizinischen Diskursen des Mittelalters nach.

36 Vgl. Peters (Anm. 35), 303 f.

37 Vgl. Engel, Gisela u. Heide Wunder. «Geschlechterperspektiven in der Frühen Neuzeit». *Geschlechterperspektiven. Forschungen zur Frühen Neuzeit.* Hg. v. dens. Königstein, 1998. 11–13. Aus diesem Grund weise ich nicht nur auf Arbeiten aus anderen mediävistischen Philologien, sondern auch z. B. auf geschichtswissenschaftliche, kunst- und medizinhistorische Studien hin.

38 Butler (Anm. 5), 39.

39 Vgl. Cloke, Gillian. *This Female Man of God. Women and Spiritual Power in the Patristic Age, AD 350–450.* London u. a., 1995; Haag, Christine. «Das Ideal der männlichen Frau in der Literatur des Mittelalters und seine theoretischen Grundlagen». Bennewitz u. Tervooren (Anm. 23). 228–48.

40 Vgl. einführend Goetz, Hans-Werner. *Frauen im Frühen Mittelalter. Frauenbild und Frauenleben in Frankenreich.* Weimar u. a., 1995; Fößel, Amalie. *Die Königin im mittelalterlichen Reich. Herrschaftsausübung, Herrschaftsrechte, Handlungsspielräume.* Darmstadt, 2000.

41 Untersuchungen liegen vor allem zur höfischen Literatur vor, vgl. z. B. Wolfzettel, Friedrich (Hg.). *Arthurian Romance and Gender. Masculin – Féminin dans le Roman arthurien Médiéval. Geschlechterrollen im mittelalterlichen Artusroman. Selected Proceedings of the 17th International Arthurian Congress.* Amsterdam, 1995.

42 Auf diese Problemstellung weist Gaunts (Anm. 29) Beschreibung von ‹monologic masculinity› in den altfranzösischen *chansons de geste* hin, vgl. dazu weiter: Kay, Sarah. *The Chanson de geste in the Age of Romance.* Oxford, 1995.

43 Vgl. de Lauretis (Anm. 4); Bronfen, Elisabeth. *Nur über ihre Leiche. Tod, Weiblichkeit und Ästhetik.* München, 1996; dies. «Weiblichkeit und Repräsentation – aus der Perspektive von Ästhetik, Semiotik und Psychoanalyse.» Hof (Anm. 1). 408–45.

44 Vgl. Bynum, Caroline Walker. *Jesus as Mother. Studies in the Spirituality of the High Middle Ages.* Berkeley, 1982.

45 Vgl. Benthien, Claudia, Anne Fleig u. Ingrid Kasten (Hg.). *Emotionalität. Zur Geschichte der Gefühle.* Köln u. a., 2000; Eming, Jutta u. a. «Emotionalität und Performativität in der Literatur des Mittelalters». *Theorien des Performativen. Paragrana* 10 (2001): 215–33.

46 Vgl. Müller, Maria E. «Naturwesen Mann. Zur Dialektik von Herrschaft und Knechtschaft in Ehelehren der frühen Neuzeit». *Wandel der Geschlechterbeziehungen zu Beginn der Neuzeit.* Hg. v. Heide Wunder u. Christine Vanja. Frankfurt a. M., 1991. 43–68.

47 Vgl. etwa den Befund von Eming, Jutta. «Geschlechterkonstruktionen im Liebes- und Reiseroman». Bennewitz u. Tervooren (Anm. 23), 159–81.

48 Butler (Anm. 5), 38.

49 Vgl. Foucault (Anm. 11); Sedgwick, Eve Kosofsky. *Between Men. English Literature and Male Homosocial Desire.* New York, 1985; vgl. einführend zur mittelalterlichen ‹Sexualität›: Jacquart, Danielle u. Claude Thomasset. *Sexualité et savoir médical au moyen âge.* Paris, 1985; Salisbury, Joyce E. (Hg.). *Sex in the Middle Ages.* New York, 1991; Bullough, Vern L. u. James A. Brundage (Hg.). *Handbook of Medieval Sexuality.* New York u. a., 1996; Walter, Tillmann. *Unkeuschheit und Werk der Liebe. Diskurse über Sexualität am Beginn der Neuzeit in Deutschland.* Berlin, 1998.

50 Vgl. Jordan, Mark D. *The Invention of Sodomy in Christian Theology.* Chicago u. a., 1997; grundlegend Hergemöller, Bernd-Ulrich. *Einführung in die Historiographie der Homosexualitäten.* Tübingen, 1999.

51 Besonders in den *chansons de geste*, prominent aber auch im weit verbreiteten ‹Amicus und Amelius›-Stoff; vgl. Hyatte, Reginald. *The Arts of Friendship. The Idealization of Friendship in Medieval and Early Renaissance Literature.* Leiden u. a., 1994.

52 Vgl. zu diesem Komplex: Kay, Sarah. «Compagnonnage, désordre social et hétérosexualité dans *Daurel et Beton*». *Actes du XIe Congrès international de la Société Rencesvals* (1990): 353–67; Crane, Susan. «Brotherhood and the Construction of Courtship in Arthurian Romance». *The Arthurian Yearbook III.* Hg. v. Keith Busby. New York u. a., 1993. 193–201; Keiser, Elizabeth B. *Courtly Desire and Medieval Homophobia. The Legitimation of Sexual Desire in ‹Cleanness› and its Contexts.* New Haven u. a., 1997; Jaeger, C. Stephen. *Ennobling Love. In Search of a Lost Sensibility.* Philadelphia, 1999.

53 Eine Rezeption der Theoriebildung steht in der germanistischen Mediävistik allerdings noch weithin aus; vgl. jetzt einführend: Jagose, Annamarie. *Queer Theory. Eine Einführung.* Berlin, 2001; Krass, Andreas (Hg.). *Queer denken. Gegen die Ordnung der Sexualität.* Frankfurt a. M., 2002: im Druck.

54 Mystische Texte sind in der jüngsten Vergangenheit verstärkt Gegenstand von Gender-Forschung geworden; vgl. nur Bynum (Anm. 9); Beer, Frances. *Women and Mystical Experience in the Middle Ages.* Woodbridge u. a., 1992; Wiethaus, Ulrike (Hg.). *Maps of Flesh and Light. The Religious Experience of Medieval Women Mystics.* Syracuse, 1993; Bürkle, Susanne. «Weibliche Spiritualität und imaginierte Weiblichkeit. Deutungsmuster und -perspektiven frauenmystischer Literatur im Blick auf die Thesen Caroline Walker Bynums». *Zeitschrift für deutsche Philologie* 113 (1994): 116–43; Keller, Hildegard Elisabeth. «*wan got geschuof inen nie schemeliche lide.* Zur Geschichte der Sexualität und Scham im Spiegel des *Fliessenden Lichts der Gottheit* der Mechthild von Magdeburg.» *Contemplatio Aliis Tradere. Studien zum Verhältnis von Literatur und Spiritualität.* Hg. v. Claudia Brinker u. a. Bern u. a., 1995. 19–45.

55 Einzeluntersuchungen liegen in den folgenden Sammelbänden vor: Fradenburg, Louise u. Carla Freccero (Hg.). *Premodern Sexualities.* New York u. a., 1996; Murray, Jacqueline u. Konrad Eisenbichler (Hg.). *Desire and Discipline. Sex and Sexuality in the Premodern West.* Toronto u. a., 1996; Lochrie, Karma, Peggy McCracken u. James A. Schultz (Hg.). *Constructing Medieval Sexuality.* Minneapolis u. a., 1997; Burger u. Kruger (Anm. 27); vgl. auch die kunstgeschichtliche Arbeit von Camille, Michael. *The Medieval Art of Love. Objects and Subjects of Desire.* London, 1998.

56 Zum Begriff der Materialisierung Butler (Anm. 8); vgl. weiter Butler (Anm. 5), 190 ff.

57 Einen Einblick in die unterschiedlichen Perspektiven gibt schon der Sammelband von Schreiner, Klaus u. Norbert Schnitzler (Hg.). *Gepeinigt, begehrt, vergessen. Symbolik und Sozialbezug des Körpers im späten Mittelalter und in der frühen Neuzeit.* München, 1992; vgl. weiter Lomperis, Linda u. Sarah Stanbury (Hg.). *Feminist Approaches to the Body in Medieval Literature.* Philadelphia, 1993; Kay, Sarah u. Rubin, Miri (Hg.). *Framing Medieval Bodies.* Manchester u. New York, 1994; Bennewitz, Ingrid u. Ingrid Kasten (Hg.). *Genderdiskurse und Körperbilder im Mittelalter. Eine Bilanzierung nach Butler und Laqueur.* Hamburg, 2001; historischer Körper- und Selbstwahrnehmung gelten die Arbeiten von Duden, Barbara. *Geschichte unter der Haut.* Stuttgart, 1987; sowie dies. «Geschlecht, Biologie, Körpergeschichte». *Feministische Studien* 1 (1991): 105–22.

58 Vgl. Bloch, R. Howard. *Medieval Misogyny and the Invention of Western Romantic Love.* Chicago u. a., 1991: 13 ff.; Elliott, Dyan. *Fallen Bodies. Pollution, Sexuality and Demonology in the Middle Ages.* Philadelphia, 1999. 35 ff.

59 Vgl. zu diesem Komplex Miles, Margaret R. *Carnal Knowing. Female Nakedness and Religious Meaning in the Christian West.* Boston, 1989; Scribner, Robert W. «Vom Sakralbild zur sinnlichen Schau. Sinnliche Wahrnehmung und das Visuelle bei der Objektivierung des Frauenkörpers in Deutschland im 16. Jahrhundert». Schreiner u. Schnitzler (Anm. 57), 309–36; Frakes, Jerold C. «The Female Gaze and the Liminal Window in Medieval Epic». *De consolatione philologiae: Studies in Honor of Evelyn S. Firchow.* Hg. v. Anna Grotans u. a. Göppingen, 2000. 85–100. Zur feministischen Theorie vgl. Rose, Jacqueline. *Sexuality in the Field of Vision.* London, 1986.

60 Vgl. Steinberg, Leo. *The Sexuality of Christ in Renaissance Art and in Modern Oblivion.* New York, 1983; sowie die Replik von Bynum (Anm. 9); ferner: Keller, Hildegard Elisabeth. «Gott im Visier. Zur Konstruktion allegorischer Weiblichkeit in Text und Bild beim Motiv der Liebesaggressorin». Bennewitz u. Tervooren (Anm. 23). 204–27.

61 Vgl. Bynum, Caroline Walker. «Why All the Fuss about the Body? A Medievalist's Perspective». *Critical Inquiry* 22 (1995): 1–33, 19 ff.

62 Zentral sind hier die Arbeiten Bynums; vgl. weiter Lochrie, Karma. *Margery Kempe and Translations of the Flesh.* Philadelphia, 1991; Wiethaus (Anm. 54); Ruhrberg, Christiane. *Der literarische Körper der Heiligen. Leben und Viten der Christina von Stommeln (1242–1312).* Tübingen, 1995; Kasten, Ingrid. «Körperlichkeit und Performanz in der Frauenmystik». *Paragrana. Internationale Zeitschrift für Historische Anthropologie* 7 (1998): 95–111.

63 Vgl. Bachorski, Hans-Jürgen. «Ein Diskurs von Begehren und Versagen. Obszönität in den Schwanksammlungen des 16. Jahrhunderts». *Eros – Macht – Askese. Geschlechterspannungen als Dialogstrukturen in der Kunst.* Hg. v. dems. u. Helga Möbius-Sciurie. Köln, 1992. 305–41; sowie ders. «Das aggressive Geschlecht. Verlachte Männlichkeit in Mären aus dem 15. Jahrhundert». *Zeitschrift für Germanistik* NF 8 (1998): 263–81.

64 Vgl. Honegger (Anm. 6); zur Anatomie: Pouchelle, Marie-Christine. *Corps et chirurgie à l'apogée du moyen âge. Savoir et imaginaire du corps chez Henri de Mondevil-*

le, chirurgien de Phillipe le Bel. Paris, 1983; Sawday, Jonathan. *The Body Emblazoned. Dissection and the Human Body in Renaissance Culture.* New York u. a., 1996.

65 Vgl. dazu Peters (Anm. 35); Spreitzer (Anm. 35).

66 Vgl. Schultz, James A. «Bodies That Don't Matter. Heterosexuality before Heterosexuality in Gottfried's *Tristan*». Lochrie, McCracken u. Schultz (Anm. 55), 91–110.

67 Kritisch nach Rubin, Gayle. «The Traffic in Women. Notes on the ‹Political Economy› of Sex». *Toward an Anthropology of Women.* Hg. v. Rayna R. Reiter. London u. a., 1975. 157–210; und Sedgwick (Anm. 49); auch Butler (Anm. 5); und Butler, Judith. *Antigone's Claim. Kinship Between Life and Death.* New York, 2000.

68 Vgl. Butler (Anm. 5), 68 ff.; sowie Butler (Anm. 67).

69 So schon Schmid, Elisabeth. «Über Verwandtschaft und Blutsverwandtschaft im Mittelalter». *Acta Germanica* 13 (1980): 31–46, 32.

70 Foucault (Anm. 11), 128.

71 Vgl. Goldsmith, Elizabeth C. «Introduction». *Writing the Female Voice. Essays on Epistolary Literature.* Hg. v. Elizabeth C. Goldsmith. Boston, 1989. vii–xvii, vii; Cherewatuk, Karen u. Ulrike Wiethaus. «Introduction: Women Writing Letters in the Middle Ages». *Dear Sister. Medieval Women and the Epistolary Genre.* Hg. v. dens. Philadelphia, 1993. 2–19.

72 Zu den deutschsprachigen Liebesbriefen und Briefsammlungen vgl. einführend Schulz-Grobert, Jürgen. *Deutsche Liebesbriefe in spätmittelalterlichen Handschriften. Untersuchungen zur Überlieferung einer anonymen Kleinform der Reimpaardichtung.* Tübingen, 1993.

73 Johann von Konstanz. *Die Minnelehre.* Hg. v. Frederic Elmore Sweet. Paris, 1934. Ich zitiere im Folgenden durch Nennung von Versen im Text.

74 Vgl. dazu Bockmann, Jörn u. Judith Klinger. «Höfische Liebeskunst als Minnerhetorik. Die *Minnelehre* Johanns von Konstanz». *Artes und Medienwandel. Das Mittelalter – Perspektiven mediävistischer Forschung.* Hg. v. Ursula Schaefer. Zeitschrift des Mediävistenverbandes 3.1 (1998): 107–26.

75 So etwa im ‹Narzißlied› Heinrichs von Morungen. Zur dilemmatischen Subjektkonstitution im Minnesang vgl. Grubmüller, Klaus. «Ich als Rolle. ‹Subjektivität› als höfische Kategorie im Minnesang?» *Höfische Literatur – Hofgesellschaft – Höfische Lebensformen um 1200.* Kolloquium am Zentrum für Interdisziplinäre Forschung der Universität Bielefeld (3. bis 5. November 1983). Hg. v. Gert Kaiser u. Jan-Dirk Müller. Düsseldorf, 1986. 387–406.

76 Magister Boncompagno. *Rota Veneris. Ein Liebesbriefsteller des 13. Jahrhunderts.* Hg. v. Friedrich Baethgen. Rom, 1927, 14: «preterea sciendum est, quod unaqueque mulier [...] negat in primis, quod facere peroptat.» Vgl. auch Freidank. *Bescheidenheit.* Hg. v. Heinrich Ernst Bezzenberger. Nachdr. d. Ausg. 1872. Aalen, 1962. 158 f.

77 Vgl. dagegen die ganz andere Konstruktion im *Rädlein* Johanns von Freiberg, das Begehren und lustvolle Körperlichkeit in seine Poetik transformiert; dazu: Klinger, Judith. «Aus der Haut gekritzelt. Zur sexuellen Poetik im *Rädlein* Johannes' von Freiberg». *‹Worüber man (noch) nicht reden kann, davon kann die Kunst ein Lied singen›. Texte und Lektüren. Beiträge zur Kunst-, Literatur- und Sprachkritik.* Hg. v. Hans-Christian Stillmark u. Brigitte Krüger. Berlin u. a., 2001. 221–26.

78 Vgl. dazu Brackert, Helmut. «*Da stuont daz Minne wol gezam.* Minnebriefe im späthöfischen Roman». *Zeitschrift für deutsche Philologie* 93 (1974): Sonderheft spätho-

fische Epik, 1–18, 8 ff. Auf den *Willehalm von Orlens* Rudolfs von Ems nimmt die *Minnelehre* direkt Bezug (v. 700 f.).

79 Diese latente Gewalt, aber auch die rhetorische Verkünstelung aggressiven Begehrens wird bloßgestellt in Wittenwilers *Ring*, der unter anderem die Traumvision der *Minnelehre* zitiert. Vgl. zum *Ring* Brackert (Anm. 78), 15 ff.

Doerte Bischoff

b) Neuere deutsche Literatur

«Gender» als Kategorie der Kulturwissenschaft

Unter den wissenschaftsgeschichtlichen Strömungen, die dem kulturwissenschaftlichen Perspektivenwechsel in der Germanistik vorausgegangen sind, nimmt die feministische Literaturwissenschaft eine zentrale Rolle ein.[1] Seitdem diese sich Ende der 1970er Jahre, beeinflusst durch akademische Debatten in den USA und in Frankreich, an deutschen Hochschulen zu formieren begann, hat sie nicht nur einzelne Gegenstände oder Methoden des Faches einer kritischen Revision unterzogen, sondern zentrale Ordnungskategorien traditioneller Literaturwissenschaft auf grundlegende Weise problematisiert. Autor und Werk etwa, jenen Leitbegriffen klassischer Literaturgeschichtsschreibung und hermeneutischer Lektüren, begegneten feministische Literaturwissenschaftlerinnen mit Skepsis, da sie im Hinblick auf die Geschlechter offenkundig nur scheinbar neutral waren.[2] So ist kaum zu übersehen, dass Genie und schöpferischer Geist, die man mit dem Vermögen verknüpft hatte, Alltägliches und individuell Erlebtes auf ein Allgemeines hin zu transzendieren und einen kulturellen Mehrwert zu schaffen, in der Geschichte fast ausschließlich männlich repräsentiert werden.[3] Von Anfang an ist die feministische Literaturwissenschaft mit einer Kritik an der Institution insofern verbunden gewesen, als sie deren Einbettung in kulturelle Ordnungsmuster offen legte, die den Ausschluss von Frauen von kultureller Macht und Produktivität betrieben haben.[4]

Dem Versuch, das Verhältnis von Weiblichkeit und Literatur bzw. Kunst in der Geschichte auszuloten, stand vor allem die Schwierigkeit entgegen, dass die verdrängten Spuren einer weiblichen Kulturtradition allenfalls bruchstückhaft rekonstruierbar waren und sie sich aus dem «Raster einer männlichen Ordnung der Dinge»[5] schwerlich herauslösen ließen, weshalb sie sich nicht zu einem geschlossenen, linearen Ganzen fügten. Der kritisierten hegemonialen Kulturgeschichtsschreibung konnte daher nicht einfach eine weibliche Gegenkultur entgegengesetzt werden.[6] Vielmehr zielt ihre feministische Revision auf strukturelle Analysen, die Figuren kultureller Identität, zu denen Autor, Werk sowie ein Kanon von Formen, Gattungen und Inhalten bzw. Topoi gehören, daraufhin untersuchen, inwiefern sie an Ausgrenzungen und Hierarchien im Hinblick auf die Geschlechterdifferenz geknüpft sind. Die Einsicht, dass «die Frau als persona non grata der Kulturgeschichte»[7] gelten muss, während diese doch zugleich Weiblichkeitsbilder im Überfluss hervorgebracht hat, führt auf Fragen nach dem Verhältnis von Zeichenproduktion, kultureller Identität und Geschlechterdifferenz. Bereits in den 1970er Jahren forderte Silvia Bovenschen gegen die Selbstbehauptungsemphase der so genannten Frauenliteratur und gegen Vorstellungen, weibliche Kulturgeschichte sei von Grund auf neu zu schreiben, dass kulturelle Bilder, Genres und Bezeichnungspraktiken daraufhin zu analysieren seien, inwiefern sie die Konstruktion von Weiblichkeit als dem ‹Anderen› der Kultur betreiben. Nur so könne die Komplizität von kultureller Macht und Männlichkeit aufgebrochen werden:

> Der Kampf findet tatsächlich an allen Fronten statt: die Auseinandersetzung mit den Sprachformen, den Zeichensystemen und den Bildwelten, den Symbolen und den Formen des Verhaltens und der Kommunikation ist ein zähes Stück Arbeit, die kaum erst begonnen hat.[8]

Die Arbeit, die in diesem 1976 publizierten Text projektiert wird, lässt sich als eine kulturwissenschaftliche kennzeichnen, da sie über traditionelle Kategorien und Grenzen philologischer Analyse hinausweist, um soziale Praktiken und Ikonographien sowie verschiedene Medien und Technologien der Kommunikation in den Blick zu nehmen. Ausgegangen wird dabei von der Vorstellung, dass kulturelle Rituale und Symbolisierungen zwar transformiert und reflektiert werden können, es jedoch unmöglich ist, sie gänzlich neu zu erfinden oder sich außerhalb ihrer zu positionieren.

Wenn sich heute der englische Begriff *gender* als Analysekategorie auch im deutschsprachigen Raum weitgehend etabliert hat,[9] so dann deshalb, weil die mit ihm angezeigte kulturelle Konstruktivität von Geschlecht schwer übersetzbar ist. Da ‹Geschlecht› im Deutschen, ebenso wie ‹Weiblichkeit›, noch immer biologistische und ontologisierende Assoziationen aufruft, war es sinnvoll, diese Begriffe in Debatten zu meiden, denen es gerade darum geht, die Abhängigkeit bestimmter Vorstellungen von Geschlecht und Körper von kulturellen Zeichenpraktiken herauszustellen.

Wichtige Forschungspositionen

Mit der Akzentverlagerung von *women* auf *gender*,[10] die sich auch in der Benennung neuer Forschungsschwerpunkte und Studiengänge niedergeschlagen hat,[11] findet in den 1990er Jahren eine Loslösung von Referenzkategorien statt, auf die sich die Argumentation der älteren Frauenforschung noch bezogen hatte, indem sie – der berühmten Formulierung Simone de Beauvoirs folgend – ‹das andere Geschlecht› zum Ausgangspunkt feministischer Ideologie- und Wissenschaftskritik machte. Die Verschiebung fand vor allem in den Diskussionen des 1991 auf Deutsch erschienenen Buchs der amerikanischen Theoretikerin Judith Butler *Das Unbehagen der Geschlechter* statt, das hierzulande überaus intensiv, nicht selten kritisch rezipiert wurde. Zu riskant erschien vielen Leserinnen ihre Kritik an dem feministischen Bemühen, das eigene politische und kulturelle Handeln an ein «Subjekt Frau», an ein «Subjekt des Feminismus» und damit letztlich an einen festen Begriff von Weiblichkeit zurückzubinden.[12] Solange man an einer solchen Vorstellung festhalte, bleibe man einem Repräsentationsdenken verhaftet, so Butler, das die Festlegung des Weiblichen auf eine dem Diskurs scheinbar vorgängige Natur betrieben hatte.[13] Damit wendet sie sich noch gegen die Unterscheidung von biologischem *(sex)* und sozialem Geschlecht *(gender)*, die Ausdruck für die problematische Vorstellung sei, es gäbe vor den kulturellen Diskursen und Symbolisierungen eine davon unberührte Natur, ein seiner selbst gewisses Subjekt, «das nur auf die Repräsentation in oder durch das Gesetz wartet»[14].

Die Notwendigkeit einer Infragestellung der Opposition von Natur und Kultur sowie eines Subjektbegriffs, der konstitutiv mit ihr verknüpft schien, war 1990 keine neue Einsicht, war sie doch in poststrukturalistischen Ansätzen, die die feministische Literaturwissenschaft der 1980er Jahre prägte, immer wieder formuliert worden.[15] Der dekonstruktive Feminismus richtet den Blick auf sprachliche Operationen, die die Illusion einer der Kultur vorgängigen ursprünglichen Natur erzeugen, indem sie die Grenze zwischen beiden zu fixieren suchen, und stellt so diese Opposition als ideologisches Konstrukt aus.[16] Dies zeichnet sich dadurch aus, dass der eine Term dieser Opposition (Kultur) gegenüber dem anderen (Natur) privilegiert, diese Hierarchisierung aber zugleich unsichtbar gemacht wird. Eine solche Verleugnung manifestiert sich im Hinblick auf die Differenz der Geschlechter etwa in der Idealisierung des Weiblichen. Denn der Überfluss an kulturellen Bildern heiliger und schöner Frauen verbirgt hinter der Hochschätzung des ‹anderen Geschlechts› die Funktion, dem männlich-rezipierenden Blick Vollkommenheit und narzisstische Selbst-Gewissheit zu versprechen. Als Musen und Allegorien abstrakter Werte wie Wahrheit und Schönheit geben sie männlichem Kunstschaffen einen Körper.

Neben der kritischen Lektüre kanonischer, meist von Männern verfasster Texte und Theorieentwürfe richtet sich das Augenmerk feministischer Dekonstruktion auf die Frage nach einer ‹anderen› Produktivität. Diese unterläuft Sinnsetzungen, Werkgrenzen sowie die Kategorie des Subjekts und des Autors, indem sie eine textuelle Bewegung inszeniert, in der Zeichen nicht auf eine Repräsentationsfunktion festgelegt werden, sondern vielmehr der Prozess der Bezeichnung als unabschließbar hervortritt. *Écriture féminine* oder *parler femme*, wie es im Umfeld der von den französischen Theoretikerinnen Hélène Cixous, Luce Irigaray und Julia Kristeva[17] inspirierten Debatte um ein anderes, weibliches Schreiben oder Sprechen hieß, bedeutete damit gerade nicht, dass ein bislang unterdrücktes Eigentliches der Frau zum Ausdruck gebracht wird, sondern verwies vielmehr auf eine Praxis, mit Sprache umzugehen, die jedoch häufig ausdrücklich als weibliche gekennzeichnet wurde. Die Rede vom Körper ist vor allem in den früheren Texten, die die Frage nach einer weiblichen Ästhetik ausloten, ambivalent, insofern sie zum einen die Lautlichkeit und den Schriftcharakter des Signifikanten, Rhythmus, Klang und Musikalität im Text hervorkehrt, zum anderen aber darauf insistiert, auf diese Weise eine Körperlichkeit, die sich in der patriarchalen Kultur nicht adäquat artikulieren konnte, freizusetzen.[18] Selbst wo weibliches Schreiben in erster Linie unter Bezugnahme auf rhetorische Kategorien charakterisiert wird, findet man häufig eine suggestive, aber argumentativ unscharfe Vermischung von Weiblichkeit und subversiver Sprachpraxis.[19]

In Abgrenzung hiervon entwickelten sich die Ansätze des Dekonstruktiven Feminismus in der Folge zu hochabstrakten Lektüren, die unter Bezugnahme auf Jacques Derrida, Paul de Man oder Jacques Lacan die Rhetorizität von Subjektivität und (Geschlechts-)Identität herausstellten, während jede Referenz auf (weibliche) Körpererfahrung oder sozio-politische Aspekte der Geschlechterdifferenz vermieden wurde.[20] Bedeutete dies in mancher Hinsicht eine notwendige Differenzierung, insofern nun die Funktionsweise von Bezeichnungsprozessen weitgehend von den traditionellen Kategorien von Männlichkeit und Weiblichkeit gelöst wurde, die nur mehr als dekonstruierbare Bedeutungseffekte erschienen, so führte sie doch andererseits zu einer Abspaltung derjenigen feministischen Forschung, die sich stärker mit empirischen und politischen Fragen auseinander setzte. Die wachsende Kluft zwischen literatur- und sozialwissenschaftlicher Frauenforschung zeichnete sich auch innerhalb der Literaturwissenschaft ab, in der sich theoretische Ansätze, die sich häufig ihrerseits auf Theoriedebatten bezogen, und solche gegenüberstanden, die in der Untersuchung von Texten zumeist weiblicher Autorinnen biographische und sozialgeschichtliche Kontexte rekonstruierten.

Die Bedeutung Butlers für die Gender-Forschung in Deutschland ist vor allem darauf zurückzuführen, dass sie Theoreme zur Verfügung stellte, die es ermöglichten, diese Kluft zu überwinden, indem sie Aspekte beider feministischen Perspektiven integrierte, ohne in eine problematische Gleichsetzung von weiblicher Realität und Zeichenpraxis zurückzufallen. Die Attraktivität ihrer Argumentation liegt offenkundig darin, dass sie den von der Dekonstruktion problematisierten Zeichenbegriff kultursemiotisch ausweitet und den Blick auf soziale Praktiken und Symbole sowie verschiedene Medien und Technologien der Macht richtet.[21] Die Frage nach der Handlungsfähigkeit des Subjekts, nach den Bedingungen von kultureller Partizipation und Erfahrung wird dabei auf neue Weise virulent: nicht als eine vorsprachliche Gegebenheit, die als solche freigesetzt werden könnte, sondern als ihrerseits durch Bezeichnungspraktiken entstandene Möglichkeit innerhalb bzw. im Schnittpunkt kultureller Diskurse.[22]

Diese von der historischen Diskursanalyse Michel Foucaults beeinflusste Konzeptualisierung des Subjekts öffnet die Möglichkeit, nach dem Zusammenhang von Zeichenprozessen und Macht- und Gewaltverhältnissen zu fragen. Indem sie den Blick auf die Symbolisierungspraktiken lenkt, die Machtstrukturen erzeugen und aufrechterhalten, wird zugleich deutlich, dass diese durch abweichende und parodierende Wiederholung subvertiert werden können.[23] Eine solche semiotisch gewendete Ideologiekritik, der Kultur als Bühne performativer Inszenierungen von Identitäten und Differenzen erscheint, hat sich als außerordentlich produktiv erwiesen und viele, die Grenzen der klassischen Disziplinen überschreitende Studien provoziert.

Analysefelder

Diese Studien lassen sich grob fünf Analysefeldern zuordnen, in denen sich die germanistischen Gender-Studien mit kulturwissenschaftlichen Fragehorizonten verknüpfen:

1. Als Erstes ist das Interesse für den Bereich von Alltagsdingen und -praktiken, für Populärkultur und Massenmedien zu nennen, die in ihrer Funktion kultureller Sinnstiftung nicht mehr grundsätzlich von Kunstwerken und Kunstbetrieb im emphatischen Sinn unterschieden werden.[24] Aus der Perspektive der Gender-Forschung verdankt sich dies nicht nur der Hinwendung zu dem traditionell weiblich konnotierten Bereich des Häuslich-Privaten, den beispielsweise die so genannte Frauenliteratur der 1970er Jahre ausdrücklich zum literaturfähigen Ort erklärt hatte.[25] Einer feministischen Perspektive stellten sich auch innerhalb des von Männern dominierten Bereichs öffentlicher Kultur die Differenzen von Hoch- und Populärkultur häufig als insignifikant dar. So diagnostizierte Bovenschen im Hinblick auf fetischisierte Bilder weiblicher Schönheit: «Speziell unter diesem Gesichtspunkt besteht zwischen den zur Norm erstarrten Weiblichkeits-

darstellungen ‹großer Künstler› und den trivialen Geschmackszwängen der Kulturindustrie kein so großer Unterschied.»[26] Die Differenz zwischen trivialen und anspruchsvollen Kulturzeugnissen, die in der Geschichte so häufig analog zur Unterscheidung von weiblichem und männlichem Kunstschaffen gesetzt wurde, wird dabei nicht einfach geleugnet, sondern auf die in derartigen Wertungen impliziten Ordnungen des Wissens und deren Ausgrenzungsstrategien hin untersucht. Es wird danach gefragt, welche Themen, Formen und Gattungen Eingang in den literarischen Kanon ‹großer Werke› gefunden haben und wie diese gegenüber weniger angesehenen Schreibweisen abgegrenzt wurden.[27]

Dabei wird das Analysefeld ausgeweitet auf die Frage nach den historischen Möglichkeiten literarischer Produktivität für Frauen, die wiederum auf Diskurse über Geschlechterdifferenz zurückbezogen werden. In der Auseinandersetzung mit von Frauen geschriebenen Texten wird untersucht, inwiefern in den traditionell als ‹typisch› weiblich klassifizierten Formen und Gattungen, wie etwa in Briefen, Briefromanen oder in Reiseliteratur die Zuordnung von Genre und Geschlecht bestätigt oder ironisch gebrochen wird, inwiefern also Gattungs- und Geschlechtergrenzen aufs Spiel gesetzt werden.[28] Mit der kritischen Analyse von Gattungskonzepten ist die Problematisierung von Autorschaft verknüpft, deren ehemals zentrale Bedeutung im Rahmen kulturwissenschaftlicher Studien allgemein relativiert wird.[29] Nicht mehr das originär schaffende Individuum, das, wie die feministische Literaturwissenschaft gezeigt hat, historisch mit der binären Konstruktion der Geschlechter unauflösbar verstrickt ist, steht im Mittelpunkt der Aufmerksamkeit, vielmehr richtet sich das Forschungsinteresse auf die vielfältigen medialen Strategien und diskursiven Muster, in denen Autorität erzeugt und subvertiert wird.

2. Die Gender-Studien haben zudem dazu beigetragen, dass Kultur nicht mehr als monolithisches, durch wenige Leitdifferenzen strukturiertes Gebilde betrachtet wird, sondern vielmehr als ein vielschichtiges Ensemble von Diskursen, die sich überkreuzen und auseinander laufen, ohne ein kohärentes Ganzes zu bilden.[30] Ausgehend von der Kritik an der wirkungsmächtigen, nahezu alle Bereiche der Kultur durchdringenden Differenz von Männlichkeit und Weiblichkeit hat

die Gender-Forschung zunehmend die Notwendigkeit eingefordert, anstelle dieser einen Unterscheidung die Vielfalt von Differenzen in den Blick zu nehmen. Die die Kulturwissenschaft insgesamt prägende Hinwendung zu postkolonialen Perspektiven zeigte sich innerhalb der feministischen Debatten, als schwarze Frauen bzw. Frauen aus anderen Kulturen den Ausschließlichkeitsanspruch kritisierten, mit dem weiße, mitteleuropäische bzw. US-amerikanische Frauen ‹ihren› Feminismus propagierten.[31] Eine konsequente Kritik an patriarchalen Repräsentationsmustern, so wurde daraufhin deutlich, konnte nur geleistet werden, wenn Frauen nicht ihrerseits die Verschiedenheit weiblicher Erfahrungen und Traditionen auf eine imaginäre Einheit beziehen und damit unreflektiert Ausgrenzungen (re-)produzierten. Ethnizität tritt damit neben die Kategorie *gender*, wobei betont wird, dass hier nicht bloß die Zahl möglicher Identitätsbestimmungen erweitert wird.

Anstatt den Versuch zu unternehmen, die Vielfalt der Identitäten durch möglichst viele Kategorien zu erfassen, denkt man deren Zustandekommen als Ereignis innerhalb eines kulturellen Feldes, in dem Identifizierungen und Unterscheidungen kontinuierlich stattfinden, ohne dass sie jedoch dauerhaft gesichert oder verallgemeinert werden könnten. Identität erscheint damit als jeweils auf Unterscheidungen und Ausgrenzungen beruhend, zugleich aber auch selbst von diesen gezeichnet. Im postkolonialen Diskurs hat sich hierfür der Begriff der Hybridität durchgesetzt, der die Brüche und Diskontinuitäten in Identitätsentwürfen bezeichnet. Diese Vorstellung lässt sich durchaus auf die Kategorie Geschlecht beziehen, insbesondere wo Phänomene der Bi-, Homo- oder Transsexualität in den Blick kommen, die nicht nur die heterosexuelle (Begehrens-)Matrix, sondern auch die Vorstellung in Frage stellen, dass ein biologisches Geschlecht im Laufe eines Menschenlebens unwandelbar festgelegt ist.[32]

In den Gender-Debatten hat sich jedoch in der Auseinandersetzung mit solchen von der Norm abweichenden Sexualitäten ein weiterer Analysebegriff ausgeprägt: *Queer* bezeichnet die Abweichung, ohne auf die Fixierung einer neuen Identität abzuzielen. Entstanden aus dem Versuch, schwule und lesbische Perspektiven zu repräsentieren, weist der Begriff, der den *Queer Studies* seinen Namen gegeben hat, zugleich, ähnlich wie der der Hybridität, über das klassische Repräsentationsdenken hinaus, insofern er die Prozesse beschreibt, die Sexualitätsnormen festschreiben und Abweichungen als solche markieren.[33] Indem die kulturellen Konstruktionen solcher Normen in den Blick kommen, steht auch die Verkörperung der Norm durch eine (weiße, europäische) Männlichkeit zur Disposition. Nicht nur wird Gender-Forschung zunehmend auch von Männern betrieben, inzwischen hat auch im deutschsprachigen Raum die Erforschung von Männerbildern und Männlichkeitskonzepten eingesetzt, die ebenfalls über literarische Texte hinausgehend zahlreiche diskursive Felder analysiert, in denen kulturelle Imaginationen des Männlichen (re-)produziert werden.[34]

3. Es ist ferner die anhaltende Problematisierung und Rekonzeptualisierung des Körpers, in denen die feministische Forschung als eine Wegbereiterin aktueller kulturtheoretischer Debatten erscheint.[35] Zentraler Ausgangspunkt war hier die Erkenntnis, dass die traditionsreiche Vorstellung vom Körper als substanzielle Voraussetzung eines schöpferischen, seine Begrenzungen überwindenden Subjekts von der Dichotomie der Geschlechter nicht abzulösen ist. Denn in zahllosen literarischen Texten, ästhetischen Abhandlungen und medizinischen Traktaten, die seit dem Beginn des bürgerlichen Zeitalters entstanden, fungierte die Frau als Körper schlechthin, den zu beschreiben und wortmächtig zu verherrlichen Antrieb und Ziel männlicher Kulturschöpfung war. Im selben Maß, in dem der weibliche Körper zum Zeichen der Zeichen wurde, zur idealen Verkörperung der Gesamtheit kultureller Symbolisierungen, minimierte sich der Anteil von Frauen an der offiziell geachteten Produktion kultureller Ideen und Bilder.[36]

Eine Reihe von Studien richtet ihr Augenmerk auf literarische Konstellationen, in denen das Gewaltsame dieser Zurichtung des Weiblichen auf das privilegierte Zeichen eines männlichen Autor-Subjekts noch lesbar ist. So diskutiert Elisabeth Bronfens 1992 erschienene Arbeit *Nur über ihre Leiche* das Phänomen, dass sterbende und tote Frauen so oft zum Thema abendländischer Malerei und Literatur geworden sind und dass dies, etwa von Edgar Allan Poe, ausdrücklich als «das poetischste Thema der Welt» gefeiert wurde.[37] Die Analysen von

Weiblichkeitsdarstellungen in verschiedenen Literaturen, in der Malerei sowie in Freud'schen ‹Erzählungen› demonstrieren, wie in der Fetischisierung der weiblichen Leiche der Prozess einer Zeichenbildung erkennbar ist, der den weiblichen Körper tötet, um ihn zum privilegierten Zeichen männlicher Souveränität zu machen.[38]

Auf ähnliche Weise geben traditionsreiche Verknüpfungen von Weiblichkeit und Wasser – als Element, dessen spiegelnde Oberfläche einen unheimlichen Abgrund (ver-)birgt, in Undinen- und Melusinengeschichten – oder die ebenfalls topische Verknüpfung von Weiblichkeit und Puppe bzw. Automaten Auskunft über die Mortifikation des Weiblichen im kulturellen Zeichen.[39] Auch hier erweist sich die Ambivalenz kultureller Zeichen, die darin besteht, dass diese die Möglichkeiten von Identifizierungen und Kommunikation allererst eröffnen, während sie zugleich die Abtrennung von unmittelbaren Körper- und Selbsterfahrungen voraussetzen, die an den weiblichen Körper geknüpft sind. Stellt dieser als privilegiertes Zeichen die imaginäre Einheit von Zeichen und Wirklichkeit immer wieder in Aussicht, so steht er doch auch für die Bedrohung, der das souveräne Subjekt an den Grenzen seiner Selbstkonstitution durch Spiegelung und Spekulation ausgesetzt ist. Beide – Ganzheitsversprechen und Bedrohung – gehen, wie feministische Lektüren gezeigt haben, vom weiblichen Körper weder aufgrund einer natürlichen oder wesenhaften Beschaffenheit aus, noch handelt es sich um falsche männliche Projektionen, denen gegenüber eine Wahrheit des Weiblichen aufgesucht werden kann. Vielmehr verweist die doppelte Verkörperung der Frau als Heilige und Hure, Madonna und Hexe auf einen Symbolisierungsprozess, der das Fundament einer Subjektivität und Kreativität darstellt, die sich dem Körper bzw. der Materie gegenüber als gestaltende, überwindende Kraft erfährt.

Wenn Weiblichkeit, Körper und Natur jedoch als Konstruktionen lesbar werden, bedeutet dies, dass auch die feministische Rede vom Körper keinen Ort unmittelbarer Erfahrung beanspruchen kann. Im Gegenteil entstehen in diesem Kontext die radikalsten Infragestellungen dieser Dichotomie. Bereits in *Das Unbehagen der Geschlechter* hatte Judith Butler in kritischen Lektüren u. a. von Arbeiten Michel Foucaults dafür plädiert, den Körper konsequent als Moment diskursiver

Operationen zu betrachten und nicht lediglich als Einschreibefläche für kulturelle Prägungen und Zurichtungen.[40] So sei beispielsweise der geschlechtliche Körper als begehrter, idealisierter, berührter immer bereits in Symbolisierungen verstrickt, die «den Effekt eines inneren Kerns oder einer inneren Substanz» erzeugen, diesen aber an seiner Oberfläche erscheinen lassen.[41] Butler wurde daraufhin vorgeworfen, «nicht einmal die ‹Materialität des Körpers›» anzuerkennen, was für ein feministisches Projekt inakzeptabel sei.[42] Solchen Vorwürfen und Bedenken begegnet sie in ihrem Buch *Bodies that matter* (dt.: *Körper von Gewicht*), in dem sie – wie die Doppeldeutigkeit des Worts ‹matter› anzeigt – den Zusammenhang von Bedeutungsgebung und Materialität bzw. Körper erörtert. Frühe feministische Kritik an Weiblichkeitsbildern, die Körper gewaltsam zu reinen Zeichen machen, wird hier konsequent weiterentwickelt, wenn die traditionsreiche Verknüpfung von Materie, Matrix und *mater* (Mutter) kritisch beleuchtet[43] und stattdessen die Performativität eines jeden Körperkonzepts herausgestellt wird: Körper sind kulturelle Zeichen, damit aber nicht weniger ‹existent›, verwundbar oder empfindend, sondern vielmehr als solche Teil kultureller Praktiken und Symbolisierungen.

Ein Thema, das die Verstrickung von Körper und Zeichen in kulturellen Prozessen beispielhaft reflektiert und das die Gender-Forschung seit ihren Anfängen immer wieder beschäftigt hat, ist das der Hysterie.[44] Was seit der Antike als typisch weibliche Krankheit beschrieben worden war, die auf eine Fehlfunktion des weiblichen Geschlechts (verursacht durch das Wandern der Gebärmutter) schließen ließ, avancierte gegen Ende des 19. Jahrhunderts zu einem zentralen kulturellen Forschungsfeld, in dem sich Medizin, Psychoanalyse und Kulturwissenschaften trafen, um ein als ‹weiblich› klassifiziertes Zeichensystem zu entziffern. Dabei fanden sich die wissenschaftlichen Entzifferungsbemühungen bald in das Dilemma verstrickt, dass die Körpersprache der Hysterika, die wissenschaftlich zu systematisieren sie unternommen hatten, sich immer wieder als Konstrukt ihrer Erforscher erwies. Denn indem sie nie sicherstellen konnten, ob die Hysterika nicht doch die Simulantin war, die zu sein ihr immer wieder unterstellt wurde,[45] fanden sie sich auf ihre eigenen Projektionen und Beschreibungskategorien zurückgeworfen. Der Versuch, das andere, die Sprache des Körpers und der Weiblichkeit vollständig dem kulturellen Zugriff zu unterwerfen, schlägt also immer wieder um in die Erfahrung, dass es als das vermeintlich dem Diskurs Vorgängige immer schon Produkt kultureller Konstruktionen ist. Damit aber ist die Differenz zwischen männlichem Forschersubjekt und weiblicher Körperlichkeit, die zur Sprache zu bringen das Projekt der Psychoanalyse in Gang setzt, radikal in Frage gestellt.

Die nicht zuletzt aus der Auseinandersetzung mit der Hysterie gewonnene Sensibilität der Gender-Forschung für die Instabilität der Grenze zwischen ‹Körpertexten› und ‹Textkörpern›[46] hat neuerdings auch in Studien zum Verhältnis von Körper und Virtualisierung eine Weiterentwicklung erfahren. Denn wo Computerfreaks den Körper nur mehr als *meat* oder *wet ware* klassifizieren, werden, so Kritikerinnen, Phantasmen von Autonomie und Beherrschung reproduziert, die wiederum die Grenzen zwischen Körper und kultureller Imagination zu verabsolutieren versuchen und damit deren wechselseitige Abhängigkeit verleugnen.

4. Die Gender-Forschung hat mit der Kritik an natur- oder wesenhaft festgelegten (Geschlechts-)Identitäten auch die Frage nach den kulturellen Praktiken und Bühnen ihrer Inszenierung aufgeworfen, womit sie wesentlichen Anteil an einem weiteren neuen Forschungsfeld der Kulturwissenschaften hat.[47] Die von Butler und anderen profilierte Kategorie der Performativität wurde weiterentwickelt und – in der Verknüpfung von Methoden und Perspektiven aus Theater-, Kunst-, Literaturwissenschaft und Ethnologie – ausdifferenziert. So entstanden Arbeiten zu literarischen und kulturellen Repräsentationsformen des Tanzes oder zu einer Performance-Kunst, die die (gewaltsame) Konstruktion von Geschlechts- und Körperidentitäten in Szene setzt.[48] Darüber hinaus wurden Kleidertausch und Geschlechtermaskeraden zu einem prominenten Forschungsgegenstand,[49] wobei die Analyse historischer und literarischer Beispiele häufig Anlass bot für eine weitgehende Theoretisierung des Verhältnisses von Weiblichkeit bzw. Geschlecht und Maskerade.[50]

Dieses Thema hatte bereits in frühen Beiträgen zum Verhältnis von Weiblichkeit und Kreativität eine Rolle gespielt, denn wenn davon ausgegangen werden musste, dass Frauen zumeist auf die Funktion reduziert worden waren, privilegiertes Fetischobjekt des männlichen Blicks zu sein, so stellte sich die Frage, inwiefern in der tatsächlichen Verkörperung und permanenten Inszenierung dieser fetischisierten Bilder kreative und subversive Möglichkeiten weiblicher Gestaltung lagen. So hatte etwa Bovenschen sowohl Marilyn Monroe als auch Marlene Dietrich als Beispiele für weibliche Körper-Inszenierungen angeführt, die den Kunstcharakter ihrer Inszenierung in unterschiedlichem Maß hervorzukehren, zu transformieren und gegen die Betrachter zu wenden in der Lage gewesen seien.[51] Heute sind es Pop-Ikonen wie Madonna, die in ihrem unendlichen Spiel mit weiblichen (und männlichen) Masken, Blickkonstellationen und Fetischen die Illusion, dass die Maske authentisches Zeichen von Weiblichkeit sei oder aber diese hinter ihr verborgen liege, zerstören und damit die Unhintergehbarkeit von Geschlechtermaskeraden in Szene setzen.[52] Ob mediale Inszenierungen bestimmter Weiblichkeits- und Körperbilder eher affirmativ oder subversiv sind, hängt von den Kontexten und Spielweisen ab – generell bergen sie das Potenzial zur Selbstermächtigung ebenso wie die Gefahr, dass der eigene Körper als Matrix und Projektionsfläche unkontrollierbarer Symbolisierungen vereinnahmt und festgelegt wird. Ein Ort gänzlich jenseits der Inszenierungen jedoch ist, so argumentiert eine kulturwissenschaftliche Gender-Forschung, nicht einnehmbar.

5. Schließlich hat die Gender-Forschung dazu beigetragen, Fragen nach der Funktionsweise von Diskursen über Gedächtnis, Genealogie und Reproduktion zu stellen, die die Unterscheidung von natürlicher und kultureller Fortpflanzung nicht mehr voraussetzt, sondern als solche befragt. So wurde die Bedeutung hervorgehoben, die das Gedächtnis für die Konstruktion von Identität und damit auch von geschlechtlicher Identität hat, indem (u. a. an literarischen Texten) gezeigt wurde, dass die scheinbare Kontinuität etwa der Zuordnung zu einem Geschlecht auch ein Produkt nachträglicher Ursprungs- und Kontinuitätsbehauptungen ist, die nie einfach Abbild tatsächlich stattgehabter Zustände und Befindlichkeiten sind, sondern die Kohärenz im Akt der erinnernden Rede herstellen.[53]

Die Frage nach dem kulturellen Gedächtnis ruft zugleich die nach dem Konzept der Genealogie auf, das sich als ein Differenz und Identität, Kontinuität und Wandel regulierendes kulturelles Deutungsmuster begreifen lässt. Während zunächst bemerkenswert ist, dass sich in dem deutschen Wort ‹Geschlecht› etymologisch die Gattungszugehörigkeit mit der Differenz von Mann und Frau verschränkt,[54] so stellt sich umso mehr die Frage nach den jeweiligen Anteilen, die beiden Geschlechtern für den Fortbestand der Gattung sowie die Stiftung kultureller Kohärenz jeweils zugesprochen wurde und wird.[55] Die Verknüpfung des Weiblichen mit einer Vorstellung von Mutterschaft, die vor allem als Reproduktion von Materie und als Matrix kultureller Sinnstiftungen betrachtet wurde, wird dabei in dem Moment aus der Entgegensetzung zu einer durch eine Vätergenealogie repräsentierte Weitergabe kultureller Werte herausgelöst, in dem sie ihrerseits als kulturelle Zuschreibung erkennbar wird.

Mit den neuen Möglichkeiten der Biotechnologie haben aber nicht nur mediale Imaginationen künstlicher bzw. männlicher (Selbst-)Reproduktion neue Konjunktur erhalten. In den Kulturwissenschaften hat gerade die Gender-Forschung neue Impulse zur Reflexion und Rekonzeptualisierung des Verhältnisses von Weiblichkeit, Mutterschaft und Reproduktion gegeben.[56] Während die Erforschung historischer und struktureller Dimensionen von Mutterschaftskonzepten begonnen hat, zeichnet sich zugleich eine radikale Auseinandersetzung mit Zeittendenzen ab, denen zufolge natürliche und künstliche Reproduktion längst nicht mehr klar voneinander zu scheiden sind. Dem Rechnung zu tragen versucht Donna Haraway in ihrem auch in Deutschland viel rezipierten *Manifesto for Cyborgs*, in dem sie den/die Cyborg als hybride Mensch-Maschine-Konstellation entwirft. Diese könne einem zeitgemäßen Feminismus als produktives Beschreibungskonzept dienen, das es ermögliche, das paradoxe Zugleich von Natur und Kultur, Körper und Maschine, Reproduktion und Produktion in einer Weise zu denken, die nicht mehr auf die Geschlechterdifferenz als zentrale Ordnungskategorie zurückgreift.[57]

Weiblichkeit und Briefkultur im 18. Jahrhundert: eine Beispiellektüre

Beispielhaft wird die Verschränkung von Zeichen und Körpern, Natur und Kultur, die in aktuellen kulturwissenschaftlichen Diskussionen eine zentrale Rolle spielen, im Verhältnis von Weiblichkeit und Briefkultur, das die literaturwissenschaftliche Gender-Forschung seit ihren Anfängen beschäftigt hat. Im Verlauf des 18. Jahrhunderts, das man auch das ‹Zeitalter des Briefes› genannt hat, gewann das Briefschreiben zunehmend an Bedeutung, wovon nicht nur zahlreiche bereits zu Lebzeiten ihrer Autor/innen publizierte und überlieferte Briefwechsel, sondern auch viele programmatische Abhandlungen über den Brief zeugen. Charakteristisch ist dabei die Funktion des Briefs als Schaltstelle zwischen den beiden Bereichen, deren Trennung die bürgerliche Gesellschaft unablässig propagiert, während sie sie zugleich eng aufeinander bezieht: Das Private, Intime gilt als dem öffentlichen Verkehr des Politischen und Ökonomischen entzogen, stellt aber doch deren privilegierten Bezugspunkt dar: Hier soll das Individuum zu sich kommen, hierher bezieht es, so die Vorstellung, die Quelle und den idealen Fluchtpunkt seiner weltlichen Verrichtungen.

Der Analogisierung des Privat-Häuslichen mit dem Weiblichen, die mit der Polarisierung der Geschlechtscharaktere in dieser Zeit diskursiv betrieben wird, ist daher eine deutliche Asymmetrie eingeschrieben: Während die Frau zum Zeichen von Authentizität und Ursprünglichkeit wird, bleibt dem Mann der Wechsel zwischen den Sphären vorbehalten; der männlichen Partizipation an gesellschaftlichen Repräsentationsprozessen steht die Festlegung des Weiblichen auf das Ideal eines vollkommenen Natur-Zeichens entgegen, das das Zusammenfallen von Kultur und Natur verkörpert. Was den Brief im Hinblick auf das entstehende bürgerlich-empfindsame Weiblichkeitsbild interessant macht, ist die ihm wortreich zugeschriebene Fähigkeit, das unvermittelt Individuelle, das seinen Ort im privat-intimen Raum hat, zu artikulieren und seine Zirkulation zu ermöglichen. Wenn etwa Christian Fürchtegott Gellert formulierte, die Frau sei wegen ihrer unverbildeten Natürlichkeit besonders zum Briefeschreiben berufen,[58] wird weibliches Schreiben zum Inbegriff des neu sich herausbildenden Ideals einer Naturschrift, die der höfischen Repräsentationsrhetorik und Regelpoetik entgegengesetzt wird. Dem Brief, der in dieser Zeit auch in zahlreichen Briefromanen zu ästhetischen Würden gelangt, haftet, auch wo er längst als Darstellungsform und Kunstmittel erkennbar ist, doch immer der Charakter des ursprünglichen Ausdrucks an, der jeder absichtlichen Formung überlegen ist. Dies machen sich die Autoren der berühmten Briefromane, Samuel Richardson oder Jean-Jacques Rousseau, zunutze, deren weibliche Heldinnen ihren Leserinnen allein als Briefschreiberinnen entgegentreten.

War die Verfasserin eines Briefromans gar eine Frau, schien die Authentizität des in Briefen Dargelegten erst recht garantiert. So wurde Sophie von La Roches *Geschichte des Fräuleins von Sternheim* (1771) als in Sprache gefasster Ausdruck einer ‹schönen Seele› gelesen, eine Lektüre, die durch die Namensgleichheit von Autorin und tugendhafter Protagonistin zusätzlich gerechtfertigt schien.[59] Dass die versammelten Briefe den Weg in die Öffentlichkeit nur zufällig, sogar gegen den Willen ihrer allein für sich schreibenden Autorin gefunden haben, suggeriert das von Christoph Martin Wieland verfasste Vorwort, in dem der Text als vorbildliche ‹Arbeit der Natur› gefeiert wird, die nur durch ihn, den Herausgeber, die Schwelle des Privaten überschritten habe.

Die feministische Wiederentdeckung dieses Briefromans war zunächst von dem Versuch geprägt, weibliche Handlungsspielräume und Ausdrucksmöglichkeiten im 18. Jahrhundert auszuloten. Barbara Becker-Cantarino zufolge habe La Roche das Medium des Briefs benutzt, um die «Perspektive der Frau» zu gestalten, ihren weiblichen Figuren «eine direkte, authentische Möglichkeit zur Selbstaussage und Kommunikation» zu eröffnen, wodurch «Frauenleben [...] in Text umgesetzt worden» sei.[60] Wenn Becker-Cantarino Gellert bescheinigt, er habe «ganz richtig beobachtet, daß die Frauen natürlichere Briefe schrieben, als die Männer», da ihr Stil dem des mündlichen Gesprächs nahe sei,[61] wird deutlich, dass ihre Argumentation der Diskurslogik des 18. Jahrhunderts verhaftet ist, die Natürlichkeit und Weiblichkeit zu einer Einheit verschmilzt. In ihrer aufklärerisch-emanzipatorischen Emphase rechnet sie nicht damit, dass die Weiblichkeit, die sie einer männlich dominierten Kultur entreißen will, in diese unauflöslich verstrickt ist. Dagegen eröffnet erst eine Lektüre, die den Zeichencharakter der inszenierten Weiblichkeit beschreibt, die Möglichkeit einer umfassenderen kultursemiotischen Geschlechterforschung, die die Idealisierung des Weiblichen nicht als adäquate Wiedergabe einer Wirklichkeit, sondern als Effekt eines bestimmten Geschlechterdiskurses beschreibt.

Bovenschen hat hierzu die Voraussetzung geschaffen, wenn sie in ihrer Auseinandersetzung mit La Roches *Sternheim* feststellt, dass «die einzige Sphäre, in der das Weibliche sich kulturgeschichtlich repräsentiert, die der Bilder» sei.[62] Die Vorrede, in der Wieland «die Nachlässigkeit des Stils, das Ungewöhnliche einiger Redensarten und Wendungen, und überhaupt den Mangel einer vollkommenen Abglättung und Rundung»[63] des Textes bemerkt, liest sich nicht bloß als vorausschauende Distanzierung, in der sich der Herausgeber gegen mögliche Kritik immunisiert. Vielmehr erscheint sie als strategischer Einsatz in der Konstruktion einer authentischen Natursprache, deren Paradoxie, zeichenhaft zu sein und doch als unmittelbarer Ausdruck individuellen Empfindens zu gelten, entschärft wird, indem sie auf weibliche und männliche Anteile am Symbolisierungsprozess gleichsam aufgeteilt wird.

Die klare Zweiteilung von Vorrede und Haupttext, die durch diese Struktur zunächst von jedem Verdacht entlastet wird, ihrerseits auf Wirkung zu spekulieren, wird jedoch in La Roches Text auf verschiedene Weise unterlaufen. Zwar wird häufig wiederholt, dass die Tugendhaftigkeit Sophies vor allem darauf beruhe, dass sie jede Form höfischer Selbst-Darstellung, jeden Schmuck und Luxus, der dazu dienen könnte, einen Blicke und Begehren auf sich ziehenden äußeren Schein zu erzeugen, konsequent verabscheut und zurückweist (63, 70, 109). Der äußeren Schönheit, die nie von der Verstellung zu trennen ist, wird ihre ‹schöne Seele› entgegengestellt, als Inbegriff eines ‹ungeschminkten› Selbst, das ebenso natürlich wie aufrichtig ist. In den Briefen Sophies allerdings finden sich Berichte und Reflexionen, aus denen hervorgeht, dass das Naturkind durchaus Vor-Bilder hat, nach denen es sich modelliert. So berichtet Sophie von der Begegnung mit einer älteren Frau:

Sie besitzt die seltene Gabe, für alles, was sie sagt und schreibt, Ausdrücke zu finden, ohne dass sie das geringste Gesuchte an sich haben; alle ihre Gedanken sind wie ein schönes Bild, welches die Grazien in ein leichtes natürlich fließendes Gewand eingehüllt haben. Ernsthaft, munter oder freundschaftlich, in jedem Licht nimmt die Richtigkeit ihrer Denkensart und die natürlich ungeschmückte Schönheit ihrer Seele ein [...]. (88)

Das Gewand, welches sich hier dem Körper auf eine Weise anpasst, dass es ihn nicht mehr verhüllt und bezeichnet, sondern gleichsam seine Oberfläche transparent werden lässt für das Innerste, die reine Seele, ist es, das Sophie als höchster Wert erscheint und das sie nachzubilden bemüht ist. Ein kleiner Hinweis auf dieses womöglich unlösbare Paradox, eine vollkommen uneitle Selbstgenügsamkeit zu begehren, findet sich in der Bemerkung, die «beinahe allzu große, wiewohl unaffektierte Bescheidenheit» der Dame werfe einen dichten Schleier über ihre Vorzüge, was den Wert derselben noch erhöhe (89). Die Transparenz und damit Lesbarkeit der äußeren Anzeichen vollendeter Tugend wird durch die Schleiermetaphorik zumindest in Frage gestellt: So wird angedeutet, dass auch hier eine ganz bestimmte Lektürehaltung erfordert ist, um das von den Zeichen eben nicht offensichtlich Ausgestellte in einem bestimmten Sinn zu interpretieren.

Die Problematik der eindeutigen Entzifferbarkeit weiblicher Tugend wird noch an weiteren zentralen Passagen des Textes reflektiert. So heißt es zum einen, dass Sophies Gesicht «allezeit die Empfindungen [ihrer] Seele ausdrückt» (115), was auf eine Form körperlicher Artikulation hindeutet, die immer dort besonders wirkungsvoll ist, wo die Sprache versagt. Indem Sophie stottert, erbleicht, errötet (219) oder weint (188), ‹spricht› sie eine Sprache, die ihrem Empfinden unmittelbar Ausdruck zu geben scheint. Zugleich erweist sie sich gerade, wo sie auf solche Körpersprache reduziert ist und etwa in einem «an den Leib angepaßt[en]» (222) Kleid auftritt, als Bild, dem alle Individualität mangelt und das zu Vergleichen mit literarisierten Vor-Bildern herausfordert. Ihrem Entführer Derby kommt bei ihrem Anblick «Miltons Bild der Eva» (ebd.) in den Sinn, und als er ihr das Kleid vom Leib reißt, um «in ihr den Abdruck des ersten Meisterstücks der Natur zu bewundern» (ebd.), ruft sie aus, er zerreiße ihr Herz. Damit wird die zuvor unzählige Male beschworene Metapher der Innerlichkeit in eine metonymische Beziehung zu dem Kleid gesetzt, wodurch es wie dieses als materielle, zeichenhafte Oberfläche erscheint, die hergestellt, ausgewählt, aber auch zerstört werden kann. Auf subtile Weise reflektiert der Text so immer wieder, dass die weibliche ‹schöne Seele›, der Ursprung natürlicher Zeichen, selbst als Effekt (gewaltsamer) Konstruktionsprozesse gelesen werden kann, die eine materiell-zeichenhafte Oberfläche erzeugen, auf der Idealbilder erscheinen, welche ihr Gemachtsein in der Suggestion von Authentizität vergessen machen.

Indem diese Lektüre den im Brief bzw. Briefroman gestalteten Ausdruck weiblicher Empfindung nicht einfach beim Wort nimmt, sondern nachspürt, inwieweit der Text das Verhältnis von (Geschlechts-) Körper und Bezeichnungspraktiken problematisiert, exponiert sie den Zeichencharakter von Geschlechtszuschreibungen. Eine diskursanalytische Betrachtung, die den literarischen Text einbettet in zeitgenössische Diskurse um Individualität und Authentizität, öffnet die Perspektive auch auf Fragen von Autorschaft und Gattungszugehörigkeit, die über das im Text Problematisierte hinaus auf dessen Produktions- und Rahmenbedingungen verweist. Dabei wird deutlich, dass soziale und politische Aspekte der in dieser Zeit sich herausbildenden polaren Geschlechterordnung nicht unabhängig von kulturellen Symbolisierungen begriffen werden können, die Weiblichkeit als Naturzeichen modellieren. Wirkt vor allem viel rezipierte Literatur wie das *Fräulein von Sternheim* an der Etablierung solcher kulturellen Deutungsmuster mit, so gibt der Text doch zugleich diese Konstruktionsprozesse zu lesen. Charakteristisch für eine kulturwissenschaftliche Germanistik ist eine solche Lektüre, insofern sie den literarischen Text als Element umfassender kultureller Semiosen beschreibt, ohne jedoch seine Spezifität als Produktions- und Reflexionsmedium kultureller Zeichenprozesse zu vernachlässigen.[64]

Anmerkungen

1 Hierüber herrscht in einschlägigen Einführungen oder Sammelwerken weitgehend Einigkeit. Vgl. etwa Kittler, Friedrich. *Kulturgeschichte der Kulturwissenschaft.* München, 2000. 12: «Die Kulturwissenschaft [...] durchmißt den ganzen Raum zwischen Alltagspraktiken und technischen Geheimnissen, zwischen Gender Studies und Wissenschaftsgeschichte [...]». In der genaueren Ausführung werden allerdings Ansätze der Gender-Forschung häufig nur unzureichend berücksichtigt, Namen von Kulturwissenschaftlerinnen sucht man oft vergeblich. Vgl. dagegen Hahn, Barbara (Hg.). *Frauen in den Kulturwissenschaften. Von Lou Andreas-Salomé bis Hannah Arendt.* München, 1994.

2 Vgl. das Vorwort zu dem Band *Frauen Literatur Geschichte. Schreibende Frauen vom Mittelalter bis zur Gegenwart.* Hg. v. Hiltrud Gnüg u. Renate Möhrmann. Frankfurt a. M., 1989.

3 Bovenschen, Silvia. *Die imaginierte Weiblichkeit. Exemplarische Untersuchungen zu kulturgeschichtlichen und literarischen Präsentationsformen des Weiblichen.* Frankfurt a. M., 1979. 238.

4 Vgl. Weigel, Sigrid. «Die Verdoppelung des männlichen Blicks und der Ausschluß von Frauen aus der Literaturwissenschaft». *Topographien der Geschlechter. Kulturgeschichtliche Studien zur Literatur.* Reinbek, 1990. 234–51.

5 Weigel, Sigrid. «Feministische Literaturwissenschaft. Auf der Suche nach der ‹verborgenen Frau›». *Die verborgene Frau. Sechs Beiträge zu einer feministischen Literaturwissenschaft. Mit Beiträgen von Inge Stephan und Sigrid Weigel.* 2. Aufl. Berlin, 1985. 5–14, 6.

6 Vgl. Bovenschen, Silvia. «Über die Frage: gibt es eine weibliche Ästhetik?». *Ästhetik und Kommunikation* 25 (1976): 60–75, 65: «Die Vorstellung einer historisch immer existenten weiblichen Gegenkultur sollten wir uns abschminken.»

7 Weigel (Anm. 5), 6.

8 Bovenschen (Anm. 6), 67.

9 Vgl. etwa Renate Hof. «Die Entwicklung der ‹Gender Studies›.» *Genus. Zur Geschlechterdifferenz in den Kulturwissenschaften.* Hg. v. Hadumod Bußmann u. Renate Hof. Stuttgart, 1995. 3–33.

10 Osinski, Jutta. *Einführung in die feministische Literaturwissenschaft.* Berlin, 1998. 105–108; vgl. auch den umfassenden Forschungsbericht von Breger, Claudia, Dorothea Dornhof u. Dagmar von Hoff. «Gender Studies/Gender Trouble. Tendenzen und Perspektiven der deutschsprachigen Forschung». *Zeitschrift für Germanistik* NF 9.1 (1999): 72–113.

11 Vgl. die Auflistung der «Einrichtungen zur Frauen- und Geschlechterforschung in der Bundesrepublik Deutschland». *Gender Studien. Eine Einführung.* Hg. v. Christina von Braun u. Inge Stephan. Stuttgart, Weimar, 2000. 347–74.

12 Butler, Judith. *Das Unbehagen der Geschlechter.* Übs. v. Kathrina Wenzel. Frankfurt a. M., 1991, 15–24. Zur Rezeption Butlers in Deutschland vgl. Stephan, Inge. «Gender, Geschlecht und Theorie». v. Braun u. Stephan (Anm. 11), 58–96, 64 ff. Die kontroversen Positionen dokumentiert z. B. ein Band der Zeitschrift *Feministische Studien* 11.2 (1993) mit dem Titel *Kritik der Kategorie ‹Geschlecht›.*

13 Zum Verhältnis von Geschlecht und kultureller Repräsentation vgl. auch Lauretis, Teresa de. *Alice doesn't. Feminism, Semiotics, Cinema.* Bloomington, 1984; Bronfen,

Elisabeth. «Weiblichkeit und Repräsentation. Aus der Perspektive von Semiotik, Ästhetik und Psychoanalyse». Bußmann u. Hof (Anm. 9), 408–45.

14 Butler (Anm. 12), 17.

15 Vgl. Osinski (Anm. 10), 78–103. Einschlägige Aufsätze aus der Konsolidierungsphase feministischer Literaturwissenschaft, die in heute weitgehend vergriffenen Bänden der Reihe *Literatur im historischen Prozess* im Argument-Verlag erschienen, sind neuerdings wieder zugänglich in *Aus dem Verborgenen zur Avantgarde. Ausgewählte Beiträge zur feministischen Literaturwissenschaft der 80er Jahre.* Hg. v. Hiltrud Bontrup u. Jan Christian Metzler. Hamburg, 2000.

16 Ecker, Gisela. «Spiel und Zorn. Zu einer feministischen Praxis der Dekonstruktion». *Frauen – Literatur – Politik.* Hg. v. Annegret Pelz. Berlin, Hamburg, 1988. 8–22. Vinken, Barbara (Hg.) *Dekonstruktiver Feminismus. Literaturwissenschaft in Amerika.* Frankfurt a. M., 1992; Lindhoff, Lena. *Einführung in die feministische Literaturtheorie.* Stuttgart, 1995; Haas, Erika (Hg.). *«Verwirrung der Geschlechter». Dekonstruktion und Feminismus.* München, 1995.

17 Die Nennung dieser Namens-Trias ist in den deutschen Debatten um eine feministische Literaturwissenschaft geradezu formelhaft wiederholt worden, womit die Verschiedenheit der jeweiligen Ansätze und Texte häufig in den Hintergrund getreten ist. Zu einer eingehenden Diskussion sei verwiesen auf: Moi, Toril. *Sexus, Text, Herrschaft. Feministische Literaturtheorie.* Bremen, 1989; Lindhoff (Anm. 16), besonders 110–172; Galster, Ingrid. «Positionen des französischen Feminismus». *Frauen Literatur Geschichte.* Hg. v. Hiltrud Gnüg u. Renate Möhrmann. 2. vollst. neu bearb. u. erw. Aufl. Stuttgart, 1999. 591–602.

18 Vgl. etwa Felka, Rike. «Das Labyrinth – eine Textfigur ‹weiblichen Schreibens›». Pelz (Anm. 16) 110–14, 111 f.: «Als im Verfahren des Weiblichen begriffen können jene Texte gelten, die die eigene Erzeugung in die Arbeit mithineinnehmen und einen Selbstbezug herstellen, der den ‹Körper› vom Prozeß des Sinns nicht mehr ausschließt, unter anderem durch eine Privilegierung der Materialität von Sprache.»; vgl. auch Meyer, Eva. *Zählen und Erzählen. Für eine Semiotik des Weiblichen.* Wien, Berlin, 1983. 32.

19 Vgl. etwa Lachmann, Renate. «Thesen zu einer weiblichen Ästhetik». *Weiblichkeit oder Feminismus? Beiträge zur interdisziplinären Frauentagung.* Konstanz, 1983. 181–194, 187: «Einem metaphorischen Schreiben, das abbildet und darstellt, wird ein metonymisches konfrontiert, ein Schreiben, das nicht repräsentiert, sondern teilnimmt, Anteil nimmt. An die Stelle der Ähnlichkeit tritt der Kontakt, statt der Analogie vollzieht sich eine Grenzverschiebung.» Lachmann spricht auch von der «Berührung zwischen einer Schreibtätigkeit und einem Körpergefühl», ebd., 190. Zur Kritik an dieser Verknüpfung vgl. Weigel, Sigrid. «Das Weibliche als Metapher des Metonymischen. Kritische Überlegungen zur Konstitution des Weiblichen als Verfahren oder Schreibweise». *Akten des VII. Internationalen Germanistik-Kongresses Göttingen 1985.* Bd. 6. Tübingen, 1986. 108–18.

20 Vgl. Vinken, Barbara. «Dekonstruktiver Feminismus. Eine Einleitung». Vinken (Anm. 16), 7–29, 21: «Der dekonstruktive Feminismus befindet sich folglich in einem latenten Konflikt mit frauenzentriertem Feminismus, für den literarische Texte dafür da sind, authentische Erfahrungen zum Ausdruck zu bringen.» Vgl. auch im selben Band Menke, Bettine. «Verstellt: Der Ort der ‹Frau› – Ein Nachwort», ebd. 436–476.

21 Vgl. auch die Einleitung zu dem Band v. Braun u. Stephan (Anm. 11), 9–15, 15. Dort wird ausdrücklich bemerkt: «Sozialwissenschaftliche Ansätze stehen nicht in Konkurrenz zu dekonstruktiven Verfahrensweisen».

22 Vgl. Butler (Anm. 12), 212 f. Vgl. auch Butler, Judith. «Kontingente Grundlagen: Der Feminismus und die Frage der ‹Postmoderne›». *Der Streit um die Differenz. Feminismus und Postmoderne in der Gegenwart.* Hg. v. Seyla Benhabib. Frankfurt a. M. 1993. 31–58.

23 Vgl. Butler (Anm. 12), 213: «In bestimmter Hinsicht steht jede Bezeichnung im Horizont des Wiederholungszwangs; daher ist jede ‹Handlungsmöglichkeit› in der Möglichkeit anzusiedeln, diese Wiederholung zu variieren.» Zur politischen Relevanz dieses Ansatzes vgl. u. a. das 1997 im Original erschienene Buch Butler, Judith. *Haß spricht. Zur Politik des Performativen.* Übs. v. Kathrina Menke u. Markus Krist. Berlin, 1998.

24 Zu einer kulturwissenschaftlichen Neuperspektivierung von Dingen, die den Aspekt der Geschlechterdifferenz einbezieht, vgl. die Einleitung in Ecker, Gisela u. Susanne Scholz (Hg.). *Umordnungen der Dinge.* Königstein/Ts., 2000. 9–17, 10. Es handelt sich um den ersten gemeinsamen Band der Forschungsgruppe «Kulturwissenschaftlerinnen NRW».

25 Vgl. Weigel, Sigrid. *Die Stimme der Medusa. Schreibweisen in der Gegenwartsliteratur von Frauen.* Dülmen, 1987. Vgl. auch Sichtermann, Barbara. *Weiblichkeit. Zur Politik des Privaten.* Berlin, 1983.

26 Bovenschen (Anm. 6), 70.

27 Vgl. Heydebrand, Renate v. u. Simone Winko. «Arbeit am Kanon: Geschlechterdifferenz in Rezeption und Wertung von Literatur». Bußmann u. Hof (Anm. 9), 206–261.

28 Vgl. die im Kapitel «Neue Genres als Medium für weibliches Schreiben (Brief, Reisebericht, Memoiren, Autobiographie)» versammelten Beiträge in *Frauen Literatur Geschichte* (Anm. 2), 129–190; Schneider, Irmgard. *Gattung und Geschlecht. Reisebeschreibungen deutscher Frauen 1780–1850.* Tübingen, 1999.

29 Vgl. hierzu etwa Böhme, Hartmut, Peter Matussek u. Lothar Müller. *Orientierung Kulturwissenschaft. Was sie kann, was sie will.* Reinbek, 2000, 14. Zur Problematisierung in den Gender-Studien vgl. Schabert, Ina u. Barbara Schaff (Hg). *Autorschaft. Genus und Genie in der Zeit um 1800.* Berlin, 1994.

30 Vgl. die Einführung in Böhme, Hartmut u. Klaus R. Scherpe (Hg.). *Literatur und Kulturwissenschaften. Positionen, Theorien, Modelle.* Reinbek, 1996. 7–24.

31 Spivak, Gayatri Chakravorty. «Can the Subaltern Speak?» *Marxism and the Interpretation of Culture.* Hg. v. Cary Nelson u. Laurence Grossberg. London, 1988. 271–313; Mohanty, Chandra Talpade. «Under Western Eyes. Feminist Scholarship and Colonial Discourse». *Colonial Discourse and Post-Colonial Theory.* Hg. v. Patrick Williams u. a. New York, 1993. 196–220. Schlehe, Judith (Hg.). *Interkulturelle Geschlechterforschung. Identitäten – Imaginationen – Repräsentationen.* Frankfurt a. M., 2001; De Lauretis, Teresa. «Der Feminismus und seine Differenzen». *Feministische Studien* 11.2 (1993): 96–102.

32 Zur Transsexualität vgl. Lindemann, Gesa. *Das paradoxe Geschlecht. Transsexualität im Spannungsfeld von Körper, Leib und Gefühl.* Frankfurt a. M., 1993; Runte, Annette. *Biographische Operationen. Diskurse der Transsexualität.* München, 1996.

33 Zu beiden Begriffen vgl. Breger, Claudia. «‹Gekreuzt› und *queer*. Überlegungen zur Rekonzeptualisierung von *gender*, Ethnizität und Sexualität.» *Differenzen in der Geschlechterdifferenz – Differences within Gender Studies. Aktuelle Perspektiven der Geschlechterforschung.* Hg. v. Kati Röttger u. Heike Paul. Berlin, 1999. 66–85; Hark, Sabine. *Deviante Subjekte. Die paradoxe Politik der Identität.* Opladen, 1996; Lorey, Christoph u. John L. Plews (Hg.). *Queering the Canon. Defying Sights in German Literature and Culture.* New York, 1998.

34 Bogdal, Klaus-Michael (Hg.). *Männerbilder. Der Deutschunterricht* (Themenheft) 47.2 (1995); Erhart, Walter u. Britta Herrmann (Hg.). *Wann ist der Mann ein Mann? Zur Geschichte der Männlichkeit.* Stuttgart, 1997; Erhart, Walter. *Familienmänner. Über den literarischen Ursprung moderner Männlichkeit.* München, 2001.

35 Zur Konjunktur des Körpers in den Kulturwissenschaften vgl. etwa Genge, Gabriele. *Sprachformen des Körpers in Kunst und Wissenschaft.* Tübingen, 2000; Hübler, Axel. *Das Konzept ‹Körper› in den Sprach- und Kommunikationswissenschaften.* Tübingen, 2000.

36 Vgl. Bovenschen (Anm. 3), 12: «[...] einem großen und breiten Panoptikum imaginierter Frauenfiguren stehen nur wenige imaginierende Frauen gegenüber.» Vgl. hierzu auch Studien zum Verhältnis von Weiblichkeit und Allegorie: Warner, Marina. *In weiblicher Gestalt. Die Verkörperung des Guten, Wahren und Schönen.* Reinbek, 1989; Schade, Sigrid, Monika Wagner u. Sigrid Weigel (Hg.). *Allegorien und Geschlechterdifferenz.* Köln, Weimar, Wien, 1994.

37 Poe, Edgar Allan. «The Philosophy of Composition». *Essays and Reviews.* New York, 1984. 19. Vgl. hierzu Bronfen, Elisabeth. *Nur über ihre Leiche. Tod, Weiblichkeit und Ästhetik.* München, 1994, 89.

38 Vgl. hierzu Weigel (Anm. 25), 127; Pohle, Bettina. *Kunstwerk Frau. Inszenierungen von Weiblichkeit in der Moderne.* Frankfurt a. M., 1998.

39 Vgl. Berger, Renate u. Inge Stephan (Hg.). *Weiblichkeit und Tod in der Literatur.* Köln, Wien, 1987; Stuby, Anna Maria. *Liebe, Tod und Wasserfrau: Mythen des Weiblichen in der Literatur.* Opladen, 1992; Bessler, Gabriele. *Von Nixen und Wasserfrauen.* Köln, 1995; Müller-Tamm, Pia u. Katharina Sykora (Hg.). *Puppen – Körper – Automaten. Phantasmen der Moderne.* Düsseldorf, 1999.

40 Butler (Anm. 12), 192 f.

41 Butler (Anm. 12), 200.

42 Hof, Renate. «Die Entwicklung der *Gender Studies*». Bußmann u. Hof (Anm. 9), 2–33, 24 f.; weiterhin zur kritischen Butler-Rezeption: Duden, Barbara. «Die Frau ohne Unterleib. Zu Judith Butlers Entkörperung». *Feministische Studien* 11.2 (1993). 24–33.

43 Butler, Judith. *Bodies that matter. On the discursive limits of ‹sex›.* New York, London, 1993. 31.

44 Vgl. Irigaray, Luce. «Das Hysterische – Mysterische». *Speculum. Spiegel des anderen Geschlechts.* Frankfurt a. M., 1980. 239–252; Braun, Christina von. *Nicht ich: Logik, Lüge, Libido.* 3. Aufl. Frankfurt a. M., 1990; Schuller, Marianne. «Hysterie als Artefaktum». *Im Unterschied. Lesen, Korrespondieren, Adressieren.* Frankfurt a. M., 1990. 81–94; Schaps, Regina. *Hysterie und Weiblichkeit. Wissenschaftsmythen über die Frau.* Frankfurt a. M., 1992; Bronfen, Elisabeth. *Das verknotete Subjekt. Hysterie in der Moderne.* Berlin, 1998.

45 Vgl. Weininger, Otto. *Geschlecht und Charakter (1903).* München, 1980, 358: «Hysterie ist die organische Krisis der organischen Verlogenheit des Weibes.»

46 Vgl. Stephan, Inge. «‹Gender›. Eine nützliche Kategorie für die Literaturwissenschaft». *Zeitschrift für Germanistik* NF 9 (1999): 23–35, 34.

47 Vgl. etwa die im Francke-Verlag erscheinende Reihe *Theatralität als kulturwissenschaftliches Paradigma.* Hg. v. Erika Fischer-Lichte (bislang erschienene Bände: *Inszenierung von Authentizität.* Hg. v. Erika Fischer-Lichte u. Isabel Pflug. Tübingen, 2000; *Verkörperung.* Hg. v. Erika Fischer-Lichte, Christian Horn u. Matthias Warstat. Tübingen, 2000) sowie Fischer-Lichte, Erika u. Anne Fleig (Hg.). *Körper-Inszenierungen. Präsenz und kultureller Wandel.* Tübingen, 2000; Neumann, Gerhard, Caroline Pross u. Gerald Wildgruber (Hg.). *Szenographien. Theatralität als Kategorie der Literaturwissenschaft.* Freiburg i. Br., 2000. Vgl. auch die unter der Überschrift «Kultur als Ritual» versammelten Aufsätze in *Lesbarkeit der Kultur. Literaturwissenschaft zwischen Kulturtechnik und Ethnographie.* Hg. v. Gerhard Neumann u. Sigrid Weigel. München, 2000.

48 Vgl. Brandstetter, Gabriele. *Tanz-Lektüren. Körperbilder und Raumfiguren der Avantgarde.* Frankfurt a. M., 1995; Baxmann, Inge. «Geschlecht und/als Performance. Körperinszenierungen bei aktuellen Performancekünstlerinnen». *Körper-Konzepte.* Hg. v. Julika Funk u. Cornelia Brück. Tübingen, 1999. 209–21.

49 Vgl. Lehnert, Gertrud. *Wenn Frauen Männerkleider tragen. Geschlecht und Maskerade in Literatur und Geschichte.* München, 1997.

50 Vgl. Weissberg, Liliane (Hg.). *Weiblichkeit als Maskerade.* Frankfurt a. M., 1994; Bettinger, Elfi u. Julika Funk (Hg.). *Maskeraden. Geschlechterdifferenz in der literarischen Inszenierung.* Berlin, 1995.

51 Bovenschen (Anm. 6), 67 u. 70 f.

52 Vgl. etwa Bechdolf, Ute. *Puzzling gender. Re- und De-Konstruktionen von Geschlechterverhältnissen im und beim Musikfernsehen.* Weinheim, 1999. Zur Figur der Diva vgl. Bronfen, Elisabeth (Hg.). *Diva. eine Geschichte der Bewunderung.* München, 2001.

53 Vgl. Weinberg, Manfred. «What makes a (wo)man a (wo)man? Zum Zusammenhang von sexueller Identität/Differenz, Erinnerung und Gedächtnis». *Deutsche Vierteljahrsschrift für Literaturwissenschaft und Geistesgeschichte* 72. Sonderheft *Medien des Gedächtnisses* (1998): 174–92; Öhlschläger, Claudia u. Birgit Wiens (Hg.). *Körper – Gedächtnis – Schrift. Der Körper als Medium kultureller Erinnerung.* Berlin, 1997.

54 Vgl. Landweer, Hilge. «Generativität und Geschlecht. Ein blinder Fleck in der sex/gender-Debatte». *Denkachsen. Zur theoretischen und institutionellen Rede vom Geschlecht.* Hg. v. Theresa Wobbe u. Gesa Lindemann. Frankfurt a. M., 1994. 147–176, 153.

55 Vgl. Weigel, Sigrid. «‹Die Generation› als symbolische Form. Zum genealogischen Diskurs im Gedächtnis nach 1945». *figurationen. gender literatur kultur* (1999): 155–73.

56 Vgl. Bergmann, Ulrike, Claudia Breger u. Tanja Nusser (Hg.). *Techniken der Reproduktion: Medien, Leben, Diskurse.* Königstein, 2002 [in Druck].

57 Haraway, Donna. «A Cyborg Manifesto». *Simians, Cyborgs and Women. The Reinvention of Nature.* New York u. London, 1991. 149–81.

58 Gellert, Christian Fürchtegott. «Praktische Abhandlung von dem guten Geschma-

cke in Briefen». *Werke 2*. Hg. v. Gottfried Honnefelder. Frankfurt a. M., 1979. 137–87, 137.

59 Zur Verwechslung von Titelfigur und Autorin in der Rezeption vgl. Bovenschen (Anm. 3), 190–200.

60 Becker-Cantarino, Barbara. «Leben als Text. Briefe als Ausdrucks- und Verständigungsmittel in der Briefkultur und Literatur des 18. Jahrhunderts.» Gnüg u. Möhrmann (Anm. 2), 83–103, 102.

61 Becker-Cantarino (Anm. 60), 91.

62 Bovenschen (Anm. 3), 199.

63 La Roche, Sophie v. *Die Geschichte des Fräuleins von Sternheim*. Hg. v. Barbara Becker-Cantarino. Stuttgart, 1983. 14. Seitenzahlen dieser Ausgabe werden im Folgenden den Zitaten nachgestellt.

64 Zur spezifischen Bedeutung der Literatur in kulturwissenschaftlichen Gender-Analysen vgl. auch Stephan, Inge. «Literaturwissenschaft». v. Braun u. Stephan (Anm. 11), 290–99, 297 sowie das programmatische Vorwort der Schriftenreihe «Geschlechterdifferenz und Literatur» im Erich Schmidt Verlag. Hg. v. Gerhard Neumann u. Ina Schabert.

7 Alterität und Interkulturalität

Marina Münkler

a) Ältere deutsche Literatur

Die Erschließung eines neuen Forschungsfeldes

Wahrnehmung und Beschreibung des Fremden sind innerhalb der letzten beiden Jahrzehnte zu wichtigen Forschungsfeldern der Mediävistik geworden.[1] Dabei haben sich, sowohl konkurrierend als auch interdisziplinär verbunden, Literatur-, Kultur- und Geschichtswissenschaft in zahlreichen Arbeiten mit Reiseliteratur auseinander gesetzt und untersucht, welche Erfahrungsweisen des Fremden sich in ihr mitteilen. Der Reisebericht, der bis dahin in beiden Fächern eher zu den Randgebieten gehört hatte, wurde damit zu einem zentralen Forschungsgegenstand.[2] Alterität und Interkulturalität wurden im doppelten Sinn zum Thema: Zum einen ging es um die in den Berichten beschriebenen Kulturkontakte und die sich in ihnen mitteilende Erfahrung der Alterität fremder Kulturen, zum anderen um die Alterität der untersuchten Berichte selbst, die als Zeugen einer anderen Epoche und ihres Weltbildes zu Zeugen für die Historizität der Erfahrung des Fremden wurden.[3]

Anstöße dazu haben unter anderem die Mentalitätsgeschichte und die aus ihr fortentwickelte Historische Anthropologie geliefert, die der Frage nach den Weltbildern, den Mentalitäten von Gruppen und den historisch variablen Bedingungen der Selbstdeutung des Menschen nachgehen.[4] Unter dem Oberbegriff ‹Weltbilder› wurden dabei die unterschiedlichen Deutungsmuster, Sinngebungsmodelle und Selbstverständigungsformen von Kulturen untersucht und mit Wissensordnungen und literarischen Darstellungsmustern verknüpft. Grundlegend für diese Ansätze war in erster Linie das Interesse am Zusammenhang zwischen Text und Kultur sowie die Reflexion über die Bedingungen kultureller Sinnkonstitution. Die daraus hervorgehenden Untersuchungen machten deutlich, dass sich Weltbilder vor allem dort schärfen, wo sie an ihre Grenzen stoßen, dass die Selbstdeutung von Kulturen sich erst in der Auseinandersetzung mit anderen Kulturen herstellt und dass unterschiedliche Mentalitäten unterschiedliche Wahrnehmungsformen von Kulturen präformieren.[5] Beschreibungen des Fremden in mittelalterlichen Texten, insbesondere in Reiseberichten, wurden deshalb nicht mehr dahin gehend befragt, ob sie richtig oder falsch, realistisch oder fabulös seien, sondern danach, welche Wahrnehmungsmuster und mentalitätsgeschichtlichen Dispositionen ihnen zugrunde lagen. Die Untersuchung von Reiseberichten richtete sich daher nicht auf die beschriebenen Kulturen, sondern auf die kulturellen Dispositionen der beschreibenden Kultur. So ging etwa Michael Harbsmeier davon aus, dass Reiseberichte «eine Art unfreiwilliger Selbstdarstellung der Ausgangskultur»[6] seien, und Peter J. Brenner konstatierte, Inhalt und Form von Reiseberichten seien als «Ausdruck einer kultur- und zeitspezifischen Mentalität» zu verstehen und erlaubten daher «die Rekonstruktion solcher Mentalitäten».[7]

Die Erschließung des Forschungsfeldes von Alterität und Interkulturalität gründete sich also in erster Linie auf der Erschließung neuer Forschungsparadigmen seit den 1980er Jahren: Wurden Reiseberichte bis dahin in der Geschichtswissenschaft vorwiegend als Quellen für die Geschichte der europäischen Expansion, der Reisen und Entdeckungen gelesen, so wurden sie seitdem zunehmend als Quellen für die Wahrnehmung fremder Kulturen begriffen.[8] Etwa zeitgleich entwickelte sich in den Literaturwissenschaften die Fragestellung nach den kulturellen wie literarischen Konstitutionsbedingungen der Beschreibung fremder Kulturen. Diese konzentrierte sich nicht nur auf Reiseberichte, wenngleich sie auch hier einen zentralen Fokus bildeten, sondern untersuchte zudem die narrativen Entwürfe der Begegnung mit dem Fremden in fiktionalen Texten. Begründet wurden diese Fragestellungen in der Literaturwissenschaft nicht zuletzt durch die Rezeption kulturanthropologischer und ethnologischer Theorien, die einerseits zu einer Erweiterung des Literaturbegriffs, andererseits zur Neubegründung des Verhältnisses von Text und Kultur geführt haben. Insbesondere die Ethnologie als die Wissenschaft vom ‹kulturell Fremden› und ihre (Selbst-)Reflexion auf die Möglichkeitsbedingungen der Beschreibung fremder Kulturen hat dabei wichtige Impulse vermittelt.[9]

Theoretische Ansätze zur Fremdheitsforschung

Grundlegend für das Forschungsfeld von Alterität und Interkulturalität sind zwei unterschiedliche, einander jedoch ergänzende theoretische Ansätze: Theorien des Fremden und Theorien der Intertextualität, deren theoretisch-methodisches Fundament sich zumeist auf die Diskurs- oder die Systemtheorie gründet.

Theorien des Fremden, wie sie in der Ethnologie, der Soziologie und der Philosophie entwickelt wurden, stimmen weitgehend darin überein, dass das Fremde keine selbständige, sondern eine relationale Größe ist. Fremd ist demnach keine Eigenschaft von Personen oder Gegenständen, sondern eine Form des In-Beziehung-Setzens. Fremdheit kann dabei als sozio-politische Bestimmung fungieren, wobei mit ‹fremd› die Nicht-Zugehörigkeit zu einem sozialen Verband bezeichnet wird, wie auch als lebensweltliche Bestimmung, wobei das Fremde dann das Unvertraute bezeichnet. Unvertrautheit kann jedoch als Form der Fremderfahrung sehr unterschiedliche Stufen einnehmen. So unterscheidet etwa der Philosoph Bernhard Waldenfels zwischen ‹alltäglicher›, ‹struktureller› und ‹radikaler Fremdheit›, nach denen sich die «Zugänglichkeit des Unzugänglichen» strukturiert.[10] In ähnlicher Weise differenziert der Soziologe und Ethnologe Justin Stagl zwischen ‹kleinen›, ‹mittleren› und ‹großen Transzendenzen› in der Erfahrung des Fremden, die auf unterschiedliche Weise gebändigt und gehandhabt werden müssen.[11]

Solche Handhabungen führen wiederum zu unterschiedlichen Modi der Fremderfahrung, die Ortfried Schäffter nach einem viergliedrigen Schema geordnet hat: (1) Fremdheit als Resonanzboden des Eigenen, (2) Fremdheit als Gegenbild, (3) Fremdheit als Ergänzung und (4) Fremdheit als Komplementarität.[12] Im ersten Modus erscheint

Fremdheit als «abgetrennte Ursprünglichkeit», als ein «Spannungsverhältnis auf der Grundlage basaler Gemeinsamkeit»[13]. Im zweiten Modus dagegen «erhält das Fremde den Charakter einer Negation der Eigenheit, und zwar im Sinne von gegenseitiger Unvereinbarkeit»[14]. Im dritten Modus fungiert das Fremde als externer Spielraum, es wird zum Lernumfeld, das freilich von den Verarbeitungsmöglichkeiten des Eigenen begrenzt wird.[15] Im vierten Modus schließlich erscheint Fremdheit als wechselseitige Fremdheit, die in die grundsätzliche Anerkennung von Differenz mündet.[16] Diese Modi der Fremderfahrung sind aber keine unmittelbar gegebenen, die etwa als Modi individueller Erfahrung zu verstehen wären, sondern es handelt sich um kulturelle Deutungsmuster des Fremden, mittels deren Kulturen das ihnen Unvertraute als in einer spezifischen Weise fremd ausweisen.

Solche kulturellen Deutungsmuster sind freilich nicht ohne ihre Vermitteltheit durch semiotische Systeme denkbar. Texte bewegen sich dabei innerhalb kultureller Muster und diskursiver Formationen, die regeln, in welcher Weise über das Fremde überhaupt gesprochen werden kann, welche Topoi seine Beschreibung dominieren, welche Stereotypen je produziert werden und welcher Platz dem beschreibenden Subjekt zugewiesen wird. Grundlegend zu diesem Komplex ist etwa Edward Saids Studie über *Orientalism*, die zeigt, dass es den ‹Orient› überhaupt nicht gibt, sondern dass er eine kulturelle Konstruktion ist, die mit starken Stereotypisierungen arbeitet, deren Referenzpunkte nicht in der Wirklichkeit, sondern in anderen Texten liegen:

> In any instance of at least written language, there is no such thing as a delivered presence, but a re-presence, or a representation. The value [...] of a written statement about the Orient therefore relies very little, and cannot instrumentally depend, on the Orient as such. On the contrary, the written statement is a presence to the reader by virtue of it's having excluded, displaced, made superogatory any such thing as the Orient.[17]

Said ging dabei von der grundlegenden Intertextualität sämtlicher Äußerungen über den Orient aus: Wer über den Orient sprach, bewegte sich stets in einer Tradition von Texten, die definierten, was und wie der Orient war, und sich damit an seine Stelle setzten. Mit Theorien der Fremdwahrnehmung wie der Saids öffnete sich die Beschäftigung mit Alterität und Interkulturalität Theorien der Intertextualität, die neue Einsichten in das komplexe Verhältnis von Text und Kontext geliefert haben, welches auch als «Krise der Repräsentation» bezeichnet worden ist. Während die ältere Forschung davon ausging, dass es prinzipiell möglich sei, in Texten Wirklichkeit abzubilden, wobei dann die Qualität von Beschreibungen daran gemessen wurde, ob sie wahr oder falsch, faktenorientiert oder mythengesättigt, authentisch oder nichtauthentisch seien, hat die jüngere Forschung gezeigt, dass solche binären Entgegensetzungen von der grundsätzlich falschen Voraussetzung ausgehen, dass äußere Wirklichkeit a priori wahrgenommen werden könne und ihre Überführung in Sprache adäquat möglich sei. Demgegenüber haben jüngere Theorien der Intertextualität gezeigt, dass semiotische Systeme sich zunächst aus ihren eigenen Regeln speisen und dass sie durch diese Regeln, die sowohl die Regeln der Sprache als auch die Ordnungen ihrer jeweiligen Verfasstheit, das heißt die diskursiven Ordnungen, umfassen, konstituiert werden.[18] Repräsentation und Mimesis[19] werden deshalb hier nicht mehr als Widerspiegelung oder Nachahmung von Wirklichkeit begriffen, sondern als ihre Konstituenten: Wirklichkeit konstituiert sich überhaupt erst durch Repräsentation und Mimesis, das heißt durch ihre Organisation innerhalb semiotischer Systeme und Diskurse.

Die letztgenannten Theorien haben ihr Fundament überwiegend in zwei Theoriemodellen: in Michel Foucaults Diskurstheorie und der Systemtheorie Niklas Luhmanns. Nach Luhmann bilden sich soziale Systeme durch die Abgrenzung gegenüber einer Umwelt, die selbst komplexer ist als das System. Um sich selbst zu erhalten, muss das System daher Umweltinformationen selegieren und ihre Komplexität reduzieren, wodurch bestimmte Aspekte der Umwelt ausgeblendet werden. Um die daraus resultierende Differenz zwischen System und Umwelt handhabbar zu machen, unterliegt das System einem beständigen Zwang zur Selbstreferenz. «Ein System ist dann selbstreferentiell, wenn es die Elemente, aus denen es besteht, als Funktionseinheiten selbst konstruiert und [...] auf diese Weise die Selbstkonstitution also laufend reproduziert.»[20] Kulturelle Systeme sind demnach autopoietisch, das heißt, sie bringen sich laufend selbst hervor und transformieren damit ihre Umwelt gemäß den ihnen eigenen Regeln. Umwelt wird nur in der Weise wahrgenommen, wie sie innerhalb des Systems bearbeitet werden kann, das heißt, Systeme sind nicht repräsentativ, sondern performativ.

Von ähnlichen Voraussetzungen geht Foucault in seiner Diskurstheorie aus. Diskurse konstituieren Gegenstände und regeln, in welcher Weise sie innerhalb der diskursiven Ordnung erfahren und beschrieben werden können. Gegenstände sind deshalb nicht *a priori* wahrnehmbar, sondern nur, insofern ihnen in Diskursen ein Platz zugewiesen wird, der die Ordnung der Dinge regelt. Unter einem Diskurs ist daher nicht die Geschichte der Bearbeitung eines Gegenstandes zu verstehen, sondern die Konstituierung eines Gegenstandes durch Regeln, die ihn in seiner je bestimmten Weise überhaupt erst zur Erscheinung bringen. Die Ordnung der Diskurse wiederum wird vorgegeben durch das sie bestimmende Formationssystem, die *episteme*, die als historisches *a priori* zu verstehen ist, nach dem die Gültigkeit von Diskursen verteilt wird.[21]

In der Frage nach den Konstruktionen des Fremden sind die beiden Theoriemodelle jedoch von unterschiedlichen Voraussetzungen hinsichtlich der Verknüpfung von Konstruktionen des Fremden und der sie hervorbringenden Kultur ausgegangen. Während die Systemtheorie von einem prägenden Zusammenhang zwischen der evolutionären Entwicklung von Gesellschaften und den Konstruktionen des Fremden ausgeht, orientieren sich die an Foucault anschließenden Arbeiten an seinem Modell der Diskontinuität, das eine solche evolutionäre Betrachtungsweise ablehnt.[22] Anders als in dem an Luhmann orientierten evolutionären Modell geht die Diskurstheorie nicht davon aus, dass die Verarbeitungskapazität von Systemen gegenüber dem Fremden durch die zunehmende Komplexität der Gesellschaft wächst, sondern dass dem Fremden in diskontinuierlichen diskursiven Formationen lediglich wechselnde Orte zugewiesen werden, an denen es erscheinen und bearbeitet werden kann. Für die Repräsentation des Fremden heißt das, dass zunächst zu klären ist, welche Diskurse das Fremde überhaupt konstituieren, welcher Stellenwert diesen Diskursen zugemessen wird und welchen Ordnungen sie unterliegen, das heißt, wo sich Brüche zwischen einzelnen diskursiven Formationen abzeichnen.[23]

Mittelalterliche Reiseliteratur und Alterität

Dass Reiseberichte das wichtigste Arbeitsfeld für die Untersuchung der Wahrnehmung des Fremden im Mittelalter sind, hängt nicht nur damit zusammen, dass sie als Dokumente des Kulturkontakts *per se* auf die Beschreibung des Fremden festgelegt sind. Es begründet sich daneben auch darin, dass das Mittelalter keine Wissenschaft vom Fremden kennt, wie sie mit der Ethnologie und der Anthropologie erst in der zweiten Hälfte des 19. Jahrhunderts entstehen, und dass das Fremde vornehmlich im historiographischen Diskurs verhandelt wird. Seit der Antike umfasste Geschichtsschreibung nicht nur die Darstellung der eigenen Geschichte, sondern auch die Beschreibung fremder Völker, ihrer Sitten und Lebensweisen.[24] Historiographie hatte nicht nur eine zeitliche, sondern auch eine räumliche Dimension. Diese doppelte Ausrichtung hängt mit dem Begriff der *historia* selbst zusammen, der ursprünglich aus der juristischen Tatsachenforschung stammt und etymologisch zunächst vom Begriff des Augenzeugen (griech. *histor* = der, der gesehen hat) hergeleitet wird. Die damit gegebene Bindung an Gesehenes öffnete der Geschichtsschreibung prinzipiell beide Felder der Wirklichkeitserfassung: einerseits die Beschreibung des Geschehenen als temporal gegliederter Ablaufbeschreibung, andererseits die Beschreibung des Vorhandenen als spatial geordneter Daseinsbeschreibung. Damit verband die Geschichtsschreibung Geschehenes und Gesehenes, Chronologie und Chorographie.[25] Dem mittelalterlichen Reisebericht als Aussagefeld innerhalb des historiographischen Diskurses kam daher eine besondere Funktion zu, die er bis in die frühe Neuzeit beibehielt und die ihn von späteren Formationen unterscheidet. In seinem Zentrum stand nicht die Beschreibung einer Reise, sondern die Beschreibung des auf der Reise Beobachteten, das heißt nicht die Beschreibung der Erlebnisse und Erfahrungen eines reisenden Subjekts, sondern die Beschreibung der Fremde und des Fremden.[26]

Das gilt freilich nicht für alle Berichtstypen gleichermaßen: Während die seit dem Einfall der Mongolen nach Europa 1240/41 entstandenen Fernostasienberichte sich nahezu ausschließlich auf die Beschreibung des Fremden konzentrierten, blendeten die seit dem Hochmittelalter in großer Dichte überlieferten Berichte über Pilgerfahrten nach Jerusalem die durchreiste Fremde zu einem erheblichen

Teil aus.[27] Ihnen ging es in der Regel um die besuchten heiligen Stätten, ihre besondere Bedeutsamkeit innerhalb der Heilsgeschichte und ihre Heilswirksamkeit für den Pilger, weshalb die Orte, an denen Ablässe erlangt werden konnten, in den Texten zumeist mit einem Kreuz markiert wurden. Pilgerberichte orientieren sich daher häufig an einem Wegstreckenschema, bei dem die Abfolge des Berichteten nach der Reihenfolge eines Wegs geordnet ist, der aber keineswegs mit einer tatsächlichen Reiseroute übereinstimmen muss, sondern etwa nach der zeitlichen Abfolge der Ereignisse des Neuen Testaments, nach den zwölf Himmelsrichtungen, die den zwölf Toren des himmlischen Jerusalem entsprechen, oder nach den heilsgeschichtlichen Stationen von Altem und Neuem Testament geordnet sein kann.[28] Da der Schwerpunkt der Pilgerfahrten auf dem wiederholenden Nachvollzug der entscheidenden Stätten der Heilsgeschichte liegt, fungiert der Autor eines Pilgerberichts in der Regel nicht als derjenige, der über Fremdes berichtet, sondern als derjenige, der die Buß- und Gnadenorte in der Schrift noch einmal nachvollzieht und sie durch den Akt «real vollzogener Traditionsaneignung» im kollektiven Gedächtnis ein weiteres Mal verankert.[29]

Es kann daher nicht verwundern, dass Pilgerberichte häufig abgeschrieben wurden, denn wo es nicht um die Erfahrung des Fremden, sondern um den Nachvollzug eines Heilswegs ging, kam es nicht darauf an, Neuigkeiten mitzuteilen.[30] Zwar hat man insbesondere in der jüngeren Forschung eine zunehmende Verweltlichung der Pilgerberichte und eine gesteigerte Aufmerksamkeit gegenüber der fremden Welt konstatiert, aber diese These ist nicht unumstritten geblieben, und sie lässt sich – zumindest wenn man sie als grundsätzliche Tendenz formuliert – durch eine Reihe von Beispielen widerlegen.[31] Ob die Pilgerberichte der Erfahrung des Fremden Platz geben, hängt weniger von einer allgemeinen ‹Säkularisierungstendenz› und einer verstärkten Neugierde gegenüber dem Fremden ab als vielmehr von wechselnden Funktionsbestimmungen des Pilgerberichts und unterschiedlichen Publikumsorientierungen.[32]

Von völlig anderen Voraussetzungen gingen demgegenüber die seit Mitte des 13. Jahrhunderts entstandenen Berichte über Fernostasien aus. Hier stand die Beschreibung des Fremden im Zentrum der Darstellung, was nicht nur damit zu tun hat, dass der Ferne Osten als extrem unvertrauter Raum begriffen wurde, der durch Beschreibung erst in den Bereich der eigenen Erfahrung inkludiert werden musste, sondern auch damit, dass durch die Westexpansion der Mongolen ein erheblicher Informationsbedarf entstanden war, der es erforderlich machte, aus eigenem, aktuellem Augenschein über die Fremden zu berichten.[33] Wollte man verstehen, wer die Mongolen waren, die man, abgeleitet von *tartarus* (Hölle), ‹Tartaren› nannte und damit der Vermutung Auftrieb gab, sie seien Sendboten des Teufels, bedurfte es gezielter Informationsbeschaffung. Zu diesem Zweck schickten sowohl Papst Innozenz IV. als auch der französische König Ludwig IX. mehrere Gesandtschaften nach Asien, die herausfinden sollten, wer die ‹Tartaren› waren und welche Ziele sie verfolgten.

Von zweien dieser – offiziell oder verdeckt operierenden – Gesandtschaften sind Berichte überliefert, die eine Beschreibung des Fremden erstellten, deren Orientierung an einem gezielten Fragenkatalog erstmals eine holistische Beschreibung fremder Völker anstrebte. Der Fragenkatalog, dessen Details überliefert sind, weil er während des Konzils von Lyon verwandt wurde, um einen russischen Priester nach seiner Kenntnis der Mongolen zu befragen, und der offensichtlich die Beobachtungen der Gesandten steuern sollte, umfasste Fragen nach der historischen wie geographischen Herkunft der Tartaren, nach ihren Sitten und Gebräuchen, ihrer sozialen Ordnung, ihren religiösen Riten und nicht zuletzt auch ihrem Umgang mit Fremden.[34] Die von den Gesandten angefertigten Berichte, die zwischen 1245 und 1247 entstandene *Historia Mongalorum* des Johannes de Plano Carpini und das um 1255 abgefasste *Itinerarium* des Wilhelm von Rubruk, sind die ersten aufgrund gezielter Informationsbeschaffung entstandenen Beschreibungen des Fremden im Mittelalter, in denen die Augenzeugenschaft des Berichteten zum Angelpunkt der Darstellung gemacht wurde. Zwar gehörte die Augenzeugenschaft des Berichterstatters zu den deskriptiven Grundmustern der Historiographie, aber bis dahin war sie nicht in vergleichbarer Weise zur Herstellung wie Darstellung von Erfahrung eingesetzt worden. Für die Beschreibung Ostasiens blieb dieser Darstellungsmodus auch dann prägend, als mit dem Ende der mongolischen Westexpansion das politisch-militärische Interesse Europas an den Mongolen nachließ.

Mit dem um 1298 entstandenen volkssprachlichen Bericht Marco Polos öffnete sich der Asien-Diskurs vielmehr einem sehr viel größeren Publikum, und der umfängliche Augenzeugenbericht wurde damit endgültig zur zentralen Darstellungsform der Beschreibung des Fremden.[35] Marco Polos Anspruch, große Teile Asiens von Persien über China bis Indien nahezu ausschließlich aus eigener Augenzeugenschaft zu beschreiben, wurde von dem um 1355 entstandenen Bericht des – vorgeblichen – englischen Ritters John Mandeville, der Asien von Palästina aus bis zu den Pforten des irdischen Paradieses beschrieb, noch einmal überboten. Mit Mandevilles Bericht, der aus früheren Berichten unter Hinzuziehung zahlreicher anderer Quellen kompiliert worden war, überschritt die Erfahrung des Fremden qua Augenzeugenschaft als Darstellungsmodus die Grenze zum Fiktiven. Das Fiktive bestand jedoch nicht in der dargestellten Welt, sondern im beschreibenden Subjekt: Der Diskurs der – im Wortsinn – ‹Erfahrung› des Fremden hatte mit Mandeville ein beschreibendes Subjekt hervorgebracht, welches nahezu das gesamte Wissen über den Osten in einem Augenzeugen zu bündeln vermochte und dabei die unterschiedlichen Darstellungsmodi von Pilger- und Reisebericht miteinander verknüpfte.

Nicht zuletzt Mandevilles Bericht hat die Frage nach den Grenzen zwischen historiographischen und fiktionalen Diskursen in der Darstellung des Fremden aufgeworfen. Insbesondere in der jüngeren Forschung ist verschiedentlich die These vertreten worden, Mandevilles Bericht sei der erste Reiseroman,[36] aber dazu fehlen ihm die narrativen Muster, die eine dialogische Struktur zwischen dem Eigenen und dem Fremden im Text selbst herstellen und den reisenden Ritter als handelndes, erlebendes und erleidendes Subjekt zur Darstellung bringen. Mandevilles Bericht bleibt, auch wenn er fiktiv ist, bloße Deskription, ohne das beschreibende Subjekt in die Welt des Fremden zu involvieren, um darin seine Identität neu zu bestimmen.[37]

An genau diesem Punkt unterscheiden sich deskriptive Entwürfe des Fremden von narrativen Entwürfen. Während der historiographische Augenzeugenbericht das beschreibende Subjekt zum unhinterschreitbaren Ruhepol der Darstellung macht und das beschreibende Subjekt auf diese Weise identitär stillstellt, um durch dieses Subjekt hindurch die Beschreibung des Fremden zu objektivieren, setzt der

Reiseroman das beschriebene Subjekt in Bewegung, um seine Identität zu problematisieren, neu zu bestimmen oder wieder herzustellen.[38] Die Auseinandersetzung mit dem Fremden erhält hier einen funktionalen Charakter für die Bestimmung der eigenen Identität, der die mittelalterlichen Reise- und Abenteuerromane zu einem nicht minder bedeutsamen Arbeitsfeld auf dem Gebiet von Alterität und Interkulturalität macht.

Grundsätzlich ist die Reise eines der Konstitutionsprinzipien des ritterlichen Helden im höfischen Roman, der als *chevalier errant* den Bereich des Eigenen verlassen muss, um sich in der Fremde zu bewähren, Krisen zu überwinden oder eine Herrschaft zu erobern. Zumeist werden die Ziele dieser Reise jedoch in einer nur ungenau situierten Fremde angesiedelt, die strukturell eine mimetische Wiederholung des Eigenen ist. Der als Reise- und Abenteuerroman bezeichnete Gattungstypus partizipiert dagegen an den historiographisch-ethnographischen Beschreibungen fremder Völker und siedelt den Bewährungsraum des Helden in der Regel im Orient an, konfrontiert ihn mit den monströsen Völkern des Ostens und integriert diese damit in ein dialogisches Modell der Beschreibung von Fremdem und Eigenem. Der epische Held wird der Fremde ausgesetzt, um seine Identität neu zu bestimmen, und damit wird das Fremde als grundlegendes Konstitutionsprinzip des Eigenen zur Logik der Narration.[39]

Schon der aus der Antike überlieferte *Alexanderroman* nutzt in seinen verschiedenen mittelalterlichen Fassungen die Beschreibung des Fremden, um Alexanders Identität zwischen dem rastlosen, der irdischen *vanitas* verfallenen Welteroberer und dem Helden einer aneignenden Welterfahrung, in der die Eroberung des Fremden und die Eroberung des Wissens zusammenfallen, zu bestimmen. In zahlreichen Alexanderdichtungen nahezu aller europäischen Sprachen (deren wichtigste deutschsprachige Vertreter das *Alexanderlied* des Pfaffen Lamprecht, der *Straßburger* und der *Basler Alexander*, die Alexanderromane Rudolfs von Ems und Ulrichs von Etzenbach sind) wurde Alexander der Große, dessen Eroberungen ihn bis nach Indien geführt hatten, immer wieder bearbeitet und neu besetzt.[40] Als europäisches Modell der Auseinandersetzung mit dem Fremden konnte er dabei sowohl als Vertreter eines höfisch-ritterlichen Helden als auch als heidnischer König dargestellt werden. Insofern war Alexander das Exempel einer changierenden Grenzziehung zwischen Eigenem und Fremdem, in der er sowohl inkludiert als auch exkludiert werden konnte, was dann wiederum Folgen für die Beschreibung des von ihm eroberten Orients hatte.[41]

Als zentrales Element der Frage von Inklusion und Exklusion des Fremden sind auch die Beschreibungen der monströsen Völker des Orients zu einem der bedeutendsten Arbeitsfelder geworden, zumal sich an ihnen, wie an keinem anderen Beispiel, Diskursüberschneidungen zwischen theologischen, historiographisch-ethnographischen, naturkundlichen und literarischen Diskursen zeigen lassen, die für die Konstitutionsbedingungen des Fremden im Mittelalter von zentraler Bedeutung sind. Galten die wundersamen Völker des Ostens mit ihren körperlichen Deformationen, die seit den griechischen Historikern Ktesias und Megasthenes am Rand der Erde vermutet und über die römischen Autoren Plinius und Solinus als fester Bestandteil der Beschreibung des Ostens, insbesondere Afrikas und Indiens, ins Mittelalter tradiert wurden, in der älteren Forschung als Ausdruck der Mythifizierung des Fremden, so hat die jüngere Forschung gezeigt, dass die *monstra* in erster Linie dazu dienten, mittels des Fremdartigen und Befremdlichen im Raum des Fremden die Grenzen der Schöpfung wie die Grenzen des *genus humanum* zu bestimmen.[42]

Solche Aspekte von Inklusion und Exklusion spielten auch eine Rolle, seit mit der Entdeckung und Eroberung der Neuen Welt der Diskurs über das Fremde in einen neuen Funktions- und Begründungszusammenhang getreten ist. War bis dahin die Diskursivierung des Fremden nur in geringen Teilen vom Phantasma seiner vollständigen Beherrschbarkeit ausgegangen, so wurde dieses Phantasma mit der Eroberung Amerikas zur faktischen Voraussetzung aller diskursiven Bearbeitungen. Das heißt nicht, dass die Diskurse etwa ‹realistischer› geworden wären, sondern dass die Diskursivierung des Fremden, seitdem Columbus ‹westindischen› Boden betreten und «all dies» in einer symbolischen Geste zum Besitz der spanischen Könige erklärt hatte, von anderen Voraussetzungen ausging. Die Diskurse oszillierten zwischen dem Eigenen und dem Fremden, weil das Fremde durch Entdeckung und Eroberung angeeignet und damit zum Eigenen geworden war und dabei doch als das Unvertraute diskursiv gebändigt, eingeordnet und mit den tradierten Diskursen vermittelt werden musste.[43]

Seit 1493 ergoss sich ein breiter Strom von Briefen, Berichten und Beschreibungen – die so genannten *Americana* – über Europa und bildete ein diskursives Feld, das an der Schwelle zur Neuzeit das letzte Arbeitsfeld der mediävistischen Untersuchung von Alterität und Interkulturalität bildet.[44] In den Berichten der Entdecker und Eroberer wurde die fremde Neue Welt «fast automatisch zum Modell: für das Barbarische, das Entartete oder auch das Paradiesische, das Ursprüngliche»[45]. Diese Modelle entstanden freilich nicht aus der Konfrontation mit der neuen Welt, sondern sie entstammten der diskursiven Konstitution des Fremden in der alten Welt. Die Diskurse erhielten zwar einen anderen Status, aber ein grundsätzlicher Ausbruch aus dem Universum der Diskurse war hier so wenig möglich wie davor oder danach.

Alterität im Brief des Priesterkönigs Johannes

In der Beschreibung des Fremden spielt der Brief eine wichtige Rolle. Als Medium der Kommunikation zwischen Abwesenden vermittelt er gleichermaßen Nähe und Distanz: Nähe durch die Beziehung, die er zwischen Sender und Empfänger voraussetzt oder herstellt, Distanz durch die Entfernung zwischen Sender und Empfänger, die ihn zum Ersatzmedium der *face-to-face*-Kommunikation macht.[46] Mitteilungen über das Fremde sind deshalb häufig Mitteilungen aus der Fremde oder werden als solche inszeniert. Diese Inszenierungen verweisen darauf, dass dem Brief eine besondere Form authentischen Sprechens zugeschrieben wird. Der Absender eines Briefs aus der Fremde reklamiert ja schon durch das verwendete Medium, dass er die Beschreibungen des Fremden zu bezeugen vermag, weil er von dem Ort aus spricht, den er beschreibt. Der Brief ist daher eine der geeignetsten Formen, um die Augenzeugenschaft des Absenders zu vermitteln, die zu den wichtigsten Repräsentationsformen des Fremden zählt. Paradigmatisch lässt sich das etwa am *Brief des Priesterkönigs Johannes* zeigen, der im Folgenden als Beispiel einer mimetischen Aneignung des Fremden vorgestellt wird.

Der Brief des Priesterkönigs Johannes steht in einer langen Tradition fingierter Briefe über Indien, die mit dem Brief Alexanders des Großen an Aristoteles über die Wunder Indiens beginnt.[47] Schon seit der Antike war Indien der externe Spielraum europäischer Phantasmen, der in einer Mischung aus Neugier, Faszination und Begehrlichkeit betrachtet wurde. Indien war in gewisser Weise die Heimat des Fremden: An der Peripherie der von Menschen besiedelten Ökumene gelegen, bildete es den Grenzraum menschlichen Seins, der ebenso Platz für zahlreiche Heterotopien bot wie auch für das Phantasma der vollständigen Beherrschung alles Fremdartigen. In solchen Heterotopien fungierte die Fremde als «Gegenplazierung oder Widerlager» der eigenen Kultur, als perfektes Gegenbild, das im Gegensatz zur Utopie keinen Nicht-Ort, sondern einen Anders-Ort bezeichnet.[48] In der mittelalterlichen Geographie erhielt Indien darüber hinaus als das Land nächst dem irdischen Paradies eine besondere Bedeutsamkeit, denn durch die Nähe zu dem von Gott für den Menschen vorgesehenen Garten Eden partizipierte es an den Vorstellungen einer ursprünglichen Idealität.[49] Die Nachrichten über in Indien lebende nestorianische Christen, die der Apostel Thomas, dessen Grab sich nach der Apostellegende im indischen Malabar befand, zum Christentum bekehrt haben soll, führten überdies dazu, dass Indien als Resonanzboden des Eigenen auf der Basis basaler Gemeinsamkeit perzipiert wurde.

Im Verlauf der Kreuzzüge, insbesondere nach den ersten schweren Niederlagen der Kreuzritter, verdichteten sich diese Vorstellungen zunehmend zur konkreten Erwartung, die in der Sage vom Priesterkönig Johannes kulminierte. Von ihm berichtete erstmals Otto von Freising in seiner *Chronica*, wobei er sich offenbar auf einen Bericht des Bischofs von Gabala in Antiochien (Syrien) stützte, der 1145 mit dem Papst zusammengetroffen war. Otto schrieb, wenige Jahre zuvor habe ein Priesterkönig Johannes, der im äußersten Osten herrsche und ein Nachfahre der Heiligen Drei Könige sei, in einer gewaltigen Schlacht die Heere der Perser und Meder vernichtet. Danach habe er den Christen in Jerusalem zu Hilfe eilen wollen, sei aber aufgrund widriger Umstände gezwungen gewesen, in sein Land zurückzukehren.[50] Welches Land dies war, ließ Otto offen, aber die Lokalisierung im äußersten Osten und das Bekenntnis zum Christentum ließen nahezu unausweichlich Indien als das Herrschaftsgebiet des Priesterkönigs erscheinen. Diese implizite Annahme verdichtete sich zur Gewissheit, als kurze Zeit nach Ottos Bericht ein lateinischsprachiger, in herablassend-wohlwollendem Ton abgefasster Brief an den byzantinischen Kaiser Manuel Komnenos, den deutschen Kaiser Friedrich I. sowie Papst Alexander III. auftauchte, als dessen Absender der Priesterkönig Johannes selbst auftrat.

In dem wahrscheinlich um 1165 in Europa entstandenen Brief erklärte der angebliche Priesterkönig, er herrsche über die drei Indien, und sein Land reiche vom oberen Indien, wo sich das Grab des Apostels Thomas befinde, bis zum Aufgang der Sonne im äußersten Osten und zum Turm von Babel im Westen. Sodann beschrieb der Brief die gute Herrschaft des Priesterkönigs, seine keusche Lebensweise, seine Paläste, seinen unermesslichen Reichtum an Gold und Edelsteinen und die zahlreichen in seinem Reich vorkommenden *mirabilia*, die von heilkräftigen Steinen über einen Jungbrunnen und seltsame Tiere bis zu monströsen Völkern reichten.[51]

Die Beschreibung Indiens basierte auf einer Vielzahl europäischer Quellen, unter anderem dem Alexanderroman, Plinius, Solinus, Isidor von Sevilla sowie Lapidarien, Bestiarien etc.[52] Insofern diese traditionellen Beschreibungen dem Priesterkönig Johannes in den Mund gelegt waren, authentifizierten sich der traditionelle Indiendiskurs und der Priesterkönig Johannes wechselseitig: Der Priesterkönig Johannes wurde mit einem Reich ausgestattet, dessen Kongruenz mit einer langen Überlieferungstradition seine Existenz über jeden Zweifel erhaben machten, und der traditionelle Indiendiskurs erhielt eine aktuelle Bestätigung durch einen zeitgenössischen Augenzeugen von herausragender Bedeutung und Glaubwürdigkeit. Im Brief des Priesterkönigs erschien Indien als das heterotope Modell einer Ordnung, in der weltliche und sakrale Herrschaft nicht getrennt waren und in der es infolgedessen, im Gegensatz zu Europa, wo zum Zeitpunkt seines Erscheinens der Suprematiestreit zwischen Kaiser und Papst erbittert tobte, keine inneren Konflikte gab.[53] Mit dem Entwurf einer sakralisierten weltlichen Herrschaft entsprach das Reich des Priesterkönigs im Prinzip dem Ideal der staufischen Herrschaft, in deren Umfeld die Forschung seine Entstehung vermutet.[54] Wenn der Brief freilich mit der Intention lanciert worden sein sollte, der staufischen Herrschaftsideologie zur Durchsetzung zu verhelfen, muss er als durchschlagender Misserfolg betrachtet werden, denn er entfaltete in dieser Hinsicht keinerlei feststellbare Wirksamkeit.[55] Die Herrschaft des Priesterkönigs Johannes war durch die Verknüpfung mit Indien zu sehr Heterotopie, als dass sie als auf Verwirklichung im Bereich des Eigenen drängende Utopie hätte fungieren können: Was für das in der Nähe des irdischen Paradieses gelegene Indien galt, bestätigte nur seinen anders-weltlichen Charakter und war zwar faszinierend, aber kaum auf Europa übertragbar. Indien war als Raum des Fremden zu fest etabliert, als dass es ein Modell für das Eigene hätte werden können.

War die Verknüpfung von *mirabilia* des Ostens und Paradiesnähe im Indiendiskurs insoweit performativ, als sie den Priesterkönig Johannes als heterotopes Modell einer guten Herrschaft hervorbrachte, die freilich an die besonderen Bedingungen einer semantisierten Anders-Welt gebunden war, so erwies sich dessen angeblicher Brief insofern als performativ, als er den Priesterkönig Johannes zur wichtigsten Figur des europäischen Diskurses über Indien machte. Überliefert in mehr als 200 Handschriften mit unzähligen Varianten und rezipiert in zahlreichen historiographischen wie literarischen Werken, etwa dem *Parzival* Wolframs von Eschenbach und dem *Jüngeren Titurel* Albrechts von Scharfenberg, entfaltete der Brief enorme Wirkmächtigkeit.[56] Seit dem Ende des 12. Jahrhunderts gab es kaum einen Text über den Osten, der nicht den Priesterkönig Johannes erwähnte und sein Reich beschrieb, wobei in der Regel der Brief direkt oder indirekt als Quelle fungierte. Als heterotopes Modell, das ebenso als mimetische Aneignung des Fremden durch das Eigene wie als mimetische Repräsentanz des Eigenen im Fremden fungieren konnte, blieb der Presbyterbrief bis ins späte Mittelalter eines der zentralen Paradigmen für die mittelalterliche Auseinandersetzung mit dem Fremden.

Anmerkungen

1 Vgl. etwa das Themenheft «Fernreisen im Mittelalter». Hg. v. Folker Reichert. *Das Mittelalter* 3.2 (1998); Engels, Odilo u. Peter Schreiner (Hg.). *Die Begegnung des Westens mit dem Osten. Kongreßakten des 4. Symposiums des Mediävistenverbandes in Köln 1991 aus Anlaß des 1000. Todesjahres der Kaiserin Theophanu.* Sigmaringen, 1993; Westrem, Scott D. (Hg.). *Discovering New Worlds. Essays on Medieval Exploration and Imagination.* New York u. London, 1991; Berger, Günter u. Stephan Kohl. *Fremderfahrung in Texten des Spätmittelalters und der Frühen Neuzeit.* Trier, 1993.

2 Vgl. u. a.: Harbsmeier, Michael. *Wilde Völkerkunde. Andere Welten in deutschen Reiseberichten der Frühen Neuzeit.* Frankfurt a. M., 1994; Wunderli, Peter (Hg.). *Reisen in reale und mythische Ferne. Reiseliteratur in Mittelalter und Renaissance.* Düsseldorf, 1993; Ertzdorff, Xenia v. u. Dieter Neukirch (Hg.). *Reisen und Reiseliteratur im Mittelalter und in der Frühen Neuzeit.* Amsterdam u. Atlanta, 1992; Brenner, Peter J. (Hg.). *Der Reisebericht. Die Entwicklung einer Gattung in der deutschen Literatur.* Frankfurt a. M., 1989; Campbell, Mary B. *The Witness and the Other World. Exotic European Travel Writing, 400–1600.* Ithaca u. London, 1988; Maczak, Antoni u. Hans Jürgen Teuteberg (Hg.). *Reiseberichte als Quellen europäischer Kulturgeschichte. Aufgaben und Möglichkeiten der historischen Reiseforschung.* Wolfenbüttel, 1982.

3 Vgl. Jauß, Hans Robert. *Alterität und Modernität der mittelalterlichen Literatur.* München, 1977; Kuolt, Joachim u. a. (Hg.). *Das Mittelalter – unsere fremde Vergangenheit.* Stuttgart, 1990.

4 Vgl. Bachmann-Medick, Doris (Hg.). *Kultur als Text. Die anthropologische Wende in der Literaturwissenschaft.* Frankfurt a. M., 1996; Kiening, Christian. «Anthropologische Zugänge zur mittelalterlichen Literatur. Konzepte, Ansätze, Perspektiven». *Forschungsberichte zur germanistischen Mediävistik.* Jahrbuch für internationale Germanistik. Reihe C 5,1. Hg. v. Hans-Jochen Schiewer. Bern u. a., 1996. 11–129.

5 Vgl. Bachorski, Hans-Jürgen u. Werner Röcke (Hg.). *Weltbildwandel. Selbstdeutung und Fremderfahrung im Epochenübergang vom Spätmittelalter zur Frühen Neuzeit.* Trier, 1995.

6 Vgl. Harbsmeier, Michael. «Reisebeschreibungen als mentalitätsgeschichtliche Quellen. Überlegungen zu einer historisch-anthropologischen Untersuchung frühneuzeitlicher deutscher Reisebeschreibungen». *Reiseberichte als Quellen europäischer Kulturgeschichte.* Maczak u. Teuteberg (Anm. 2), 1–31.

7 Vgl. Brenner, Peter J. *Der Reisebericht in der deutschen Literatur. Ein Forschungsüberblick als Vorstudie zu einer Gattungsgeschichte.* Internationales Archiv für Sozialgeschichte der deutschen Literatur. 2. Sonderheft. Tübingen, 1990. 29 f.

8 Vgl. König, Hans-Joachim, Wolfgang Reinhard u. Reinhard Wendt (Hg.). *Der europäische Beobachter außereuropäischer Kulturen. Zur Problematik der Wirklichkeitswahrnehmung.* Zeitschrift für historische Forschung. Beiheft 7. Berlin, 1989; Bitterli, Urs. «Der Reisebericht als Kulturdokument». *Geschichte in Wissenschaft und Unterricht* 24 (1973): 555–64.

9 Vgl. v. a.: Geertz, Clifford. *The Interpretation of Culture.* New York, 1973 (dt. teilweise in: ders. *Dichte Beschreibung.* Frankfurt a. M., 1983); Clifford, James u. George E. Marcus (Hg.). *Writing Culture. The Poetics and Politics of Ethnography.* Berkeley, 1986.

10 Vgl. Waldenfels, Bernhard. «Das Eigene und das Fremde». *Deutsche Zeitschrift für Philosophie* 43 (1995): 611–20.

11 Vgl. Stagl, Justin. «Grade der Fremdheit». *Furcht und Faszination. Facetten der Fremdheit.* Hg. v. Herfried Münkler. Berlin, 1997. 85–114.
12 Vgl. Schäffter, Ortfried. «Modi des Fremderlebens. Deutungsmuster im Umgang mit Fremdheit». *Das Fremde. Erfahrungsmöglichkeiten zwischen Faszination und Bedrohung.* Hg. v. dems. Opladen, 1991. 11–44.
13 Schäffter (Anm.12), 16.
14 Schäffter (Anm.12), 19.
15 Schäffter (Anm.12), 23.
16 Schäffter (Anm.12), 26.
17 Said, Edward. *Orientalism. Western Conceptions of the Orient.* London, 1978, 21.
18 Vgl. Worton, M. u. J. Still (Hg.). *Intertextuality. Theories and Practices.* Manchester, 1990; Riffaterre, Michael. «Intertextual Representation. On Mimesis as Interpretive Discourse». *Critical Inquiry* 11.1 (1984): 141–62.
19 Zum Mimesisbegriff allgemein vgl. Gebauer, Gunter u. Christoph Wulf. *Mimesis. Kultur – Kunst – Gesellschaft.* Reinbek, 1992; Scholz, Bernhard F. *Mimesis. Studien zur literarischen Repräsentation.* Tübingen, 1998; zu seiner spezifischen Verknüpfung mit dem Alteritätsbegriff vgl. Taussig, Michael. *Mimesis und Alterität. Eine eigenwillige Geschichte der Sinne.* Übs. v. Regina Mundel u. Christoph Schirmer. Hamburg, 1997; Scherpe, Klaus R. «Das Andere Verstehen? Mimesis – ein Unvermögen beim Umgang mit dem Fremden». *Neue Rundschau* 107 (1996): 36–45.
20 Luhmann, Niklas. *Soziale Systeme.* Frankfurt a. M., 1987. 59.
21 Vgl. Foucault, Michel. *Die Ordnung der Dinge.* Frankfurt a. M., 1971; ders. *Die Archäologie des Wissens.* Frankfurt a. M., 1973.
22 Zu den systemtheoretischen Ansätzen vgl. Stichweh, Rudolf. «Der Fremde – Zur Evolution der Weltgesellschaft». *Rechtshistorisches Journal* 11 (1992): 295–316; ders. «Der Fremde – Zur Soziologie der Indifferenz». *Furcht und Faszination.* Hg. v. Herfried Münkler unter Mitarbeit v. Bernd Ladwig. Berlin, 1997. 45–64; Hahn, Alois. «Die soziale Konstruktion des Fremden». *Die Objektivität der Ordnungen und ihre kommunikative Konstruktion. Für Thomas Luckmann.* Hg. v. Walter M. Sprondel. Frankfurt a. M., 1994. 140–66. Die systemtheoretische Auseinandersetzung mit dem Fremden fasst zusammen: Hellmann, Kai Uwe. «Fremdheit als soziale Konstruktion. Eine Studie zur Systemtheorie des Fremden». *Die Herausforderung durch das Fremde.* Hg. v. Herfried Münkler unter Mitarbeit von Karin Meßlinger u. Bernd Ladwig. Berlin, 1998. 401–60.
23 Vgl. Helms, Mary. *Ulysses' Sail. An Ethnographic Odyssey of Power, Knowledge, and Geographical Distance.* Princeton, N. J., 1988; Certeau, Michel de. *Heterologies. Discourse on the Other.* Minneapolis u. London, 1997.
24 Vgl. Hartog, François. *The Mirror of Herodotus. The Representation of the Other in the Writing of History.* Berkeley u. a., 1988.
25 Vgl. Knape, Joachim. *‹Historie› in Mittelalter und früher Neuzeit. Begriffs- und gattungsgeschichtliche Untersuchungen im interdisziplinären Kontext.* Baden-Baden, 1984.
26 Vgl. Münkler, Marina. *Erfahrung des Fremden. Die Beschreibung Ostasiens in den Augenzeugenberichten des 13. und 14. Jahrhunderts.* Berlin, 2000. 282–85.
27 Einen guten Überblick über die Palästinaberichte liefert nach wie vor Röricht, Reinhold. *Deutsche Pilgerreisen nach dem Heiligen Lande.* Innsbruck, 1900 (Nachdruck

Aalen, 1967). Nach Jerusalem waren das in Nordspanien gelegene Santiago di Compostela und Rom die wichtigsten Pilgerziele. Die mit Abstand größte Zahl von Pilgerberichten widmeten sich jedoch den Pilgerreisen nach Palästina. Vgl. Richard, Jean. *Les récits de voyages et de pélerinages.* Turnhout, 1981.

28 Vgl. Huschenbett, Dietrich. «‹Von landen und ynselen›. Literarische und geistliche Meerfahrten nach Palästina im späten Mittelalter». *Wissensorganisierende und wissensvermittelnde Literatur im Mittelalter. Perspektiven ihrer Erforschung.* Hg. v. Norbert Richard Wolf. Wiesbaden, 1987. 187–207.

29 Hassauer, Friederike. *Santiago. Schrift, Körper, Raum, Reise. Eine medienhistorische Rekonstruktion.* München, 1993.

30 Vgl. Huschenbett, Dietrich. «Die Literatur der deutschen Pilgerreisen nach Jerusalem». *Deutsche Vierteljahrsschrift für Literaturwissenschaft und Geistesgeschichte* 59 (1985): 29–46.

31 Vgl. Hippler, Christiane. *Die Reise nach Jerusalem. Untersuchungen zu den Quellen, zum Inhalt und zur literarischen Struktur der Pilgerberichte des Spätmittelalters.* Frankfurt a. M. u. a., 1987; Zrenner, Claudia. *Die Berichte der europäischen Jerusalempilger (1475–1500). Ein literarischer Vergleich im historischen Kontext.* Frankfurt a. M. u. Bern, 1981; Zacher, Christian. *Curiosity and Pilgrimage. The Literature of Discovery in Fourteenth Century England.* Baltimore u. London, 1976.

32 Vgl. Ganz-Blättler, Ursula. *Andacht und Abenteuer. Berichte europäischer Jerusalem- und Santiago-Pilger (1320–1520).* Tübingen, 1990. 269.

33 Vgl. Münkler (Anm. 26); Schmieder, Felicitas. *Europa und die Fremden. Die Mongolen im Urteil des Abendlandes vom 13. bis in das 15. Jahrhundert.* Sigmaringen, 1994; Reichert, Folker. *Begegnungen mit China. Die Entdeckung Ostasiens im Mittelalter.* Sigmaringen, 1992; Bezzola, Gian Andri. *Die Mongolen in abendländischer Sicht (1220–1270). Ein Beitrag zur Frage der Völkerbegegnungen.* Bern u. München, 1974.

34 Vgl. Fried, Johannes. «Auf der Suche nach der Wirklichkeit. Die Mongolen und die europäische Erfahrungswissenschaft im 13. Jahrhundert». *Historische Zeitschrift* 243 (1986): 287–332; außerdem Münkler (Anm. 26), 30–38.

35 Zu Marco Polos Bericht vgl. Münkler, Marina. *Marco Polo. Leben und Legende.* München, 1998; Critchley, John. *Marco Polo's Book.* Aldershot, 1992; Heers, Jaques. *Marco Polo.* Paris, 1983.

36 Vgl. Bremer, Ernst. «Spätmittelalterliche Reiseliteratur – ein Genre? Überlieferungssymbiosen und Gattungstypologie». v. Ertzdorff u. Neukirch (Anm. 2), 329–56, 342; Ridder, Klaus. «Jean de Mandevilles ‹Reisen›». *Studien zur Überlieferungsgeschichte der deutschen Übersetzung des Otto von Diemeringen.* München u. Zürich, 1991. 12–20.

37 Vgl. Münkler (Anm. 26), 285 f.

38 Vgl. Röcke, Werner. «Die narrative Aneignung des Fremden. Zur Literarisierung exotischer Welten im Roman des späten Mittelalters». Münkler (Anm. 11), 347–78; ders. «Schreckensort und Wunschwelt. Bilder von fremden Welten in der Erzählliteratur des Spätmittelalters». *Der Deutschunterricht* 2 (1992): 32–48.

39 Als Beispiel sind hier etwa die Romane *Herzog Ernst, Reinfried von Braunschweig, Apollonius von Tyrus, Wilhelm von Österreich* zu nennen; vgl. Röcke, Werner. «Höfische und unhöfische Minne- und Abenteuerromane». *Epische Stoffe des Mittelalters.* Hg. v. Volker Mertens u. Ulrich Müller. Stuttgart, 1984. 395–423; Huschenbett, Diet-

rich. «Fremderfahrung in Versroman, Pilgerreisebericht und Prosaroman des späten Mittelalters und der Frühen Neuzeit». *Reisen im Diskurs. Modelle der literarischen Fremderfahrung von den Pilgerberichten bis zur Postmoderne.* Hg. v. Anne Fuchs u. Theo Harden unter Mitarbeit v. Eva Juhl. Heidelberg, 1995. 243–65; speziell zu den spätmittelalterlichen Reiseromanen vgl. Bachorski, Hans-Jürgen. «‹grosse vngelücke vnd vnsälige widerwertigkeit vnd doch ein guotes seliges ende›. Narrative Strukturen und ideologische Probleme des Liebes- und Reiseromans in Spätmittelalter und Früher Neuzeit». *Fremderfahrung in Texten des Spätmittelalters und der Frühen Neuzeit.* Hg. v. Günter Berger u. Stephan Kohl. Trier, 1993. 59–86.

40 Vgl. Cölln, Jan, Susanne Friede u. Hartmut Wulfram (Hg.). *Alexanderdichtungen im Mittelalter. Kulturelle Selbstbestimmung im Kontext literarischer Beziehungen.* Göttingen, 2000; Boitani, Piero u. a. (Hg.). *Alessandro nel medioevo occidentale.* Mailand, 1997; Gosman, Martin. *La légende d'Alexandre le Grand dans la littérature française du 12e siècle. Une réécriture permanente.* Amsterdam, 1997; Ehlert, Trude. *Deutschsprachige Alexanderdichtung des Mittelalters. Zum Verhältnis von Literatur und Geschichte.* Frankfurt a. M. u. a., 1989.

41 Vgl. Cölln, Jan. «Der Heide Alexander als Vorbild für christliche Weltherrschaft. Zur geistlichen Funktionalisierung Alexanders in Lambrechts Dichtung». *Internationalität nationaler Literaturen. Beiträge zum ersten Symposium des Göttinger Sonderforschungsbereichs 529.* Hg. v. Udo Schöning. Göttingen, 2000. 86–101; Schnell, Rüdiger. «Der ‹Heide› Alexander im ‹christlichen› Mittelalter». *Kontinuität und Transformation der Antike im Mittelalter. Veröffentlichungen der Kongreßakten zum Freiburger Symposium des Mediävistenverbands.* Sigmaringen, 1989. 45–63; Brummack, Jürgen. *Die Darstellung des Orients in den deutschen Alexandergeschichten des Mittelalters.* Berlin, 1966.

42 Vgl. Friedman, John Block. *The Monstrous Races in Medieval Art and Thought.* Cambridge, Mass. u. London, 1981; Münkler, Marina u. Werner Röcke. «Der *ordo*-Gedanke und die Hermeneutik der Fremde im Mittelalter. Die Auseinandersetzung mit den monströsen Völkern des Erdrandes». Münkler, Meßlinger u. Ladwig (Anm. 22), 701–66; Daston, Lorraine u. Katherine Park. *Wonders and the Order of Nature 1150–1750.* New York, 1998.

43 Vgl. Greenblatt, Stephen. *Wunderbare Besitztümer.* Berlin, 1994; Pagden, Anthony. *The Fall of Natural Man. The American Indian and the Origins of Comparative Ethnology.* 2. Aufl. Cambridge, 1986; Todorov, Tzvetan. *Die Eroberung Amerikas. Das Problem des Anderen.* Frankfurt a. M., 1985.

44 Vgl. Neuber, Wolfgang. *Fremde Welt im europäischen Horizont. Zur Topik der deutschen Amerika-Reiseberichte der Frühen Neuzeit.* Berlin, 1991; Wehle, Winfried (Hg.). *Das Columbus-Projekt. Die Entdeckung Amerikas aus dem Weltbild des Mittelalters.* München, 1995; Wenzel, Horst (Hg.). *Gutenberg und die Neue Welt.* München, 1994.

45 Kiening, Christian. «Alterität und Mimesis. Repräsentation des Fremden in Hans Stadens ‹Historia›». *Nach der Sozialgeschichte. Konzepte für eine Literaturwissenschaft zwischen Historischer Anthropologie, Kulturgeschichte und Medientheorie.* Hg. v. Martin Huber u. Gerhard Lauer. Tübingen, 2000. 483–510; vgl. auch Fink-Eitel, Hinrich. *Die Philosophie und die Wilden. Über die Bedeutung des Fremden für die europäische Geistesgeschichte.* Hamburg, 1994.

46 Zur Geschichte und Theorie des Briefs im Mittelalter vgl. Hoffmann, Hartmut. «Zur mittelalterlichen Brieftechnik». *Spiegel der Geschichte. Festgabe für Max Braubach zum 10. April 1964.* Hg. v. Konrad Repgen u. Stephan Skalweit. Münster, 1964. 141–70; Krautter, Konrad. «*Asci ore ad os* … Eine mittelalterliche Theorie des Briefs und ihr antiker Hintergrund». *Antike und Abendland* 28 (1982): 155–68.

47 Vgl. Gunderson, Lloyd L. *Alexander's Letter to Aristotle about India.* Meisenheim, 1980; ein weiteres Beispiel für die Form des Briefs in der Beschreibung der Wunder Indiens ist der lateinische Brief über die Wunder Indiens an Kaiser Hadrian; vgl. Lecouteux, Claude. *De Rebus in Oriente Mirabilibus (Lettre de Farasmanes).* Meisenheim am Glan, 1979.

48 Vgl. Foucault, Michel. «Andere Räume». *Stadt-Räume.* Hg. v. Martin Wentz. Frankfurt a. M. u. New York, 1991. 65–72.

49 Vgl. Gregor, Helmut. *Das Indienbild des Abendlandes bis zum Ende des 13. Jahrhunderts.* Wien, 1964; Börner, Klaus H. *Auf der Suche nach dem irdischen Paradies. Zur Ikonographie der geographischen Utopie.* Frankfurt a. M., 1984; zur Wirksamkeit dieses Bildes bis in die Frühe Neuzeit vgl. Dharampal-Frick, Gita. *Indien im Spiegel deutscher Quellen der Frühen Neuzeit (1500–1750). Studien zu einer interkulturellen Konstellation.* Tübingen, 1994, bes. 120–35.

50 Vgl. Ottonis Episcopi Frisingensis u. Otto Bischof v. Freising. *Chronica sive historia de duabus civitatibus/Chronik oder Die Geschichte der zwei Staaten, lat.-dt.* Hg. v. Walter Lammers. 2. Aufl. Darmstadt, 1972, VII, 33, 556 f.; Hintergrund des bei Otto Berichteten war nach allgemeiner Forschungsmeinung eine Schlacht bei Samarkand im Jahre 1141, bei der das Turkvolk der Karakitai den Seldschuken eine vernichtende Niederlage beigebracht hatte.

51 Der in zahlreichen Varianten überlieferte Brief wurde zuerst von Friedrich Zarncke ediert, der aus den ihm bekannten überlieferten Handschriften einen ‹Normaltext› herstellte; vgl. Zarncke, Friedrich. «Der Priester Johannes». *Abhandlungen der Königlich-Sächsischen Gesellschaft der Wissenschaft. Philologisch-Historische Classe 17.* Leipzig, 1879. 827–1030, 909 ff.; Textzeugen der unterschiedlichen Varianten hat Bettina Wagner im Rahmen ihrer Untersuchung über den Presbyter-Brief neu ediert; vgl. Wagner, Bettina. *Die ‹Epistola presbiteri Johannis› lateinisch und deutsch. Überlieferung, Textgeschichte, Rezeption und Übertragung im Mittelalter.* Tübingen, 2000. 345–466.

52 Vgl. v. d. Brincken, Anna Dorothee. «Presbyter Johannes, Dominus Dominantium – ein Wunschweltbild des 12. Jahrhunderts». *Monumenta Ecclesiae 1* [Kat.]. Hg. v. Anton Legner. Köln, 1985. 83–97, 92; Knefelkamp, Ulrich. *Die Suche nach dem Reich des Priesterkönigs Johannes.* Gelsenkirchen, 1986. 35 ff.

53 Der Brief ist bis in die jüngste Forschung immer wieder als Utopie gedeutet worden, mir erscheint jedoch der Begriff der Heterotopie angemessener, weil er deutlich macht, dass der Entwurf einer besseren Welt nicht an einem Nicht-Ort, sondern an einem Anders-Ort angesiedelt ist. Zu den Deutungen des Briefes als Utopie vgl. Zaganelli, Gioia. «Contradiction et conciliation en utopie. La lettre du ‹Prêtre Jean›». *Requiem pour l'utopie? Tendances autodestructives du paradigme utopie.* Hg. v. Carmelina Imbroscio u. Raymon Trousson. Pisa, 1986. 19–34; Albert, Jean-Pierre. «Le roi et les merveilles. A propos de la légende du Prêtre Jean». *Cahiers de littérature orale* 29 (1991): 17–45.

54 Vgl. die Zusammenfassung der Forschung bei Wagner (Anm. 51), 244–53.

55 Dass diese mögliche Dimension des Briefs überhaupt wahrgenommen worden ist, zeigt sich nur in einem Schreiben Alexanders III. von 1177 an den Priesterkönig Johannes, in dem er die Suprematie des päpstlichen Stuhles gegenüber allen anderen Formen der Herrschaft hervorhob. Vgl. Münkler (Anm. 26), 191 f.

56 Zur Verbreitung und Rezeption des Briefs vgl. Wagner (Anm. 51). Zur Überlieferung des Presbyterbriefs in Handschriften des Jüngeren Titurel und der Frage von *mouvance* und *variance* unter dem Gesichtspunkt der New Philology vgl. auch den Beitrag von Jürgen Wolf in diesem Band.

Ortrud Gutjahr

b) Neuere deutsche Literatur

Interkulturalität: zur Konjunktur und Bedeutungsvielfalt eines Begriffs

Interkulturalität ist verstärkt seit den 80er Jahren des zwanzigsten Jahrhunderts innerhalb der Germanistik zu einem forschungsleitenden Begriff geworden. Es ist eine Flut von wissenschaftlichen Publikationen erschienen, die Interkulturalität als neues Paradigma der Literaturwissenschaft elaborieren, es wurde eine Gesellschaft für interkulturelle Germanistik gegründet, die mit ihren Tagungen und regelmäßig erscheinenden Publikationen ein breit gefächertes Spektrum an Fragestellungen, Themen und Methoden zur interkulturellen Literaturwissenschaft vorstellt, an verschiedenen deutschen Universitäten wurden Professuren für interkulturelle Germanistik oder interkulturelle Literaturwissenschaft eingerichtet, und es wurden Schwerpunkte zur interkulturellen Literaturwissenschaft in germanistische Studiengänge integriert.

Diese Entwicklung innerhalb der Germanistik, Fragestellungen und Methoden zur Interkulturalität in Forschung und Lehre zu etablieren, ist Teil eines fächer- und disziplinenübergreifenden Forschungstrends, denn auch in anderen Geistes- und Kulturwissenschaften hat Interkulturalität als Forschungsparadigma Eingang gefunden. Davon zeugen die zahlreichen Veröffentlichungen zur interkulturellen Psychologie, Philosophie, Religionswissenschaft und Pädagogik. Seine Vielschichtigkeit und den damit verbundenen hohen Attraktionswert gewinnt das Forschungsparadigma, weil Interkulturalität nicht zuletzt im bildungs-, wirtschafts- und kulturpolitischen Bereich hoch im Kurs steht. Denn Interkulturalität ist nicht nur zu einem intensiv umworbenen Konzept wissenschaftlicher Diskurse geworden, sondern auch zu einem zentralen Begriff innerhalb der öffentlichen Diskussion. Gewinnt ein Begriff aber eine so zentrale Strukturierungsfunktion für unterschiedliche Diskursformationen, so weist dies darauf hin, dass sich gesellschaftliche Verschiebungen und Neuorientierungen in ihm niederschlagen. Interkulturalität ist somit auch als Ausdruck einer gesellschaftsspezifischen Aufmerksamkeitsverlagerung im Zeichen eines neuen Wissens- und Erklärungsbedarfs zu verstehen.

Die Veränderungen, die mit dem Begriff Interkulturalität gefasst werden, beziehen sich auf neu entstandene oder verändert erlebte Formen des Austauschs zwischen sozialen Einheiten und Individuen. Dabei müssen unterschiedliche Erfahrungshorizonte und Wertvorstellungen neu austariert werden, wenn tradierte Grenzziehungen aufgebrochen und zu Schnittstellen oder Kontaktflächen werden. Diese für Kommunikation zwischen sozialen Einheiten konstitutive Unterschiedlichkeit wird nun aber erst dann als kulturspezifische wahrgenommen, wenn sie von den Kommunikationspartnern auf die Sozialisierung durch unterschiedliche Kulturen zurückgeführt und als fremd gegenüber dem eigenen System bewertet wird. Mit dem Begriff Interkulturalität werden somit Interaktionsformen bezeichnet, bei denen die Interaktionspartner sich wechselseitig als unterschiedlich kulturell geprägt identifizieren.

In ein neues Spannungsverhältnis geraten diese Interaktionsformen, wenn Nähe zwischen sozialen Gruppen und Individuen hergestellt wird, die zuvor in größerer geographischer und sozialer Distanz gelebt haben. Interkulturalität bezeichnet unter diesem sozial-räumlichen Aspekt ein Beziehungsverhältnis, das durch Nähe intensiviert und dadurch potenziell konflikthaft aufgeladen wird. Zugleich aber eignet diesem kulturdifferenten Beziehungsverhältnis auch eine temporale Komponente, insofern nicht nur Distanz verringert wird, sondern in der wechselseitigen Wahrnehmung auch unterschiedliche Zeithorizonte und Entwicklungsstadien aufeinander treffen und im Sinne einer Gleichzeitigkeit von Ungleichzeitigem in der Interaktion miteinander verknüpft werden müssen.[1]

Im Gegensatz zu den Bewegungsrichtungen der Eroberungs- und

Kolonisierungsepochen, in denen seit der frühen Neuzeit weitgehend die Europäer in ferne Länder aufbrachen und dort in Kontakt mit anderen Kulturen traten, haben einerseits technisch-medialer und wirtschaftlicher Globalisierungsschub in der westlichen Welt, andererseits Arbeitsmigration und Asylsuche in den letzten Jahrzehnten des 20. Jahrhunderts dazu geführt, dass die Kontakte zwischen Menschen, die in unterschiedlichen kulturellen Kontexten sozialisiert wurden, zugenommen haben und vielfach auf europäischem Boden stattfinden.[2] Nun gehört innerhalb multikultureller Gesellschaften die Fähigkeit, sich mit unterschiedlichen kulturellen Symbolformen und Erwartungshorizonten auseinander zu setzen, zur notwendigen sozialen Kompetenz ihrer Mitglieder.[3] Wie in anderen Staaten wurden auch in Deutschland Zuwanderung und deren soziale Folgen zur politischen Herausforderung und führten zu einer Verschiebung von der Gastarbeiter- und Ausländerpolitik zu einer Minderheiten- und Zuwanderungspolitik.[4] In diesem Zusammenhang entstand eine Nachfrage nach Integrationsmodellen auch im Sinne interkultureller Bildung und Ausbildung an den Hochschulen, was sich in gezielter Forschungsförderung zu diesen Arbeitsfeldern niederschlug.

Das verstärkt einsetzende Interesse, Interkulturalität in der universitären Lehre und Forschung zu verankern, verdankt sich also einerseits dem Wissens- und Umorientierungsbedarf einer multikulturell geprägten Gesellschaft, andererseits den bildungspolitischen Trends, die sich in Deutschland und mit unterschiedlicher Vehemenz weltweit abzeichnen. Wie nie zuvor in ihrer jahrhundertelangen Geschichte ist die deutsche Universität auf Interkulturalität ausgerichtet, versucht sie, sich angesichts zunehmender Globalisierung und immer knapper werdender finanzieller Ressourcen ein international anschlussfähiges wissenschaftliches Profil zu geben.

Vor dem Hintergrund der Etablierung einer europäischen Staatengemeinschaft wird seitens politischer Gremien und Bildungseinrichtungen eine engere Zusammenarbeit in Europa gewünscht und dementsprechend finanziell unterstützt. So wird der Austausch von Studierenden und Lehrenden ebenso gefördert wie die Entwicklung gemeinsamer Curricula und Prüfungsmodalitäten.[5] Die von Brüssel aus verwalteten Sokrates-Austauschprogramme sind nur ein Beispiel dafür, wie die Europäische Gemeinschaft Anschubfinanzierungen für den interkulturellen Austausch innerhalb der Wissenschaft bereitstellt.[6] Allenthalben wird deshalb auch der Ruf nach neuen Studiengängen laut, bei denen ausländische Studierende einen leichteren Einstieg in das deutsche Universitätssystem finden sollen.[7] Die Einführung von Bachelor- und Master-Studiengängen sowie die Gründung von international ausgerichteten und interdisziplinär arbeitenden Forschungszentren und Wissenschaftskollegs unterstützten diese Bemühungen um Internationalisierung und Vernetzung der Forschung. So ist die Etablierung des Forschungs- und Studienschwerpunkts Interkulturelle Germanistik nicht nur im Kontext der Zuwanderungsprozesse in Deutschland zu sehen, sondern auch im Zusammenhang dieses Internationalisierungsschubs, der dem Bedürfnis entgegenkommt, innerhalb der deutschen Universität ein besonderes Spektrum an kulturwissenschaftlichen Studiengängen zu etablieren.

Interkulturelle Germanistik

Die erste Professur für *Literaturwissenschaft/Interkulturelle Germanistik* wurde im Frühjahr 1986 durch die Fakultät für Geistes- und Sozialwissenschaften der Universität Karlsruhe ausgeschrieben, wo zwei Jahre zuvor auf der vierten internationalen Sommerkonferenz ‹Deutsch als Fremdsprache› auch die *Gesellschaft für Interkulturelle Germanistik* (GIG) gegründet worden war. Es waren zunächst vor allem Lehrende aus dem Fach Deutsch als Fremdsprache, die versuchten, gemeinsam mit den Lehrenden der so genannten Inlandsgermanistik in einem für das Fach Germanistik intradisziplinären Dialog, eine neue Richtung literaturwissenschaftlicher Forschung mit kulturwissenschaftlicher Ausrichtung zu etablieren. Ziel dieser Neugründung war es, dass die Lehrenden beider Teilbereiche in Forschung und Lehre sowie in der Entwicklung von Fragestellungen und Methoden kooperativ zusammenarbeiten.[8] Von den Gründungsmitgliedern wurde die Interkulturelle Germanistik als eine Wissenschaft verstanden, die «von der Kultureingebundenheit aller germanistischen Arbeit in Forschung und Lehre ausgeht»[9]. Das besondere Untersuchungsinteresse der Interkulturellen Germanistik sollte auf «die hermeneutischen Unterschiede zwischen der Germanistik im fremdsprachigen Ausland (‹Auslandsgermanistik›), der muttersprachlichen Germanistik deutschsprachiger Länder (‹Inlandsgermanistik›) und dem zwischen beiden Varianten angesiedelten Fach Deutsch als Fremdsprache»[10] gelenkt werden.

Mit diesen zunächst noch weit und allgemein gefassten Grundsatzbestimmungen wird der Interkulturellen Germanistik eine Mittler- und Brückenfunktion zwischen der so genannten grundsprachigen Germanistik und der fremdsprachigen Germanistik zugewiesen. Die Arbeitsfelder werden im Variantendreieck von Muttersprachen-Germanistik, Deutsch als Fremdsprache und Auslandsgermanistik gesucht. Damit wird die Notwendigkeit zum Dialog mit den Germanisten, die in anderen kulturellen Kontexten (auch wissenschaftlich) sozialisiert sind, evident. Denn das ambitionierte Vorhaben, Literatur im interkulturellen Kontext zu untersuchen, überfordert Kapazität und Möglichkeit eines Einzelnen. Mit den Tagungen und Publikationen der Gesellschaft für Interkulturelle Germanistik wurde ein Forum geschaffen, bei dem die unterschiedlichen Erfahrungen der im fremdsprachigen Ausland und der in den deutschsprachigen Ländern Lehrenden und Forschenden des Fachs Germanistik unter fachkritischer Perspektive diskutiert werden.

Die neuen literaturtheoretischen und spezifisch interkulturellen Fragestellungen und Ansätze dieses Austauschs sind darüber hinaus Teil des um Innovation bemühten wissenschaftlichen Diskurses geworden. Denn die Interkulturelle Germanistik, von ihrem wissenschaftlichen Selbstverständnis dialogisch angelegt, ist Teil der kulturwissenschaftlichen Wende innerhalb der Philologien. Sie versteht sich als kulturwissenschaftlich orientierte Literaturwissenschaft, der es bei der Untersuchung von Literatur nicht allein um den eigenen kulturellen Kontext, sondern um die für den literarischen Text konstitutiven kulturellen Bezugssysteme, deren ästhetische Gestaltung und Vermittelbarkeit geht. Betont wird dabei ein notwendig selbstreflexives Moment, nämlich die Bewusstmachung der eigenen kulturellen Programme und Inhalte als Voraussetzung für eine produktive Auseinandersetzung mit fremden Kulturen.[11] Der Begriff Fremde wurde zu einem Grundbegriff der Interkulturellen Literaturwissenschaft, denn ihr

Forschungsschwerpunkt wird in «der Erforschung und Vermittlung deutscher Kultur, ihrer Literatur, Sprache und gesellschaftlichen Wirklichkeit, unter der Bedingung (und in der Perspektive) ihrer Fremdheit»[12] gesehen. Damit wurde eine Grundbedingung des Fachs Deutsch als Fremdsprache (DaF) zur forschungsleitenden Fragestellung für den wissenschaftlichen Austausch zwischen den Inlands- und Auslandsgermanisten.

Zugleich ist aber damit auch ein prinzipieller Wandel im Selbstverständnis der Germanistik angezeigt. Aufgekündigt wird nämlich die Vorstellung, dass in der Inlandsgermanistik die wissenschaftlichen Maßstäbe für die Forschung und Lehre des Fachs gesetzt werden und diese dann unter Maßgabe der jeweils spezifischen kulturellen Gegebenheiten im Ausland lediglich noch modifiziert werden müssen. Vielmehr sucht die Etablierung dieser Forschungsrichtung der Veränderung Rechnung zu tragen, dass sich unter der Perspektive unterschiedlicher kultureller Kontexte nicht nur die Studentenschaft verändert hat, die an deutschen Hochschulen Germanistik studiert, sondern auch die zeitgenössische deutschsprachige Literatur.

Die seit dem Ende der 1970er Jahre in größerer Zahl erschienenen Publikationen von Autorinnen und Autoren, die aus anderen Kulturräumen nach Deutschland immigriert sind und den Suchbewegungen zwischen den unterschiedlichen kulturellen Identifikationsangeboten eine literarische Form gaben, lenkte die Aufmerksamkeit nachhaltig auf die Gestaltung von Interkulturalität als Themengebiet und ästhetischem Verfahren in den deutschsprachigen Literaturen.[13] Kulturspezifische Vermittlungs- und Rezeptionsprobleme von Literatur oder aber genuin interkulturelle Fragestellungen wie die nach einer interkulturellen Hermeneutik fanden in der Teildisziplin Interkulturelle Germanistik ihren wissenschaftslogischen Ort, wurden aber erst damit auch explizit zum erklärten Bestandteil des Fachs Germanistik insgesamt.[14]

Ursprünglich also aus dem Bedürfnis entstanden, den Bereich Deutsch als Fremdsprache mit der traditionellen (Inlands-)Germanistik enger zu verzahnen und ihr den Status einer eigenständigen Disziplin, einer «Philologie der Kulturenverständigung»[15] zu verleihen, hat die Interkulturelle Germanistik im Zuge der kulturwissenschaftlichen Neuorientierung der Literaturwissenschaft einen anderen Stellenwert gewonnen und wurde verstärkt als Schwerpunkt Interkulturelle Literaturwissenschaft im Fach Germanistik verstanden. Im Spektrum der zunehmenden Auffächerungen innerhalb der Germanistik befindet sich nun die Interkulturelle Literaturwissenschaft in der Situation, dass sie zwar einerseits auf die Forschungsergebnisse der aus dem DaF-Bereich hervorgegangenen Interkulturellen Germanistik aufbauen kann, andererseits dieser Teildisziplin innerhalb einer Disziplinen und Fakultäten übergreifenden Diskussion um kulturwissenschaftliche Neuorientierung der Geisteswissenschaften (und insbesondere der Philologien) ein eigenständiges Gepräge geben muss. Die Begriffe Interkulturelle Germanistik und Interkulturelle Literaturwissenschaft werden synonym verwendet, wobei Interkulturelle Germanistik eher mit der Herkunft aus dem Bereich Deutsch als Fremdsprache verknüpft wird, Interkulturelle Literaturwissenschaft eher mit der kulturwissenschaftlichen Wende in den Geisteswissenschaften konnotiert ist. Das Fach befindet sich also in einem produktiven Prozess der Selbstfindung und Konsolidierung und ist auch damit in die gegenwärtige Diskussion um die Kulturwissenschaften eingebettet.

Die kulturwissenschaftliche Wende in den Geisteswissenschaften, die in Deutschland durch die vom Wissenschaftsrat befürworteten und von der Deutschen Forschungsgemeinschaft seit Beginn der 1990er Jahre geförderten Reforminitiativen markiert ist, hat zur Etablierung neuer Studiengänge geführt. Wissenschaftliche Publikationen tragen verstärkt dem neu entstandenen Interesse an Kulturtheorien und kulturwissenschaftlichen Fragestellungen Rechnung. Der produktiven Rezeption von kulturwissenschaftlichen Ansätzen, vornehmlich dem angloamerikanischen Raum geschuldet, koinzidiert diese wissenschaftliche Wende jedoch auch unübersehbar mit der deutschen Wiedervereinigung. Die Kulturwissenschaft gehörte zu einer der wenigen Errungenschaften der DDR, die nach der Wende und den Abwicklungen innerhalb der Universitäten unter Beibehaltung der Denomination bei gleichzeitiger inhaltlicher Umgestaltung und Expansion des Fachs übernommen worden ist.[16]

Fragen nach den Berührungspunkten einer gemeinsamen und doch unterschiedlichen Kultur wurden virulent. Die heftig entfachten Literaturdebatten nach der Wende[17] waren unzweifelhaft auch intellektuelle Schockreaktionen und Ausdruck des verzweifelten Versuchs, auf die in ihrer zunehmenden Dynamik dann doch so überraschende politische Wende wenigstens mit Stellungnahmen und Neupositionierungen zu reagieren. Fragen nach Vergangenheitsbewältigung und Schuld, nach Gemeinsamem und Fremdem, nach Zivilisation und Kultur erhielten eine neue Bedeutung und bestimmen den zeitgenössischen Diskurs nachhaltig.

Alterität als Fremde

Die Interkulturelle Literaturwissenschaft sah sich durch die Wiedervereinigung vor die Aufgabe gestellt, die Unterscheidung von Fremdem und Eigenem unter *intra*kultureller Perspektive neu zu durchdenken.[18] Angezeigt war damit also auch ein Perspektivenwechsel, denn es ging nun nicht mehr um die Auseinandersetzung mit der deutschen Literatur unter fremdsprachlicher Perspektive, sondern implizit um ein Fremd-Werden oder Fremd-werden-Lassen des eigenen Selbstverständnisses. Die so gewonnene Distanz vom scheinbar Vertrauten ist Voraussetzung einer umfassenden Selbstreflexion und Neuorientierung des Fachs, mit der nun verstärkt Konstruktionsprinzipien von Differenz ins Blickfeld rücken.

Mit der Interkulturellen Literaturwissenschaft kommt also ein prozesshafter und dialogischer Kulturbegriff zur Anwendung, der an der Selbstthematisierungsfähigkeit von Gesellschaft ansetzt und die kontextbezogene Veränderung von Bedeutungen und Handlungen zwischen Menschen, die sich situativ und multipel verorten, untersucht. In diesem Oszillieren zwischen unterschiedlichen Handlungsorientierungen kommt es zur Auflösung und Neuschaffung von Grenzziehungen, Macht- und Gewaltverhältnissen und Geschlechterrollen. So wird mit dem Begriff Interkulturalität eine Grenzüberschreitung in den Blick genommen, bei der weder ein wie auch immer gefasstes Innerhalb oder Außerhalb der Grenze noch die Grenze zum eigentlichen Untersuchungsgegenstand wird, sondern vielmehr das *Inter* selbst. Mithin geht es also um die Untersuchung der Funktionsweise von Differenzbestimmungen, die Kulturationsprozesse abstützen, verändern oder neu in Gang setzen.

Innerhalb kulturwissenschaftlicher Forschung wird Kultur je nach

Untersuchungsansatz als Netz von Bedeutungen gefasst, in das der Mensch selbst verstrickt ist,[19] oder als «Komplex von Werten, Sitten und Gebräuchen, Überzeugungen und Praktiken, die die Lebensweise einer bestimmten Gruppe ausmachen»[20], oder aber als «eine Konstellation von Texten, die – über das geschriebene oder gesprochene Wort hinaus – auch in Ritualen, Theater, Gebärden, Festen usw. verkörpert sind»[21].

All diesen Bestimmungen von Kultur ist gemeinsam, dass nach Symbolisierungsformen gesucht wird, durch die sich eine soziale Gemeinschaft in ihrer kulturellen Identität selbst beglaubigt. Interkulturelle Literaturwissenschaft denkt Kultur demgegenüber nicht als fest umgrenzte Entität, sondern geht von den Interaktionsprozessen aus, bei denen die kulturelle Differenz zwischen ebendiesen Werten, Sitten, Gebräuchen und Praktiken als kulturkonstitutiv verhandelt wird. Untersucht wird ‹Kultur als Text› im Sinne einer Vertextung wechselseitiger Bedeutungszuschreibung, als Intertextualität zwischen Kulturen. Interkulturalität meint also nicht Interaktion zwischen Kulturen im Sinne eines Austauschs von je kulturell Eigenem, sondern zielt auf ein intermediäres Feld, das sich im Austausch der Kulturen als Gebiet eines neuen Wissens herausbildet und erst dadurch wechselseitige Differenzidentifikation ermöglicht. Die Untersuchung interkultureller Kommunikation bezieht sich somit auf kommunikative Akte zwischen Personen, die sich mittels kultureller Zeichen als voneinander unterschiedlich identifizieren.[22] Interkulturelle Literaturwissenschaft reflektiert auf ebendiese Verfahren der Bedeutungszuschreibung.

Zunächst fungiert der Begriff Interkulturalität im allgemeinen Sprachgebrauch als Beschreibungskategorie, mit welcher das Aufeinandertreffen unterschiedlicher kultureller Horizonte und Ansprüche bezeichnet wird. Mithin werden damit Reaktionsweisen auf kulturelle Alterität gefasst. Interkulturalitätsforschung setzt bei diesen Reaktionsformen als Konstruktionsprinzipien an. Denn worauf in der interkulturellen Kommunikation vermeintlich nur reagiert wird, wird in seiner Bedeutung durch die Interaktion erst hergestellt. Das Forschungsparadigma Interkulturalität rückt damit die Unterschiedlichkeit von Kultur als interpretative Leistung sozialer Subjekte ins Zentrum. Diese interpretative Leistung aber basiert auf einer Relation: auf der Konstruktion eines Zuschreibungsverhältnisses von Eigenem und Fremdem.

Fremde ist nun aber keine vorfindbare Gegebenheit oder Eigenschaft, die einem Objekt zukommt, und bezeichnet auch keine objektiv messbare Größe. Das Fremde ist vielmehr ein Relations- oder Unterscheidungsbegriff zum Eigenen und somit ohne das Eigene gar nicht denkbar und umgekehrt, wie dies in der Fremdheitsforschung verschiedentlich dargelegt wurde. Häufig ist den Beteiligten gar nicht bewusst, dass es sich bei der Bestimmung von Fremdem und Eigenem um Definitionen handelt, da ihnen die Unterscheidung als naturwüchsige Differenz erscheint. Dabei sind es nicht die Unterschiede, die jemanden zum Fremden machen, sondern es ist eine institutionalisierte Fremde, die zur Wahrnehmung und Dramatisierung von Unterschieden führt. Das Eigene und das Fremde sind demnach heuristisch als operationale Größen von Interkulturalität zu verstehen, die also erst durch die Operationalisierung hervorgebracht werden. Die Differenz zwischen Eigenem und Fremdem lässt sich als Bedeutungszuschreibung verstehen, die an den jeweiligen kulturellen Kontext gebunden ist und innerhalb dieses Kontextes plausibel und anschließbar sein muss.

Das Fremde ist demnach Teil einer kulturdistinktiven Beziehungsdefinition,[23] die erst Selbstdefinition ermöglicht, da jede Selbstbeschreibung Alterität, von der sich das Selbst abgrenzend profiliert, in Anspruch nehmen muss. Als Begriff, der in der Philosophie, Ethnologie, Soziologie, Psychologie und Anthropologie mit unterschiedlicher Akzentuierung zur Erklärung von Selbstkonstitution in Interaktionsprozessen herangezogen wird, umfasst Alterität die Vorstellung von einem, in Bezug auf das Eigene, gleichursprünglich Anderen. Insbesondere der philosophische Ansatz von Emmanuel Lévinas wurde für die begriffliche Bestimmung von Alterität interdisziplinär fruchtbar. Nach Lévinas' Bestimmung ist der Andere «nicht zunächst Gegenstand des Verstehens und dann Gesprächspartner», sondern «beide Beziehungen» fallen zusammen: «Vom Verstehen des Anderen ist seine Anrufung untrennbar.»[24] In dieser unhintergehbaren Gebundenheit an den Anderen ist Identitätsfindung auf die immer neue Inszenierung des Beziehungsverhältnisses verwiesen.

Dass diese Form der Inszenierung ein anthropologisches Grundmuster für die Herstellung von Selbstidentität ist, hat Sigmund Freud am Beispiel des kindlichen Spiels verdeutlicht. Freud beobachtete, dass ein Kleinkind während der Abwesenheit seiner Mutter mit Hilfe einer Fadenrolle in ein Spiel verfiel, das immer dem gleichen Muster gehorchte: Das Kind warf die am Faden gehaltene Spule aus seinem verhängten Bettchen, sodass sie nicht mehr zu sehen war. Dann zog es am Faden und begrüßte die Fadenrolle wieder mit einem freudigen «da». Freud deutete dieses ‹Fort-da-Spiel› des Kindes als produktive Wiederholung, denn in einem Akt der Selbstermächtigung inszeniert das Kind Fortgehen und Rückkehr der Mutter. «Es entschädigte sich gleichsam dafür, indem es dasselbe Verschwinden und Wiederkommen mit den ihm erreichbaren Gegenständen selbst in Szene setzt.»[25] Freud geht bei diesem Spiel von einer «großen kulturellen Leistung»[26] des Kindes aus, da es fähig wird, erfahrene Trennung durch kreative Gestaltung zu bewältigen. Im Pendeln zwischen Anwesenheit und Abwesenheit kann sich das Kind im Spiel mit einem symbolischen Anderen stabilisieren.

In Weiterführung von Freuds Beobachtungen und Überlegungen hat Donald W. Winnicott in diesem intermediären Raum zwischen dem Anwesenden und dem Abwesenden den Ort des kulturellen Erlebens überhaupt ausgemacht. Denn mit dem Gewahrwerden des Getrenntseins von anderen Objekten, mit der gleichzeitigen Etablierung von Anderem und Ich, geht auch immer der Entwurf eines schöpferischen Spannungsfeldes einher, in dem Winnicott das kulturelle Erleben lokalisiert und das er als «potential space»[27] bezeichnet. In diesem Möglichkeitsraum wird die Grenze zwischen Eigenem und Anderem spielerisch exploriert, und das Probehandeln gewinnt schöpferischen Gestaltungscharakter für die Differenzbestimmung zwischen dem Selbst und dem Anderen. Unter dem Aspekt der Interkulturalität inszeniert Literatur dieses anthropologische Grundmuster im Pendeln zwischen eigen- und fremdkulturellem Bezugsfeld immer wieder neu und eröffnet somit den für die Welt- und Selbsterfahrung konstitutiven Möglichkeitsraum.

Theoretische Ansätze und Forschungsfelder

Auch wenn die Interkulturelle Literaturwissenschaft verglichen mit anderen Fächern und Teildisziplinen erst auf eine kurze Wissenschaftsgeschichte zurückblicken kann, so zeichnen sich doch bereits Entwicklungstendenzen ab. Kennzeichnend für die Anfangsphase sind zahlreiche Publikationen, die sich der Selbstdefinition und Profilierung des Fachs gegenüber den Nachbardisziplinen widmen oder aber überhaupt den fächerübergreifenden Ansatz von Interkulturalität als neues Forschungsparadigma betonen. Themen und Gebiete, die schon je für den Bereich Deutsch als Fremdsprache konstitutiv waren, etwa Übersetzen und Übersetzungsforschung, Sprachvermittlung und Didaktik des Deutschunterrichts, werden mit Hilfe interkultureller Ansätze theoretisch neu fundiert. Mit der interkulturellen Hermeneutik, der Kulturthemenforschung,[28] der Imagologie und der Stereotypenforschung hat sich die Interkulturelle Literaturwissenschaft darüber hinaus ein breit gefächertes Forschungsfeld erschlossen, auf dem die Untersuchung von kulturspezifischen Zuschreibungsverhältnissen zentral ist. In ihren theoretischen Ansätzen orientiert sich die Interkulturelle Literaturwissenschaft deshalb auch an jenen Disziplinen und Forschungsrichtungen,[29] die sich der Untersuchung von Formen und Prinzipien der Kulturentwicklung und Differenzkonstruktionen widmen wie die Ethnographie[30], die Kultur- und Sozialanthropologie, die kulturtheoretisch orientierte Ethnopsychoanalyse[31] und Psychohistorie[32], die Gender-Forschung und die genuin interkulturell orientierte Fremdheitsforschung.

Eine weitreichende Arbeitsaufgabe der Interkulturellen Literaturwissenschaft liegt in der Aufarbeitung der in der nationalphilologisch orientierten Literaturgeschichtsschreibung vernachlässigten kulturwissenschaftlichen Schriften für eine interkulturell orientierte Literaturgeschichte. Gerade für die Interkulturelle Literaturwissenschaft gilt es, eine Tradition zu rekonstruieren, die noch vor der Etablierung der Germanistik als Wissenschaft mit den Schriften zur Kultur von Johann Gottfried Herder, Georg Forster und Alexander von Humboldt beginnt und sich in kontinuierlicher Folge bis ins 20. Jahrhundert mit den kulturkritischen Schriften von Sigmund Freud, Georg Simmel und Max Weber, Ernst Cassirer[33], Walter Benjamin[34], Max Horkheimer,

Theodor W. Adorno und Norbert Elias[35] fortsetzt, um nur einige zu nennen.[36]

Bei der Frage nach kulturdifferenten Bedeutungszuschreibungen ist die Interkulturelle Literaturwissenschaft prinzipiell offen für alle literarischen Texte. Im engeren Sinn gehören jedoch zu ihrem disziplinären Textkanon vor allem kulturreflexive Gattungen wie Reise-, Kolonial-, Exil- und Migrationsliteratur, Utopien, Abenteuerromane und Robinsonaden sowie die postkoloniale Literatur, in der die kolonialen Begegnungen und ihre Folgen oftmals von Autorinnen und Autoren aus früheren Kolonialgebieten in der Sprache der einstmaligen Kolonialmächte thematisiert sind.[37] Materiale Untersuchungsbasis der Interkulturellen Literaturwissenschaft sind also Texte und Textgattungen, in denen die ästhetische Inszenierung und Reflexion der unterschiedlichen Formen und Konflikte der Kulturbegegnung konstitutiv sind.[38]

Die Auseinandersetzung mit interkulturellen Fragestellungen schuldet dabei ihre Brisanz einer methodischen Notwendigkeit. Die Kontextualisierung der literarischen Texte in ihrem jeweilig epochen- und kulturspezifischen Diskursfeld wird zugleich zu einer spezifischen Form der Arbeit am kulturellen Gedächtnis. Denn die europäische Kultur ist, wie dies durch den Begriff *Cultural Negotiation* gefasst wird, geprägt durch spezifische Formen der Interkulturalität, durch «Wechselwirkungen und Strategien der Beeinflussung» und die Absorbierung fremder Kultur bei der «Strukturierung der eigenen»[39]. Die Vielfalt europäischer Kultur ist nicht nur durch die großen inner- und interkontinentalen Wanderbewegungen geprägt, sondern auch durch die europäischen Formen der Welterkundung, die in weiten Teilen mit räumlicher Expansion, Ausbeutung, Zerstörung und Unterordnung anderer Erfahrungswelten und Traditionen unter die Perspektive eigener Weltsicht einhergeht[40] und deshalb mit der Schuldfrage verknüpft ist.[41] Die Kartographierung der Erde durch die Europäer geht mit Benennung, Klassifizierung, Bewertung und Ermächtigung einher, die sich bis in den heutigen Sprachgebrauch von erster, zweiter und dritter Welt widerspiegelt.

Theorien zum Eurozentrismus und Rassismus oder Kolonialismus, die einem interkulturellen Ansatz verpflichtet sind, lassen sich vor diesem Hintergrund auch als Beitrag zur Kritik der Moderne verstehen.[42] Einen genuin interkulturellen Ansatz vertreten diesbezüglich auch postkoloniale Theorien,[43] bei denen es um die Strukturbedingungen der imperialen Vereinnahmungen geht wie bei Edward Said[44] oder um die Anerkennung[45] des postkolonialen Subjekts in einer zwischen den Kulturen angesiedelten Situation wie bei Homi Bhabha. Mit der Denkfigur des *third space* hat Bhabha dem intermediären Feld zwischen den Kulturen, als dem Raum der kulturellen Verortung des postkolonialen Subjekts, eine neue Bestimmung eingeschrieben. Eingefordert wird die Anerkennung einer hybriden Existenzform, bei der sich Subjekte kulturell multipel und situativ selbst bestimmen können. Damit wird auf einer kulturellen Differenz insistiert, die gerade nicht über die Relation zu einer wie auch immer bestimmten Alterität festgeschrieben, sondern zur produktiven Verunsicherung offen gehalten werden soll.[46] Der *dritte Raum* verweist somit auf das intermediäre Feld von Interkulturalität und die prinzipielle Unabgeschlossenheit kultureller Systeme.[47]

Auch die Analysen zur kulturellen Konstruktion von Geschlecht innerhalb der Gender-Forschung werden für eine interkulturelle Gender-Theorie anschlussfähig, wenn die Kategorie Geschlecht auch als interkulturell, translokal und multipel konstruiert untersucht wird.[48] So hat etwa Judith Butler in ihren Untersuchungen herausgestellt, dass kulturelle Geschlechtskonstruktionen über Ausschlussbestimmungen vermittelt sind, «und zwar so, daß das Menschliche nicht nur in Abgrenzung gegenüber dem Unmenschlichen produziert wird, sondern durch eine Reihe von Verwerfungen, radikalen Auslöschungen, denen die Möglichkeit kultureller Artikulation regelrecht verwehrt wird»[49]. Interkulturelle Literaturwissenschaft richtet ihr Augenmerk dabei auf die Verwerfungen[50] bei interkulturellen Geschlechterbeziehungen, die von der antiken Mythologie bis zur Gegenwartsliteratur im Zusammenhang mit Kriegen, Handel, Kolonialismus und Reisen nicht selten im Zeichen von Gewalt und rigiden Grenzziehungen stehen. Die Erzeugungsregeln solcher Grenzziehungen und damit die Ein- und Ausschlussbewegungen zu untersuchen, nach denen sich Kultur formiert, sieht Jan Assmann als Aufgabe einer kulturwissenschaftlichen Fremdheitsforschung:

Eine solche Xenologie geht von der Prämisse aus, daß jede Kultur, schon um überhaupt tradierbar zu sein, eine Grenze ziehen muß zwischen dem Eigenen und dem Fremden. Die Erzeugungsregeln dieser Grenzziehung sind in den Tiefenschichten der kulturellen Semantik verankert. Die xenologische Betrachtungsweise interessiert sich vor allem für die vielfältigen symbolischen Ausdrucksformungen der Grundstruktur.[51]

Solche symbolischen Ausdrucksformungen, wie sie die Literatur in besonderer Weise für eine semantische Lesart von Kultur bereitstellt, sind Gegenstand einer Interkulturellen Literaturwissenschaft, die im Begriff Fremde einen zentralen Bezugspunkt ihrer Forschung etabliert hat.

Fremde als Grundbegriff Interkultureller Literaturwissenschaft

Ausgehend von Theoremen der Fremdheitsforschung hat sich die Interkulturelle Literaturwissenschaft in der Herausbildung von Fragestellungen und Positionen und der Entwicklung einer interkulturellen Hermeneutik sehr stark mit der Entgegensetzung von Fremdem und Eigenem beschäftigt.[52] Alterität, über die Selbstkonstruktion und kulturelle Selbstdefinition erst möglich werden, wird also wesentlich im Begriff Fremde gefasst. Für die Interkulturelle Literaturwissenschaft wurde Fremde zu einem forschungsleitenden Begriff, da er die Relation von Nähe und Distanz markiert und mit jener topographischen Veränderung konnotiert ist, die für Interkulturalität konstitutiv ist. Die lateinische Entsprechung des Wortes *fremd* ist *peregrinus*, was vom Verb *peregrinor* hergeleitet ist und *umherreisen* heißt. Auch die Etymologie des deutschen Worts verweist auf eine ähnliche Bedeutung. Auf die Partikel *fram* geht der heutige Begriff zurück, was so viel wie *entfernt* bedeutet. Laut Grimm'schem Wörterbuch verbinden sich mit dem Wort *fremd* zwei Hauptvorstellungen: das von *Fernher-Sein* und das *Nicht-Eigen-Sein*, das *Nicht-Angehören*. Fremdheit ist nach dieser Sichtweise ein konfliktreich definierter sozialer Status, bei dem zwei Partner sich darüber verständigen, wer ‹zu Hause› und wer ‹in der Fremde› ist.

Die Differenzierung zwischen Eigenem und Fremdem wird also wesentlich in Kategorien des Raums und der Bewegung im Raum gedacht, wie dies auch für die Untersuchung von literarischen Texten unter interkulturellen Fragestellungen relevant ist. Fremde als Alteritätsrelation zur Selbstbestimmung lässt sich unter räumlicher Perspektive unter drei prinzipiellen Erscheinungsformen fassen: zum einen als das Jenseitige, prinzipiell Unverfügbare und Unzugängliche; zum anderen als das unbekannte Draußen, das dem vertrauten Raum, sei es dem eigenen Körper, der Familie oder der sozialen Gruppe, entgegengesetzt ist; und schließlich als Einbruch in einen als eigen definierten Innenraum. In der Inszenierung dieser raumorientierten Beziehungsverhältnisse hat die Literatur ein Archiv an prototypischen Figuren aufgebaut.

Das Fremde als das durch den Menschen prinzipiell Unerkennbare und Unfassbare nimmt die Ordnungsfunktion einer transzendenten Ganzheit ein, bei der es als tragender Grund und Resonanzboden von Eigenheit gedacht ist. Das Fremde bezeichnet das transzendente Außen, das Metaphysische, Ekstatische, das, was der Anschauung, dem Denken, Wissen und Fühlen prinzipiell unzugänglich ist, was aber in seiner Unzugänglichkeit das grundlegende Verhältnis zum Leben bildet. Die prototypische Denkfigur des Fremden, die alle Figuren der Fremde als ihren geheimen Doppelgänger begleitet, ist demnach der Tod. Zwischen dem Leben und dem Tod aber wird ein Raum konstituiert, durch den das Urtrauma der Sterblichkeit mit Figuren der Erinnerung und Unsterblichkeit bearbeitet wird.

Gemeinsames Merkmal der Figuren, die sich beim Raumtypus Fremde als das unbekannte Draußen herausgebildet haben, ist, dass sie sich räumlich bewegen und dabei die Erfahrung machen, dass vertraute Orientierungen und Deutungsmuster ihre Gültigkeit verlieren. Das Fremde als das noch Unbekannte bezieht sich auf Nicht-Gewusstes, aber auch auf die Möglichkeit des Wissens und Kennenlernens. Bei dieser Inszenierung von Eigenem und Fremdem in der Literatur werden Struktur und Topos der Reise für die Ästhetisierung der Selbst- und Fremdbegegnung maßgeblich.[53] Die prototypischen Figuren sind Abenteurer, Entdecker, Forscher, Eroberer, Siedler und Kolonisatoren, die sich aus der Heimat aufmachen, um das Fremde zu suchen. Dass der Mann in die Fremde muss, um die Mission seiner Selbstfindung zu erfüllen, ist als wirkungsmächtiges Muster der abendländischen Literatur vom griechischen Epos über den höfischen Roman bis zum Bildungsroman eingeschrieben. Umgekehrt werden diejenigen, die aus der Heimat vertrieben werden, zu Fremden in doppelter Hinsicht, wenn ihnen die Heimat fremd wird und sie sich in der neuen Kultur nicht assimilieren können. So beklagt Goethes *Iphigenie*, die seit mehr als 20 Jahren nach Tauris verbannt ist, am Anfang des Dramas: «Und es gewöhnt sich nicht mein Geist hierher./ So manches Jahr bewahrt mich hier verborgen/ Ein hoher Wille dem ich mich ergebe;/ Doch immer bin ich, wie im ersten, fremd.»[54] Fast leitmotivisch ist damit ein Muster formuliert, das sich in der Exil- und Migrationsliteratur bis in unsere Tage vielfach variiert wiederfindet.

Das Fremde als das unbekannte Drinnen ist demgegenüber ein Problem der Sesshaften, die nicht wissen, ob der Fremde in guter oder böser Absicht kommt. Diese Unsicherheit verlangt nach einer Klärung dessen, wer oder was der Fremde ist, verlangt nach einer akuten Lösung des Differenzproblems. Prototypische Figuren sind hier die Nichtsesshaften, die Exilsuchenden oder die Heimkehrer, die für die Daheimgebliebenen fremd geworden sind, aber auch Doppelgängerfiguren, mit denen das Unheimliche in Vertrautes einbricht.

Wie dieser kursorische Überblick zeigt, ist Fremdheit in Beziehung zu einem als eigen definierten Feld unter den unterschiedlichsten Perspektiven für die Literatur operationalisierbar. Der große Spielraum für die Definition von Fremdheit rührt aus der prinzipiellen Unverfügbarkeit anderer Menschen wie des eigenen Selbst, da Bewusstsein nicht adäquat kommuniziert werden kann. Zwischen das Bewusstsein und die dort aktualisierten Intentionen und das Verstehen durch einen Anderen ist stets die vom kulturellen Verstehenskontext abhängige kommunikative Situation gesetzt. Bei gemeinsamem sprachlichen und kulturellen Kontext können Gemeinsamkeitsfiktionen und Konsensunterstellung Brückenfunktionen für die Kommunikation übernehmen. Der «explikative Diskurs», bei dem symbolische Ausdrücke «als kontroverser Anspruch zum Thema gemacht»[55] werden, braucht Umschreibungen, Vergleiche und Verweisungen auf einen gemeinsamen Verstehenskontext, wenn er nicht ins Leere laufen will. In der Kommunikationssituation lässt sich Fremdheit demnach als dasjenige fassen, dem Anderssein zugeschrieben wird, weil die Verstehensillusion nicht aufgebaut werden kann. Verstehen ist demgegenüber nur über einen interkulturellen explikativen Diskurs möglich.

Fremdheit als ästhetisches Verfahren

Die literarische Inszenierung von Fremdheit muss einer narrativen Dramaturgie folgen, bei der das Fremde Gestalt gewinnt, indem es zugleich in Vertrautes überführt wird. So ist eine interkulturell organisierte Erzählinstanz, sei es in der Reise-, Migrations- oder postkolonialen Literatur, auf eine sprachlich-ästhetische Verständigungshaltung zwischen unterschiedlichen kulturellen Kontexten verwiesen. Für diese Konstellation der interkulturellen Verständigung zwischen den zu erschreibenden Referenzen Fremdes und Eigenes steht paradigmatisch der Brief, der ‹aus der Fremde› an ein ‹zu Hause› adressiert ist und damit sprachlich das Dazwischen, den intermediären Raum der kulturellen Vermittlung, als Distanz markiert.

Wie eine Reflexion auf dieses Verfahren der Bedeutungszuschreibung lässt sich beispielsweise ein programmatisch mit «Aus der Wüste» übertitelter Brief der Autorin Harriet Straub lesen, die am Ende des 19. Jahrhunderts für zehn Jahre als Ärztin in der französisch kolonisierten Sahara tätig war.[56] In diesem fiktiven Brief wird die Kultur Europas in kontrastierendem Vergleich zu der des nördlichen Afrika gesetzt. In Form der Rollenprosa lässt Straub die Ich-Erzählerin namens Ruth auf einen nur implizit angesprochenen Brief eines Freundes in Europa antworten:

> Lieber Freund,
> nächstens werd' ich den Eindruck bekommen, daß Europa nicht mehr ohne mich existieren kann; wenn Sie mich nämlich noch öfters mit solchen Briefen erfreuen. Also ich muß zurückkommen in die Kultur, es ist meine Pflicht, meine Gaben auszunützen und Sie schreiben gar: es sind Lücken da, «die Sie, gerade nur Sie ausfüllen können» [...].
> Aber lieber Freund, verzeihen Sie, wenn ich so unkultiviert bin und auf Worte mit Wahrheiten antworte: Sie glauben ja selbst nicht, was sie schreiben, Sie wissen selbst ganz gut, daß meine «Fähigkeiten» Ihretwegen ruhig vermodern könnten, wenn ich Ihnen z. B. die Mitteilung machte, daß ich nach Europa zurückkehren werde, um, sagen wir, Herrn Maier – Schulze – Müller zu heiraten. Aber da Sie gar so ehrlich betrübt zu sein scheinen über Ihr Unvermögen zu verstehen, wie ich es hier aushalte, da ihre Unfähigkeit zu begreifen, was mich hier so fesselt, Sie wirklich nervös zu machen scheint und Sie gar aus dem «europäischen Gleichgewicht» zu bringen scheint, will ich versuchen, diese Last Ihnen von der Seele zu nehmen.[57]

In ironischem Sprachgestus ist Straubs Text als Antwortbrief konzipiert, der sich gleich einem Palimpsest auf die (auch sprachlich-ästhetischen) Anforderungen und Regeln der europäischen Kultur legt. Die Ich-Erzählerin verortet sich im Pendeln zwischen ihren früheren Sicht- und Erlebensweisen in Europa und den neuen, selbstkonstitutiven Wahrnehmungsweisen in der afrikanischen Kultur. Unter dem Aspekt geschlechtsspezifischer Rollenzuschreibung erfährt sie den neuen Kulturraum als Freiraum. Dem ‹alten Freund› gegenüber befindet sie sich jedoch in einer kulturell doppelt deplatzierten Position, denn einerseits wird die Lebensweise in Europa als mittlerweile fremd gewordene evoziert. Andererseits wird die Erzählerin dadurch selbst zur Fremden beziehungsweise Unverstehbaren, da sie sich in ihrer neuen kulturellen Bezugnahme sprachlich nicht mehr adäquat zu vermitteln mag. Die Darstellung der fremden Kultur und damit auch die Selbstdarstellung der Briefschreiberin beruft sich deshalb explizit auf den durch die europäische Kultur geprägten Erfahrungshorizont des Briefadressaten. Mit der Form des Briefs, dem das Bemühen um Verstehen in Bezug auf einen abwesenden Anderen gattungstypologisch inhärent ist, werden kulturdistinktive Erlebnisse, Erfahrungen und Einsichten über die Fiktion einer dialogischen Struktur vermittelbar.

Der Brief gewinnt also die Funktion eines intermediären Feldes, in dem diese Fremdheitserfahrungen in der kontrastiven Profilierung unterschiedlicher kultureller Erfahrungshorizonte imaginär inszeniert werden. Diese kulturreflexive Erzählform geht mit einer Reflexion auf den Erzählprozess einher, bei der Befangenheits- und Unsagbarkeitstopoi aufgerufen werden. Formulierungen wie «immer ertappe ich mich noch gelegentlich mit der europäischen Brille auf der Nase» oder «keiner kann's schildern wie's ist, wenn man drin lebt, keiner kann's wiedergeben»[58] thematisieren die unumgängliche Verfangenheit im sprachlichen Verweisungsgefüge der Herkunftskultur. Deshalb gewinnt das Fremde als die neue, eigentlich unsagbare Erfahrung erst durch die Kontrastierung zu einem erzählten Eigenen, dem kulturell Bekannten und Vertrauten, Kontur.

Das kulturreflexive Erzählen ist somit auf einen explikativen Diskurs angewiesen, bei dem die episodische Schilderung des Fremden auf vertraute, ästhetisch vermittelte Wahrnehmungsmuster rekurriert. Zugleich aber arbeitet kulturreflexives Erzählen durch Kommentierung, Vergleichung, Ironisierung und Bewertung an diesen vertrauten ästhetischen Wahrnehmungsmustern und exponiert sie somit als fremd gewordene. Denn in seinem Bemühen um neue Aussagemöglichkeiten arbeitet sich das solchermaßen interkulturelle Erzählen an den vertrauten als den fremd gewordenen Verfahren ab und vermag so, eine Sensibilität für kulturelle Differenzbestimmungen zu erzeugen.

Fremdheit als Grundbegriff Interkultureller Literaturwissenschaft steht als Relationsmarker nicht nur für das je Andere einer Selbstdefinition in der Literatur, sondern auch für das ästhetische Vermögen, über Sprache Differenz zur Sprache selbst herzustellen. Angezeigt wird damit ein Sprachzustand, bei dem die Sprache ins Wanken gerät und sich in Beziehung zu ihrem Versagen setzt.[59] Fremdheit bezeichnet somit ein ästhetisches Verfahren, bei dem an selbstverständlichen Bildern des Eigenen im Dienste offener Differenzbestimmungen gearbeitet wird. Im Sinne einer literarischen Anthropologie verweist es auf den psychischen Mechanismus in der Auseinandersetzung mit dem Fremden, wie ihn Julia Kristeva in einer viel zitierten Formulierung herausgestellt hat:

> In der faszinierten Ablehnung, die der Fremde in uns hervorruft, steckt ein Moment des Unheimlichen [...]. Das Fremde ist in uns selbst. Und wenn wir den Fremden fliehen oder bekämpfen, kämpfen wir gegen unser Unbewußtes – dieses «Uneigene» unseres nicht möglichen «Eigenen».[60]

Angemahnt wird damit nicht die Aufhebung der Relation zwischen Eigenem und Fremdem, sondern eine Veränderung der Differenzbestimmung. So kann Kultur, statt mit dem Bekannten, Vertrauten und Tradierten konnotiert zu werden, auf das Fremde bezogen werden. Denn Bewusstsein von dem, was Kultur ist, entsteht in der Beziehung zum Fremden, Ungewohnten, Abgelehnten, Ausgeschlossenen und Verdrängten. Dabei gewinnt Literatur für die kulturelle Selbstreflexion einen zentralen Stellenwert. Denn mit der symbolischen Formung von Sprache vermag Literatur nicht nur kulturelle Ausdrucksformen der Selbstvergewisserung und Repräsentanz zu erzeugen, sondern auch zu reflektieren. Somit stehen Literatur und Kultur in einem spezifischen

Verweisungsverhältnis. Die Literatur schreibt wirkungsmächtig mit am Kanon symbolischer Ausdrucksformen einer Kultur, indem sie diesen zugleich in seinen Konstruktionsbedingungen reflektiert und für Erneuerung offen hält.

Literatur hat somit nicht nur teil an der Kultur, sondern ist in herausragender Weise ihr Ausdruck, da die poetische Sprache schon immer einen Zwischenraum eröffnet, in dem auch die verdrängten und vergessenen Anteile der Kultur mit aufgehoben sind. Literatur ist Gedächtnis der Kultur auch im Sinne einer ‹Memoria des Ungewussten›, dessen, was im Verlauf kultureller Entwicklung ausgegrenzt wurde. Die poetische Sprache eröffnet so einen Zwischenraum zwischen uns und dem Text, in dem bewusste Strategien wie Lektüreerfahrungen oder methodische Vorgaben ebenso aktiviert werden wie jenes vergessene Wissen, das einen Transfer zwischen uns und dem Text herstellt. Der Text ermöglicht uns zu assimilieren: an die Fremdheit seiner selbst und an die Fremdheit unserer selbst. Denn indem Literatur diesen Zwischenraum entfaltet, bei dem Vertrautes und Fremdes interferieren können, bricht sie nicht nur Grenzen historischer, sprachlicher oder kultureller Alterität auf, sondern auch die Fremdheit in uns selbst, welche die poetische Sprache als kreatives Moment allererst wachruft. Ein Gewahrwerden dieser innersubjektiven Fremdheit, das Spiel mit der eigenen Differenz gehört mithin zur anthropologischen Voraussetzung interkulturellen Verstehens.

Anmerkungen

1 Schäffter, Ortfried. «Modi des Fremderlebens. Deutungsmuster im Umgang mit Fremdheit». *Das Fremde. Erfahrungsmöglichkeiten zwischen Faszination und Bedrohung*. Hg. v. dems. Opladen, 1991. 11–44, 12.

2 Vgl. Benhabib, Seyla. «‹Nous› et ‹les Autres›. The Politics of Complex Cultural Dialogue in a Global Civilization». *Multicultural Questions*. Hg. v. Christian Joppke u. Steven Lukes. New York, 1999. 44–64.

3 Hailbronner, Kay u. a. (Hg.). *Multikulturelle Gesellschaft und Wertegesellschaft*. Heidelberg, 2000.

4 Vgl. Schulte, Axel. *Zwischen Diskriminierung und Demokratisierung. Aufsätze zu Politiken der Migration, Integration und Multikulturalität in Westeuropa*. Frankfurt a. M., 2000.

5 Poole, Ross. *Nation and Identity*. London u. New York, 1999.

6 Vgl. Danneberg, Lutz u. a. (Hg.). *Wie international ist die Literaturwissenschaft? Methoden- und Theoriediskussion in den Literaturwissenschaften. Kulturelle Besonderheiten und interkultureller Austausch am Beispiel des Interpretationsproblems (1950–1990).* Stuttgart u. Weimar, 1996.

7 Eglau, Hans Otto. «Türöffner gesucht. Manager schlagen Alarm. Zuwenig ausländische Studenten kommen an deutsche Hochschulen». *Die Zeit* 01.08.1997. 19.

8 Vgl. u. a.: Wierlacher, Alois. *Architektur Interkultureller Germanistik.* München, 2001.

9 Wierlacher, Alois. «Einführung». *Perspektiven und Verfahren interkultureller Germanistik. Akten des 1. Kongresses der Gesellschaft für Interkulturelle Germanistik.* Hg. v. dems. München, 1987. 13–17, 13.

10 Wierlacher (Anm. 9), 14.

11 Vgl. Großklaus, Götz u. Bernd Thum. «Teilstudium Interkulturelle Germanistik an der Universität Karlsruhe». *Jahrbuch Deutsch als Fremdsprache* 15 (1989): 420–34.

12 Wierlacher (Anm. 9), 14.

13 Vgl. Chiellino, Carmine. *Am Ufer der Fremde. Literatur und Arbeitsmigration 1870–1991.* Stuttgart, 1995; ders. (Hg.). Interkulturelle Literatur in Deutschland. Ein Handbuch. Stuttgart u. Weimar, 2000.

14 Vgl. Wierlacher, Alois. «Zur Entwicklungsgeschichte und Systematik interkultureller Germanistik (1984–1994). Einige Antworten auf die Frage: Was heißt interkulturelle Germanistik?» *Jahrbuch Deutsch als Fremdsprache* 20 (1994): 37–56.

15 Wierlacher (Anm. 9), 15.

16 Vgl. Böhme, Hartmut, Peter Matussek u. Lothar Müller. *Orientierung Kulturwissenschaft. Was sie kann, was sie will.* Reinbek, 2000.

17 In der Literaturdebatte ging es einerseits um Christa Wolf, deren Mitarbeit bei der Stasi bekannt wurde; vgl. Vinke, Hermann. *Akteneinsicht Christa Wolf. Zerrspiegel und Dialog. Eine Dokumentation.* Hamburg, 1993. Mit den Rezensionen zu ihrer Erzählung *Was bleibt* entbrannte dann eine heftige Debatte; vgl. Anz, Thomas (Hg.). *Es geht nicht um Christa Wolf. Der Literaturstreit im vereinten Deutschland.* Frankfurt a. M., 1995. Der zweite Text, mit dem die Literaturdebatte fortgesetzt wurde, ist: Strauss, Botho. «Anschwellender Bocksgesang». *Die Selbstbewußte Nation. «Anschwellender Bocksgesang» und weitere Beiträge zu einer deutschen Debatte.* Hg. v. Heimo Schwilk u. Ulrich Schacht. Frankfurt a. M., 1996. 19–40.

18 Vgl. die Beiträge von Lutz Henner Richter, Walter Hinderer, Ulrich Merkel, Hubert Orlowski und Amadou Booker Sadji aus der Sektion «Die Erfahrung der ‹Wende› – Konsequenzen für die interkulturelle Arbeit». *Praxis interkultureller Germanistik. Forschung – Bildung – Politik. Beiträge zum II. Internationalen Kongreß der Gesellschaft für Interkulturelle Germanistik.* Hg. v. Bernd Thum u. Gonthier-Louis Fink. Strasbourg, 1991. 195–240.

19 Geertz, Clifford. *Dichte Beschreibung. Beiträge zum Verstehen kultureller Systeme.* Frankfurt a. M., 1983. 9 ff.

20 Eagleton, Terry. *Was ist Kultur.* München, 2001. 51.

21 Bachmann-Medick, Doris. «Einleitung». *Kultur als Text. Die anthropologische Wende in der Literaturwissenschaft.* Hg. v. ders. Frankfurt a. M., 1996. 7–64, 10.

22 Vgl. Layes, Gabriel. *Grundformen des Fremderlebens. Eine Analyse von Handlungsorientierungen in der interkulturellen Interaktion.* Münster u. a., 2000.

23 Hahn, Alois. «Die soziale Konstruktion des Fremden». *Die Objektivität der Ordnungen und ihre kommunikative Konstruktion.* Hg. v. Walter M. Sprondel. Frankfurt a. M., 1994. 140–66, 140; vgl. Hellmann, Kai Uwe. «Fremdheit als soziale Konstruktion. Eine Studie zur Systemtheorie des Fremden». *Die Herausforderung durch das Fremde.* Hg. v. Herfried Münkler. Berlin, 1998. 401–59.

24 Lévinas, Emmanuel. «Ist die Ontologie fundamental?» *Die Spur des Anderen. Untersuchungen zur Phänomenologie und Sozialphilosophie.* Hg. v. dems. Freiburg u. München, 1983. 103–19, 111.

25 Freud, Sigmund. «Jenseits des Lustprinzips». *Psychologie des Unbewußten. Studienausgabe 3.* Hg. v. Alexander Mitscherlich u. a. Frankfurt a. M., 1975. 213–330, 225.

26 Freud (Anm. 25), 225.

27 Winnicott, Donald W. «Zur Lokalisierung des kulturellen Erlebens». *Vom Spiel zur Kreativität.* Stuttgart, 1985.111–20, 116.

28 Vgl. Thum, Bernd. «Einleitung». *Gegenwart als kulturelles Erbe. Ein Beitrag der Germanistik zur Kulturwissenschaft deutschsprachiger Länder.* Hg. v. dems. München, 1985. XV–LXVII, hier insbesondere Kap. 3: «Aufgaben im Rahmen allgemeiner Kulturwissenschaft: ‹Kulturthemen›». XXXII ff.

29 Gutjahr, Ortrud. «Interkulturalität und Interdisziplinarität». *Du dialogue des disciplines. Germanistique et interdisciplinarité.* Hg. v. Christine Maillard u. Arlette Bothorel-Witz. Strasbourg, 1998. 135–49.

30 Besonders einflussreich waren hier die Untersuchungen und Bestimmungen von Geertz (Anm. 19); sowie Greenblatt, Stephen. *Schmutzige Riten.* Berlin, 1991; dazu: Ellrich, Lutz. *Verschriebene Fremdheit. Die Ethnographie kultureller Brüche bei Clifford Geertz und Stephen Greenblatt.* Frankfurt u. New York, 1998.

31 Erdheim, Mario. *Die gesellschaftliche Produktion von Unbewußtheit. Eine Einführung in den ethnopsychoanalytischen Prozeß.* Frankfurt a. M., 1984; sowie Heinemann, Evelyn u. Günter Krauss (Hg.). *Beiträge zur Ethnopsychoanalyse. Der Spiegel des Fremden.* Nürnberg, 1992.

32 Streek, Ulrich (Hg.). *Das Fremde in der Psychoanalyse. Erkundungen über das ‹Andere› in Seele, Körper und Kultur.* München, 1993.

33 Naumann, Barbara. «Kulturen des symbolischen Denkens. Literatur und Philosophie bei Ernst Cassirer». *Literatur und Kulturwissenschaften. Positionen, Theorien, Modelle.* Hg. v. Hartmut Böhme u. Klaus Scherpe. Reinbek, 1996. 161–86.

34 Sauder, Gerhard. «Walter Benjamins Projekt einer neuen Kulturgeschichte im ‹Passagen-Werk›». *Literaturwissenschaft – Kulturwissenschaft. Positionen, Themen, Perspektiven.* Hg. v. Renate Glaser u. Matthias Luserke. Opladen, 1996. 129–146.

35 Wild, Reiner. «Literatur und Zivilisationstheorie» Glaser u. Luserke (Anm. 34), 69–92; sowie Köstlin, Konrad. «Die ‹Historische Methode der Volkskunde› und der ‹Prozeß der Zivilisation› des Norbert Elias». Glaser u. Luserke (Anm. 34), 93–115.

36 Ein Beispiel für mögliche Ansätze, auch einzelne Aspekte der Literaturgeschichte epochenübergreifend unter interkultureller Perspektive darzustellen, bietet der Band: Lützeler, Paul Michael. *Die Schriftsteller und Europa. Von der Romantik bis zur Gegenwart.* München u. Zürich, 1992.

37 Dennis, Ferdinand u. Naseem Khan (Hg.). *Voices of the Crossing. The Impact of Britain on Writers from Asia, the Caribbean and Africa.* London, 2000.

38 Axtell, James. *Natives and Newcomers. The Cultural Origins of North America.* New

York u. Oxford, 2001; Bhatti, Anil u. Horst Turk (Hg.). *Reisen, Entdecken, Utopien. Untersuchungen zum Alteritätsdiskurs im Kontext von Kolonialismus und Kulturkritik.* Bern u. a., 1998.

39 Fischer-Seidel, Therese. «Vorwort». *Cultural Negotiations – Sichtweisen des Anderen.* Hg. v. Cedric Brown u. ders. Tübingen u. a., 1998. 7–8, 8.

40 Vgl. Diamond, Jared. *Arm und Reich. Die Schicksale menschlicher Gesellschaften.* Frankfurt a. M., 1997.

41 Vgl. Bitterli, Urs. *Die ‹Wilden› und die ‹Zivilisierten›. Grundzüge einer Geistes- und Kulturgeschichte der europäisch-überseeischen Begegnung.* München, 1976.

42 Vgl. Nakayama, Thomas K. u. Judith N. Martin (Hg.). *Whiteness. The Communication of Social Identity.* London u. a., 1999.

43 Vgl. Ashcroft, Bill, Gareth Griffiths u. Helen Tiffin (Hg.). *The Post-Colonial Studies Reader.* London u. New York, 1995.

44 Vgl. Said, Edward W. *Kultur und Imperialismus. Einbildungskraft und Politik im Zeitalter der Macht.* Frankfurt a. M., 1984.

45 Vgl. Honneth, Axel. *Kampf um Anerkennung. Zur moralischen Grammatik sozialer Konflikte.* Frankfurt a. M., 1992.

46 Vgl. Bhabha, Homi K. *The Location of Culture.* London, 1993.

47 Bachmann-Medick, Doris. «Dritter Raum. Annäherungen an ein Medium kultureller Übersetzung und Kartierung». *Figuren der/des Dritten. Erkundungen kultureller Zwischenräume.* Hg. v. Claudia Breger u. Tobias Döring. Amsterdam u. Atlanta, 1998. 19–36.

48 Schlehe, Judith. «Gender als transkulturelle Konstruktion». *Zwischen den Kulturen – Zwischen den Geschlechtern. Kulturkontakte und Genderkonstrukte.* Hg. v. ders. Münster u. a., 2000. 7–16.

49 Butler, Judith. *Körper von Gewicht. Die diskursiven Grenzen des Geschlechts.* Berlin, 1995. 29.

50 Vgl. Sterba, James P. *Three Challenges to Ethics. Environmentalism, Feminism and Multiculturalism.* New York u. a., 2001.

51 Assmann, Jan u. Dietrich Harth (Hg.). *Kultur und Konflikt.* Frankfurt a. M., 1990. 27.

52 Schon die Titel der Publikationen sind hier programmatisch: Wierlacher, Alois (Hg.). *Das Fremde und das Eigene. Prolegomena zu einer interkulturellen Germanistik.* München, 1985; oder: Bechtold, Gerhard u. Bernd M. Scherer. «Fremdes und Eigenes – oder wie man einander mißverstehen kann. Annäherungsversuche an zentrale Begriffe interkultureller Kommunikation». Wierlacher (Anm. 9), 303–23.

53 Vgl. Brenner, Peter J. «Die Erfahrung der Fremde. Zur Entwicklung einer Wahrnehmungsform in der Geschichte des Reiseberichts». *Der Reisebericht. Die Entwicklung einer Gattung in der deutschen Literatur.* Hg. v. dems. Frankfurt a. M., 1989. 14–49.

54 Goethe, Johann Wolfgang v. «Iphigenie auf Tauris». *Goethes Werke. Hamburger Ausgabe 5.* Hg. v. Erich Trunz. München, 1982. 7–67, 7.

55 Habermas, Jürgen. *Theorie des kommunikativen Handelns 1. Handlungsrationalität und gesellschaftliche Rationalisierung.* Frankfurt a. M., 1981. 44. Vgl. auch Hahn (Anm. 23), 142 ff.

56 Hedwig Straub wurde 1872 in Emmendingen bei Freiburg geboren, studierte in Zürich und Paris Philosophie und Medizin. Nach ihrer Rückkehr aus Afrika begann sie

zu schreiben. Sie heiratete den Philosophen Fritz Mauthner und lebte mit ihm in Meersburg am Bodensee. Vgl. «Nachwort» des Herausgebers in: Straub, Harriet. *Zerrissene Briefe*. Hg. v. Ludger Lütkehaus. Freiburg, 1990. 113–29.

57 Straub (Anm. 56), 11.

58 Straub (Anm. 56), 29.

59 Gross, Martin. «Ferne/Nähe. Einige Überlegungen zum vorläufig letzten Versuch, die Fremde zu ‹erfinden›». *Das Fremde. Erfahrungsmöglichkeiten zwischen Faszination und Bedrohung*. Hg. v. Ortfried Schäffter. Opladen, 1991. 56–71.

60 Kristeva, Julia. *Fremde sind wir uns selbst*. Frankfurt a. M., 1990. 208 f.

Über die Autorinnen und Autoren

Claudia Benthien: siehe Seite 2

Natalie Binczel, Dr. phil., Wissenschaftliche Assistentin für Germanistik und Allgemeine Literaturwissenschaft der Universität Siegen. Promotion mit einer Arbeit über die Systemtheorie Niklas Luhmanns im Kontext dekonstruktiver Überlegungen. Forschungsschwerpunkt: Literatur- und Medientheorie; Gegenwartsliteratur und Filmgeschichte; aktuelles Forschungsprojekt: das Verhältnis von Sehen und Tasten in der Aufklärung.

Doerte Bischoff, Dr. phil., Wissenschaftliche Assistentin am Institut für Deutsche Philologie II. der Westfälischen Wilhelms-Universität Münster. Zuvor Mitglied des Graduiertenkollegs «Theorie der Literatur und Kommunikation» an der Universität Konstanz und Mitarbeiterin des Forschungsprojektes «Weibliche Rede – Rhetorik der Weiblichkeit». Forschungsschwerpunkte: Literaturtheorie, Gender Studies, Kulturanthropologie, Deutsch-Jüdische Literaturbeziehungen.

Jörg Döring, Dr. phil., Wissenschaftlicher Mitarbeiter am Institut für deutsche Literatur der Humboldt-Universität zu Berlin. Studium der Germanistik, Religionswissenschaft, Soziologie, Film- und Theaterwissenschaft in Berlin, Frankfurt a. M. und Kiel. Promotion mit einer Arbeit über Wolfgang Koeppen im Dritten Reich.

Bernhard Dotzler, Dr. phil., Forschungsdirektor für Literatur- und Wissenschaftsgeschichte am Zentrum für Literaturforschung, Berlin; zuvor wissenschaftlicher Assistent am Institut für deutsche Sprache und Literatur der Universität zu Köln. 1997 Visiting Scholar an der University of Cambridge (GB), 1998 Gastprofessor für Medienwissenschaft an der Akademie der Bildenden Künste in Nürnberg. Forschungsschwerpunkte: Literatur im Spannungsfeld von Medien- und Wissenschaftsgeschichte, History of Computing, Welt-Literatur.

Udo Friedrich, PD Dr. phil., Studium der Germanistik und Philosophie in Münster und Hamburg. Dissertation über Conrad Gessners *Historia animalium* (1992), Habilitation 2000 mit einer kulturwissenschaftlichen Arbeit über Grenzziehungsdiskurse zwischen Mensch und Tier im Mittelalter. Forschungsschwerpunkte: Ordnungen des Wissens, der Diskurs der Natur bzw. Kultur in Mittelalter und Früher Neuzeit, Mythos im Mittelalter.

Ortrud Gutjahr, Dr. phil., Professorin für Neuere Deutsche Literatur und Interkulturelle Literaturwissenschaft an der Universität Hamburg. Wissenschaftliche Mitarbeiterin in einem deutsch-amerikanischen Forschungsprojekt; Assistentin und Oberassistentin an der Universität Freiburg. Professur für Neuere Deutsche Literaturwissenschaft und Interkulturelle Germanistik an der Universität Karlsruhe 1993–1997. Forschungsschwerpunkte: Literatur und Theorie der Moderne, Literatur und Psychoanalyse, Interkulturelle Literaturwissenschaft.

Judith Klinger, Dr. phil., Wissenschaftliche Assistentin am Lehrstuhl für Germanistische Mediävistik der Universität Potsdam. Studium der Germanistik und Anglistik an der Universität Hamburg sowie Dokumentarfilm an der Hochschule für Fernsehen und Film, München. Promotion zum Prosa-Lancelot. Forschungsschwerpunkte: höfische und nachhöfische Erzählliteratur, Frauenmystik, Geschichte der Körper und Begehren, Texttheorie, Mittelalterrezeption.

Marina Münkler, Dr. phil., Wissenschaftliche Assistentin an der Humboldt-Universität. Studium der Germanistik, Philosophie und Theaterwissenschaften in Frankfurt a. M., Promotion an der Humboldt-Universität zu Berlin; 1999 bis 2000 Postdoktorandin im Graduiertenkolleg «Codierung von Gewalt im medialen Wandel», Forschungsschwerpunkte: Reiseberichte, Höllendarstellungen in der mittelalterlichen Literatur, Roman des späten Mittelalters und der Frühen Neuzeit.

Werner Röcke, Dr. phil., Professor für Ältere deutsche Literatur an der Humboldt-Universität zu Berlin, stellvertretender Sprecher des Sonderforschungsbereichs «Kulturen des Performativen» und Mitglied im Graduiertenkolleg «Codierung von Gewalt». Mitherausgeber der *Zeitschrift für Germanistik* und des *Mittellateinischen Jahrbuchs.* Forschungsschwerpunkte: Lachkulturen im Mittelalter, Geschichte des Romans, Hermeneutik der Fremde.

Sylvia Sasse, Dr. phil., Wissenschaftliche Mitarbeiterin am Zentrum für Literaturforschung in Berlin, Studium der Slavistik und Germanistik in Konstanz, St. Petersburg und Moskau, 1999 Promotion am Graduiertenkolleg «Theorie der Literatur und Kommunikation» in Konstanz, anschließend Postdoktorandin am Graduiertenkolleg «Körper-Inszenierungen» an der FU in Berlin. Forschungsschwerpunkte: Literaturtheorie; Beichte, Geständnis, Urteil in der russischen Literatur; Kollektivkonzepte in Kunst, Theater und Literatur; Performance.

Hans Rudolf Velten: siehe Seite 2

Horst Wenzel, Dr. phil., Professor für Ältere deutsche Philologie an der Humboldt-Universität zu Berlin. Mitglied des Helmholtz-Zentrums der HU Berlin und des Sonderforschungsbereichs «Kulturen des Performativen»; Forschungsschwerpunkte: Höfische Literatur, Text und Bild, Mediengeschichte.

Jürgen Wolf, PD Dr. phil., Wissenschaftlicher Mitarbeiter in der DTM-Arbeitsstelle der Berlin-Brandenburgischen Akademie der Wissenschaften. Promotion am Fachbereich Geschichte der Universität Marburg, anschließend Mitarbeiter im DFG-Projekt ‹Marburger Repertorium deutschsprachiger Handschriften des 13. Jahrhunderts›. Habilitation über «Buch und Text. Literatur und kulturhistorische Untersuchungen zur volkssprachlichen Schriftlichkeit im 12. und 13. Jahrhundert».

Personenregister

Sachregister

rowohlts enzyklopädie

Eine Auswahl

Claudia Benthien
Haut
Literaturgeschichte – Körperbilder – Grenzdiskurse (55626)

Claudia Benthien / Christoph Wulf (Hg.)
Körperteile
Eine kulturelle Anatomie (55642)

Vladimir Biti
Literatur- und Kulturtheorie
Ein Handbuch gegenwärtiger Begriffe (55631)

Hartmut Böhme / Peter Matussek / Lothar Müller
Orientierung Kulturwissenschaft
Was sie kann, was sie will (55608)

Helmut Brackert / Jörn Stückrath (Hg.)
Literaturwissenschaft
Ein Grundkurs (55523)

Manfred Brauneck
Theater im 20. Jahrhundert
Programmschriften, Stilperioden, Reformmodelle (55433)

Manfred Brauneck / Gérard Schneilin (Hg.)
Theaterlexikon 1
Begriffe, Epochen, Bühnen und Ensembles (55644)

Jonathan Culler
Dekonstruktion
Derrida und die poststrukturalistische Literaturtheorie (55635)

Gunter Gebauer / Christoph Wulf
Mimesis
Kultur – Kunst – Gesellschaft (55497)
Spiel – Ritual – Geste
Mimetisches Handeln in der sozialen Welt (55591)

Manfred Geier
Orientierung Linguistik
Was sie kann, was sie will (55602)